汽车传感器及其应用

（第2版）

姜立标　主编

电子工业出版社

Publishing House of Electronics Industry

北京·BEIJING

内 容 简 介

本书介绍最新及常用的汽车发动机、底盘和车身电控系统传感器的作用、结构、原理和检测等内容，重点讲解传感器的结构及原理。全书共分为 6 章，内容包括：汽车传感器概述，发动机控制系统传感器，底盘控制系统传感器，车身及导航控制系统传感器，利用示波器测试传感器波形，汽车未来传感器。

本书内容全面，图文并茂，具有较强的实用性和可操作性，可作为大专院校和职业学院相关专业师生的教学参考书，也可供汽车设计、制造和维修人员参考。

未经许可，不得以任何方式复制或抄袭本书之部分或全部内容。
版权所有，侵权必究。

图书在版编目（CIP）数据

汽车传感器及其应用 / 姜立标主编．—2 版．—北京：电子工业出版社，2013.9
ISBN 978-7-121-21157-7

Ⅰ．①汽⋯　Ⅱ．①姜⋯　Ⅲ．①汽车－传感器　Ⅳ．①U463.6

中国版本图书馆 CIP 数据核字（2013）第 175692 号

策划编辑：陈韦凯
责任编辑：陈韦凯
印　　刷：北京虎彩文化传播有限公司
装　　订：北京虎彩文化传播有限公司
出版发行：电子工业出版社
　　　　　北京市海淀区万寿路 173 信箱　邮编 100036
开　　本：787×1 092　1/16　印张：17.5　字数：448 千字
版　　次：2010 年 9 月第 1 版
　　　　　2013 年 9 月第 2 版
印　　次：2022 年 8 月第 11 次印刷
定　　价：42.00 元

凡所购买电子工业出版社图书有缺损问题，请向购买书店调换。若书店售缺，请与本社发行部联系，联系及邮购电话：（010）88254888，88258888。
质量投诉请发邮件至 zlts@phei.com.cn，盗版侵权举报请发邮件至 dbqq@phei.com.cn。
本书咨询联系方式：chenwk@phei.com.cn。

第 2 版前言

随着电子技术的发展及人们对汽车性能要求的提高，汽车电子控制系统日趋复杂，有些汽车电子控制装置已经占整车造价的 1/3。各大汽车厂商纷纷通过不断完善汽车的电子系统来提高产品的竞争力，汽车的电子化程度已成为衡量汽车档次的主要标志。

汽车传感器作为汽车电子控制系统的信息源，是汽车电子控制系统的关键部件，也是汽车电子技术领域研究的核心内容之一。传感器在汽车上的应用已经由最初的发动机控制扩展到汽车的各个系统。目前，一辆普通的家用轿车上大约安装有几十只传感器，而豪华轿车上的传感器数量可多达二百余只。

汽车传感器主要用于发动机控制系统、底盘控制系统、车身控制系统和汽车导航系统。本书的一大特色就是按照上述四个系统对传感器进行科学的分类，概括各个系统所用传感器的种类，详述每种传感器的结构和原理。这样可以使读者对每个控制系统的传感器有一个清楚的认识，又可以了解各控制系统之间的联系。鉴于广大汽车维修人员对掌握汽车传感器检修技术的迫切要求，本书还讲解了传感器的检测方法，列举一些具体车型的检测实例，这样使本书具有更高的实用价值。

本书第 1 版自出版以来得到广大高校教师、学生和相关工程技术人员的关注及支持，为了使本书及时跟随当今科学技术的发展，与时俱进，本书编者对书的内容、结构做了适当的调整、增删。重编后的《汽车传感器及其应用（第 2 版）》更便于教学和阅读。借此，向教学第一线的教师和工程技术人员过去几年中对本书的支持表示真诚的感谢；并诚请广大读者一如继往地对本书提出建设性意见和批评，使其进一步成熟和完善。

为了保持连续性和持久性，本版与第 1 版相比较，其主要内容和结构体系未作大的变动，只作如下几点调整和增减：

① 添加部分插图及其对应的说明文字，更换部分模糊、过时的插图，传承本书图文并茂的特点。

② 更新、删除部分过时的正文内容及相关数据，保持内容的新颖性。

③ 进一步充实第 6 章"汽车未来传感器"的内容，主要增加纳米技术传感器及其在汽车上的应用相关知识的介绍。

④ 在参考文献中添加"推荐网站"一栏，介绍一些相关的网络资源，方便读者学习。

⑤ 添加本书配套 PPT，方便教学。

全书由姜立标博士主编并统稿，参加本书编写工作的还有吴斌（第 2 章）、魏韬（第 3 章）、姜思羽（第 4 章）、邱少健（第 5 章）、张可然（第 6 章）。此外，研究生习成、张华等也参加了部分章节的编写工作。在本书的编写过程中，编者参考了国内外许多同行专家论文及论著的研究内容，在此谨表衷心感谢！在本书的出版过程中得到了一汽集团技术中心、广汽集团汽车工程研究院、一汽大众销售总公司技术支持部、吉利集团汽车工程研究院和电子工业出版社等单位的大力支持，在此表示诚挚的感谢！

  本书没有涉及高深的专业知识，文字简练，图文并茂，实用性强，可作为大专院校和职业学院相关专业师生的教学参考书，也可供汽车制造和汽车维修相关工程技术人员参考。

  由于编者水平有限，书中难免存在不足之处，敬请广大读者批评指正。

姜立标

jlb620620@163.com

2013 年 8 月

目 录

第1章 汽车传感器概述 (1)
1.1 传感器的定义 (1)
1.2 汽车传感器的分类与特点 (2)
1.2.1 汽车传感器的发展现状 (2)
1.2.2 汽车传感器的分类 (4)
1.2.3 汽车传感器的性能要求 (5)
1.2.4 汽车传感器的选用原则 (6)
1.2.5 汽车传感器的种类及特点 (7)
1.3 车用传感器的应用 (19)
1.3.1 汽车发动机控制 (19)
1.3.2 汽车底盘控制 (24)
1.3.3 汽车行驶安全系统 (28)
1.3.4 汽车信息系统 (31)
1.4 汽车传感器易发故障及故障结果 (32)

第2章 发动机控制系统传感器 (35)
2.1 概述 (35)
2.2 温度传感器 (37)
2.2.1 热敏电阻式温度传感器 (37)
2.2.2 高温用热敏电阻 (40)
2.2.3 热电偶式温度传感器 (41)
2.2.4 温度传感器的实际应用及其检测 (46)
2.3 压力传感器 (59)
2.3.1 压力传感器的种类及原理 (59)
2.3.2 进气压力传感器 (60)
2.3.3 大气压力传感器 (68)
2.4 位置传感器 (70)
2.4.1 曲轴位置传感器 (70)
2.4.2 节气门位置传感器 (80)
2.4.3 溢流环位置传感器 (87)
2.4.4 液位传感器 (88)

· V ·

2.5　气体浓度传感器 …………………………………………………………………………（93）
　　　　2.5.1　氧传感器 …………………………………………………………………………（94）
　　　　2.5.2　稀薄混合气传感器 ………………………………………………………………（102）
　　　　2.5.3　全范围空燃比传感器 ……………………………………………………………（104）
　　2.6　爆燃传感器 ……………………………………………………………………………（106）
　　2.7　空气流量传感器 ………………………………………………………………………（114）
　　　　2.7.1　卡曼涡旋式空气流量传感器 ……………………………………………………（114）
　　　　2.7.2　热线式和热膜式空气流量传感器 ………………………………………………（122）
　　　　2.7.3　叶片式空气流量传感器 …………………………………………………………（129）
　　　　2.7.4　测量芯式空气流量传感器 ………………………………………………………（133）

第3章　底盘控制系统传感器 …………………………………………………………………（136）
　　3.1　概述 ……………………………………………………………………………………（136）
　　3.2　线性加速度惯性传感器 ………………………………………………………………（137）
　　　　3.2.1　压阻式MEMS加速度传感器 ……………………………………………………（137）
　　　　3.2.2　电容式MEMS加速度传感器 ……………………………………………………（141）
　　　　3.2.3　谐振式MEMS加速度传感器 ……………………………………………………（144）
　　3.3　角速度传感器 …………………………………………………………………………（147）
　　　　3.3.1　振动型角速度传感器 ……………………………………………………………（147）
　　　　3.3.2　音叉型角速度传感器 ……………………………………………………………（149）
　　3.4　电控变速器系统传感器 ………………………………………………………………（151）
　　　　3.4.1　车速传感器 ………………………………………………………………………（151）
　　　　3.4.2　加速踏板位置传感器 ……………………………………………………………（160）
　　3.5　电动助力转向系统传感器 ……………………………………………………………（161）
　　　　3.5.1　接触式转矩传感器 ………………………………………………………………（162）
　　　　3.5.2　非接触式转矩传感器 ……………………………………………………………（163）
　　3.6　电控悬架系统用传感器 ………………………………………………………………（166）
　　　　3.6.1　车高传感器 ………………………………………………………………………（167）
　　　　3.6.2　光电式转角传感器 ………………………………………………………………（171）
　　3.7　ABS系统及其传感器 …………………………………………………………………（174）

第4章　车身及导航控制系统传感器 …………………………………………………………（180）
　　4.1　概述 ……………………………………………………………………………………（180）
　　4.2　汽车空调系统及其传感器 ……………………………………………………………（180）
　　4.3　雨滴传感器 ……………………………………………………………………………（189）
　　4.4　安全气囊系统用传感器 ………………………………………………………………（191）
　　4.5　倒车用超声波传感器和激光传感器 …………………………………………………（201）
　　4.6　导航系统控制传感器 …………………………………………………………………（208）
　　4.7　其他车身控制传感器 …………………………………………………………………（212）

  4.7.1 烟尘浓度传感器 ·· （212）
  4.7.2 湿度传感器 ·· （214）
  4.7.3 电流检测用传感器 ·· （215）
  4.7.4 光电式光亮传感器 ·· （221）

第5章 利用示波器测试传感器波形 ·· （224）

 5.1 汽车专用示波器概述 ·· （224）
 5.2 汽车专用示波器的使用方法 ·· （227）
 5.3 传感器波形测试 ·· （231）
 5.4 汽车示波器检测传感器故障实例 ·· （251）

第6章 汽车未来传感器 ·· （256）

 6.1 概述 ·· （256）
 6.2 汽车传感器的发展方向 ··· （256）

参考文献 ·· （270）

第1章 汽车传感器概述

随着科技在汽车上的广泛应用，汽车发动机、底盘和车身中使用了各种电控系统。电控系统主要由传感器、电子控制单元和执行器组成。传感器在这些系统中承担了信息的采集和传输工作。它将采集到的信息传送给电子控制单元，电子控制单元根据这些信息向执行器发出指令，使执行器相应动作，完成电子控制。汽车传感器可以及时识别汽车本身和周围环境的变化，进行信息反馈，实现了电控系统的自动控制。

汽车用传感器用量大、要求高，而且工作条件又非常恶劣，所以世界各国对它的理论研究、新材料应用、产品的开发都非常重视。目前汽车用传感器和传感器技术都得到了迅速发展，敏感器件的种类越来越多，捕捉信息的范围也越来越宽，精度不断提高，寿命逐渐增加，价格有所下降，并且向固体化、集成化、数字化和智能化方向发展。传感器种类也由从前一般的电磁、光电传感器等发展为用激光、光导纤维、磁敏、气敏、力敏、热敏、陶瓷、霍尔效应、半导体、光栅、雷达等做成的各类传感器，精度也有很大提高。

1.1 传感器的定义

信息处理技术取得的进展以及微处理器和计算机技术的高速发展，都需要在传感器的开发方面有相应的进展。微处理器现在已经在测量和控制系统中得到了广泛的应用。随着这些系统能力的增强，作为信息采集系统的前端单元，传感器的作用越来越重要。传感器已成为自动化系统和机器人技术中的关键部件，作为系统中的一个结构组成，其重要性变得越来越明显。

广义地说，传感器是一种能把物理量或化学量转变成便于利用的电信号的器件。其组成框图如图1-1所示，一般由敏感元件、转换元件、转换电路三部分组成。在国标 GB 7665—1987《传感器通用术语》中，将传感器定义为："能够感受规定的被测量，并按一定的规律将其转换成输出信号的器件或装置，通常由敏感元件和转换元件组成。"敏感元件指传感器中能直接感受或响应的被测量的部分；转换元件指传感器中能将敏感元件感受的或响应的被测量转换成适合传输的电信号的部分。国际电工委员会的定义为："传感器是测量系统中的一种前置部件，它将输入变量转换成可供测量的信号。"按照 Gopel 等的说法，"传感器是包括承载体和电路连接的敏感元件"，而"传感器系统则是组合有某种信息处理（模拟或数字）能力的传感器"。传感器是传感器系统的一个组成部分，它是被测量信号输入的第一道关口。

"传感技术就像人的眼睛一样重要，且远不止是眼睛"，这是堡盟（Baumer）电子（上海）有限公司总经理做出的形象比喻。和人一样，具有灵敏的感觉器官，机器才能测量并感知更准确的信息，才能更可靠地运行。传感器就相当于人的感觉器官，通过其感知正确检测出各种条件下的物理量，如表 1.1 所示。

被测量 → 敏感元件 → 转换元件 → 转换电路 → 电量

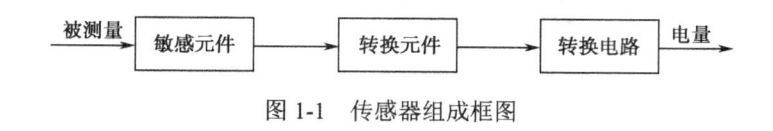

图 1-1　传感器组成框图

表 1.1　传感器与人的感觉器官

人的感觉与器官	有关现象	传　感　器
视觉—眼睛	光	光电变换元件：光电池、光导元件、光敏二极管、光敏三极管
听觉—耳	声波	压电转换元件：压电元件、压阻元件、压敏二极管
触觉—皮肤	位移压力	位移变换元件：应变片
肤觉—皮肤	温度	热电变换元件：热敏电阻、热电偶
嗅觉—鼻 味觉—舌	分子吸附	气体传感器、温度传感器、离子检测 FET

1.2　汽车传感器的分类与特点

汽车传感器是汽车电子控制系统的关键部件，是汽车电子控制系统信息的主要来源，它的主要功能是利用安装在汽车各部位的信号转换装置，测量或检测汽车在各种运行状态下相关机件的工作参数，并将它们转换成计算机能接受的电信号后送给 ECU，ECU 根据这些信息进行运算处理，进而发出指令对执行元件进行适时传感器控制。

1.2.1　汽车传感器的发展现状

近二三十年来，随着电子信息技术的快速发展和汽车制造业的不断变革，汽车电子技术的应用和创新极大地推动了汽车工业的进步与发展，国际汽车专家指出，近 10 年来汽车产业 70%的创新来源于汽车电子技术及其产品的开发应用。汽车传感器是汽车电子的基础，它与汽车电子的发展相辅相成。图 1-2 是近年来汽车传感器市场的发展情况，从图中可以看出，汽车传感器市场近年来保持稳定增长。

图 1-3 是汽车所用各类传感器的产值情况，从图中可以看出汽车上各类传感器具体的市场发展情况。

图 1-4 是传感器在汽车各系统应用量的发展情况，从图中不难看出各主要系统传感器的应用量都有明显的增长。

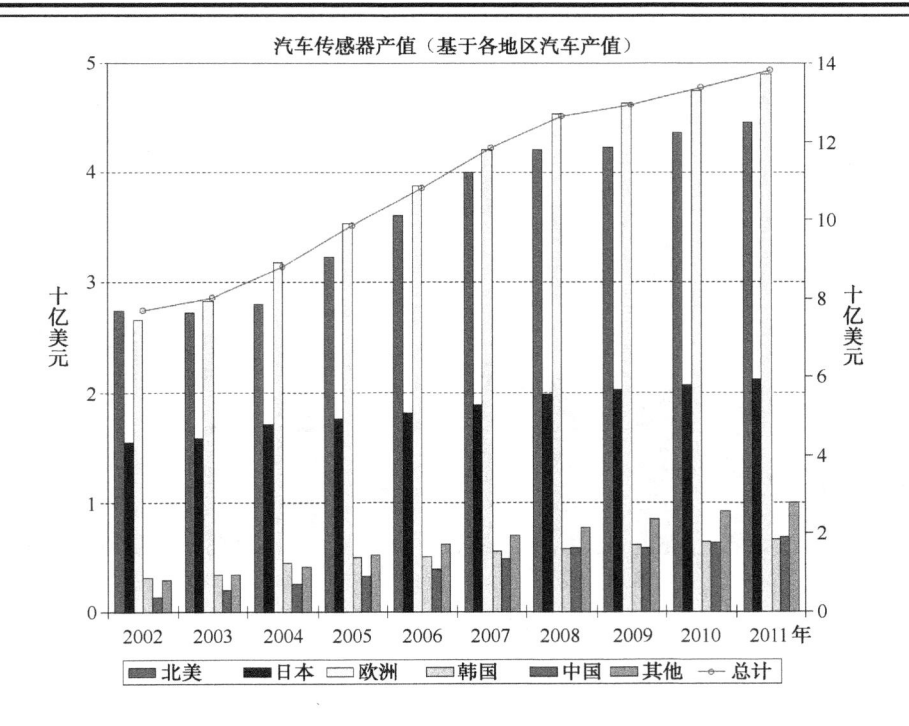

图 1-2　汽车传感器产值

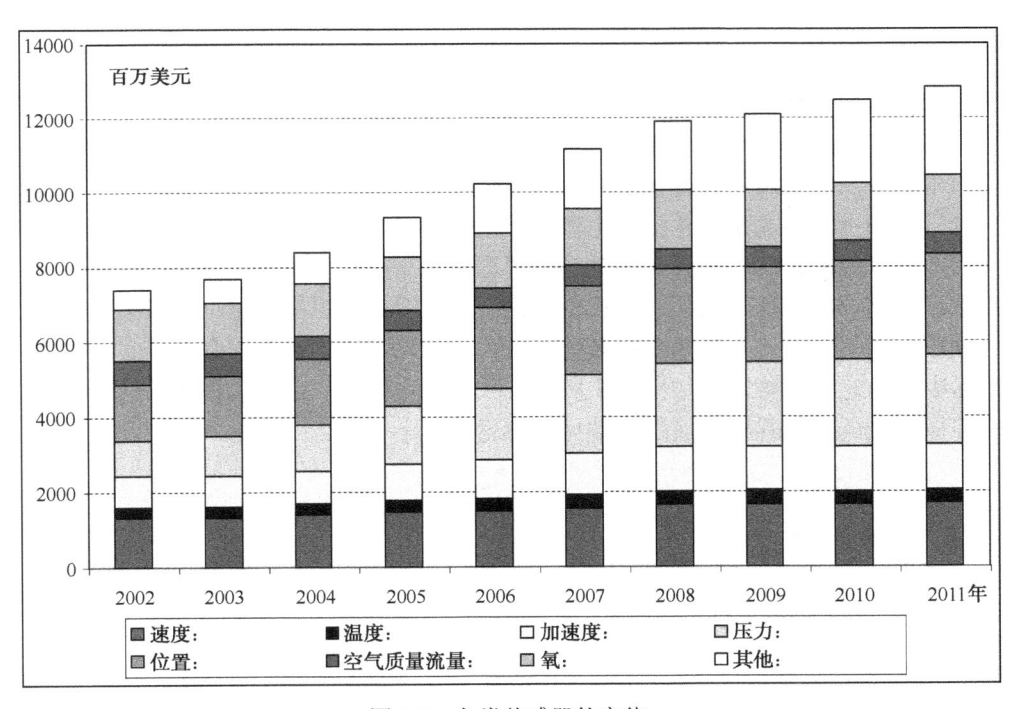

图 1-3　各类传感器的产值

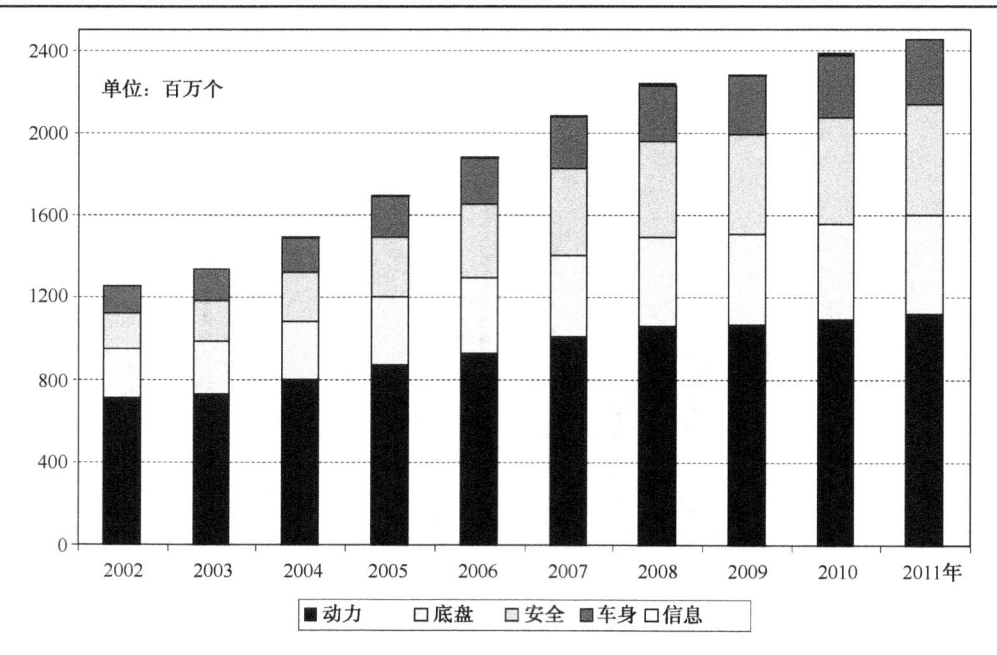

图 1-4　汽车传感器在各系统的应用量

1.2.2　汽车传感器的分类

1. 按需要外加能量与否分类

传感器按需要外加能量与否分类，可分为主动型传感器和被动型传感器两种。汽车上使用的传感器大多数属于被动型传感器，这种被动型传感器需要外加输入电源（一般为+5V），才能输出电信号。例如温度传感器，它以所测温度的大小相应改变电阻值的方式向外输出电信号，信号的输出需要测试回路提供电源。采用电阻、电感、电容，利用应变效应、磁阻效应、热阻效应制成的传感器都属于被动型传感器。

主动型传感器的工作不需要外界提供电源，由自身吸收其他能量（光能和热能），经变换后再输出电能，它是一个能量变换装置，例如，太阳能电池和热电偶输出的电能分别来源于传感器吸收的光能和热能，如图 1-5 所示。采用压电效应、磁致伸缩效应、热电效应、光电效应等原理制成的传感器都属于主动型传感器。

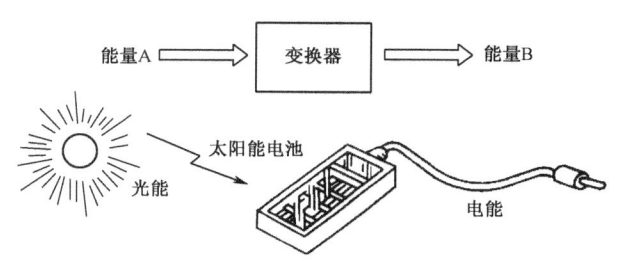

图 1-5　能量的转换

2．按信号转换分类

按信号转换关系分类，可分为：由一种非电量转换成另一种非电量的传感器，如弹性敏感元件和气动传感器等；由非电量转换成电量的传感器，如热电偶温度传感器、压电式加速度传感器等。

3．按输入量不同分类

按输入量不同（即按被测量分类）可分为位移、速度、加速度、角位移、角速度、力、力矩、压力、真空度、温度、电流、气体成分和浓度传感器等。

4．按工作原理分类

按传感器的工作原理分类，有电阻式、电容式、应变式、电感式、光电式、光敏式、压电式和热电式传感器等。

5．按输出信号形式分类

按传感器输出信号形式分类，有模拟式传感器和数字式传感器两种。

6．按使用功能分类

汽车各种传感器按其使用功能又可分为两类：一类是使驾驶、维修人员了解汽车各部分状态的传感器，如温度、车速、发动机转速、液体压力传感器等；另一类是用于控制汽车运行状态的传感器，如节气门位置传感器、轮速传感器、减速度传感器、偏航率传感器等。汽车用传感器的种类如表 1.2 所示。

表 1.2 汽车用传感器的种类

种　　类	检测量或检测对象
温度传感器	冷却液、排出气体、吸入空气、发动机机油、自动变速器油、车内空气、车外空气
压力传感器	进气歧管压力、大气压力、燃烧压力、发动机机油压力、自动变速器油压、自动压力、各种泵压、轮胎压力
转速传感器	曲轴转角、曲轴转速、转向盘转角、车轮速度
速度、加速度传感器	车速、加速度
流量传感器	吸入空气量、燃料流量、废气再循环量、二次空气量、制冷剂流量
液量传感器	燃油、冷却液、电解液、洗涤液、机油、制动液
位移方位传感器	节气门开度、废气再循环阀开度、车辆高度、行驶距离、行驶方位、GPS 全球定位
气体浓度传感器	氧气、二氧化碳、NO_X、HC、柴油烟度
其他传感器	转矩、爆燃、燃料成分、湿度、玻璃结霜、鉴别饮酒、睡眠状态、蓄电池电压、蓄电池容量、灯泡断线、荷重、冲击物、轮胎失效、风量、日照、光照、电磁等

1.2.3 汽车传感器的性能要求

汽车用传感器的性能指标包括精度指标、响应性、可靠性、耐久性、结构紧凑性、适应性、输出电平和制造成本等。

对汽车传感器的性能有如下要求。

(1) 有较好的环境适应性。汽车工作环境温度在-40~80℃，且在各种复杂道路条件下运行，经受着各种变化载荷的冲击，其中发动机承受的热负荷、热冲击、振动、油液腐蚀等更为严重，因此要求传感器能适应温度、湿度、冲击、振动、腐蚀及油液污染等恶劣工作环境。

(2) 有较高的工作稳定性及可靠性。

(3) 再现性好。由于微机在汽车上的应用，所以要求传感器再现性一定要好。在再现性好的基础上，即便传感器线性特性不良，通过系统也可以进行修正。

(4) 批量生产和通用性。伴随汽车工业的发展，要求传感器应具有批量生产的可能性。一种传感器可用于多种控制，如把速度信号微分可得到加速度信号等，所以传感器应具有通用性。

(5) 要求小型化，便于安装使用，检测识别方便。

(6) 应符合有关行业标准要求。

(7) 传感器数量不受限制。

(8) 有较高的精度。

表 1.3 为部分汽车传感器的检测项目和精度要求。

表 1.3 汽车传感器的检测项目和精度要求

检测项目	检测范围	精度要求	分辨能力	响应时间
进气歧管压力	10~100 kPa	±2%	0.1%	2.5 ms
空气流量	6~600 kg/h	±2%	0.1%	2.5 ms
冷却液温度	-50~150℃	±2.5%	1℃	10 s
曲轴转角	10°~360°	±0.5%	1°	20 μs
节气门开度	0~90°	±1%	0.2°	10 ms
排气中氧浓度	0.4~1.4	±1%	1%	10 ms

1.2.4 汽车传感器的选用原则

1. 量程的选择

量程是传感器测量上限和下限的代数差。例如，检测车高用的位移传感器，要求测量上限为 40 mm，测量下限为 -40 mm，则选择位移传感器的量程应为 80 mm。

2. 灵敏度的选择

传感器输出变化值与被测量的变化值之比称为灵敏度。例如，测量发动机冷却液温度的传感器，它的测量变化值为 170℃（-50~120℃），而它的输出电压值要求为 0~5 V，所以选择其灵敏度为 5V/170℃。

3. 分辨率的选择

分辨率表示传感器可能检测出的被测信号的最小增量。例如，发动机的曲轴位置传感器，要求分辨率为 0.1°，也就是表示设计或选择数字传感器时，它的脉冲当量选择为 0.1°。

4. 误差的选择

误差是指测量指示值与真实值之间的差。有的用绝对值表示，例如温度传感器的绝对误差为 0.2℃；有的用相对于满量程之比来表示，例如空气流量传感器的相对误差为±1%。传感器误差是系统总体误差所要求的，应当得到满足。

5. 重复性的选择

重复性是传感器在工作条件下，被测量的同一数值在一个方向上进行重复测量时，测量结果的一致性。例如，检测发动机在转速上升时期对某一个速度重复测量时，数值的一致性或误差值应满足规定要求。

6. 线性度的选择

汽车传感器的线性度是指它的输入/输出关系曲线与其理论拟合直线之间的偏差。这种偏差的选择要大小一定，重复性好，而且有一定的规律，这样在计算机处理数据时可以用硬件或软件进行补偿。

7. 过载的选择

过载表示传感器允许承受的最大输入量（被测量）。在这个输入量作用下传感器的各项指标应保证不超过其规定的公差范围，一般用允许超过测量上限（或下限）的被测量值与量程的百分比表示，选择时只要实际工况超载量不大于传感器说明书上的规定值即可。

8. 可靠度的选择

可靠度的含义是在规定条件（规定的时期，产品所处环境条件、维护条件和使用条件等）下，传感器正常工作的可能性。例如压力传感器的可靠度为 0.997（2000 h），它是指压力传感器符合上述条件时，工作 2000 h，它的可靠性（概率）为 0.997（99.7%）。在选择时，要求传感器的工作时间长短及概率两指标都要符合要求，以保证整个系统的可靠性指标。

9. 响应时间的选择

传感器的响应时间（或称建立时间）是指阶跃信号激励后，传感器输出值达到稳定值的最小规定百分数（如 5%）时所需时间。例如压力传感器响应时间要求≤10 ms，也就是要求该传感器在工作条件下，输入信号加入 10 ms 以内输出值达到所要求的数值。该参数太小直接影响汽车工况变换的时间，如汽车启动时间的大小。

1.2.5 汽车传感器的种类及特点

1. 空气流量传感器

空气流量传感器的作用是将吸入发动机的空气量转换成电信号送给 ECU，作为基本喷油量的主要依据。空气流量传感器主要有以下 4 种（如图 1-6 所示）。

叶片式空气流量传感器　　　　　　　　卡曼涡旋式空气流量传感器

热线式空气流量传感器　　　　　　　　热膜式空气流量传感器

图 1-6　空气流量传感器

（1）叶片式

叶片式空气流量传感器为体积流量型，这种传感器结构简单、成本低，20 世纪六七十年代较为流行。由于该传感器运动件叶片占据进气道的大量面积，降低了进气系统的流动性，增大了进气阻力，所以现已基本淘汰。

（2）卡曼涡旋式

卡曼涡旋式空气流量传感器为体积流量型，多见于三菱和丰田汽车，具有响应较快、体积小、质量轻、进气道简单、进气阻力小、无磨损、测量精度高等优点，但成本较高，多用于高档轿车上。

（3）热线式

热线式空气流量传感器为质量流量型，可以直接测量进气空气的质量流量，无须进行进气温度和大气压力的修正；无运动件，进气阻力小，响应特性较好，可正确测出急减速时空气进气量，20 世纪 80 年代开始研发，现已得到广泛应用（多用在欧洲厂商生产的汽车上）。

（4）热膜式

热膜式空气流量传感器为质量流量型，美国通用公司研制，大多数应用在通用和日本五十铃公司生产的车辆上。其原理与热线式基本相同，只是将发热体的热线改为热膜（由发热金属铂固定在薄的树脂膜上构成)。这种结构可使发热体不直接承受空气流动所产生的阻力,增加了强度,提高了工作可靠性。

2. 进气歧管绝对压力传感器

该传感器用在 D 型 EFI 系统中。与空气流量传感器不同的是,进气歧管绝对压力传感器采用的是间接测量方式,即依据发动机的负荷变化测出进气歧管内绝对压力的相对值,进而测算发动机的进气量,其外形如图 1-7 所示。

常用的绝对压力传感器有半导体压敏电阻式、电容式、膜盒传动的可变电感式和表面弹性波式等。前两种应用的更为广泛,它们具有尺寸小、精度高、成本低、响应性能好、通用性强及测量范围广等优点。

3. 油液压力传感器

(1) 油轨燃油压力传感器

油轨燃油压力传感器安装在共轨式电控喷射系统的油轨上,提供油轨燃油压力信息。图 1-8 为博世公司所产高压油液压力传感器,可应用于电喷系统和制动系统。

图 1-7　进气歧管压力传感器外形　　　图 1-8　高压油液压力传感器

(2) 储油箱压力传感器

储油箱压力传感器安装在燃油箱内,提供燃油箱压力信息。

(3) 机油压力传感器

机油压力传感器安装在发动机主油道内,用以提供机油压力信息。

(4) 自动变速器油压传感器

自动变速器油压传感器安装在自动变速器输油泵内(或输出油道内),提供液压油压力信息。

4. 发动机温度传感器

(1) 发动机冷却液温度传感器

发动机冷却液温度传感器安装在汽缸体上,提供发动机冷却液温度信息,外形如图 1-9 所示。

图 1-9　NTC 液体温度传感器

(2) 进气温度传感器

L 型发动机 EFI 系统中该传感器安装在空气流量传感器内;D 型发动机 EFI 系统中该传

感器安装在空气滤清器的外壳内或稳压罐内，提供发动机进气温度信息。一般进气温度传感器外形如图 1-10 所示。

（3）燃油温度传感器

燃油温度传感器用于电子控制分配泵喷射系统中，向 ECU 提供燃油温度信息，以便实现喷油量精确控制。

温度传感器有绕线电阻式、热敏电阻式、扩散电阻式、半导体晶体管式、金属芯式和热电偶式等类型。汽车发动机温度传感器的性能指标如表 1.4 所示。

图 1-10 NTC 气体温度传感器

表 1.4 汽车发动机温度传感器的性能指标

工作范围	−50~+120℃（满量程 150℃）
输　　出	0~5V
精　　度	±2℃
分 辨 率	±0.5℃
响应速度	冷却水为 10s，空气为 1s
可 靠 性	99%，4000h

5. 节气门位置传感器

节气门位置传感器安装在节气门体上，可同时把节气门开度、怠速、大负荷等信息转变成电信号送给 ECU。节气门位置传感器有线性输出和开关量输出两种形式。相比较而言，后者检测性能较差，但结构简单，价格便宜。有的 EFI 系统同时装用上述两种类型的节气门位置传感器，用开关量型传感器检测发动机怠速和全负荷状态；线性输出型传感器用于全程检测节气门开度。一般线性输出型节气门位置传感器外形如图 1-11 所示。

6. 曲轴位置传感器

曲轴位置传感器可向 ECU 提供发动机曲轴转角位置、活塞行程位置信号及发动机转速信号，主要有光电式、磁电式和霍尔式 3 种类型。一般情况下，前两种安装在分电器内与分电器轴一起转动，后一种安装在曲轴前端。磁电式和霍尔式传感器具有抗污能力强、高速时识别能力好的特点，被广泛应用。曲轴位置传感器的外形如图 1-12 所示。

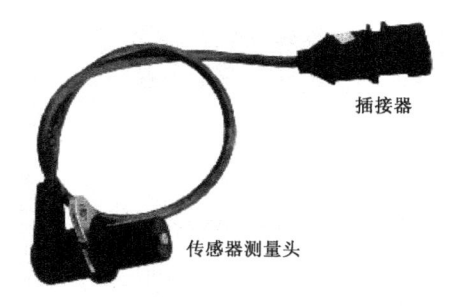

图 1-11 节气门位置传感器　　　　图 1-12 曲轴位置传感器的外形

7. 车速传感器

车速传感器安装在变速器输出轴或主减速器上，提供汽车速度信号，其结构、原理与曲轴位置传感器相似。

8. 爆燃传感器

爆燃传感器安装在发动机体上，把发动机振动信号送给ECU，以便检测爆燃的发生时刻和幅度大小，主要有磁致伸缩式、共振型压电式、非共振型压电式等几种形式。图1-13为非共振型压电式爆燃传感器外形图。

9. 排气净化用传感器

（1）氧传感器

氧传感器主要有氧化锆、氧化钛式氧传感器两种，安装在排气管上，用于向ECU反馈实际空燃比信号，以此将实际空燃比收敛于理论值附近的狭窄范围内，形成闭环控制。相比而言，氧化钛式氧传感器具有结构简单、体积小、成本低等优点，但其阻值随温度的变化而变化较大，高温下使用时，需采用一些温度补偿措施。图1-14为博世公司所产二氧化锆氧传感器。

图1-13 爆燃传感器　　　　图1-14 二氧化锆氧传感器

（2）废气再循环位移传感器

废气再循环位移传感器用于提供废气再循环控制阀开度信息。

（3）压基传感器

压基传感器安装在微粒捕集器的下游，用于提供微粒捕集器压差信息，以便适时地将微粒捕集器中的微粒高温烧除，防止排气背压升高。

（4）NO_X传感器

NO_X传感器用于提供废气后处理系统中NO_X的浓度信息，其外形如图1-15所示。

（5）排气温度传感器

排气温度传感器安装在三元催化转换器附近，用于检测其工作温度，提供发动机排气温度信息，其外形如图1-16所示。

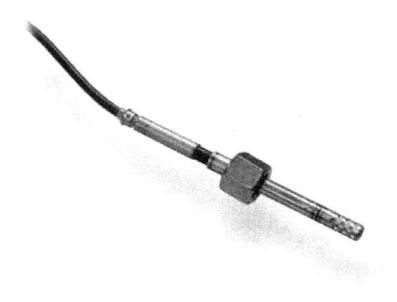

图 1-15　NO$_X$传感器　　　　　　　　　　　　图 1-16　排气温度传感器

（6）EGR 温度检测传感器

EGR 温度检测传感器安装在 EGR 阀下游，提供发动机 EGR 温度信息，其外形如图 1-17 所示。

10. 电控自动空调系统传感器

（1）车内温度传感器

车内温度传感器安装在仪表板下侧，是一个具有负温度系数的热敏电阻，向空调 ECU 输送车内温度信号。

（2）车外温度传感器

车外温度传感器是一个热敏电阻，安装在前保险杠下侧，向空调 ECU 输送车外温度信号，其外形如图 1-18 所示。

图 1-17　EGR 温度检测传感器　　　　　　　图 1-18　车外温度传感器

（3）蒸发器温度传感器

蒸发器温度传感器安装在蒸发器壳体上，用于检测制冷装置内部温度的变化。

（4）日照传感器

日照传感器为光敏二极管，安装在汽车前风窗玻璃下面，将阳光辐射程度变成电信号，输送给空调 ECU。

（5）冷却剂流量传感器

冷却剂流量传感器安装在储液干燥器和膨胀阀之间，用于检测制冷剂流量，将其变化量变成电信号，输送给空调 ECU。

（6）压缩机锁止传感器

压缩机锁止传感器是一种磁电式传感器，安装在压缩机内，检测压缩机转速。

（7）烟雾浓度传感器

烟雾浓度传感器检测车内烟雾程度，ECU 根据该信息自动开启和关闭空气交换器，保持车内空气新鲜。

（8）湿度传感器

湿度传感器用于汽车风窗玻璃的防霜和车内相对湿度检测，其外形如图 1-19 所示。

图 1-19　湿度传感器

11. 液位传感器

液位传感器用于检测各种容器液体的位置，将其变成电子信号送给 ECU。液位传感器结构形式主要有浮子舌簧开关式、热敏开关式、可变电阻式、电极式（测量蓄电池）等。图 1-20 为各种液位传感器外形。

图 1-20　液位传感器

（1）燃油液位传感器

燃油液位传感器提供燃油液位信息。

（2）冷却液液位传感器

冷却液液位传感器提供冷却液位信息。

（3）制动液液位传感器

制动液液位传感器提供制动液液位信息。

（4）洗涤液液位传感器

洗涤液液位传感器提供洗涤液液位信息。

（5）蓄电池液位传感器

蓄电池液位传感器是一个 2 级放大电路，提供电解液液位信息。

12. 增压压力传感器

增压压力传感器安装在增压发动机上，检测涡轮增压器的工作，以便 ECU 发出指令，修正喷油脉冲及控制增压压力的大小。图 1-21 所示为玉柴发动机上的增压压力传感器。

13. 加速踏板（油门踏板）位置传感器

在直喷式发动机上，根据该传感器提供的负荷大小、负荷范围、加速及减速信息，ECU 决定发动机燃烧层层区（直喷式发动机的燃烧形式有分层燃烧和均匀燃烧）的喷油量，其外形如图 1-22 所示。

图 1-21　增压压力传感器　　　　图 1-22　油门踏板位置传感器

14. 海拔高度传感器

海拔高度传感器提供海拔高度信息，以便适时调整发动机喷油量。

15. 电子控制直列泵用传感器

（1）齿杆位置传感器

齿杆位置传感器用在电子控制直列喷油泵喷射系统中，检测油量齿杆的位置。

（2）喷油提前角传感器

喷油提前角传感器安装在电子提前调节器上，用于提供电子控制直列喷油泵系统的喷油提前信息。

16. 电子控制分配泵用传感器

（1）控制套筒位置传感器

控制套筒位置传感器用在电子控制分配泵喷射系统中，检测控制套筒的位置。

（2）溢油环位置传感器

溢油环位置传感器安装在位置控制式电子控制分配泵喷射系统中，向 ECU 提供溢油环位置信息，用于控制喷油终点时刻。图 1-23 所示为相对位置传感器，可用来测量控制套筒和溢流环的位置等。

17. 分配泵转角传感器

分配泵转角传感器安装在电子控制分配泵上，用于提供分配泵轴转角信息。图 1-24 所示为旋转运动传感器，可用于测量转角信息。

图 1-23　相对位置传感器　　　　图 1-24　旋转运动传感器

18. 轮速传感器

轮速传感器用于检测车轮速度并将信号输入 ECU，经处理后获得车速信号参数。轮速传感器可安装在车轮、减速器或变速器上，一般利用电磁感应或光电感应原理获得信号。其安装数量取决于系统布局和控制方式，其外形如图 1-25 所示。

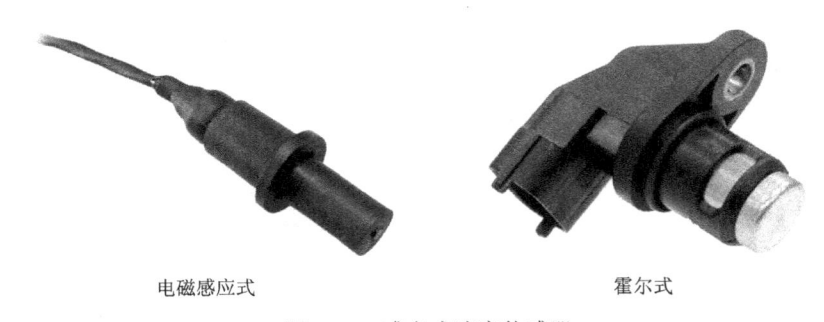

电磁感应式　　　　　　　　霍尔式

图 1-25　感应式速度传感器

19. 减速度传感器（G 传感器）

减速度传感器用于检测车轮加速度或制动减速度，作为辅助信号用于阈值控制，并检测、控制低附着系数路面的制动过程。图 1-26 为博世公司所产三自由度加速度传感器。

常用的有差动电压式减速度传感器和开关式减速度传感器两种。前者用车辆减速时滑动部件的运动检测出减速度信号，后者用车辆减速时惯性部件的移动位置感知减速度的大小。

20. 用于电控悬架系统的部分传感器

（1）前后悬架高度传感器

前后悬架高度传感器向 ECU 传递前后悬架变形量的信息。图 1-27 所示为博世公司所产离地高度传感器，可用于测量前后悬架的高度。

图 1-26　加速度传感器

（2）车身加速度传感器

车身加速度传感器检测车身的振动，间接提供汽车行驶时的路面情况。

（3）车身位移传感器

车身位移传感器检测车身相对于车桥的位移，可反映车身的平顺性和车身高度的变化。

21. 电控转向系统传感器

（1）转向盘转角传感器

转向盘转角传感器检测转向盘的转角，用于计算车身倾斜程度，其外形如图 1-28 所示。

图 1-27　离地高度传感器　　　　　　图 1-28　转向盘转角传感器

（2）转矩传感器

转矩传感器安装在转向系统中的转角传感器和转矩传感器向 ECU 传递转向角信号和转向负载转矩信号，其外形如图 1-29 所示。

（3）偏航率传感器

偏航率传感器检测、记录汽车绕垂直轴线的运动，确定汽车是否在打滑。

（4）横向加速度传感器

横向加速度传感器检测汽车转弯时产生的离心力，确定汽车通过弯道时是否打滑。图 1-30 所示为博世公司所产侧倾角传感器，它可以同时测量横向加速度、纵向加速度、偏航率及侧倾率。

图 1-29　转矩传感器　　　　　　图 1-30　侧倾角传感器

22. 制动检测传感器

（1）制动压力开关传感器

制动压力开关传感器检测制动管路中制动液压力，提供汽车制动信号，其外形如图 1-31 所示。

图 1-31　制动压力开关传感器

（2）制动灯开关传感器

制动灯开关传感器检测制动灯电路的通断情况，提供汽车制动信号。

23. 用于巡航控制和导航控制系统的部分传感器

（1）距离传感器

距离传感器检测汽车前后方障碍物及其他车辆的距离。

（2）罗盘传感器

罗盘传感器提供地磁场信息，用于判断行车方向。

（3）陀螺仪传感器

陀螺仪传感器检测汽车行驶的方向，并自动记录数据，其外形如图 1-32 所示。

24. 安全气囊用部分传感器

（1）碰撞传感器

碰撞传感器将感受到的汽车碰撞信号传给 ECU，有机械式传感器、磁力式传感器、压电式传感器、应变片式传感器、压阻片式传感器和水银开关式传感器。图 1-33 所示为大陆集团所产碰撞传感器。

图 1-32　陀螺仪传感器　　　　图 1-33　碰撞传感器

（2）安全传感器

安全传感器检测汽车撞击的轻重程度，将信号送给 ECU，起保险作用，防止气囊误张开。

25. 防撞控制系统传感器

（1）超声波测距传感器

超声波测距传感器安装在汽车后保险杠上，发射超声波，并将反射波变成电信号送给 ECU，外形如图 1-34 所示。

图 1-34 超声波测距传感器

（2）角声纳（角雷达）传感器

角声纳（角雷达）传感器弥补超声波传感器存在的检测盲区的不足，安装在保险杠上。

26. 前照灯远近光自动控制传感器

前照灯远近光自动控制传感器用于夜间汽车会车时，感受对面来车的光照强度并将信息传给 ECU，适时变换灯光，防止对方眩目。

27. 机油品质传感器

机油品质传感器采用陶瓷电容检测机油介质的稳定性，以便提醒驾驶员及时更换机油，减少发动机磨损，延长使用寿命。图 1-35 所示为机油品质传感器外形。

28. 胎压检测传感器

其工作压力最高可达到 1380 kPa，工作温度在 -40~125℃，精确率不低于 1%，外形如图 1-36 所示。

图 1-35 机油品质传感器　　图 1-36 胎压检测传感器

29. 指纹传感器

指纹传感器用于汽车的安全防盗系统，以鉴别合法的驾驶者，其出错率低于 0.01%。

30. 电动座椅传感器

电动座椅传感器安装在座椅下部四周，将座椅前后、高低信号传给 ECU，自动调整座椅位置，并具有记忆作用。它由四个传感器构成，包括滑动位置传感器、前垂直位置传感器、后垂直位置传感器和倾斜位置传感器。

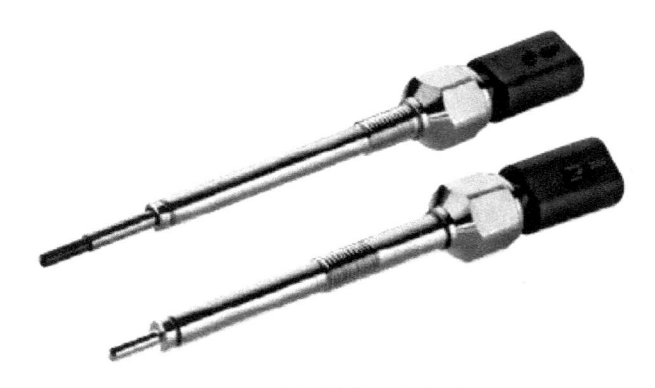

31. 汽缸燃烧压力传感器

汽缸燃烧压力传感器向 ECU 提供汽缸燃烧压力信号。控制系统从燃烧压力传感器可以获得大量信息，从而对发动机进行适时控制，如判断最佳点火时间和气门正时等。燃烧压力传感器有两种：一种是以燃烧室侧面为受压面的直接型传感器，简称 PDS；另一种是紧固在火花塞上的垫圈型压力传感器，简称 PGS。前者可实现燃烧室压力的线性检测，后者装配性好，适应于更高精度的爆燃控制、断火检测等。图 1-37 为汽缸燃烧压力传感器外形图。

图 1-37 汽缸燃烧压力传感器

1.3 车用传感器的应用

车用传感器所检测的信息包括车辆运动状态以及驾驶操纵、车辆控制、运动环境、异常状态监控等所需信息。汽车电子控制系统上应用了多种传感器，如空气流量计、压力传感器、位置传感器、速度传感器、温度传感器、气体浓度传感器等。在这些传感器的共同作用下，汽车电子控制系统对发动机、底盘、行驶安全、信息等进行集中控制。

1.3.1 汽车发动机控制

图 1-38 所示为丰田 2JZ-GE 型轿车发动机传感器分布。

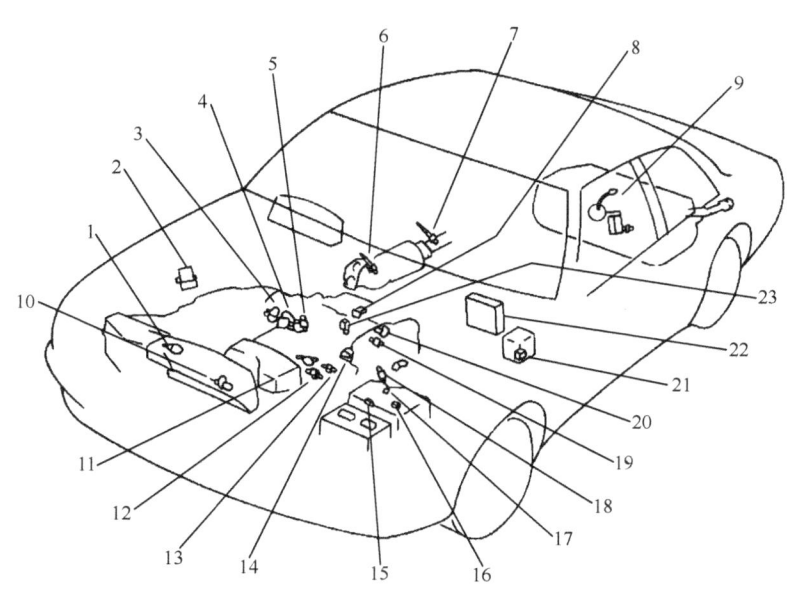

1—进气温度传感器；2—点火器；3—副节气门位置传感器；4—ISCV（怠速控制阀）；5—节气门位置传感器；6—O₂传感器；7—排气温度传感器；8—真空传感器；9—燃油泵；10—曲轴位置传感器；11—机油控制阀；12—水温传感器；13/19—爆燃传感器；14—自我诊断插座；15—EFI主继电器；16—回路继电器；17—EFI熔断器；18—可变进气控制用VSV（真空开关阀）；20—凸轮位置传感器；21—燃油泵继电器；22—发动机控制用计算机；23—滤罐用VSV

图 1-38　丰田 2JZ-GE 型轿车发动机上传感器的排布状况

1. 电控汽油喷射（电喷 EFI）

电控汽油喷射系统根据空气流量计传感器或进气压力传感器、发动机转速传感器、节气门位置传感器、凸轮轴位置传感器、进气温度传感器、冷却液温度传感器、氧传感器等信号计算喷油量，如图 1-39 所示。该系统能使发动机在各种工况下实现空气与燃油匹配最佳、提高功率、降低油耗、减少排气污染等功效。在一定条件下，计算机可根据氧传感器输出的含氧浓度信号修正燃油供给量，使混合气浓度保持在理想状态。

（1）喷油量控制

电子控制单元（ECU）根据空气流量传感器或进气压力传感器、发动机转速传感器、进气温度传感器、冷却液温度传感器等所提供的信号，计算喷油脉冲宽度，即喷油量。发动机各种工况下的最佳喷油量存储在电子控制单元的存储器中。

（2）喷油正时控制

当发动机采用多点燃油喷射系统时，ECU 除了控制喷油量以外，还要根据发动机的各缸点火顺序和发动机工况的不同而将喷油时间控制在最佳时刻。

（3）进气增压控制

进气谐波增压控制是 ECU 根据发动机转速传感器检测到的发动机转速信号，控制增压控制阀的开闭，改变进气管的有效长度，实现中低速转区和高速转区的进气谐波增压，提高发动机的充气效率。涡轮增压控制装在有电子控制涡轮增压器的发动机上，在发动机工作中，能保证获得最佳增压值。涡轮增压发动机排气温度高，容易产生爆燃。电子控制装置可以通过降低增压压力和调节点火正时相结合的办法阻止爆燃，使发动机的功率不会下降，而得到稳定发挥。

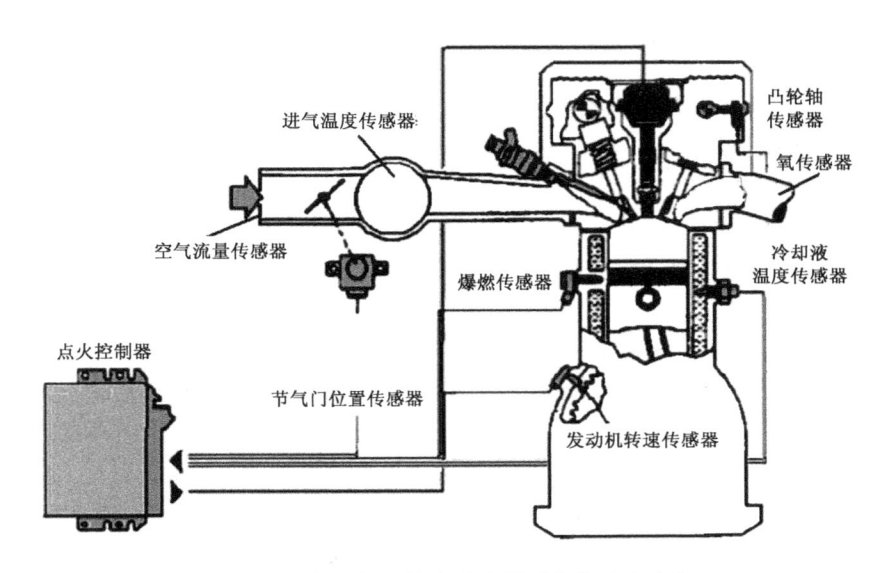

图 1-39　发动机电控汽油喷射系统传感器分布

（4）发动机输出电压的控制

电子控制单元根据发动机转速传感器输入的转速、蓄电池温度等信息控制励磁电流，实现对发电机输出电压的控制。当发电机输出电压超过额定值时，ECU 使励磁电路接通时间变短，减弱励磁电流，降低发电机电压；相反，当输出电压低于额定值时，ECU 使励磁电路接通时间变长，增加励磁电流，提高发电机电压。

（5）电子节气门控制

在电控加速踏板中安装有一个电位器作为传感器，它可把加速踏板的位置信息输入 ECU，ECU 再根据发动机的工况，计算节气门位置的理论值，该理论值与发动机运行参数、加速踏板位置有关。电控单元可把节气门位置调整在理论值范围，这样可以避免加速踏板传动机构中由于间隙、磨损而产生的误差，可在燃油消耗优化的前提下发挥较好的加速性。

（6）冷启动喷油器控制

为了提高发动机低温时冷机启动性能，在进气总管上安装了一个冷启动喷油器，其喷油时间由定时开关控制，或由电子控制单元和启动喷油器定时开关同时控制。有些电控发动机已经取消了冷启动喷油器，在低温启动过程中，ECU 根据发动机冷却液温度信息，在冷机启动时加浓混合气，以使启动顺利。

（7）燃油泵控制与燃油泵泵油量控制

在电控燃油喷射系统中，燃油泵的控制方式有两种。一种是当点火开关打开后，ECU 使燃油泵运转 2~3s，以产生必要的油压。若发动机没有启动，就没有信号输入 ECU，ECU 会立即切断燃油泵继电器控制电路，使燃油泵停止工作。另一种控制方式是只有发动机运转时，燃油泵才投入运转。

有的燃油泵控制系统是使泵油量随发动机的负荷而变化，即当发动机高转速、大负荷工作时，燃油泵高速运转以增加供油量；当发动机在低转速、小负荷工作时，燃油泵低速运转，以减少供油量。

（8）断油控制

发动机的断油控制分为减速断油控制和超速断油控制。减速断油控制是汽车正常行驶中，驾驶员突然放松加速踏板，ECU 根据转速信号将自动切断燃油喷射控制电路，使燃油喷射中断，目的是降低减速时 HC 和 CO 的排放量，而当发动机转速下降到临界转速时，又能自动恢复供油。超速断油控制是发动机加速时，当转速超过安全转速或汽车车速超过设定的最高车速时，ECU 将会在临界转速时切断燃油喷射控制电路，停止喷油，防止超速。

（9）停车启动控制

在汽车停车数秒后，停车启动系统会发出控制信号将燃油切断。具体工作过程是当离合器脱开，汽车停车或车速约为 2 km/h 时，发动机就熄火。若要使发动机启动，可将离合器踩到底，再踏下加速踏板，当加速踏板踩到总行程的三分之一时，发动机将再次启动。

（10）自诊断与报警

当电子控制系统出现故障时，ECU 会点亮仪表板上的"发动机检查"（Check Engine Soon）指示灯提醒驾驶员，发动机已经出现故障，应立即停车检修。ECU 将故障以故障码的形式存储在 ECU 的存储器中，维修人员通过诊断插座，使用专用诊断仪或采用人工方法读取故障信息。

（11）安全保险与备用功能

当 ECU 检测到电控系统出现故障时，会自动按照 ECU 预先设置的数据，使发动机保持运转，但发动机的性能有所下降，以便尽快送到维修站检修。当 ECU 本身出现故障时，会自动启用备用系统，使发动机进入跛行状态，以便将车开到维修站检修。

2. 电控点火装置

发动机运转时，计算机根据空气流量传感器或进气压力传感器、发动机转速传感器、凸轮轴位置传感器、温度传感器等信号，使发动机在最佳点火提前角工况下工作，输出最大功率和扭矩，将油耗和排放降到最低限度。该系统可通过爆燃传感器进行反馈控制，其点火时刻的控制精度比无反馈控制时高，但排气净化差。图 1-40 所示为电控点火系统的组成。

（1）点火提前角（Electronic Spark Advance）控制

在 ECU 的存储器中存储着发动机在各种工况下的最佳点火提前角。发动机运转时，ECU 根据发动机的转速和负荷信号确定基本提前角，并再根据其他信号进行修正，最后确定最佳点火提前角。然后向电子点火控制器输出点火信号，以控制点火系统的工作。

（2）通电时间（闭合角）与恒流控制（Dwell Control）

点火线圈初级电路在断开时需要保证足够大的断开电流，以使次级线圈产生足够高的次级电压。与此同时，为防止通电时间过长而使点火线圈过热损坏，ECU 根据蓄电池电压及发动机转速信号等，控制点火线圈初级电路的通电时间。

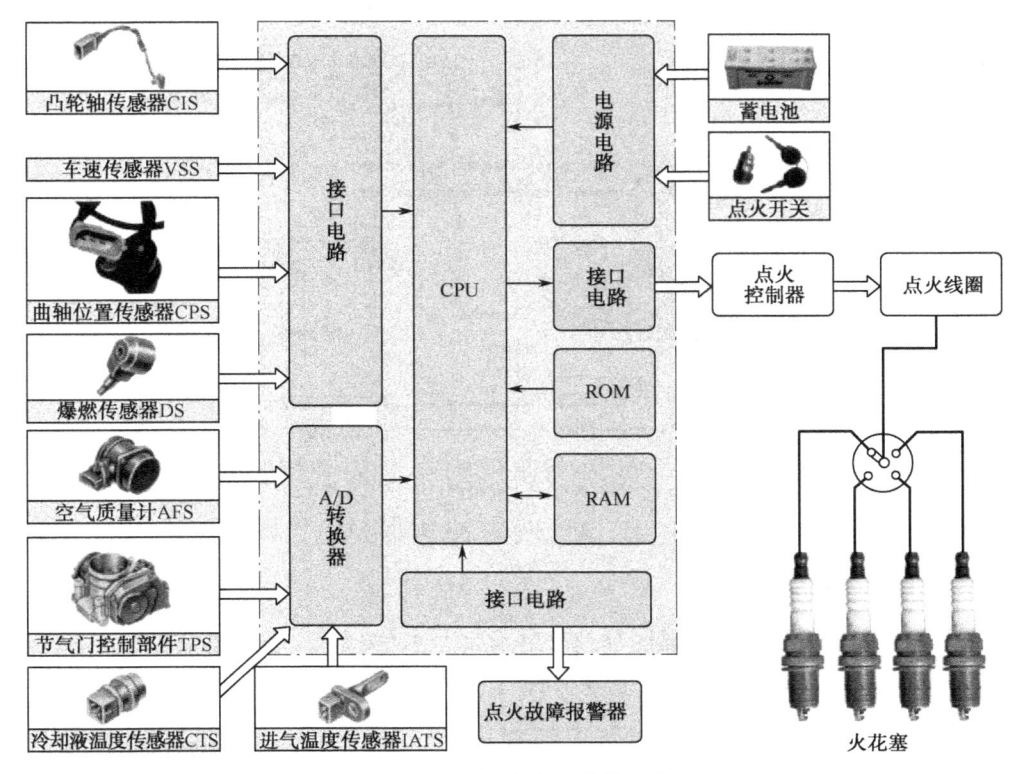

图 1-40 电控点火系统的组成

在现代汽车高能点火系统电路中，还增加了恒流控制电路，使初级电流在极短的时间内迅速增长到额定值，减少转速对次级电压的影响，改善点火特性。

（3）爆燃控制（Knock Control）

当 ECU 接收到爆燃传感器输入的电信号后，ECU 对该信号进行处理并判断是否即将产生爆燃，当检测到爆燃信号后，ECU 立即推迟发动机点火提前角，采用反馈控制避免爆燃产生。

3．废气再循环系统（EGR）

该系统能根据发动机转速传感器、空气流量传感器或进气压力传感器、温度传感器等信息，适时调节废气循环率，以减少排气中的氮氧化合物。它是一种使排气净化的有效手段，其结构原理如图 1-41 所示。

① 开环和闭环控制。在装有氧传感器及三元催化转化器的发动机中，ECU 根据发动机的工况及氧传感器反馈的空燃比浓稀信号，确定开环控制或闭环控制。

② 二次空气喷射控制。ECU 根据发动机的工作温度，控制新鲜空气喷入排气歧管或三元催化转化器，用以减少排气造成的污染。

③ 燃油蒸气回收控制。ECU 根据发动机的工作温度、转速和负荷信号，控制清污电磁阀的开启工作，将活性炭吸附的汽油蒸气吸入进气管，进入发动机燃烧，降低燃油蒸气排放。

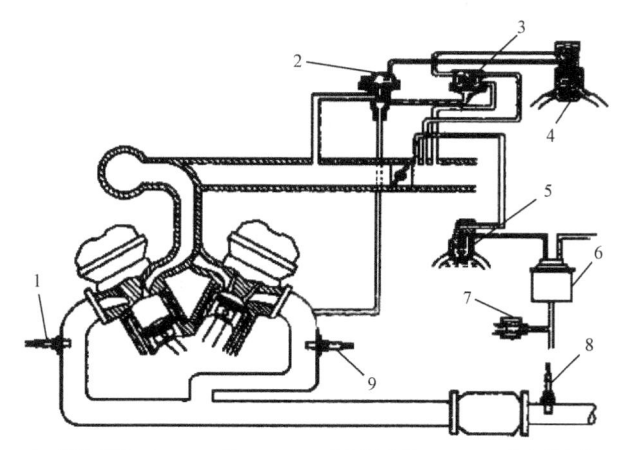

1—氧传感器；2—EGR阀；3—EGR真空调节器；4—EGR真空控制阀；
5—EVAP温控真空阀；6—活性炭罐；7—单向阀；8—副氧传感器；9—氧传感器

图 1-41　废气再循环系统结构原理

4．怠速控制（ISC）

该系统能根据发动机水温传感器、转速传感器及其他有关参数，如启动信号、空调开关信号、动力转向开关信号等，由 ECU 控制，使发动机的怠速处于最佳状态，其组成如图 1-42 所示。

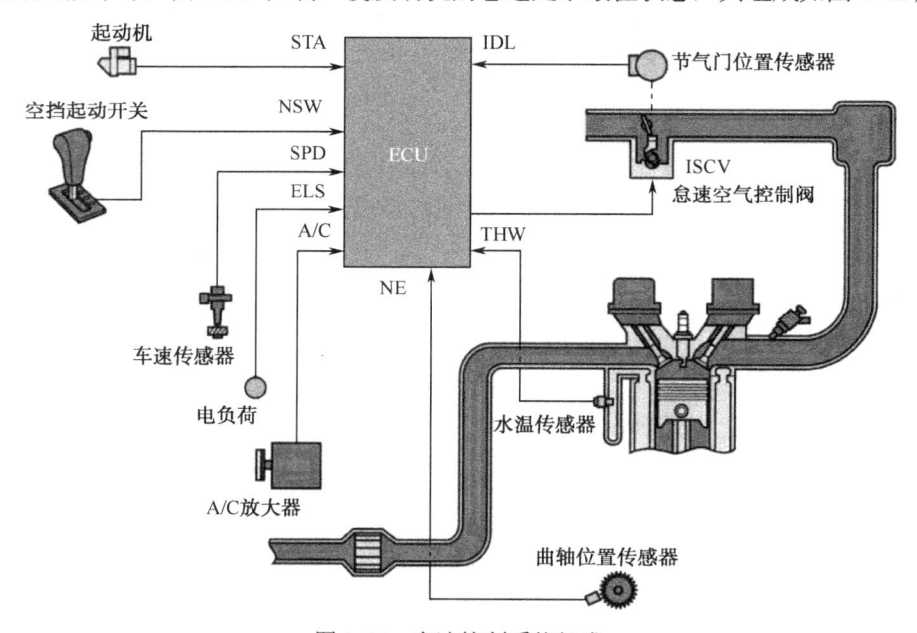

图 1-42　怠速控制系统组成

1.3.2　汽车底盘控制

1．电控自动变速器（ECT）

该系统能根据节气门位置传感器和车速传感器的信号计算换挡时刻，使换挡阀动作，使汽车处于相应的最佳挡位，改善换挡质量，提高汽车行驶平稳性。在控制过程中，电控自动变速器使用多个传感器，其电子控制装置组成如图 1-43 所示。

1—输入轴转速传感器
2—车速传感器
3—液压油温度传感器
4—挡位开关
5—发动机 ECU
6—发动机转速传感器
7—故障检测插座
8—节气门位置传感器
9—模式开关
10—挡位指示灯
11—电磁阀
12—自动变速器 ECU

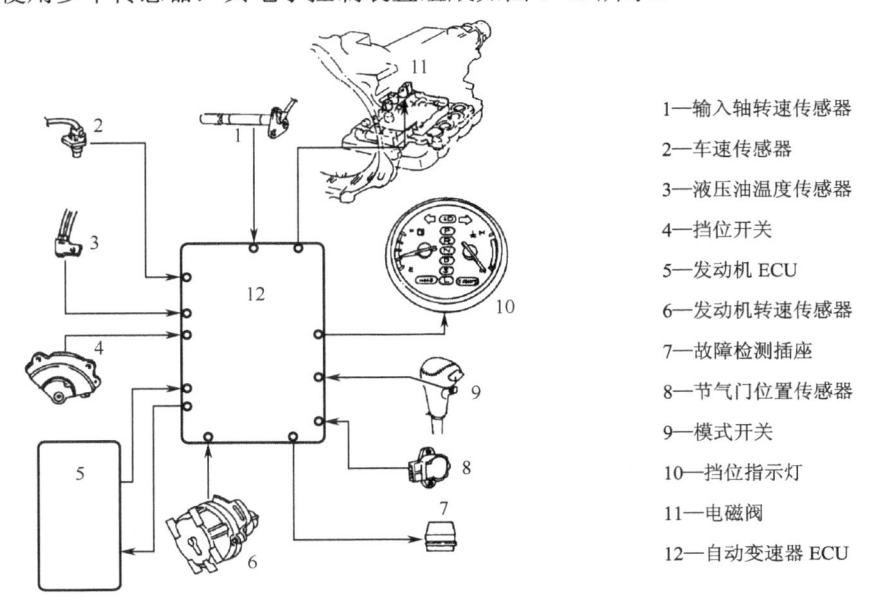

图 1-43　电控自动变速器组成

2. 电控防抱死系统（ABS）

现代轿车上，该系统采用双回路控制，在车轮上安装 2~4 个轮速传感器。当车轮抱死时，计算机根据轮速传感器传递的信息，实行准确的监控，防止车轮抱死。它是保证行车安全和防止事故发生的有效措施之一。图 1-44 所示为电控防抱死系统的组成。

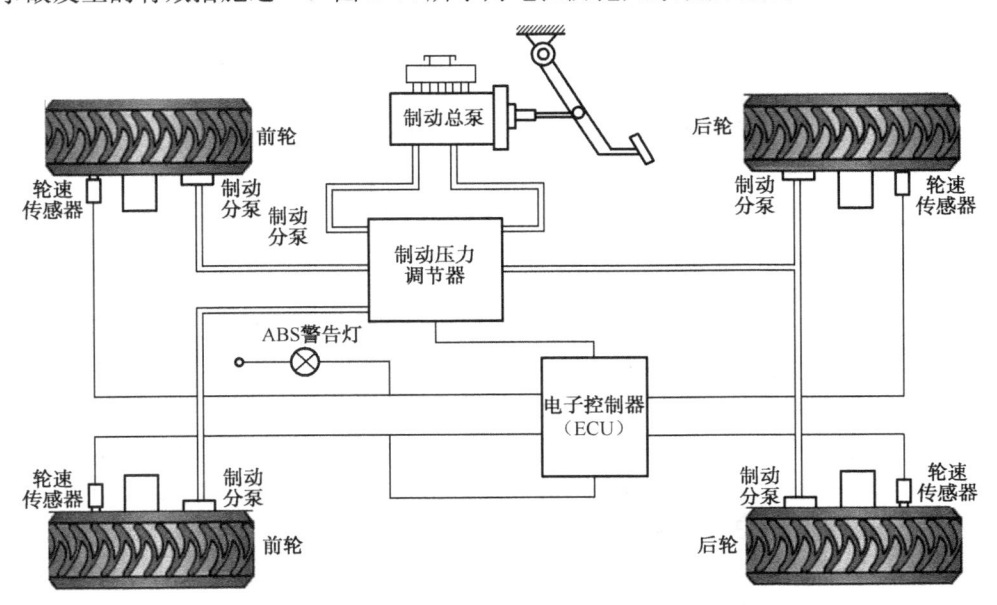

图 1-44　电控防抱死系统的组成

3. 电子控制动力转向（EPS）

电子控制动力转向系统通过控制转向力，根据转矩传感器、车速传感器提供的信息，经计算机处理完成动力控制，使汽车原地或低速行驶时转向轻便、高速行驶时转向灵敏。图1-45所示为反作用力控制式 EPS 系统组成。

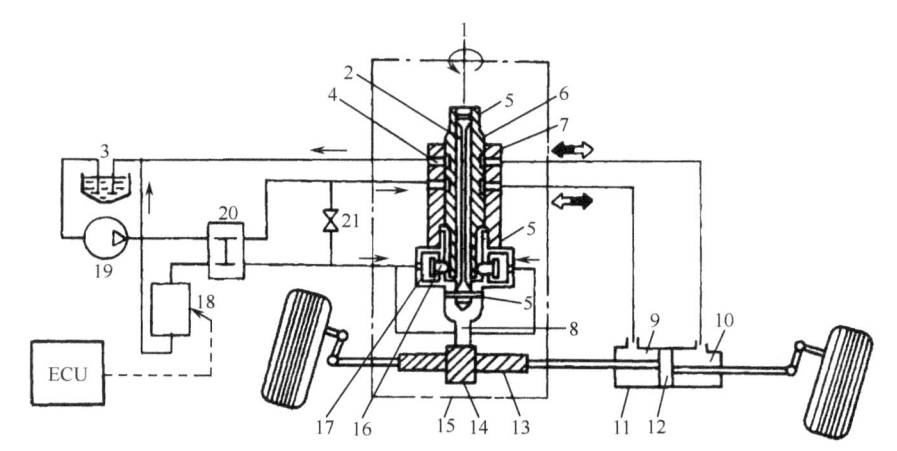

1—转向盘；2—扭杆；3—蓄油器；4—通道；5—销子；6—控制阀轴；7—旋转阀；8—小齿轮轴；9—左室；10—右室；11—动力缸；12—活塞；13—齿条；14—小齿轮；15—转向器；16—柱塞；17—油压反力室；18—电磁阀；19—液压泵；20—分流阀；21—阻尼孔

图 1-45　反作用力控制式 EPS 系统组成

4. 电控悬架（TEMS）

电控悬挂系统根据不同的路面状况及车身状态传感器（加速度、位移或其他目标参数）的信号，控制车辆高度，调整悬架的阻尼特性及弹性刚度，改善车辆行驶的稳定性、操纵性和乘坐舒适性。在电子控制悬架系统中的控制装置主要有 ECU、信号输入装置和输出装置。信号输入装置主要有车速传感器、高度传感器、转角传感器、节气门位置传感器等，信号输出装置即执行器。传感器将信号输入 ECU，经 ECU 处理后发出指令，由执行器控制悬架的刚度和阻尼力，使汽车平稳行驶。图 1-46 为电控悬架的组成。

5. 巡航控制系统（CCS）

汽车行驶中，可利用巡航控制装置对车速进行自动控制，即驾驶员的脚离开加速踏板后，汽车仍能按选定的速度稳定行驶，不需要反复调节节气门大小，这样可以减少速度变化和驾驶员长时间操作带来的疲劳。而在需要解除定速控制时，可按下 OFF 开关使自动控制系统停止。当需要提高或降低车速时，可按一定的操作方法，保持车辆按选定速度行驶。

汽车巡航控制系统主要由电子模块、速度控制传感器、电磁阀等组成，如图 1-47 所示。速度控制传感器是利用速度表轴驱动的装置，产生与车速成正比的电压，传感器输出的电压输入电子模块。电子模块接收驾驶员控制开关与速度控制传感器输入的信号。根据接收的信号，电子模块通过电磁阀调整供给伺服装置的真空程度进行车速控制。

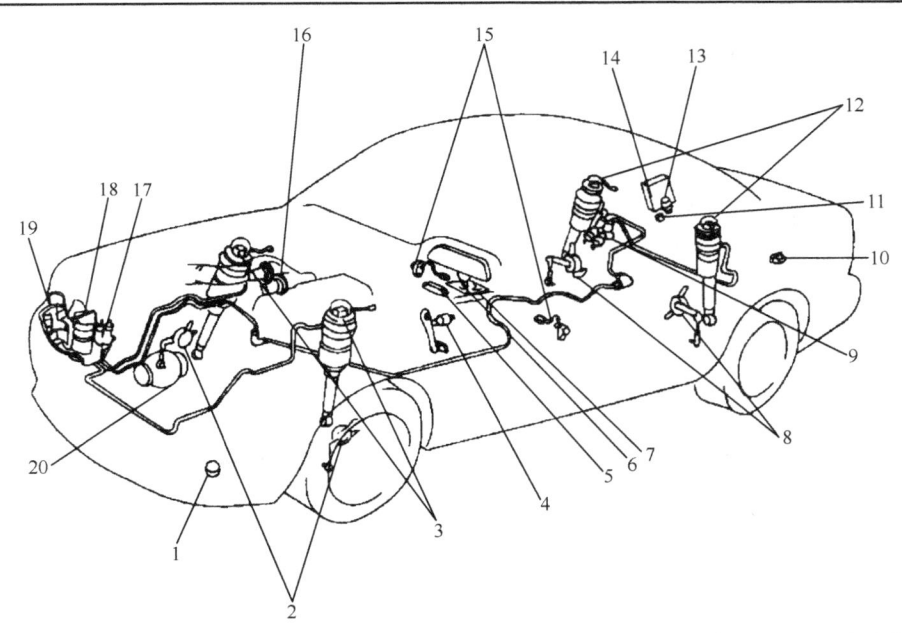

1—高度控制继电器；2—车身高度传感器；3—前悬架控制执行器；4—制动灯开关；5—转向传感器；6—高度控制开关；7—LRC 开关；8—后车身位移传感器；9—离度控制阀和溢流阀；10—高度控制开关；11—高度控制连接器；12—后悬架控制执行器；13—高度控制继电器；14—悬架 ECU；15—门控灯开关；16—主节气门位置传感器；17—高度控制阀；18—高度控制压缩机；19—干燥器和排气阀；20—IC 调节器

图 1-46 电控悬架组成

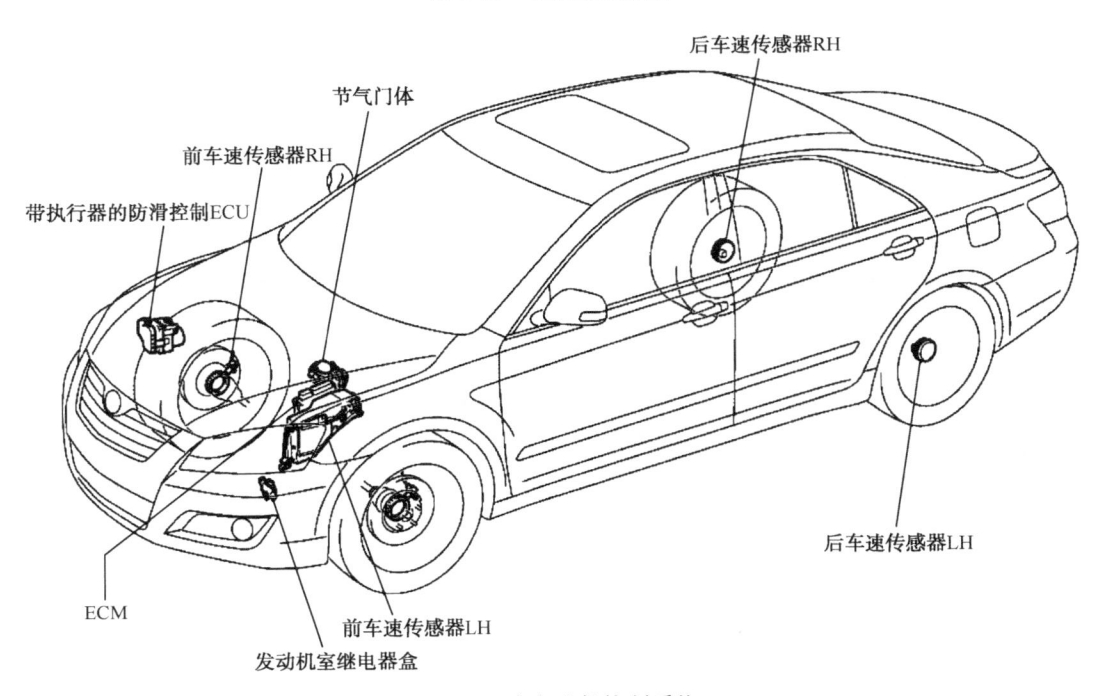

图 1-47 汽车巡航控制系统

1.3.3 汽车行驶安全系统

1. 安全气囊（SRS）

车辆相撞时，汽车前端的碰撞传感器和与计算机安装在一起的安全传感器检测到汽车突然减速的信号，计算机接收此信号并加以处理，使点火药粉迅速爆炸，产生氮气充满气囊，在驾驶员与方向盘之间、前座乘员与仪表板之间形成一个缓冲软垫，避免因硬性撞击而使乘员受伤。各种类型的安全气囊系统主要装置的布置如图 1-48 所示。

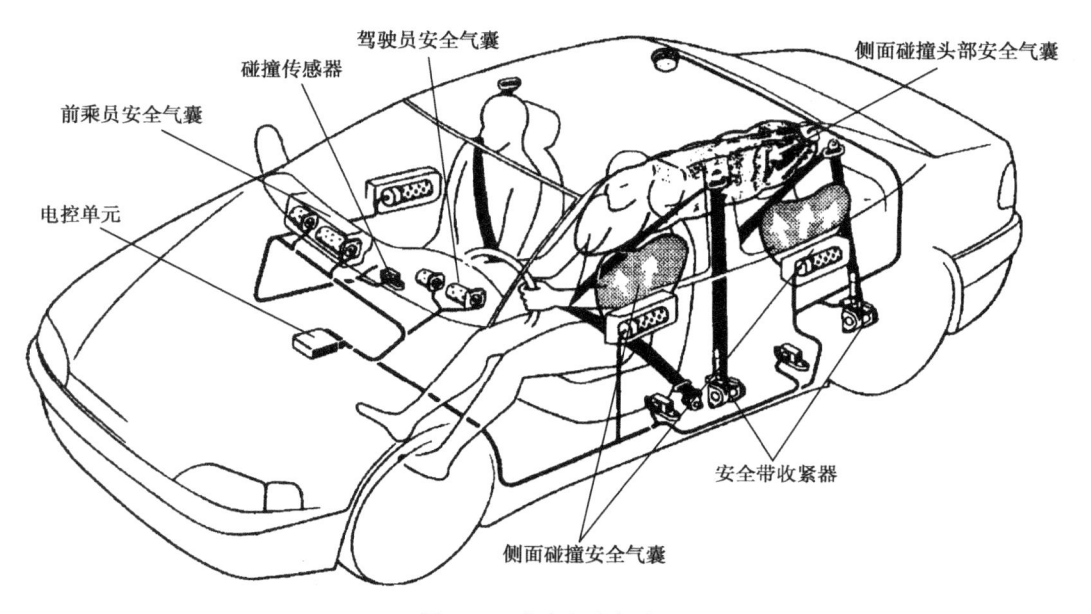

图 1-48 安全气囊组成

2. 雷达防撞系统

为防止汽车追尾事故发生，安全车距自动控制装置中的多普勒雷达（用作测速和测距传感器）可以测出两车的距离、车速、相对车速等有关信息，输入计算机后经过比较，若实测距离小于安全距离，计算机发出报警信息，若驾驶员未采取措施，执行器就会自动对汽车的制动系统起作用，使汽车减速，防止事故发生。当车距超过安全车距时，制动系统恢复正常，这样对安全车距进行自动控制。图 1-49 所示为该系统的组成布置。

汽车倒车安全装置用超声波及雷达作为传感器，可分为超声波倒车安全装置及雷达倒车安全装置两种。目前超声波倒车安全装置应用较多，该系统有两对超声波传感器，并列安装在后保险杠上，该系统发射超声波脉冲，后方有障碍物时发出报警信号，提醒驾驶员，保证倒车安全。

3. 驱动防滑控制系统（ASR）

该系统是在制动防抱死系统的基础上开发的，两系统有许多共同组件。ASR 系统通过驱动轮上的转速传感器检测到驱动轮将打滑时，控制元件使发动机降低转速，防止车轮打滑。

该系统在雪地或湿滑路面上能发挥其特性，保证行驶安全。图 1-50 所示为凌志 LS400 的 ABS/ASR 组成，是一种典型的 ASR 组成。

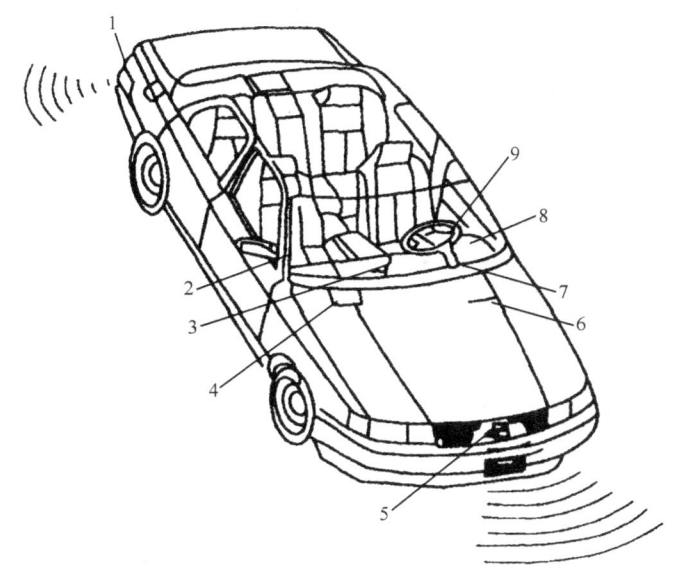

1—盲区雷达探测器；2—盲区灯光显示；3—扬声器；4—电控装置；5—无线发射/接收器总成；
6—制动传感器；7—转向传感器；8—车速里程表接头；9—驾驶控制显示装置

图 1-49　防撞系统组成

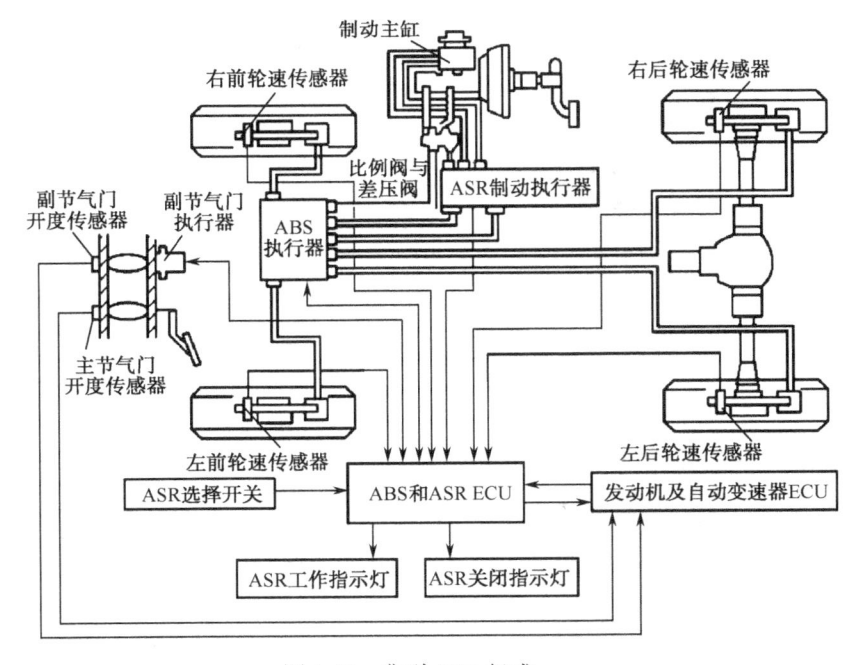

图 1-50　典型 ASR 组成

4. 电子稳定程序（ESP）

ESP 是建立在制动防抱死系统和牵引力控制系统的基础上，整合了多项电子制动技术后开发成功的新技术。其他各知名汽车厂商也开发和装备了类似的系统，其作用和原理与博世的 ESP 基本相同，但名称不同。ESP 的主要作用是防止车辆高速行驶时出现操纵失控状态，增加车辆行驶稳定性，减少侧滑危险和侧滑事故，减少侧面碰撞概率，提高行车安全。典型作用是在高速转弯或湿滑路面上行驶时，能提供更好的操纵稳定性和方向控制。图 1-51 所示为博世 ESP 系统的组成。

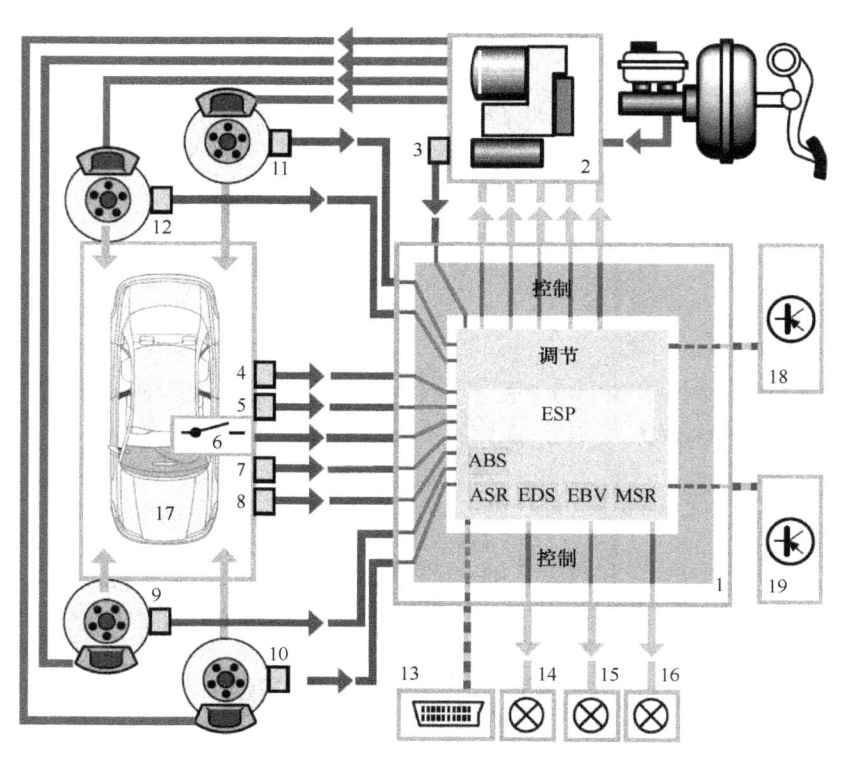

1—带 EDS/ASR/ESP 的 ABS 控制单元；2—带预压泵的液压单元；3—制动压力传感器；4—横向加速度传感器；5—偏转率传感器；6—ASR/ESP 按键；7—转向角传感器；8—制动开关；9—12 车轮转速传感器；13—自诊断线；14—制动装置指示灯；15—ABS 指示灯；16—ASR/ESP 指示灯；17—车辆及司机状况；18—干涉发动机管理系统；19—干涉变速器管理系统；

图 1-51 ESP 组成

5. 自适应前照明系统（AFS）

自适应前照明系统是一种能适应各种不同环境条件的智能前照灯系统，其根据车辆所处的不同速度、环境及天气状况，不断对大灯进行动态调节控制，使驾驶员获得更好的视觉效果，从而极大地提高车辆行驶的安全性。在由中至高速控制时，系统根据转向角、车速计算目标照明角度并单独改变各个近光灯的旋转角度。在低速控制时，系统根据转向角度计算目标照明角度并改变转向时朝向内侧的近光灯的旋转角度。图 1-52 所示为自适应前照明系统组成。

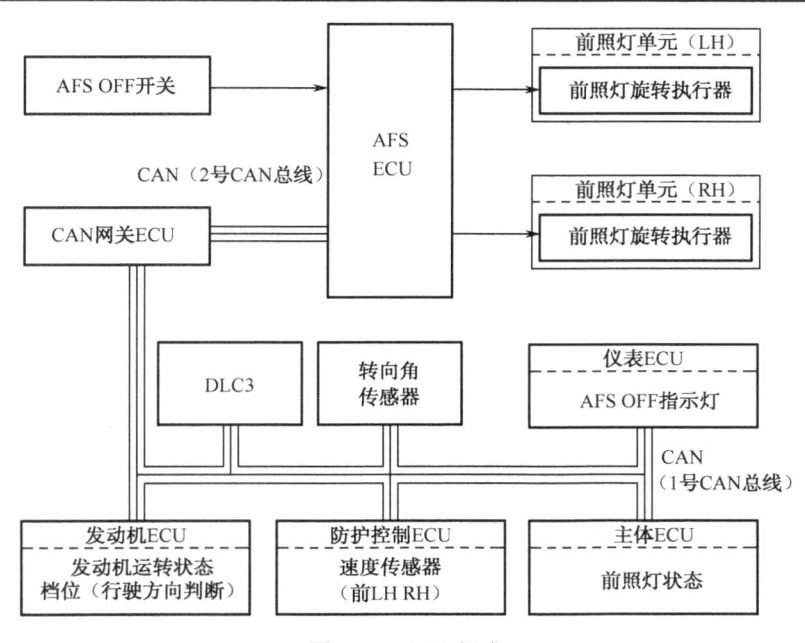

图 1-52　AFS 组成

1.3.4　汽车信息系统

随着电子化的发展，汽车信息系统越来越庞大，远远超出如车速、里程、水温、油压等范围，逐渐向全面反映车辆工况和行驶动态等的方向发展。各种信息装置正在源源不断地进入汽车领域。

1. 信息显示与报警系统

该系统可将发动机工况和各传感器的信息参数通过微处理机处理后，输出对驾驶员更有用的信息，并用数字、线条显示或声光报警。报警系统传感器有机油压力传感器、各类液量传感器、各油液温度传感器、车速及发动机转速传感器等，这些传感器向计算机提供信息，必要时启动报警电路报警。图 1-53 所示为宝马汽车组合仪表，可显示各种报警信息及其他信息。

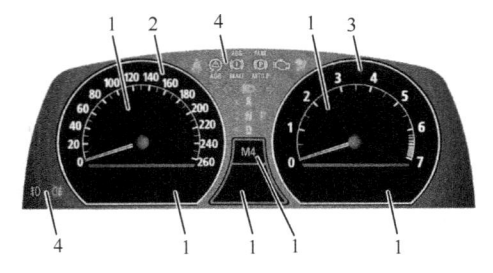

1—液晶显示器；2—固定印刷式车速刻度盘；
3—固定印刷式发动机转速刻度盘；4—指示灯和报警灯

图 1-53　汽车组合仪表

2. 语言信息系统

语言信息包括语音报警和语言控制两类。语音报警通过开关型传感器监测车内部件的工作情况，一旦检测到故障，即闭合开关，触发控制器，启动语言电路，同时发出报警声音信号。语言控制是用驾驶员的声音来指挥和控制汽车的某个部件、设备动作。目前，该装置一般都是为方便伤残人士驾驶车辆而设立的。

3. 车用导航系统

车用导航系统是汽车行驶向智能化发展的标志。该系统利用各种传感器，如相对传感器、绝对传感器、转向角传感器、车轮轮速传感器（测距）、地磁传感器、陀螺仪（测方向）、罗盘等，精确测定汽车目前所在的位置，定向选择最佳行驶路线。图1-54所示为典型车用导航系统组成。

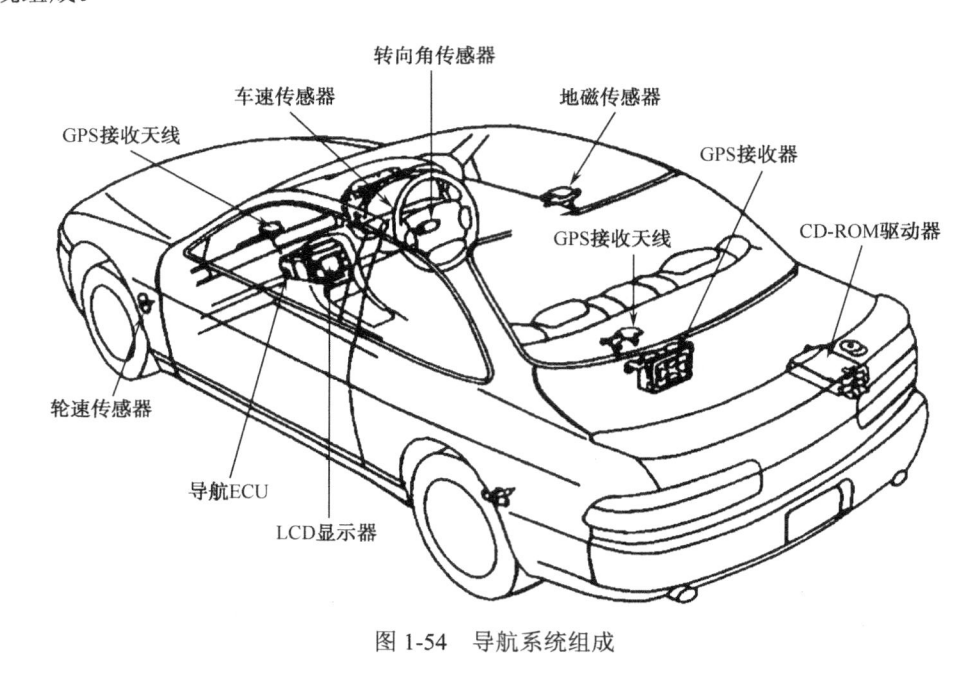

图 1-54 导航系统组成

1.4 汽车传感器易发故障及故障结果

1. 发动机电控系统传感器易发故障及故障结果

表 1.5 为发动机电控系统传感器易发故障及故障结果。

表 1.5 发动机电控系统传感器易发故障及故障结果

传感器名称	故障部位	故障现象	故障结果
叶片式空气流量传感器	电位计上滑片电阻值不准确	空气流量信号不准确	发动机功率下降、运转不稳、油耗增加
	电位计滑动臂与碳膜电阻接触不良	空气流量信号中断或时有时无	发动机运转中断或工作不稳
	回位弹簧弹力不足	喷油量过多	发动机耗油增加
	油泵开关点接触不良	燃油泵工作不良	发动机启动困难或启动后熄火
卡曼涡旋式空气流量传感器	电子元器件电路故障	传递频率信号不正确	发动机启动困难、怠速不稳、油耗增加

续表

传感器名称	故障部位	故障现象	故障结果
热线式或热膜式空气流量传感器	热线或热膜脏污	空气流量信号电压下降导致供油量减少	发动机运转不稳、功率下降、加速不良
	热线或热膜损坏	无空气流量信号输出	发动机不能工作
	热敏电阻工作不良	空气流量信号电压不准确	发动机运转不稳、油耗增加
进气温度传感器	热敏电阻性能发生变化、线路接触不良	进气温度传感器无信号或信号不准确	发动机不能启动或启动后运转不稳、功率下降
半导体压敏电阻式进气压力传感器	压力转换中的硅膜片损坏	不能正确检测进气歧管压力，进气量检测不准，影响空燃比	发动机工作不良、动力下降、油耗增加
真空膜盒式进气压力传感器	膜盒破损	不能正确检测进气歧管压力，进气量检测不正确，影响空燃比	发动机工作不良、动力下降、油耗增加
曲轴位置传感器	磁脉冲式：信号盘、磁头	不能准确判断曲轴上止点位置信号	发动机启动困难或运转不良、怠速不稳
霍尔式凸轮轴位置传感器	集成电路损坏或永久磁铁、导磁片脏污	不能准确判断活塞上止点信号（与曲轴位置传感器信号不同步）	发动机启动困难或运转不良、怠速不稳
线性输出型节气门位置传感器、开关型节气门位置传感器	怠速触点接触不良	无怠速信号	发动机无怠速或怠速不稳
	全负荷触点接触不良	无全负荷信号输入	发动机无高速、加速困难
热敏电阻式水温传感器	热敏电阻性能发生变化或线路接触不良或断路	无水温信号或信号不准，电子扇不转、水温表不指示	发动机不能启动或运转不稳、功率下降
氧传感器	氧化钛式：二氧化钛陶瓷管损坏	ECU 不能获得氧传感器输入的氧浓度信号	发动机油耗增加、排气冒黑烟或发动机不能工作，怠速不稳
	氧化锆式：陶瓷管（或锆管）损坏、电阻丝烧断		
爆燃传感器	磁致伸缩式：线圈损坏 压电式：振荡片损坏或压电元件损坏	不能检测发动机爆燃信号、不能自动推迟点火时间	发动机工作产生爆燃、功率下降、伴随敲缸

2．电控自动变速器中传感器易发故障及故障结果

表1.6为电控自动变速器中传感器易发故障及故障结果。

表1.6 电控自动变速器中传感器易发故障及故障结果

传感器名称	故障部位	故障现象	故障结果
车速传感器	舌簧开关式：触点脏污、线路断、短路 电磁感应式：线圈断、短路 断路光电式：线圈断、短路 光电式：转子脏污、线路断、短路	变速器输出轴转速检测结果不准	换挡时刻不准确、产生冲击或不能正确换挡
输入轴转速传感器	感应线圈断、短路、传感器头或齿圈粘有油污、传感器消磁、传感器松动等	不能正确检测变速器的输入轴转速	ECU 停止减扭控制、换挡冲击大
液压油温度传感器	热敏电阻性能发生变化、线路断、短路	不能正确换挡、不能正确控制油压、不能正确控制锁定离合器	不能正确进行换挡或换挡产生冲击

续表

传感器名称	故障部位	故障现象	故障结果
水温传感器	热敏电阻性能发生变化，线路断、短路	水温过低时，变矩器不能进入锁定，低于70℃时变速器不能升入4挡，当线路断开时，变速器不能升入高挡	自动变速器换挡困难、没有高挡或换挡产生冲击

3．安全气囊系统传感器易发故障及故障结果

表1.7为安全气囊系统传感器易发故障及故障结果。

表1.7　安全气囊系统传感器易发故障及故障结果

传感器名称	故障部位	故障现象	故障结果
碰撞传感器	线路断路或短路或传感器本身出现故障	SRS ECU不能正确检测到碰撞信号	发生交通事故时，电爆管不能引爆，气囊不能打开

4．制动防抱死系统ABS中轮速传感器易发故障及故障结果

表1.8为ABS系统中轮速传感器易发故障及故障结果。

表1.8　轮速传感器易发故障及故障结果

传感器名称	故障部位	故障现象	故障结果
轮速传感器	传感器头脏污，线圈断、短路	不能检测车轮转速	紧急制动时车轮抱死、车轮产生滑移，易造成交通事故

5．电控悬架系统传感器易发故障及故障结果

表1.9为电控悬架系统传感器易发故障及故障结果。

表1.9　电控悬架系统传感器易发故障及故障结果

传感器名称	故障部位	故障现象	故障结果
光电式车高传感器	晶体管损坏或线路断、短路	不能正确检测车身高度的变化	不能正确调整车轮悬架刚度
光电式转角传感器	遮光器损坏或晶体管损坏	转角传感器没有信号输入ECU	不能判断汽车转向时侧向力的大小，进而不能控制车身侧倾

6．电控动力转向系统传感器易发故障及故障结果

表1.10为电控动力转向系统传感器易发故障及故障结果。

表1.10　电控动力转向系统传感器易发故障及故障结果

传感器名称	故障部位	故障现象	故障结果
扭矩传感器	线路断、短路	无法测量转向盘与转向器之间的相对扭矩，即无扭矩信号输入ECU	无电控阻力作用

第2章 发动机控制系统传感器

2.1 概　　述

发动机控制系统用传感器是整个汽车传感器的核心，种类很多，包括温度传感器、压力传感器、位置和转速传感器、流量传感器、气体浓度传感器和爆燃传感器等。这些传感器向发动机的电子控制单元ECU提供发动机的工作状况信息，使ECU对发动机工作状况进行精确控制，以提高发动机的动力性、降低油耗、减少废气排放和进行故障检测。

图2-1和图2-2分别为电磁直喷式汽油机与压电分层直喷式汽油机的组成。

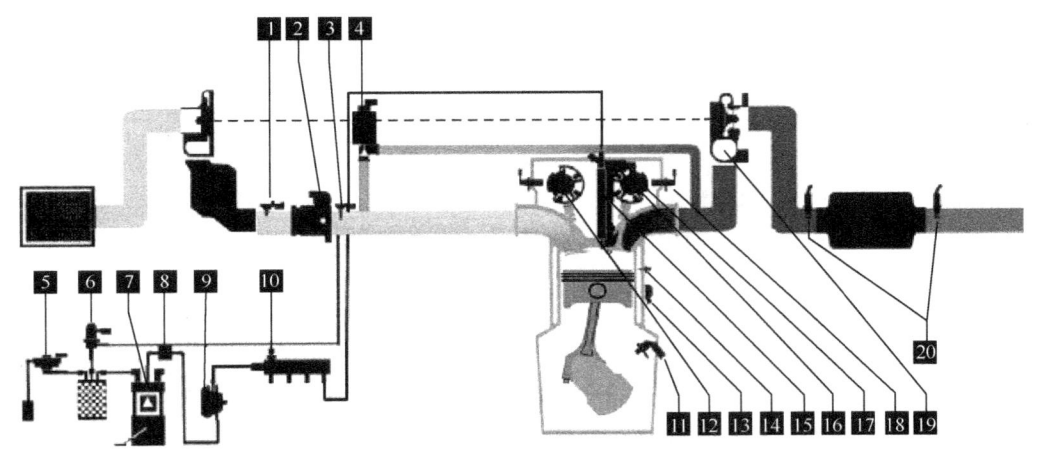

1—歧管空气压力传感器；2—电子节气门控制；3—歧管绝对压力传感器；4—电动废气再循环阀；5—SMART NVLD 2；6—炭罐净化电磁阀；7—燃料供应单元；8—弹性燃料传感器；9—汽油高压泵；10—燃油压力传感器；11—主动曲轴位置传感器；12—可变气门升程；13—爆燃传感器；14—冷却剂（水）温度传感器；15—电磁阀喷油器；16—单线圈点火与诊断反馈；17—双变量凸轮相位器；18—主动凸轮轴位置传感器；19—涡轮增压器；20—二进制O_2传感器

图2-1 电磁直喷式汽油机组成

由于发动机工作在高温（发动机表面温度可达650℃、排气歧管可达650℃）、振动（加速度30g）、冲击（加速度50g）、潮湿（100%RH，−40～−120℃）以及蒸气、烟雾、腐蚀和油泥污染的恶劣环境中，因此发动机控制系统用传感器耐恶劣环境的技术指标要比一般工业用传感器高1~2个数量级，其中最关键的是测量精度和可靠性，否则由传感器带来的测量误差将最终导致发动机控制系统难以正常工作或产生故障。

发动机温度传感器用来判定发动机的热状态，计算进气空气的质量流量以及排气净化处理。发动机用温度传感器有冷却液温度传感器、进气温度传感器、排气温度传感器、机油温度传感器等。冷却液温度传感器的主要作用是检测冷却液的温度来对喷油量进行修正，它的另一个重要作用是控制冷却风扇的开启。排气温度传感器用于排气装置上三元催化转化器内温度异常高时的报警系统，防止因过热使催化剂性能减退而对汽车造成损坏。

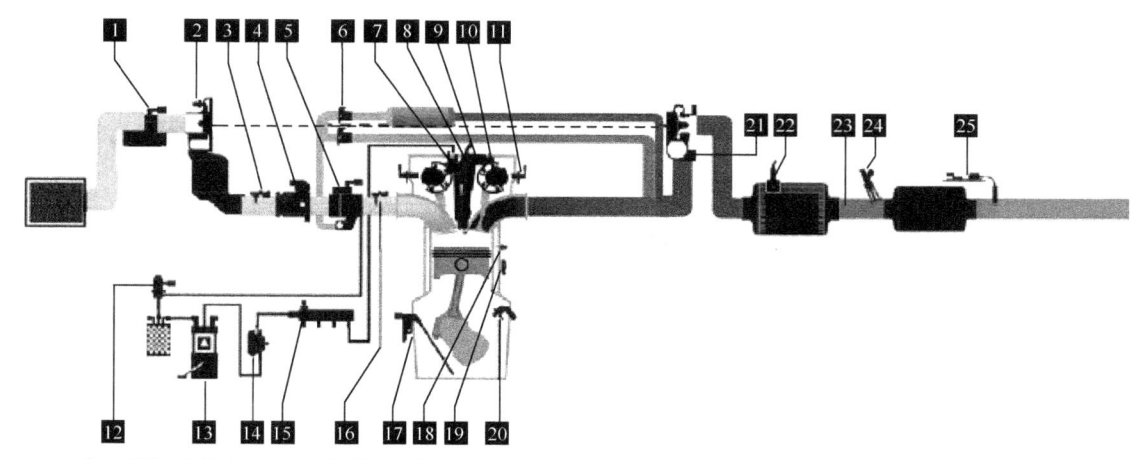

1—空气质量流量传感器；2—涡轮转速传感器；3—歧管空气压力传感器；4—电子节气门控制；5—电动废气再循环阀；6—排气旁通阀；7—压电式喷油器；8—内燃机气缸压力传感器；9—单线圈点火与诊断反馈；10—双变量凸轮相位器；11—主动凸轮轴位置传感器；12—炭罐净化电磁阀；13—低压燃油泵（PWM 控制）；14—汽油高压泵；15—燃油压力传感器；16—歧管绝对压力传感器；17—主动热电式油位传感器；18—冷却剂（水）温度传感器；19—爆燃传感器；20—主动曲轴位置传感器；21—涡轮增压器；22—线性 O_2 传感器；23—高温传感器；24—DEKA SCR-喷油器；25—NOx 传感器

图 2-2　压电分层直喷式汽油机组成

压力传感器主要有进气压力传感器、大气压力传感器、机油压力传感器等。进气压力传感器将测出的进气歧管的绝对压力转换成电信号提供给 ECU，作为决定喷油器基本喷油量的依据。大气压力传感器检测大气压力的变化，提供对喷油量和点火时间的修正信号。

发动机位置和转速传感器主要包括曲轴位置传感器、节气门位置传感器、溢流环位置传感器和液位传感器等。曲轴位置传感器主要用于检测发动机转速和转角，它是发动机集中控制系统最主要的传感器，是控制点火时刻、确认曲轴位置和发动机转速不可缺少的信号源。曲轴位置传感器主要有电磁脉冲式、光电式、霍尔式等。节气门位置传感器安装在节气门体上，用于检测节气门的开度，满足节气门处于不同开度状态下对喷油量进行有效地控制，它主要包括线性输出式和开关触点式两种。溢流环位置传感器用在电子式柴油机喷射装置上，用来检测溢流环的位置，实现电子控制喷油量。

在使用三元催化转化器的汽车发动机上，氧传感器是必不可少的，它安装在排气管内，测量排气管中的氧含量，确定发动机的实际空燃比与理论值的偏差。控制器根据氧传感器提供的信号，调节可燃混合气的浓度，使空燃比接近于理论值，从而提高经济性，降低排气污染。氧传感器主要有氧化锆和氧化钛两种类型。

爆燃传感器用于检测发动机的振动，通过调整点火提前角来控制和避免发动机发生爆燃。可以通过检测汽缸压力、发动机机体振动和燃烧噪声三种方法来检测爆燃，其中根据发动机机体振动来检测爆燃是最常用的方法。

空气流量传感器检测进入发动机的空气量从而控制喷油器的喷油量，以得到较准确的空燃比，现在车型上主要应用的有叶片式、卡曼涡旋式、量芯式、热线式和热膜式等。

2.2 温度传感器

温度传感器在工业自动化上有着广泛的用途，常用的温度传感器有热电阻式、热电偶式、热敏铁氧体式、晶体管式和集成式五种，其中热电阻式按材料又可分为金属热电阻式和热敏电阻式两种。汽车上实际应用的温度传感器主要有热敏电阻式、热敏铁氧体式和热电偶式三种，其中以热敏电阻式温度传感器的应用最为广泛。

2.2.1 热敏电阻式温度传感器

热敏电阻式温度传感器是根据热敏电阻效应制成的，热敏电阻效应是指物质的电阻率随其本身温度的变化而变化，通常简称热电阻。热电阻按其材料可分为金属热电阻和热敏电阻。

以金属作为检测元件的传感器要求金属材料的电阻温度系数、物理化学性能稳定且其自身的电阻率较大，这样就使得铂和铜成为了较理想的、常用的热电阻材料。铂在很宽的温度范围内都能保持良好的特性，因此得到广泛的应用；铜虽然仅适用于-50～150℃，但其测温精度高、稳定性好、易加工、价格便宜。

热敏电阻是用陶瓷半导体材料与其他的金属氧化物按适当的比例混合后高温烧结而制成的温度系数很大的电阻体，在工作范围内，按陶瓷半导体与温度的特性关系可分为三种类型：第一种是负温度系数热敏电阻（NTC），其电阻值随温度升高而减小；第二种是正温度系数热敏电阻（PTC），其电阻值在一定温度范围内随温度升高而急剧增加；第三种是临界温度系数热敏电阻（CTR），其电阻值在一定温度范围内随温度升高而急剧减少，如图2-3所示。

由于线性度较好，在测量中引起的误差较小，负温度系数热敏电阻得到广泛应用。汽车上所使用的温度传感器大多数是负温度型的热敏电阻传感器，简称NTC型温度传感器，其阻值与温度的关系可用下列公式表述：

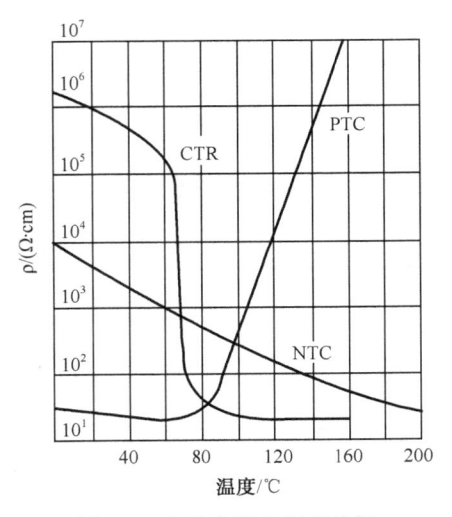

$$R_T = Ae^{B/T} \tag{2.2-1}$$

图2-3 热敏电阻的温度特性

式中，R_T为温度为T时的阻值，单位为Ω；T为温度，单位为K；A、B为取决于材质和结构的常数，其中A的量纲为Ω，B的量纲为K。

B常数是以零功率电阻值对时间的变化大小来表示的，它是由阻-温特性上任两点温度来求出的常数，表达式为

$$B = \frac{\ln R_2 - \ln R_1}{1/T_2 - 1/T_1} \quad (2.2\text{-}2)$$

式中，B 为常数；T 为任意温度值（K）；T_2 为与 T_1 相异的另一温度值（K）；R_1 为 T_1 时的零功率电阻值（Ω）；R_2 为 T_2 时的零功率电阻值（Ω）。

从公式可以看出 B 常数的确定与两个温度及其对应的阻值有关，所以应首先选定具体的数据，再利用逐差法来计算 B 值。具体步骤如下。

（1）利用相邻两点来计算 B 值，得到的 B 作为前一个温度对应的 B 值，即

$$B = \frac{\ln R_{i+1} - \ln R_i}{1/T_{i+1} - 1/T_i} \quad (2.2\text{-}3)$$

（2）把间隔取为 5 个点，得到 $B-T$ 关系，即

$$B = \frac{\ln R_{i+5} - \ln R_i}{1/T_{i+5} - 1/T_i} \quad (2.2\text{-}4)$$

（3）把间隔取为 10 个点，得到 $B-T$ 关系，即

$$B = \frac{\ln R_{i+10} - \ln R_i}{1/T_{i+10} - 1/T_i} \quad (2.2\text{-}5)$$

（4）B 值处理方法的分析及拟合曲线方程。由步骤（1）、（2）、（3）数据处理得到 3 条 $B-T$ 关系图。利用 Origin 中的多项式逼近法（Polynomial Approximation Method），可以得到其拟合直线，通过数值拟合可以得到 $B-T$ 函数。

从上面的分析可以看出不同的热敏电阻对应的 $B-T$ 函数也不同，我们无法给出一个广泛适用的函数形式，因而工程上不可能采用这样的方法测量 B 常数，现在一般利用温度为 298~323K 或 323~358K 时对应的电阻来计算 B 常数，这样得到的 B 常数是一个定值，我们称之为 $B_{工程}$。

表 2.1 是对不同厂家的不同样品的数据处理结果，需要说明的是计算 TBT-6 样品的平均 B 值的原始数据温度范围是 223~373K，样品 TBT-15、TBT-30、TBT-18/100、TBT-1/200 原始数据温度范围是 323~573K；而样品 TBT-4/200 的是 373~623K。

表 2.1 国内外不同厂家产品值的比较

生产厂家 B 值	502AT-2S-A	103AT-2S-A	TBT-6	TBT-15	TBT-30	TBT-18/100	TBT-1/200	TBT-4/200
	泰州石感应电子有限公司		株式会社芝浦电子制作所					
B(K) (273~373K)			3390	3450	3450			
B(K) (373~473K)						4200	4500	4700
B 25/85K			3416	3480	3482	3963	4147	4383
B 25/50K	3470	3950						
B（平均值）	3410.878	3912.784	3311.8	3481.3	3443.68	4333.726	4513.439	5039.446
B 实际误差	0.042717	0.066448	0.0406	0.0444	0.03347	0.082376	0.079397	0.126938
B 工程误差	0.040919	0.06484	0.038	0.0436	0.03182	0.093547	0.088368	0.149771

注意事项：① 公称表示时注意工程上把 B 常数作为一个常数来说，实际上并非是一个定值。确定 B 常数时所必须具有的两个温度 T_1、T_2，典型的数值是 298K 和 348K，也有用 298K 和 323K 或 373K 和 473K 等取法，这是由各种用途来决定的。若两点的温度 T_1、T_2 之差在 10K 以下，则由于测量温度的误差而使 B 常数的误差增大。因而这里我们将温差选在 10K。若温差超过 100K 则与使用温度附近的 B 常数的相差过于悬殊。因此 T_1、T_2 的温度差值希望选在 323～373K 为最佳。以工程零功率电阻值作为标准值来表示 B 常数时，其允许的差值如表 2.2 所示，是由日本 JIS2170 中所规定的。

表 2.2 允许差值表 （单位：%）

符号	D	F	G	J	K	L
允许差值	±0.5	±1	±2	±5	±10	±15

② 一般而言，热敏电阻阻值的 B 常数是由材料的组成而决定的。若热敏电阻元件形状一定，则有 B 常数大时其零功率电阻值也大的趋势。因此，即使将同一元件形状的热敏电阻元件改换，也不会出现 B 常数和零功率电阻值可以自由选择组合的情况。

根据 B 的求值公式：

$$B = (\ln R_{T_1} - \ln R_{T_2})/(\frac{1}{T_1} - \frac{1}{T_2}) \tag{2.2-6}$$

有时把 NTC 热敏电阻的阻值变化规律写成下式：

$$R_T = R_0 e^{(\frac{B}{T} - \frac{B}{T_0})} \tag{2.2-7}$$

式中，R_T 为 T（K）时热敏电阻的阻值；R_0 为 T_0（K）时热敏电阻的阻值；T_0 为 273.15K；B 为热敏电阻常数。

热敏电阻在其本身温度变化 1℃时，电阻值的相对变化量，称为热敏电阻的温度系数。温度系数用 α_T 表示，NTC 型热敏电阻的温度系数可按下式计算：

$$\alpha_T = \frac{1}{R}\frac{dR}{dT} = \frac{1}{Ae^{B/T}}\frac{d(Ae^{B/T})}{dT}$$

$$= \frac{1}{Ae^{B/T}}Ae^{B/T}(-\frac{B}{T^2}) = -\frac{B}{T^2} \tag{2.2-8}$$

与金属热电阻相比，热敏电阻的阻值变化量要高 10 多倍，而且其电阻温度系数也不是常数，而是随温度变化的。因此，一般把 B（单位为 K）看作是常数来求出电阻温度系数。这也说明，B 值越大，热敏电阻随温度变化的程度越大。对一般常用材料来说，B 值范围为 2000~10000K，常用值是 3000K 左右。

热敏电阻的特点是：用很简单的电路可以检测某一特定点的温度，测试精度高；但测量宽范围的温度时，用金属热电阻或热电偶好些。热敏电阻大致可分为两类，一类是用 MnO-NiO-CoO-Fe$_2$O$_3$ 制得的较低温度测量用热敏电阻，另一类是用 ZrO$_2$ 或 Al$_2$O$_3$ 系列材料制成的高温测量用热敏电阻。适于中温测量用的材料则很少。

低温测量用热敏电阻的材料主要有 MnO-NiO 系列、MnO-CoO-NiO 系列及 MnO-CoN 等，这些属于迁移金属氧化物系列的 N 型陶瓷半导体材料。从此系列材料的常数 B 与室温下的阻值来看，它在测量与温度补偿领域有广泛的用途。在发动机控制上，它主要用于水温传感器、进气温度传感器等低温测量用传感器上，即用于测量300℃以下的传感器上。SiC、LaCrO$_3$、B$_4$C系列材料虽然属于中温测量用材料，但这些材料难以烧结，所以很难形成批量且价格低廉的产品。

2.2.2 高温用热敏电阻

随着汽车排放法规的执行与不断加严，人们迫切地要求能够对催化剂的异常高温随时报警，在这种背景下，厂家陆续地研制出多种高温用热敏电阻。前面讲过的热敏电阻的耐热容许温度仅达300℃，而高温热敏电阻耐热温度较高，它采用新开发出的材料，见表2.3。

表2.3 高温用热敏电阻材料

结晶系列	主要成分	特　点
萤石形 MnO$_2$	ZrO$_2$、CaO、Y$_2$O$_3$、MgO、Nb$_2$O$_3$、ThO$_2$	在氧离子为传导体、ZrO$_2$处于稳定状态时没有结晶变态，通过改变固溶的稳定成分及其数量可改变其特性。 例如，750℃时的阻值：0.8~8kΩ 常数B：5000~18000K
尖晶石形 MM$_2'$O$_4$	MgO、NiO、Al$_2$O$_3$、Cr$_2$O$_3$、Fe$_2$O$_3$	熔点高，无结晶变态，由可固溶的尖晶石组成。 例如，600℃时的阻值：10~10^{17}Ω 常数B：2000~17000K
	CoO、MnO、NiO、Al$_2$O$_3$、Cr$_2$O$_3$、CaSiO$_3$	属以Al$_2$O$_3$为主要材料的尖晶石系列，添加第三成分CaSiO$_3$作烧助剂，添加Co、Mn、Fe等氧化物以调节电阻。 例如，700℃时的阻值：0.9~500kΩ 常数B：2900~11000K
	NiO、CoO、Al$_2$O$_3$	添加第三种成分CaO、SiO$_2$、Y$_2$O$_3$、MgO以使组织稳定，减小电阻值的变化。 例如，1050℃时的阻值：10~10^{5}Ω 常数B：15000K±5000K
MFeO$_3$ 类化合物	BaO、SrO、MgO、TiO$_2$、Cr$_2$O$_3$	通过添加TiO$_2$、Cr$_2$O$_3$制成NTC热敏电阻，作为稳定剂还增加碱土金属。 例如，500℃时的阻值：0.1~9.2kΩ
刚石形 M$_2$O$_3$	Al$_2$O$_3$、Fe$_2$O$_3$、MnO	通过添加第三种成分MnO，增大特性曲线的斜率，防止电阻老化。 例如，600℃时的电阻为4.5kΩ 常数B：11300K

高温热敏电阻的B常数非常高，其值为10000~15000K，典型的ZrO$_2$-Y$_2$O$_3$系列材料中，ZrO$_2$本身的融点高达2800℃，因其耐热性好，故从实际应用角度来看，这是一种最好的材料。

ZrO$_3$是典型的氧离子导电体，元件的电极上加有电压时产生下述反应，形成了O^{2-}离子的传导：

$$Oe^{2-} \rightleftharpoons \Box O^{2-} + 2e^- + O_2 \qquad (2.2\text{-}9)$$

在正极上进行的是右方向的化学反应，在负极上进行的是左方向的化学反应。式中，Oe^{2-}

表示晶格位置上的氧离子，□O^{2-} 表示氧离子上的空晶格点，e^- 表示电子。

这就意味着，在测量热敏电阻的阻值时，是利用元件向周围泵送氧气的。因此，只有设法保证热敏电阻元件周围为稳定的 O_2 时，才能稳定地测量周围温度，如果是仅看这一点的话，ZrO_3 还可以说着是非常好的高温热敏电阻。

与 O^{2-} 这种离子导体相比，ZrO_2 是一种电子传导型热敏电阻，它是由耐热绝缘材料 Al_2O_3、SiO_2 再添加具有电子传导性能的迁移金属氧化物而成的。用这种系列材料生产元件，整个陶瓷不是均匀的电阻坯料，而是迁移金属氧化物熔化在绝缘母体材料中，形成固溶体，或者在晶粒边界析出，产生很复杂的化学反应。在高温烧结热敏电阻时，随烧结时气氛的不同，迁移金属可以形成各种原子价，所得元件的特性会有很大差别。从这种意义上看，至少从原理上来说，ZrO_2 适于制造高温传感器。

2.2.3 热电偶式温度传感器

热电偶是工业上最常用的温度检测元件之一，热电偶工作原理是基于赛贝克（Seeback）效应，即两种不同成分的导体两端连接成回路，若两连接端温度不同，则在回路内产生热电流的物理现象。其优点如下：

（1）测量精度高。因热电偶直接与被测对象接触，故不受中间介质的影响。

（2）测量范围广。常用的热电偶从-50~+1600℃均可连续测量，某些特殊热电偶最低可测到-269℃（如金铁镍铬），最高可达+2800℃（如钨—铼）。

（3）构造简单，使用方便。热电偶通常是由两种不同的金属丝组成的，而且不受大小和开头的限制，外有保护套管，用起来非常方便。

1．热电偶的工作原理和分类

热电偶的工作原理是基于塞贝克效应，即由两种不同成分的均质导体组成闭合回路，如图 2-4 所示，当 A、B 两端存在温度差时，那么两端之间就存在电位差 ΔU_{AB}，即塞贝克电势。其值与组成热电偶的金属材料性质、热端与冷端的温度差的大小有关，而与热电极的长短、直径大小无关。热电偶是将温度转成热电势的一种感温元件，配以二次仪表通过测量电势，从而测定出温度值。

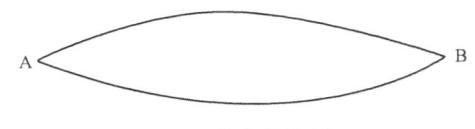

图 2-4 热电偶的原理

这种测量温度的方法是：将导体组成闭合回路的两端（记为 A、B），一端置于恒温箱中，另一端置于被测物中。当被测物温度发生变化时，ΔU_{AB} 也将发生变化。而由于 A 端或 B 端中有一端是置于恒温箱中的，因此置于恒温箱中的一端的电势是不变的，这样 ΔU_{AB} 的变化实际上是被测物温度变化的反映。

热电偶的种类很多，分类如表 2.4 所示。

表 2.4 热电偶的分类

按热电极材料	按温度范围	按 结 构	按 用 途
难熔金属热电偶: 钨铼$_5$-钨铼$_{20}$ 贵金属热电偶: 铂铑$_{30}$-铂铑$_6$ 廉金属热电偶: 镍铬-镍硅 非金属热电偶: 石墨-碳化硅	高温热电偶: 钨铼$_6$—钨铼$_{20}$ 中温热电偶: 镍铬—镍硅 低温热电偶: 铜—康铜	普通热电偶 铠装热电偶 薄膜热电偶	标准热电偶: 铂铑$_{10}$-铂热电偶 工业热电偶: 表面热电偶

常用热电偶可分为标准热电偶和非标准热电偶两大类。所谓标准热电偶是指国家标准规定了其热电势与温度的关系、允许误差，并有统一的标准分度表的热电偶，它有与其配套的显示仪表可供选用。非标准热电偶在使用范围或数量级上均不及标准热电偶，一般也没有统一的分度表，主要用于某些特殊场合的测量。我国从 1988 年 1 月 1 日起开始热电偶的标准化工作，热电偶全部按 IEC 国际标准生产，并指定 S、B、E、K、R、J、T 七种标准化热电偶为我国统一设计型热电偶。

（1）（S 型热电偶）铂铑$_{10}$-铂热电偶

铂铑$_{10}$-铂热电偶为贵金属热电偶。偶丝直径规定为 0.5mm，允许偏差-0.015mm，其正极（SP）的名义化学成分为铂铑合金，其中含铑为 10%，含铂为 90%，负极（SN）为纯铂，故俗称单铂铑热电偶。该热电偶长期最高使用温度为 1300℃，短期最高使用温度为 1600℃。

S 型热电偶在热电偶系列中具有准确度最高、稳定性最好、测温温区宽、使用寿命长等优点。它的物理、化学性能良好，热电势稳定性及在高温下抗氧化性能好，适用于氧化性和惰性气氛中。由于 S 型热电偶具有优良的综合性能，所以符合国际使用温标的 S 型热电偶长期以来曾作为国际温标的内插仪器，"ITS-90" 虽规定其今后不再作为国际温标的内查仪器，但国际温度咨询委员会（CCT）认为 S 型热电偶仍可用于近似实现国际温标。

S 型热电偶的不足之处是热电势、热电势率（$\Delta V_{AB}/\Delta T_{AB}$）较小，灵敏度低，高温下机械强度下降，对污染非常敏感，贵金属材料昂贵，因而一次性投资较大。

（2）（R 型热电偶）铂铑$_{13}$-铂热电偶

铂铑$_{13}$-铂热电偶为贵金属热电偶。偶丝直径规定为 0.5mm，允许偏差-0.015mm，其正极（RP）的名义化学成分为铂铑合金，其中含铑为 13%，含铂为 87%，负极（RN）为纯铂，长期最高使用温度为 1300℃，短期最高使用温度为 1600℃。

R 型热电偶在热电偶系列中具有准确度最高、稳定性最好、测温温区宽、使用寿命长等优点。其物理、化学性能良好，热电势稳定性及在高温下抗氧化性能好，适用于氧化性和惰性气氛中。由于 R 型热电偶的综合性能与 S 型热电偶相当，故在我国一直难于推广，除在进口设备上的测温有所应用外，国内测温很少采用。1967—1971 年，英国 NPL、美国 NBS 和加拿大 NRC 三大研究机构进行了一项合作研究，其结果表明，R 型热电偶的稳定性和复现性比 S 型热电偶均好，我国目前尚未开展这方面的研究。

R 型热电偶的不足之处是热电势、热电势率较小，灵敏度低，高温下机械强度下降，对污染非常敏感，贵金属材料昂贵，因而一次性投资较大。

（3）（B 型热电偶）铂铑$_{30}$-铂铑$_6$热电偶

铂铑$_{30}$-铂铑$_6$热电偶为贵金属热电偶。偶丝直径规定为 0.5mm，允许偏差−0.015mm，其正极（BP）的名义化学成分为铂铑合金，其中含铑为 30%，含铂为 70%，负极（BN）为铂铑合金，含铑量为 6%，故俗称双铂铑热电偶。该热电偶长期最高使用温度为 1600℃，短期最高使用温度为 1800℃。

B 型热电偶在热电偶系列中具有准确度最高、稳定性最好、测温温区宽、使用寿命长、测温上限高等优点，适用于氧化性和惰性气氛中，也可短期用于真空中，但不适用于还原性气氛或含有金属或非金属蒸气气氛中。B 型热电偶一个明显的优点是不需用补偿导线进行补偿，因为在 0~50℃范围内热电势小于 3μV。

B 型热电偶不足之处是热电势、热电势率较小，灵敏度低，高温下机械强度下降，对污染非常敏感，贵金属材料昂贵，因而一次性投资较大。

（4）（K 型热电偶）镍铬-镍硅热电偶

镍铬-镍硅热电偶是目前用量最大的廉金属热电偶，其用量为其他热电偶的总和。正极（KP）的名义化学成分为：Ni∶Cr=90∶10；负极（KN）的名义化学成分为：Ni∶Si=97∶3。其使用温度为−200~1300℃。

K 型热电偶具有线性度好、热电动势较大、灵敏度高、稳定性和均匀性较好、抗氧化性能强、价格便宜等优点，能用于氧化性和惰性气氛中，广泛为用户所采用。

K 型热电偶不能直接在高温下用于硫、还原性或还原、氧化交替的气氛中和真空中，也不推荐用于弱氧化气氛中。

（5）（N 型热电偶）镍铬硅-镍硅镁热电偶

镍铬硅-镍硅镁热电偶为廉金属热电偶，是一种最新国际标准化的热电偶，是在 20 世纪 70 年代初由澳大利亚国防部实验室研制成功的。它克服了 K 型热电偶的两个重要缺点：K 型热电偶在 300~500℃由于镍铬合金的晶格短程有序而引起的热电动势不稳定；在 800℃左右由于镍铬合金发生择优氧化引起的热电动势不稳定。N 型热电偶正极（NP）的名义化学成分为：Ni∶Cr∶Si=84.4∶14.2∶1.4；负极（NN）的名义化学成分为：Ni∶Si∶Mg=95.5∶4.4∶0.1。其使用温度为−200~1300℃。

N 型热电偶具有线性度好、热电动势较大、灵敏度较高、稳定性和均匀性较好、抗氧化性能强、价格便宜、不受短程有序化影响等优点，其综合性能优于 K 型热电偶，是一种很有发展前途的热电偶。

N 型热电偶不能直接在高温下用于硫、还原性或还原、氧化交替的气氛中和真空中，也不推荐用于弱氧化气氛中。

（6）（E 型热电偶）镍铬-铜镍热电偶

镍铬-铜镍热电偶又称镍铬-康铜热电偶，也是一种廉金属的热电偶，正极（EP）为：镍铬合金，化学成分与 KP 相同；负极（EN）为铜镍合金，名义化学成分为：55%的铜，45%的镍以及少量的锰、钴、铁等元素。该热电偶的使用温度为−200~900℃。

E型热电偶热电动势之大、灵敏度之高属所有热电偶之最，宜制成热电堆，测量微小的温度变化。对于高湿度气氛的腐蚀不甚灵敏，宜用于湿度较高的环境。E热电偶还具有稳定性好，抗氧化性能优于铜-康铜、铁-康铜热电偶，价格便宜等优点，能用于氧化性和惰性气氛中，广泛为用户采用。

E型热电偶不能直接在高温下用于硫、还原性气氛中，热电势均匀性较差。

（7）（J型热电偶）铁-铜镍热电偶

铁-铜镍热电偶又称铁-康铜热电偶，也是一种廉金属热电偶。它的正极（JP）的名义化学成分为纯铁，负极（JN）为铜镍合金，其名义化学成分为：55%的铜和45%的镍以及少量却十分重要的锰、钴、铁等元素，尽管它叫康铜，但不同于镍铬-康铜和铜-康铜的康铜，故不能用EN和TN来替换。铁-铜镍热电偶的覆盖测量温区为−200~1200℃，但通常使用的温度范围为0~750℃。

J型热电偶具有线性度好、热电动势较大、灵敏度较高、稳定性和均匀性较好、价格便宜等优点，广为用户所采用。

J型热电偶可用于真空、氧化、还原和惰性气氛中，但正极铁在高温下氧化较快，故使用温度受到限制，也不能直接无保护地在高温下用于硫化气氛中。

（8）（T型热电偶）铜-铜镍热电偶

铜-铜镍热电偶又称铜-康铜热电偶，也是一种最佳的测量低温的廉金属的热电偶。它的正极（TP）是纯铜，负极（TN）为铜镍合金，它与镍铬-康铜的康铜EN通用，与铁-康铜的康铜JN不能通用（尽管它们都叫康铜）。铜-铜镍热电偶的覆盖测量温区为−200~350℃。

T型热电偶具有线性度好、热电动势较大、灵敏度较高、稳定性和均匀性较好、价格便宜等优点，特别在−200~0℃温区内使用时稳定性更好，年稳定性小于±3μV，经低温检定可作为二等标准进行低温量值传递。

T型热电偶的正极铜在高温下抗氧化性能差，故使用温度上限受到限制。

2. 热电偶的保护装置

热电偶的保护装置被称为保护套管，它可以使热电极和被测介质不直接接触，能防止或减少火焰和气流的冲刷与辐射，以保证具有较长的使用寿命。为提高测温精确度，保护热电极，保护套管的材料应具有以下性能：气密性好，物理、化学性能稳定，导热性能好，应有足够的机械强度。对于一些特殊场合，保护套管的材料也有特殊的要求。目前我国热电偶保护套管按其材质主要分为金属、非金属两大类，见表2.5、表2.6。

表2.5 金属保护套管材料性质数据

材料	应用温度/℃	使用特点及性能
铝合金	≤350	质轻，性能稳定，导热性能好，机械强度稍低，常用于受力较小的场合
铜及铜合金	300~500	热传导性和气密性能较好，性能良好，但铜易于氧化，因此常在表面镀镍或铬
低碳耐热钢	600	抗氧化性能较差，耐蚀性一般。如要耐腐蚀则需进行表面改性处理（如表面镀镍等）
不锈钢	800~1000	应用广泛，耐酸和耐腐蚀性能均较好，机械强度尚好，但其高温耐磨性较差
镍基高温合金	1250	含镍量高，材料的成本较高，抗高温氧化性能较好，也有较好的热强性

续表

材　料	应用温度/℃	使用特点及性能
贵金属	1400～2000	使用铂、铂铑合金和铱铑合金等贵金属材料，主要用于氧化性气氛中；铂、铌、钨和钨铼合金等难熔金属材料，主要用在还原性气氛的高温测量中。其性能较好，但价格太高

表 2.6　非金属保护套管材料性质数据

材　料	应用温度/℃	使用特点及性能
石英管	≤1100	具有良好的抗热震性、气密性和耐腐蚀性，适合在氧化性气氛中使用。石英在高温下长期使用后透明度逐渐消失，机械强度也随之下降，易脆裂
瓷管	≤1500	价格便宜，耐磨性、耐蚀性、高温强度、电绝缘性能都很好，但气密性和抗热震性较差
刚玉管	≤1800	纯度越高，抗高温氧化性越好，有良好的高温电绝缘性和机械强度，热导率大，热膨胀率小。1700℃以上与空气、水汽、氢、一氧化碳等不起作用
氧化镁	≤1800	高温下有良好的绝缘性能，有较高的热导率，绝缘性能超过氧化铝，耐无机盐及氧化性气氛的腐蚀，其缺点是抗热震性差，在还原气氛中 1700℃以上不宜长期使用，在 1800℃以上受卤素和硫氧气氛侵蚀，容易受潮水解
石墨	≤2000	导热性和抗热震性能较好，耐腐蚀性强，常用于熔融金属测量中。但极易氧化而使周围形成还原性气氛。测温时容易造成部分碳的游离子沾污热电极而改变热电偶的热电特性。另外，石墨的机械强度差，绝缘电阻小

3．新型热电偶

（1）抗氧化钨铼热电偶

难熔金属热电偶中钨铼热电偶是最成功的，也是可测到 1800℃以上工业热电偶中最好的热电偶，在航空与核工业等高技术领域应用广泛。这种热电偶的特点是：电极丝的熔点高、强度大、极易氧化、热电势大、灵敏度高、价格便宜，钨铼热电极丝价格仅为 S 型热电偶的 1/6、B 型热电偶的 1/28。

一种设想是在钨铼热电偶保护管内制造出非氧化性气氛，使其在非氧化性气氛中工作，对此国内外均取得突破性进展，在冶金、化工等行业应用已取得满意效果。东北大学研制的实体性抗氧化钨铼热电偶已获得国家专利，既可用于氧化、还原气氛，又可以在两者交替的气氛中使用。自 1992 年起，沈阳冶炼厂用它替代铂铑系贵金属热电偶。结果表明：其使用寿命是铂铑系热电偶的 1~2 倍，而价格不足铂铑热电偶的 1/2，具有显著的经济效益和社会效益。当前，铂铑热电偶价格昂贵，推广抗氧化钨铼热电偶符合国情，势在必行。

（2）复合管型铠装热电偶

美国 Hoskin 公司开发出一种复合管型铠装热电偶 2300 型，可长时间在 1260℃条件下使用，如图 2-5 所示。它的特点是：采用特种镍基耐热合金作铠装热电偶套管材料；采用高精度 N 型或 K 型热电偶丝及高纯度 MgO，以特殊的工艺制成复合管型铠装热电

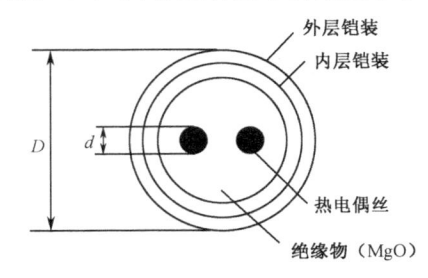

图 2-5　复合管型铠装热电偶结构示意图

偶，高温下热稳定性高；生产工艺独特，可生产超常规的长热电偶（L=500m），其直径为1.0~6.4mm；耐高温，抗氧化，使用寿命长。

（3）金/铂热电偶

早在 ITS-90 温标实施前，加拿大人 E.HMclaren 和 E.GMurdock 就开始对金/铂热电偶进行研究，通过大量的实验工作发现，使用纯铂和纯金构成的热电偶具有良好的复现性。ITS-90 温标实施后，人们对高温铂电阻 HTPRT 使用到银凝固点（961.78℃）的稳定性产生了质疑，这时，很多人寻求一种更好的测温元件，金/铂热电偶成为众多国家研究的对象。美国 MST、英国 NPL、韩国 KRISS 等研究机构都进行了研究，其中美国 MST 的 G.W.Bums 等人在他们的题目为《金/铂热电偶：研究数据及 ITS-90 温标下的参考函数》中指出："在 0~1000℃温区内，金/铂热电偶在两年的实验中，在 961~965℃、累计 1000h 的条件下，在银凝固点（961.78℃）的稳定性不超过±6mK，其在铝凝固点上进行的均匀性的研究表明它的不均匀性为 2mK（浸入深度变化 7.4cm）。这些数据表明在银凝固点（961.78℃）的稳定性比高温铂电阻温度计 HTPRT 更好。"目前国际上已经有了得到大家认可的金/铂热电偶的分度表，金/铂热电偶已经进入了应用阶段。我国也已开展了此项研究。

2.2.4 温度传感器的实际应用及其检测

前面我们介绍了温度传感器的基本知识，下面来说明温度传感器在汽车上的实际应用及相应的检测。

1．冷却液温度传感器

（1）冷却液温度传感器的结构、原理

冷却液温度传感器一般装在电喷发动机的缸体缸盖的水套及上出水管等处，其安装位置如图 2-6 所示。冷却液温度传感器有两端子式和单端子式两种，如图 2-7 所示。它主要由热敏电阻、金属引线、接线插座和壳体组成。冷却液温度传感器用于检测发动机冷却液温度，并将其温度信号输入给 ECU，为其修正喷油量和喷油正时提供依据。

图 2-6 冷却液温度传感器在发动机上的安装

冷却液温度传感器采用 NTC（负温度系数）热敏电阻构成，其电阻特性如图 2-8 所示，即当冷却液温度较低时，传感器的电阻较大，而当冷却液温度升高时，传感器的电阻却明显变小。这样在实际使用中，传感器就能感知到冷却液温度的变化，并将这种变化通过电路的连接转化为电信号输送给 ECU，ECU 根据输入的电信号，来对电喷发动机的喷油量及喷油时间进行修正，同时调整空燃比，使进入发动机内的混合气能够稳定地燃烧。

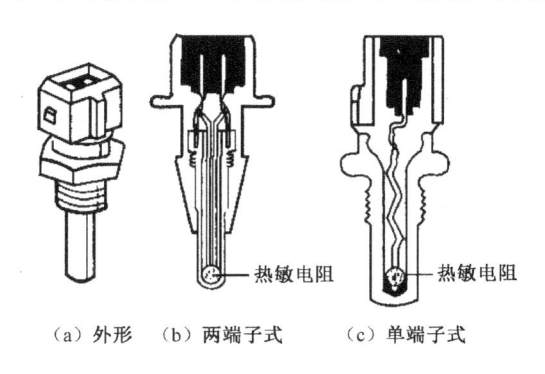

（a）外形　（b）两端子式　（c）单端子式

图 2-7　冷却液温度传感器

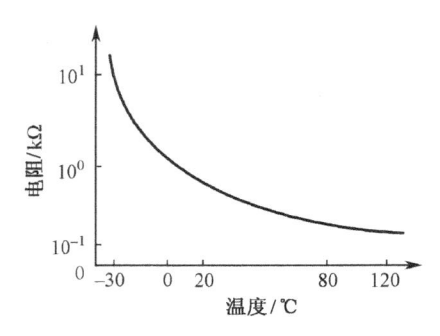

图 2-8　冷却液温度传感器的特性

冷却液温度传感器的接头端子与 ECU 的连接电路及电路特点如图 2-9（a）所示。ECU 的电阻与冷却液温度传感器的热敏电阻串联，热敏电阻变化时，所得的分压值 THW 随之改变。冷却液温度低时，热敏电阻阻值大，ECU 测得的分压值 THW 就高，而此时燃油蒸发性差，应供给浓的混合气，所以根据 THW 高的信号，ECU 增加燃油喷射量，使发动机的冷机运转性能得以改善，冷却液温度高时则相反。这里应该考虑的是，热敏电阻阻值在温度达到一定的值，即 51.6℃时，其阻值会发生很大的变化。所以，ECU 使 5V 的电压通过 1kΩ 电阻和晶体管串联后再与 10kΩ 电阻并联，如图 2-9（b）所示。在温度比较低时，传感器的热敏电阻的阻值较大，此时 ECU 使晶体管截止，5V 的电压仅仅通过 10kΩ 电阻及传感器后接地，由于传感器的热敏电阻的阻值与 10kΩ 电阻的阻值相差不大，所以传感器所测得的数值比较准确；而当温度达到 51.6℃时，热敏电阻的阻值发生很大的变化，此时其阻值相对 10kΩ 已经较小，测得的数值不再准确，这时 ECU 使晶体管导通，这样 5V 电压就通过 1kΩ 电阻和晶体管串联后再与 10kΩ 电阻并联，然后经过传感器接地，由于并联后的阻值与 1kΩ 相差不大，即与温度升高后的传感器的阻值相差不大，所以即使温度升高后发生变化，也能使测量结果准确。

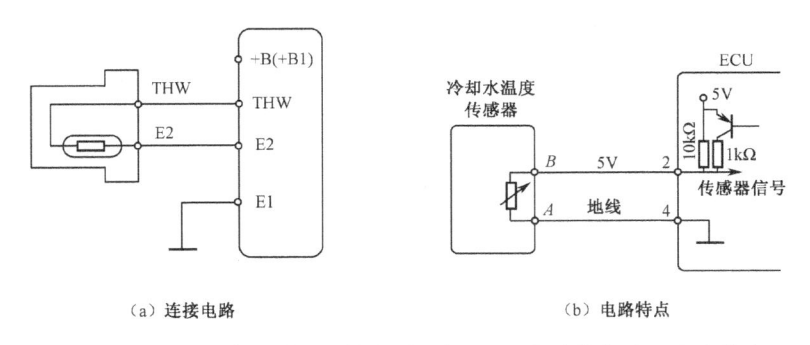

（a）连接电路　　　　　　　　　　　（b）电路特点

图 2-9　冷却液温度传感器的接头端子与 ECU 的连接电路及电路特点

（2）冷却液温度传感器的检测

冷却液温度传感器的检测方法有单体检测和就车检测两种。

① 单体检测。从发动机上拆下冷却液温度传感器，在不同冷却液温度条件下，用欧姆表测量冷却液温度传感器的电阻，并观察测得的温度值与规定值是否相符，如图2-10所示。如果不符，则说明冷却液温度传感器已损坏。

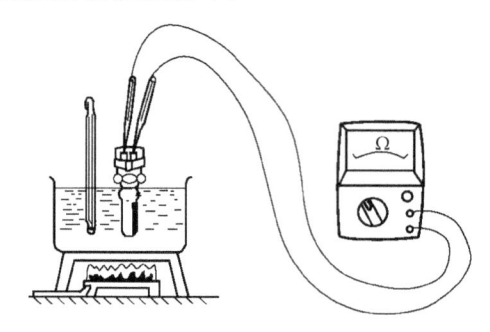

图2-10　单体检测冷却液温度传感器的电阻

② 就车检测。冷却液温度传感器与ECU的连接电路见图2-9（a），装好冷却液温度传感器，拔下插接器，将点火开关接通，测量ECU的电源电压，即THW和E2之间的电压是否为5V。如不是，说明线路或ECU有故障。将插接器接好，将点火开关接通，测量冷却液温度传感器的信号电压，即THW与E2端子间的电压在80℃时是否为0.25~1.0V（所测得的电压值应随冷却液温度成反比变化）。

（3）具体车型的检测

这里，以桑塔纳2000轿车冷却液温度传感器的检测为例进行介绍。

桑塔纳2000GLi型轿车与桑塔纳2000GSi型轿车都使用同一型号的冷却液温度传感器G62。G62为负温度系数的热敏电阻，安装在发动机冷却液出水管，即冷却水套中，用于检测发动机冷却液的温度，并把所检测到的温度信号以电信号的形式输入ECU，为修正喷油量及点火时间提供依据。

G62的接头端子号为1和3，与桑塔纳2000GLi型轿车ECU的45号和30号端子相连，与桑塔纳2000GSi型轿车ECU的67号和53号接头端子相连。传感器与ECU连接如图2-11所示。

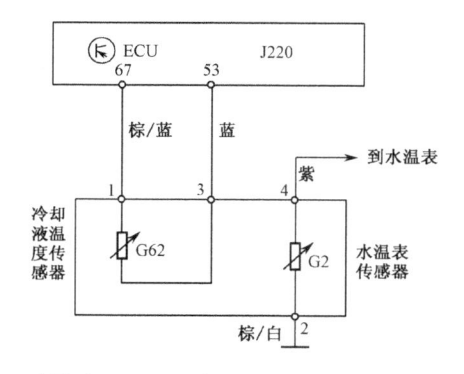

图2-11　桑塔纳2000GSi冷却液温度传感器与ECU连接图

冷却液温度传感器不断向 ECU 输入冷却液温度信号，如果此温度传感器损坏，则信号也中断，ECU 也不能再确定水温，会导致发动机冷机或热机时启动困难、油耗增加、怠速不稳、排放升高等故障。冷却液温度传感器的检测方法如下。

① 检测电源电压。拔下冷却液温度传感器的连接接头，打开点火开关，测量 ECU 相应端子间的电压，应为 5V 左右。

② 检测信号电压。插上冷却液温度传感器的插头，接通点火开关，检测 ECU 两端子间的信号电压，应为 0.5~4.8V，若电压值不在此范围内，则表明传感器已失效或损坏。冷却液温度传感器的信号电压与冷却液温度之间的关系如表 2.7 所示。

表 2.7　冷却液温度传感器的信号电压与冷却液温度之间的关系

冷却液温度/℃	信号电压值/V	冷却液温度/℃	信号电压值/V
-20	4.78	60	2.25
-10	4.62	80	1.99
0	4.45	100	1.56
20	3.78	120	0.70
40	3.09		

③ 检测电阻。断开点火开关，拆下冷却液温度传感器，并将其放入装满水的容器中加热，用万用表测量不同温度下传感器两端子间的阻值，应满足表 2.8 所示的要求。

表 2.8　冷却液温度传感器的电阻值与温度之间的关系

端　子	温度/℃	电阻值/Ω	端　子	温度/℃	电阻值/Ω
1—3	0	5000~6500	1—3	60	540~675
1—3	10	3350~4400	1—3	70	400~500
1—3	20	2250~3000	1—3	80	275~375
1—3	30	1500~2100	1—3	90	200~290
1—3	40	950~1400	1—3	100	150~225
1—3	50	700~950			

（4）其他车系冷却液温度传感器检测手册

① 奇瑞 QQ 车系：

端　子	检测项目	检测条件	标准值/Ω
1—2	电阻	温度/℃ 50	740~900
		60	540~650
		70	390~480
		80	290~360
		90	210~270
		100	160~200
插座端子1—搭铁	导通情况	—	导通

② 奇瑞旗云车系：

端　子	检测项目	检测条件/℃	标准值/Ω
1—2	电阻	20~30	3560~2260
		90~100	120~180

③ 奇瑞东方之子车系：

端　子	检测项目	检测条件	标　准　值
1—2	电阻	温度为 20℃	2.1~2.7Ω
		温度为 80℃	0.26~0.36Ω
插座端子 1—搭铁	电压	断开插接器，打开点火开关	4.5~4.9V
2—搭铁	导通情况	—	导通

④ 奇瑞风云车系：

端　子	检测项目	检测条件	标　准　值
1—2	测量不同温度下的电压值	连接插接器，发动机工作	电压应有变化
1—2	电阻	拆下传感器放入专用容器中加热　温度/℃　0	9.4kΩ
		20	3.51kΩ
		40	1.456kΩ
		60	0.670kΩ
		80	0.334kΩ
		100	0.178kΩ

⑤ 神龙富康车系：

温度/℃	电压/V	温度/℃	电压/V
10	3530~4100	60	540~615
20	2350~2670	80	292~326
40	1085~1230	100	165~190

⑥ 东风日产阳光车系（2.0L）：

端　子	检测项目	检测条件	标准值/kΩ
1—2	电阻	断开插接器	20℃　2.10~2.90
			50℃　0.68~1.00
			90℃　0.24~0.26

⑦ 广州本田雅阁车系（2.0L、2.3L）：

端　子	检测项目	检测条件	标　准　值
1—2	电阻	发动机达到正常工作温度	200~400Ω
插座端子 1—搭铁	电压	断开插接器，打开点火开关	5V
插座端子 1—2	电压		5V
PCM 端子 C26—搭铁	电压	打开点火开关	5V

⑧ 广州本田雅阁车系（K20A7、K24A4）：

端　子	检测项目	检测条件	标　准　值
1—搭铁	电压	断开插接器，打开点火开关	5V
PCM 插头端子 B8—搭铁	电压	打开点火开关	5V
1—2	诊断仪显示内容	将两端子短接	显示"-40℃"或"4.90V"

⑨ 北京现代伊兰特车系：

端　子	检测项目	检测条件		标准值/V
1—3	电压	打开点火开关	0℃	3.7~4.3
			20℃	3.2~3.6
			40℃	2.4~3
			80℃	1.0~1.5

⑩ 北京现代索纳塔车系：

端　子	检测项目	检测条件		标　准　值
2—搭铁	电压	断开插接器，打开点火开关		4.5~4.9V
1—2	电压	冷却液温度/℃	0	4.05kV
			20	3.44kV
			40	2.72kV
			80	1.25kV
1—2	电阻	冷却液温度/℃	0	5.9 kΩ
			20	2.5 kΩ
			40	1.1 kΩ
			80	0.3 kΩ

⑪ 通用 GL8 车系（2.5L、3.0L）：

端　子	检测项目	检测条件	标　准　值	端子功能
插座 A	—	—	—	冷却液温度传感器回路
插座 B	—	—	—	冷却液温度传感器信号
A—B	电阻值	拆下传感器	温度升高，电阻降低	—

⑫ 上海通用君威车系（L34 2.0L）：

端　子	检测项目	检测条件	标　准　值
插座 A—搭铁	导通情况	—	导通
B—A	电阻值	拆下传感器	温度升高，电阻降低

⑬ 悦达起亚千里马车系（电阻标准值）：

温度/℃	电阻/kΩ	温度/℃	电阻/kΩ
-30	22.22~31.78	40	1.059~1.081
-10	8.16~10.74	60	0.538~0.650
0	5.18~6.60	80	0.298~0.322
20	2.27~2.73	90	0.219~0.243

⑭ 悦达起亚千里马车系（输出电压标准值）：

温度/℃	电压/V	温度/℃	电压/V
0	4.27±0.3	40	2.73±0.3
20	3.44±0.3	80	1.25±0.3

⑮ 东风悦达起亚千里马车系：

端子	检测项目	检测条件	标准值
1—搭铁（SOHC、DOHC）	电压	断开插接器，打开点火开关	4.8~5.2V
2—搭铁（DOHC） 3—搭铁（SOHC）	导通情况	断开插接器	导通
1—3（SOHC） 1—2（DOHC）	电压	打开点火开关或发动机运转	温度/℃ 0: 4.27V±0.3V 20: 3.44V±0.3V 40: 2.72V±0.3V 80: 1.25±0.3V
1—3（SOHC） 1—2（DOHC） SOHC—顶置单凸轮轴 DOHC—顶置双凸轮轴	电阻	拆下传感器，将传感器温度感应部分浸在热水中	温度/℃ -30: 22.22~31.78 kΩ -10: 8.16~10.74 kΩ 0: 5.18~6.60 kΩ 20: 2.27~2.73 kΩ 40: 1.059~1.28 kΩ 60: 0.538~0.650 kΩ 80: 0.298~0.322 kΩ 90: 0.219~0.243 kΩ

⑯ 大众桑塔纳车系（AJR）：

端子	检测项目	检测条件	标准值
1—3	电阻	断开插接器	电阻随温度升高而下降

⑰ 大众捷达/捷达王车系：

端子	检测项目	检测条件	标准值/W
1—3	电阻	断开插接器	温度/℃ 30: 1500~2000 80: 275~375

⑱ 红旗世纪星车系（VG20E）：

端子	检测项目	检测条件	标准值
ECM端子28—搭铁或1—2	电压	温度为20℃	3V
		温度为80℃	1V
1—ECM端子（配线侧） 2—ECM端子38（配线侧）	电阻	—	0Ω
1—搭铁	电压	打开点火开关	5V

续表

端　子	检测项目	检测条件	标　准　值
2—搭铁			0V
1—2	电阻	冷却液温度为 20℃	2.5 kΩ
		冷却液温度为 20℃	0.3 kΩ

2．进气温度传感器

进气温度传感器通常安装在空气滤清器之后的进气软管上或空气流量传感器上，如图 2-12 所示。

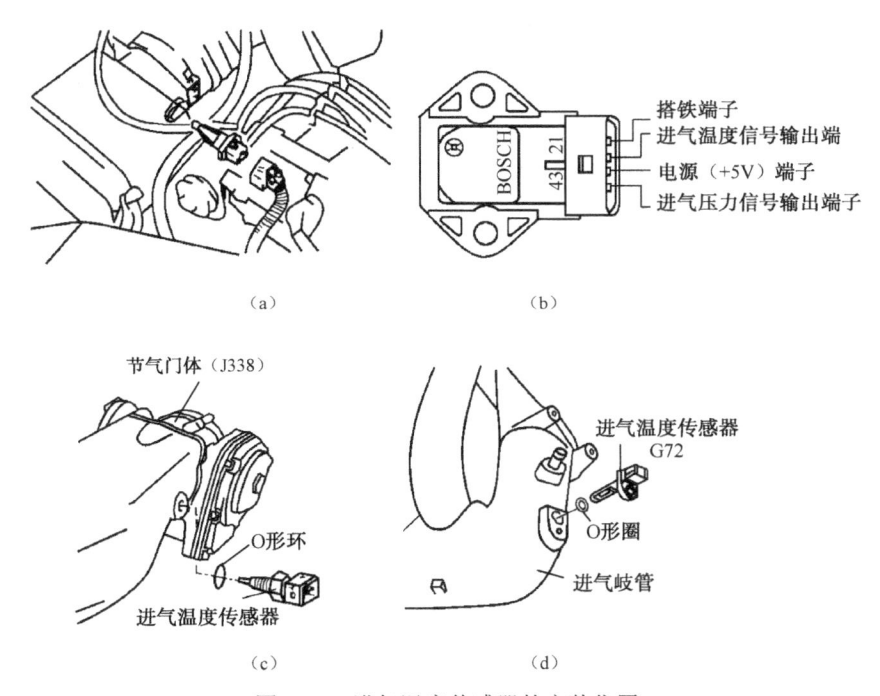

图 2-12　进气温度传感器的安装位置

（1）进气温度传感器的结构、工作原理

进气温度传感器的结构如图 2-13 所示，与前面讲过的传感器类似，检测元件采用的是热敏电阻。进气温度传感器的作用是检测发动机吸入空气的温度。在 L 型电子控制燃油喷射装置上，此传感器安装在空气流量传感器内。在 D 型电子控制燃油喷射装置上，它安装在空气滤清器的外壳或稳压罐内。传感器内的热敏电阻特性与冷却液传感器的热敏电阻特性相同，如图 2-14 所示。

由于吸入的空气温度的变化会引起空气密度的变化，因此需要检测进气温度作为 ECU 计算空气密度并进行燃油喷射量修正的依据。当进气温度低时，热敏电阻的电阻值大，传感器输入 ECU 的信号电压高，ECU 控制发动机增加喷油量；当进气温度高时，热敏电阻的电阻值小，传感器输入 ECU 的信号电压低，ECU 控制发动机减少喷油量。图 2-15 所示为进气温度传感器接头端子与 ECU 的连接电路。当进气温度传感器出现故障时，会使混合气过浓或过稀，使燃烧状况变坏，出现工作不稳现象，这时应检查进气温度传感器。

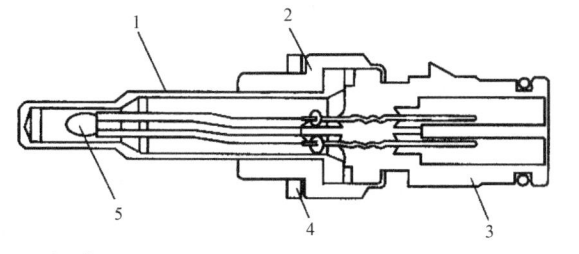

1—绝缘套；2—塑料外壳；3—防水插座；4—铜垫圈；5—热敏电阻

图 2-13　进气温度传感器结构图　　　　图 2-14　进气温度传感器的特性

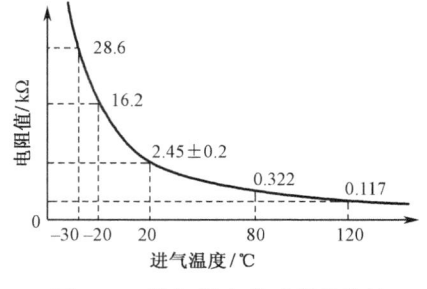

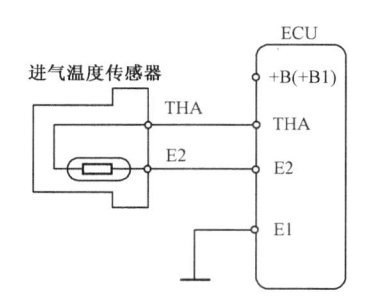

图 2-15　进气温度传感器电路图

（2）进气温度传感器的检测

进气温度传感器的检测方法和冷却液温度传感器相似，也分为单体检测方法和就车检测方法两种。

这里介绍一下当 ECU 与传感器连接的两个端子间无电压时检测的方法。进气温度传感器的电路图见图 2-15。当 ECU 的 THA 与 E2 端子间无电压的时候：

① 检查 ECU 的+B（+B1）端子的对地电压。如果不正常就表明 ECU 有内部问题，需对 ECU 另行检查；

② 检查 ECU 的 E1 端子的接地状况，如果不正常则对其修理或更换；

③ 检查进气温度传感器（包括单体检测和就车检测），如果不正常则更换进气温度传感器；

④ 检查 ECU 与进气温度传感器间的线路，如果不正常则进行修理或更换；

⑤ 如果以上检查都正常，则更换 ECU 后再试。

THA-E2 端子间无电压故障诊断程序如图 2-16 所示。

（3）具体车型的检测

这里，丰田凯美瑞车系进气温度传感器的检测方法为例。

丰田凯美瑞车系进气温度传感器的电路及其端子如图 2-17、图 2-18 所示。

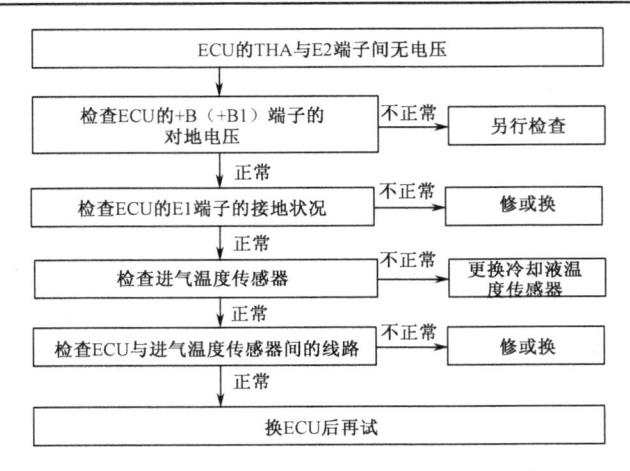

图 2-16　THA-E2 端子间无电压故障诊断程序图

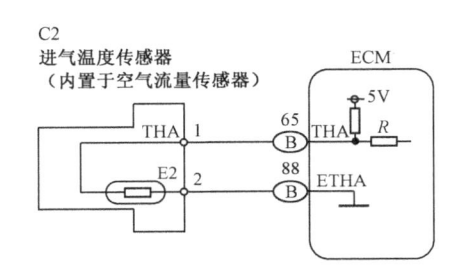

图 2-17　进气温度传感器电路

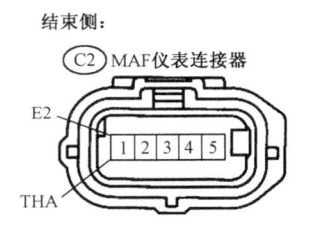

图 2-18　进气温度传感器端子

进气温度传感器 C2 的 1 号端子输出进气温度信号；C2 的 2 号端子搭铁。通过 ECM 的 THA 端子，由电阻 R 向传感器提供 5V 的电压。电阻 R 和传感器串联。当传感器的电阻变化时，端子 THA 上的电压也随之变化。根据该信号，ECM 增加喷油量以提高发动机在冷态工作时的运行性能。

进气温度传感器的检查方法如下。

① 开路检测方法

• 关闭点火开关，断开进气温度传感器线束连接器，从发动机上拆下传感器。

• 用制冷剂或压缩空气对进气温度传感器进行降温，也可采用放入水中加温的方法对此传感器进行加温。

• 用万用表电阻挡测量传感器两端子间的电阻，其电阻随温度变化而变化的规律应与图 2-10 所示进气温度传感器电阻特性一致,此进气温度传感器在 20℃时电阻为 2.21~2.69kΩ，在 80℃时电阻为 0.322kΩ。电阻如不正常，应更换进气温度传感器。

② 就路检测方法

当 ECU 检测到故障码"0110/24（进气温度传感器电路故障）"时主要检查以下几个方面。

• 拔下传感器插头,接通点火开关,测量插头上 THA 端子与 E2 端子之间的电压应为 5V。若无电压，则应检查 ECU 连接器上 THA 与 E2 端子间电压。若此电压为 5V，则为 ECU 与传感器之间线路有故障；若无 5V 电压，则为 ECU 有故障。

- 插回插件，启动发动机，测量传感器 THA 端子与 E2 端子之间在不同温度下的电压，应在 0.5~4V。如果测量值与规定值不符，说明进气温度传感器有故障或者损坏，应重换新件。

（4）其他车系进气温度传感器检测手册

① 奇瑞 QQ 车系：

端子	检测项目	检测条件		标准值
1—2	电阻	温度/℃	20	2200~2700Ω
			30	1400~1900Ω
			40	1100~1400Ω
插座端子 1—搭铁	导通情况	—		导通

② 奇瑞东方之子车系：

端子	检测项目	检测条件	标准值
5—6	电阻	温度为 20℃	2.3~3.0Ω
		温度为 80℃	0.3~0.42Ω
6—搭铁	电压	断开插接器，点火开关 ON	4.5~4.9V
5—搭铁	导通情况	—	导通

③ 奇瑞风云车系：

端子	检测项目	检测条件		标准值
插座端子 1—搭铁	电压	点火开关 ON		5V
插座端子 3—搭铁	导通情况	点火开关 ON		导通
4—搭铁	电压的变化	在传感器的信号 4 上接电压表，改变进气温度		温度升高，电压下降
4—3	电阻	拆下传感器	温度/℃ 0	5.959kΩ
			10	3.82kΩ
			20	2.509kΩ
			30	1.686kΩ
			40	1.157kΩ
			60	0.578kΩ
			80	0.309kΩ

④ 2003 款广州本田雅阁车系（K20A7、K24A4）：

端子	检测项目	检测条件	标准值
2—搭铁	电压	断开插接器，点火开关 ON	5 V
PCM 插头端子 B17—搭铁	电压	点火开关 ON	5 V
1—2	仪表显示内容	将两端子短接	显示 "-40℃" 或 "4.90 V"

⑤ 广州本田雅阁车系（K30A4）：

端子	检测项目	检测条件	标准值/V
1—搭铁	电压	点火开关 ON	5
PCM 插头端子 D16—搭铁			

⑥ 广州本田雅阁车系（2.0L、2.3L）：

端　子	检测项目	检测条件	标　准　值
1—2	电阻	断开插接器	0.4~4.0 kΩ
插座端子 1—2	电压	断开插接器，点火开关 ON	5V
插座端子 2—搭铁			5V
PCM 插头端子 C25—搭铁	电压	点火开关 ON	5V

⑦ 广州本田飞度车系：

检测条件	标　准　值
断开进气温度传感器插接器，用跨接线连接进气温度传感器 2P 插接器端子 1 和 2，点火开关 ON，用本田 PCM 检测仪检测	-20℃以下或者 5V
用跨接线连接 ECM / PCM 传感器端子 A10 和 B17，点火开关 ON，用本田 PCM 测试仪检测	

⑧ 马自达 L3/LF /L8 车系：

端　子	检测项目	检测条件		标准值/Ω
A—B	电阻	拆下传感器，放入水中，逐渐加热	温度/℃ 20	35.48~39.20
			70	5.07~5.60
			80	3.65~4.02

⑨ 马自达 6 车系：

端　子	检测项目	检测条件		标准值/kΩ
D—E	电阻	断开插接器	温度/℃ -20	13.6~18.4
			20	2.21~2.69
			60	0.493~0.667

⑩ 大众桑塔纳 2000 车系（AJR）：

端　子	检测项目	检测条件	标　准　值
1—3	电阻	断开插接器	电阻随温度升高而降低

⑪ 大众桑塔纳车系（AFE）：

端　子	检测项目	检测条件	标　准　值
插座端子 1—2	电压	断开插接器	5V
		连接插接器	0.5~3V（随温度变化）
1—2	电阻	断开插接器	温度升高，电阻降低

⑫ 大众帕萨特车系（1.8T、1.8L）：

端　子	检测项目	检测条件	标　准　值
3—4	电阻值的变化	拆下传感器	随温度升高而降低

⑬ 一汽大众奥迪 A6 车系（1.8L ANQ）：

端　子	检测项目	检测条件	标准值/V
1—2	电压	断开插接器，点火开关 ON	5

⑭ 上海通用 GL8 车系（2.5L、3.0L）：

端　子	检测项目	检测条件	标　准　值	端子功能
插座 A	—	—	—	IAT 传感器回路
插座 B	—	—	—	IAT 传感器信号
A—B	电阻值	拆下传感器	温度升高，电阻降低	—

⑮ 上海通用赛欧系列（C16NE）：

端　子	检测项目	检测条件	标　准　值	端子功能
插座 A	—	—	—	信号
插座端子 B—搭铁	电压	断开插接器，点火开关 ON	5V	—

⑯ 风神蓝鸟车系：

端　子	检测项目	检测条件		标　准　值
b—搭铁	电压	拔下插接器，点火开关 ON		约 5V
a—搭铁	导通情况	拔下插接器，点火开关 OFF		导通
—	电阻	拔下插接器	温度/℃ 20	2.1~2.9 kΩ
			50	0.68~1.0 kΩ
			80	0.30~0.33 kΩ

⑰ 北京现代索纳塔车系（2.7 V6）：

端　子	检测项目	检测条件		标准值/V
1—搭铁	电压	断开插接器，点火开关 ON		4.8~5.2
1—2	电压	温度/℃	0	3.3~3.7
			20	2.4~2.8
			40	1.6~2.0
			80	0.5~0.9

⑱ 东风悦达起亚千里马车系：

端　子	检测项目	检测条件		标　准　值
2—搭铁	电压	断开插接器，点火开关 ON		4.8~5.2V
3—4	电阻	点火开关 ON	温度/℃ 0	4.5~7.5 kΩ
			20	2.0~3.0 kΩ
			40	0.7~1.6 kΩ
			80	0.2~0.4 kΩ
3—4	电压	点火开关 ON 或发动机运转	温度/℃ 0	4.0~4.4V
			20	3.3~3.7V
			40	2.5~2.9V
			80	1.0~1.4V

2.3 压力传感器

目前压力传感器在汽车上应用广泛，很多压力传感器都已经实体化。压力传感器通常用来检测气体和液体压力，将压力信号转化为电压信号输入给电控单元，它大多测定的是差压。基准电压就是通常的大气压或真空。压力传感器的种类很多，根据传感器产生的信号原理可分为电压型和频率型两种。电压型有压电效应式进气压力传感器（或称半导体压敏电阻应变计式）、电磁式进气压力传感器（或称膜盒传动可变电感式）；频率型有电容膜盒式和表面弹性波式（应用较少）。其中应用较多的是半导体压敏电阻式和电容式进气歧管压力传感器。根据传感器的作用，可分为进气歧管绝对压力传感器、大气压力传感器、制动主缸压力传感器、蓄压器压力传感器、空气滤清器真空开关、空调高低压开关、主动悬架的控制阀压力传感器和机油压力开关等。

2.3.1 压力传感器的种类及原理

半导体式压力传感器是利用半导体的压阻效应（通过压力的变化转化为电阻的变化）的原理制成的。工作时，半导体硅膜片受压产生应力，随着膜片应力的变化，在其上面以集成加工技术制作的 4 个压敏电阻（以惠斯通电桥的方式连接）的阻值发生变化，从而将压力信号转变为电信号输出。

真空膜盒式压力传感器是把真空膜片盒安装在所要检测的部位，膜盒的内部抽成真空，通过压力的变化使膜盒收缩或膨胀，从而使与膜盒连接在一起的操纵杆外伸或回缩移动，最终通过操纵杆的机械运动转化为电信号输出。

应变片式压力传感器是将应变片粘在受压变形的部位，通过应变片的变形使其电阻值发生变化，且阻值的变化与其形变成正比。同时若将应变片接入所需检测的电路中，则可测出相应输出电压的变化，根据此输出电压的变化则可算出应变片所受压力的大小。

膜片弹簧式压力传感器则是通过膜片受压后的运动带动与其连在一起的弹簧及磁铁运动，从而使舌簧开关打开与关闭来实现压力差的测量的。

半导体式压力传感器体积小、精度高、成本低，响应性、再用性、稳定性好，在汽车上得到了广泛的使用。如美国通用公司、日本丰田汽车公司、克莱斯勒汽车公司生产的汽车及国产桑塔纳 2000GLi 型轿车等都使用半导体式压力传感器来测量其进气压力。

真空膜盒式压力传感器目前在汽车上也主要用来检测汽车的进气压力，但应用较少；膜片弹簧式传感器则主要用在老式化油器型车上充当真空开关用，用于检测滤清器的开关是否堵塞；电阻应变片式传感器则主要用来检测压力较高的制动油液及传动油液的压力等。

下面就压力传感器在汽车上的应用进行详细的介绍。

2.3.2 进气压力传感器

1. 进气压力传感器的结构和原理

进气压力传感器是在发动机工作运行时，发动机管理系统元件中表征发动机实际进气状态，进而表征着发动机运行工况和负载状态的主要元件之一。因此，进气压力传感器是发动机管理系统之中的空气燃料供给控制子系统中的至关重要的一个部件。

进气压力传感器应用在博世压力型（D 型）电子燃油喷射系统中，它是 D 型汽油喷射系统的重要部件，相当于 L 型电子燃油喷射系统中的空气流量传感器。进气压力传感器的功能是根据发动机的负荷状况检测出进气管内压力的变化，并转换成电信号与转速信号一起输入 ECU 中，作为发动机基本喷油量控制和点火控制的依据。进气压力传感器有的安装在发动机驾驶室内，有的安装在发动机 ECU 控制盒内，但安装在进气管上的车型较多。

（1）真空膜盒进气压力传感器的结构、工作原理

真空膜盒式进气压力传感器，也叫膜盒测压器。这种测压器可根据压力变化驱动电子传感器。膜盒测压器的膜盒由薄金属片焊接而成，在其内部抽真空，外部接进气歧管，膜盒外面压力的变化使其膨胀、收缩。图 2-19 所示为真空膜盒式进气压力传感器的结构。当膜盒接受正压力，如大气压力时，膜臂受压后收缩。要测量进气歧管的绝对压力，可使膜盒的气压室与发动机进气歧管相连，当进气歧管压力变化时，膜盒即收缩或膨胀，使操纵杆外升或回缩。膜盒的动作使操纵杆的移动和进气歧管绝对压力的变化成线性关系。把膜盒的机械运动变换成电信号输出，可以采用可变电阻器（电位计）、可变电感器和差动变压器 3 种装置。

① 可变电阻式进气压力传感器如图 2-20 所示。它的工作原理是：当电位计的滑动臂在电阻上移动时，对加在电阻上的电压起分压作用。当空气压力降低时，操纵杆使滑动触点向电阻的搭铁端移动，电阻增加，使输出电压减小；反之，空气压力增高时，则输出电压增大。该传感器的灵敏度由滑动触点的行程大小决定。

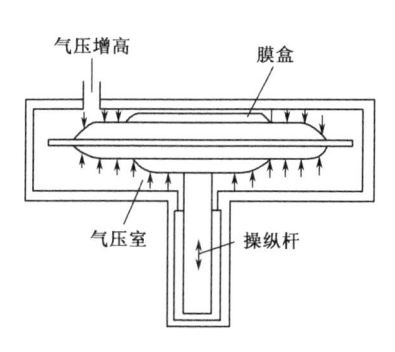

图 2-19 真空膜盒式进气压力传感器的结构

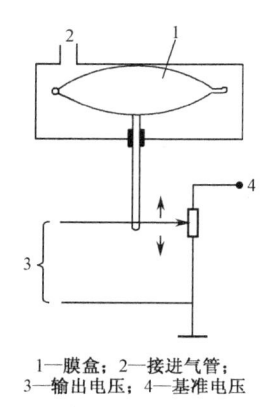

图 2-20 可变电阻式进气压力传感器

1—膜盒；2—接进气管；3—输出电压；4—基准电压

② 可变电感式进气压力传感器，如图 2-21 所示，它的工作原理是：振荡器输出的交变电压通过线圈 W_1，由互感作用而使线圈 W_2 产生电压，电压的大小由两线圈耦合情况而定。

耦合越紧，输出电压越大，所以，在铁芯向两线圈中间运动时，输出的信号会增加。

③ 差动变压器式进气压力传感器与可变电感式进气压力传感器结构相似，如图 2-22 所示，它主要由膜盒、随膜盒膨胀与收缩的铁芯、感应线圈以及电路组成。感应线圈由两个绕组构成，如图 2-23 所示，一个与振荡电路连接，产生交变电压，并在线圈周围产生磁场；另一个为感应线圈，产生信号电压。这种差动变压器式进气压力传感器的输出感应线圈有两个，当交流电通过一个线圈时，两个二次线圈都产生感应电压。当铁芯在中心位置时，两个二次线圈的位置可保证输出电压相等，因为两个线圈的极性相反，输出电压互相抵消，实际上传感器的输出电压为零。

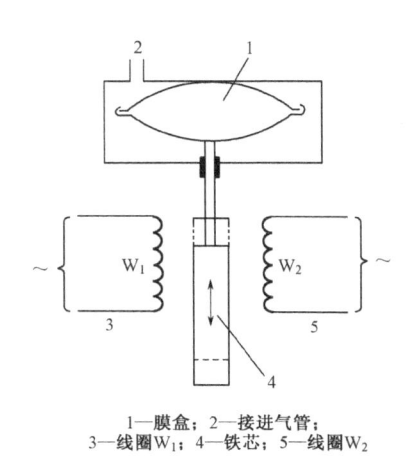

1—膜盒；2—接进气管；
3—线圈W_1；4—铁芯；5—线圈W_2

图 2-21 可变电感式进气压力传感器

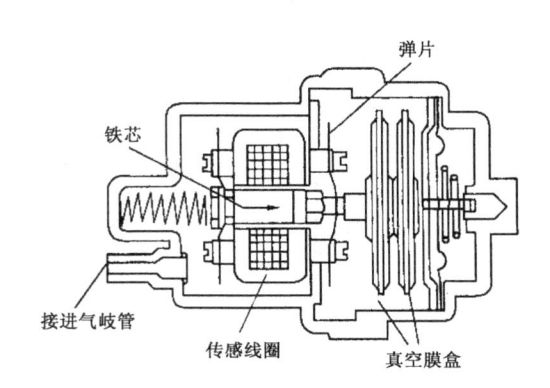

图 2-22 差动变压器式进气压力传感器的结构

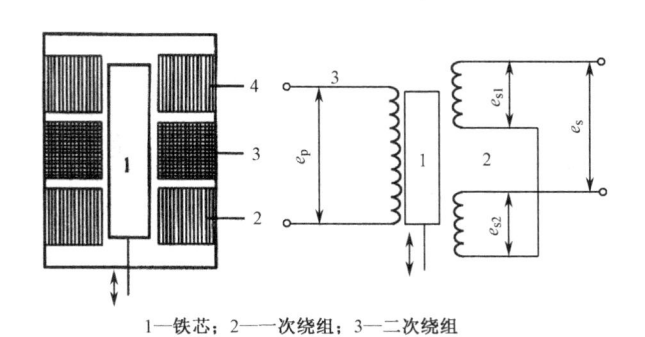

1—铁芯；2—一次绕组；3—二次绕组

图 2-23 传感绕组及铁芯的结构

当铁芯从中间向一端移动时，一个线圈输出的电压将大于另一个线圈，这一电压差即为输出信号电压，其大小由铁芯移动距离决定。当进气歧管压力发生变化时，膜盒带动铁芯在磁场中移动，使感应线圈产生的信号电压也变化，这个变化的电压经电子电路检波、整形和放大后，输入电控单元 ECU。

（2）半导体压敏电阻式进气压力传感器的结构、工作原理

半导体压敏电阻式进气压力传感器主要由硅膜片、真空室、硅杯、底座、真空管接头和

电极引线组成，其内部结构如图 2-24 所示。

硅膜片是压力转换元件，用单晶硅制成。硅膜片是长和宽为 3mm、厚度为 0.16mm 的薄膜片。在薄膜片表面的周围，采用集成电路加工技术和台面扩散技术（扩散硼）制作有四只阻值相等的力敏电阻，简称固态电阻，如图 2-24（b）所示，并利用低阻扩散层（P 型扩散层）将 4 只电阻连接成惠斯通电桥电路，如图 2-24（c）所示，然后再与传感器内部温度补偿电阻和信号放大电路等混合集成电路连接。

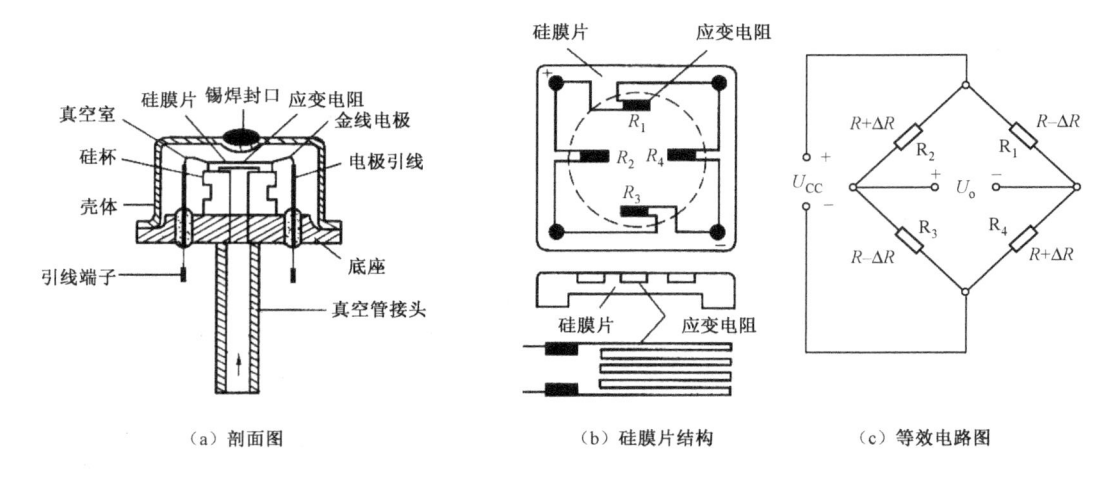

（a）剖面图　　（b）硅膜片结构　　（c）等效电路图

图 2-24　半导体压敏电阻式进气压力传感器的构造

在真空管的进气口，一般设有滤清器，用于过滤进气中的尘埃和杂质，以免膜片受到腐蚀和脏污而导致传感器失效。

半导体压敏电阻式进气压力传感器的工作原理如图 2-25 所示，硅膜片一面通真空室，另一面导入进气压力。在压力作用下，硅膜片就会产生变形，压敏电阻的阻值在膜片应力的作用下就会发生变化，进气管压力越大，硅膜片的变形也越大，附着在薄膜片上的应变电阻的阻值与压力成正比变化。因此，惠斯通电桥上电阻值的平衡就被打破，当电桥的输入端输入一定的信号电压或信号电流时，在电桥的输出端就可得到变化的信号电压或信号电流。

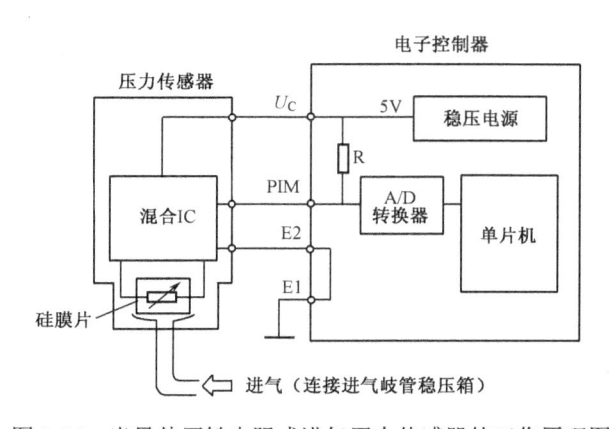

图 2-25　半导体压敏电阻式进气压力传感器的工作原理图

由于压阻效应式进气压力传感器的功能部件是硅膜片和应变电阻，其工作参数取决于作用在膜片上的压力大小，因此传感器的取样压力应从压力波动较小的部位选取。桑塔纳 GLi 型和桑塔纳 2000GLi 型轿车进气压力从稳压箱（动力腔）处取样，可以避免压力波动对检测信号产生影响。

（3）电容式进气压力传感器的结构、工作原理

电容式进气压力传感器的结构如图 2-26 所示，它是将氧化铝膜片和底板彼此靠近排列形成电容，利用电容随膜片上下压力差的变化而改变的性能获取与压力成正比的电容值信号的。将电容（压力转换元件）连接到传感器混合集成电路的振荡电路中，传感器能够产生可变频率的信号，且该信号的输出频率（约为 80~120Hz）与进气歧管的绝对压力成正比。电控装置 ECU 可以根据传感器输入信号的频率来感知进气歧管的绝对压力的大小，进而对发动机的喷油量进行控制。

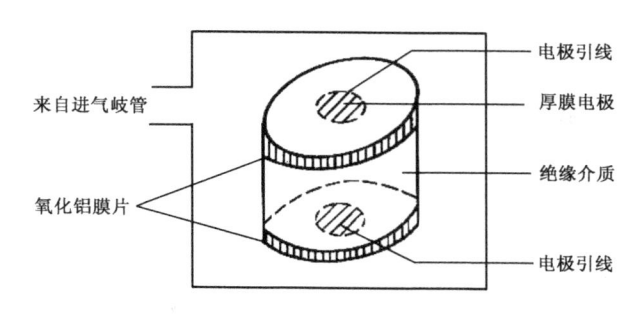

图 2-26 电容式进气压力传感器的结构

2．进气压力传感器的检测

进气压力传感器的常见故障是真空软管连接不牢、破裂以及感应线圈断、短路等。检测真空膜盒式进气压力传感器时应注意这种进气压力传感器是用 12V 电源工作的，所以检查时不要拔下电源线插头。

① 电源电压检查。关闭点火开关，拔下传感器连接器插头，在电源线插头一侧接万用表，打开点火开关，电压表应显示 12V，否则应检查电源线是否存在断、短路。

② 输出信号电压检测。连接好传感器插头，打开点火开关，用万用表正表笔与信号端子接触，将负表笔搭铁，在真空软管上加大气压时，信号电压应为 1.5V；在对真空软管吸气时，电压应从 1.5V 向降低方向移动；发动机怠速时，电压应为 0.4V；当发动机转速升高时，输出电压值也升高。

3．具体车型的检测

（1）福特汽车电容式进气压力传感器的检测

图 2-27 所示为福特汽车使用的电容式进气压力传感器与计算机的连接电路图，从图上得知该进气压力传感器有三条线与计算机（ECU）连接。ECU 的 26 端子向进气压力传感器提供 5V 电压；46 端子是信号回路，经 ECU 搭铁；45 端子为进气压力传感器输出信号端子。

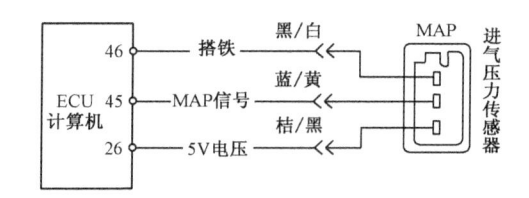

图 2-27 福特汽车电容式进气压力传感器与计算机的连接电路

福特汽车电容式进气压力传感器的检测方法如下。

① 检查真空软管连接状态,以确保无老化破裂现象。
② 打开点火开关,检查 ECU 的 26 端子(桔/黑)与搭铁间电压,应为 5V。
③ 打开 46 端子信号电路(黑/白),电压应为 0V,接地电阻不大于 5Ω。
④ 检测进气压力信号线(蓝/黄),拆下传感器连接器插头,测量 45 端子处电压,在点火开关接通时应为 0.5V。

也可用汽车专用万用表对进气压力传感器进行频率测试,测试的方法是:打开点火开关,发动机不运转,进气压力传感器输出信号频率约为 160Hz;减速时频率为 80Hz;怠速时频率为 105Hz。

当进气压力信号消失或者超出工作范围(频率小于 80Hz 或大于 160Hz)时,电控单元 ECU 会根据节气门位置传感器的工作情况发出一个替代值,保证发动机正常运转,但计算机同时记录下进气压力传感器发生的故障,以故障代码方式进行存储。

(2)通用汽车公司车型进气歧管压力传感器的检测方法

进气歧管压力传感器发生故障或其连接线路不良,会使发动机出现怠速不良、启动困难或启动后发动机易熄火等故障。诊断故障部位时,应及时检查进气歧管压力传感器及其连接电路。

进气歧管压力传感器与 ECU 的连接电路如图 2-28 所示。从图中可知,它有三条连线,一条为 V_{CC} 电源线,一条为 PIM 信号输出线,另一条为地线。这种传感器应检查输出信号电压值,在怠速时为 0.9V;转速升高时,真空度随之降低,输出电压升高,最高不超过 5V。

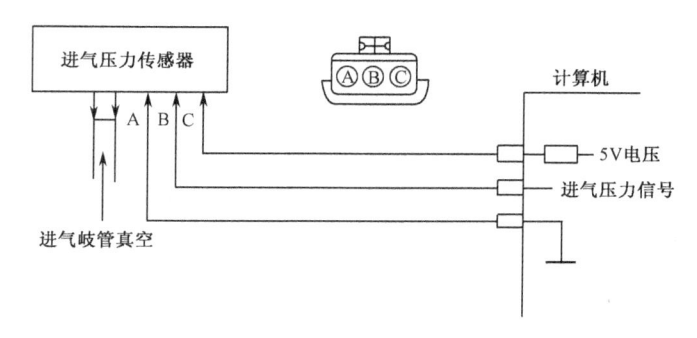

图 2-28 进气歧管压力传感器与 ECU 的连接电路

检测应按下列步骤进行。

① 用万用表测量电源电压。当点火开关接通时,电源线 C 端子与搭铁 A 端子间电压应

为5V，这说明ECU供电正常。

② 用万用表测量信号电压。接通点火开关，B端子与A端子间电压应为4V；启动发动机，怠速时B端子与A端子间电压为1~1.5V；逐渐加大节气门开度，发动机转速升高，电压应逐渐增大至5V。

（3）桑塔纳2000GLi型轿车歧管压力传感器的检测方法

桑塔纳2000GLi型轿车使用的进气歧管压力传感器与进气温度传感器制成一体，安装在进气系统的动力腔上，它的外形如图2-29（a）所示。该传感器连接器有四个连接端子与ECU连接，其连接电路如图2-29（b）所示。

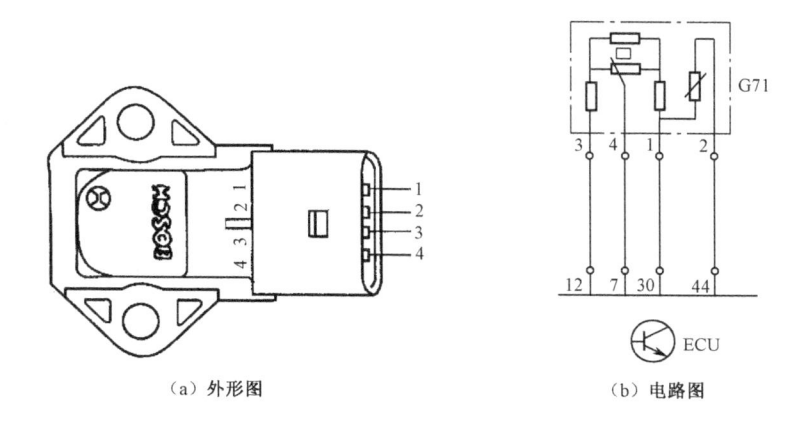

（a）外形图　　　　　　　（b）电路图

图2-29　桑塔纳2000GLi型轿车歧管压力传感器外形及与ECU的连接电路

（1）故障诊断。在发动机运转过程中，当进气歧管压力传感器出现故障时，ECU可以检测到故障，并把故障进行存储，且使发动机进入故障运行状态。利用一汽大众公司提供的V.A.G1551故障诊断仪或V.A.G1552故障诊断仪，通过故障诊断插座可以读取有关故障信息，为排除故障提供方便。故障诊断仪V.A.G1551与V.A.G1552的区别是，前者带打印功能，可将有关信息打印，而后者无打印功能。

（2）电阻检查。关闭点火开关，拔下ECU线束连接器和进气歧管压力传感器线束连接器。用万用表的R×1挡检查ECU和传感器有关端子间的电阻，其电阻应符合表2.9中规定值。如果电阻过大或为无穷大，则说明线束与端子接触不良或有断路，应进行检测。

表2.9　进气歧管压力传感器线束电阻值的检测

检测项目	检测部位	电阻值/Ω
传感器正极导线	ECU的12端子至传感器的3端子	≤0.5
传感器信号线	ECU的7端子至传感器的4端子	≤0.5
传感器负极导线	ECU的30端子至传感器的1端子	≤0.5
温度传感器信号线	ECU的44端子至传感器的2端子	≤0.5

（3）电压检查。用万用表直流电压挡检查电压时，接通点火开关，检查进气歧管压力传感器3号端子与1号端子间电源电压，标准值应为5V左右；接通点火开关，发动机不运转，

检查歧管压力传感器信号输出 4 号端子与搭铁 1 号端子间电压，标准值应为 3.8~4.2V；当发动机怠速运转时，信号电压应为 0.8~1.3V；当加大节气门开度时，信号电压应上升。如果信号电压经检查不符合上述规定，则说明传感器已经损坏，应更换。

4．其他车系进气压力传感器的检测手册

（1）奇瑞 QQ 车系：

端　子	检测项目	检测条件	标准值/V
4—搭铁	电压	打开点火开关	3.8~4.2
4—搭铁	电压	怠速	0.8~1.3
插座端子 3—搭铁	电压	断开插接器	5

（2）奇瑞旗云车系：

端子	检测项目	检测条件	标　准　值	端子功能
A	—	—	—	压力信号
B	—	—	—	+5V
C	—	—	—	温度信号
D	—	—	—	信号搭铁
A—D	电压	连接插接器，发动机怠速运转	1.3V	—
B—D	电压	连接插接器，发动机怠速运转	5V	—
C—D	电压	连接插接器，发动机怠速运转	2.35V	—
C—D	电阻	断开插接器，温度为 20~30℃	3510~2240Ω	—

（3）广州本田车系：

真空度/kPa	输出信号电压/V	真空度/kPa	输出信号电压/V
100	2.6	400	1.3
200	2.2	500	1.0
300	1.6	600	0.6

（4）广州本田雅阁车系（2.0L、2.3L）：

端　子	检测项目	检测条件	标准值/V
插座端子 1—2	电压	断开插接器，打开点火开关	5
插座端子 2—3	电压	断开插接器，打开点火开关	5
插座端子 1—搭铁	电压	断开插接器，打开点火开关	5
PCM 插座端子 C7—C19	电压	打开点火开关	5
PCM 插座端子 C7—C17	电压	打开点火开关	5

（5）广州本田雅阁车系（K20A7、K24A4）：

端　子	检测项目	检测条件	标准值/V
1—3	电压	断开插接器，打开点火开关	5
PCM 插头端子 A21—搭铁	电压	打开点火开关	5

（6）广州本田雅阁车系（K30A4）：

端　　子	检测项目	检测条件	标准值/V
1—3	电压	打开点火开关	5
PCM 插头端子 D4—D6			

（7）广州本田飞度车系：

端　　子	检测项目	检测条件	标准值/V
1—3	电压	断开插接器，点火开关 ON	5
A11—A21	电压	点火开关 ON	5

（8）丰田皇冠车系：

真空度/kPa	13.3	26.7	40.0	53.3	66.7
PIM—E2 电压/V	0.3~0.5	0.7~0.9	1.1~1.3	1.5~1.7	1.9~2.1

（9）广州本田飞度车系：

端　　子	检测项目	检测条件	标准值/V
1—3	电压	断开插接器，打开点火开关	5
A11—A12	电压	打开点火开关	5

（10）大众桑塔纳车系（AFE）：

端　　子	检测项目	检测条件	标准值/V
1—3	电压	连接插接器，打开点火开关	5
1—4	电压	打开点火开关	3.8~4.2
		启动发动机，怠速运转	0.8~1.3
		加大节气门开度	电压发生变化

（11）大众波罗车系：

端　　子	检测项目	检测条件	标 准 值
2—1	电阻	温度为 20℃	2.3~2.6kΩ
		温度为 80℃	0.29~0.33kΩ
4—1	电压	启动发动机，转速达 1500r/min，并增加发动机转速若干次	0.4~4.6V
3—1	电压	断开插接器	5V

（12）菲亚特派力奥和西耶那车系：

端　　子	检测项目	检测条件		标 准 值
3—4	电阻	拆下传感器	温度/℃ -40	49.933kΩ（±13.6%）
			-20	15.701kΩ（±10.8%）
			0	5.959kΩ（±8.5%）
			20	2.509kΩ（±6.5%）
			40	1.157kΩ（±5.9%）

续表

端　子	检测项目	检测条件			标准值
3—4	电阻	拆下传感器	温度/℃	60	0.578kΩ（±5.7%）
				80	0.309kΩ（±5.5%）
				100	0.176kΩ（±5.4%）
插座端子1、2、3、4分别与ECU端子75、68、54、55	导通情况	—	—		导通

（13）雪铁龙爱丽舍车系（1.6LTU5JP/K）：

端　子	检测项目	检测条件	标　准　值
ECU端子55N12—55N26	电压	断开插接器，打开点火开关	5V
ECU端子55N7—55N26	电压	连接插接器 打开点火开关	4.75V
		怠速运转	4.75~0.25V
3G1—ECU端子55N7	导通情况	—	导通
3G2—ECU端子55N26	导通情况	关闭点火开关	导通
3G3—3G2	电压	打开点火开关	5
3G1—3G2	电压	进气压力40kPa时	1.2V
		进气压力100kPa时	4.5V

（14）北京现代索纳塔车系：

端　子	检测项目	检测条件	标　准　值
1—搭铁	电压	怠速	0.8~2.4V
		在怠速状态，突然踩下加速踏板	0.8~2.4V（上升）
2—搭铁	电压	断开插接器，打开点火开关	4.8~5.2V
4—搭铁	导通情况	断开插接器	导通

（15）北京现代伊兰特车系：

端　子	检测项目	检测条件	标准值/V
2—4	电压	打开点火开关	5
1—4	电压	怠速时	0.8~1.1
		发动机急加速时	4.5~5.2

2.3.3 大气压力传感器

1. 大气压力传感器的结构和原理

大气压力传感器用于检测大气压力，向ECU输入大气压力信号，从而修正喷油和进行点火控制。大气压力传感器常安装在空气流量计上、前保险杠内、ECU内部等位置，如图2-30所示。有的汽车用进气歧管压力传感器在点火开关打开瞬间的信号来提供大气压力信号，故取消了大气压力传感器。

大气压力传感器采用集成电路IC技术与微加工技术，在一块半导体基片上形成压力传感器、温度补偿电路和放大电路。

在硅片的中间，从反面经异向腐蚀形成了正方形的膜片，利用膜片将压力变换成应力。在膜片的表面，通过扩散杂质形成四个P型测量电阻，以惠斯通电桥方式连接，如图2-31

所示。利用压阻效应将加在膜片上的应力变换成电阻的变化，此电阻的变化通过桥式电路之后在桥式电路的两个输出端子之间以电位差的方式对外输出。

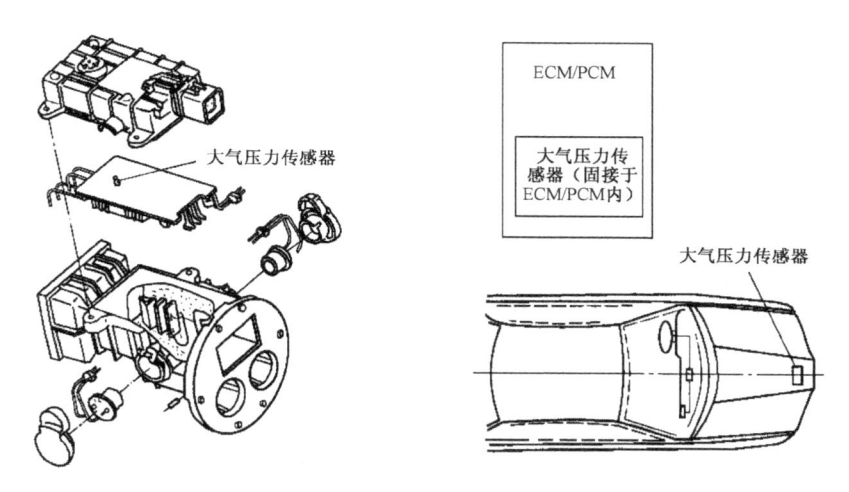

图 2-30 大气压力传感器的安装位置

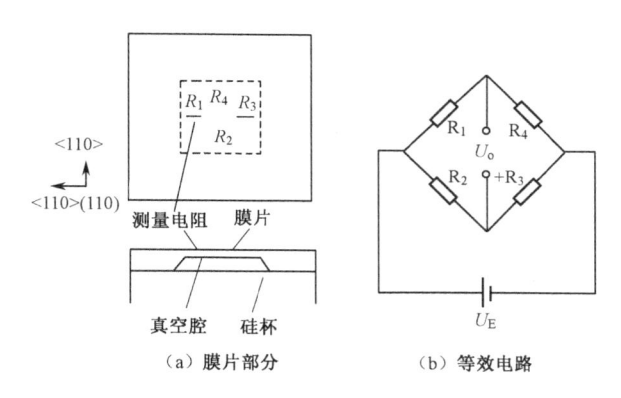

图 2-31 大气压力传感器的检测电路
（a）膜片部分　（b）等效电路

膜片的里面与硅片之间设计成真空腔，用以缓和外部的应力，以此真空腔的压力为基准检测大气压力。

常温时大气压力传感器的输出特性如图 2-32 所示。

2．大气压力传感器的检测

以三菱轿车上的大气压力传感器为例来说明大气压力传感器的检测。图 2-33 所示为三菱轿车大气压力传感器与 ECU 的连接电路。大气压力传感器安装在空气流量计内，由惠斯通电桥组成，随海拔高度的变化，电桥输出的电压值也产生变化，并将变化的电压信号输入 ECU 的 16 号端子，ECU 根据变化的电压修正喷油量。ECU 的 13 号和 23 号端子并联，以减少接触电阻。

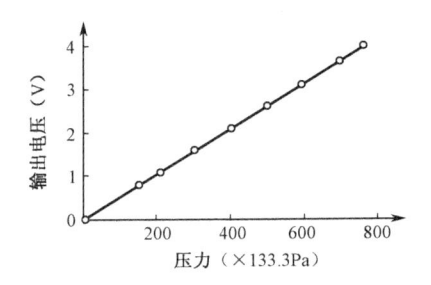

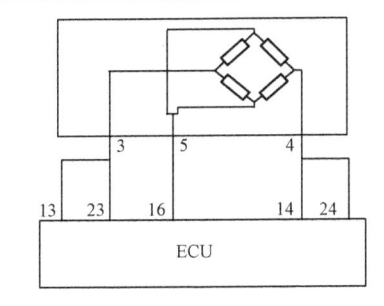

图 2-32　大气压力传感器的输出特性　　图 2-33　三菱轿车大气压力传感器与 ECU 的连接电路

三菱轿车上的大气压力传感器的检测方法如下。
① 检查搭铁情况。拆下大气压力传感器与 ECU 间的连接插头，测量 ECU 侧端子与搭铁间的电阻值，应为零，否则应检查 ECU 的搭铁情况。
② 检查各端子间电压值。打开点火开关，测量 ECU 侧的 23 号端子与搭铁间的电压应为 5V。测量传感器信号输出端 5 号端子输出的信号电压，应为 3.5~4.2V。

经检查，若不在规定范围，则应检查线路连接情况；若线路连接情况良好，则应更换大气压力传感器。

2.4　位置传感器

2.4.1　曲轴位置传感器

曲轴位置传感器是发动机电子控制系统中最主要的传感器之一，它提供点火时刻（点火提前角）、确认曲轴位置的信号，用于检测活塞上止点、曲轴转角及发动机转速，并输入到控制单元，以便确定喷油时刻和点火时刻。

曲轴位置传感器一般安装在曲轴前端、分电器内、正时罩内等处。曲轴位置传感器所采用的结构随车型不同可分为电磁脉冲式、光电式和霍尔式三大类。

1. 电磁脉冲式曲轴位置传感器

（1）电磁脉冲式曲轴位置传感器的结构、工作原理

电磁脉冲式曲轴位置传感器由一个永久磁铁的铁芯和铁芯外部的线圈构成核心元件，外壳一般采用复合材料注塑成型封装，其结构如图 2-34 所示。

电磁脉冲式曲轴位置传感器的工作原理如图 2-35 所示。由图 2-35 可以看出，传感器的信号转子与永久磁铁和支架之间存在间隙，磁力线由磁铁 N 极发出，经过磁铁与转子之间的间隙、转子凸齿、转子凸齿与定子磁头间的空气间隙、磁头、永久磁铁 S 极，形成闭合回路。曲轴转动会带动信号转子转动，当转子转动时会引起转子与磁铁之间的空气间隙发生变化，导致信号线圈内的磁通量发生变化。根据法拉第的电磁感应定律，磁通量的变化会在线圈的两端产生感应电动势。转子的旋转导致空气间隙交替变大变小，线圈内的磁通量的变化也是

交替进行的，因为感应电压的方向总是企图阻止磁通量的变化，因此转子凸齿在接近和离开磁铁时，会产生相反的交流电压信号。

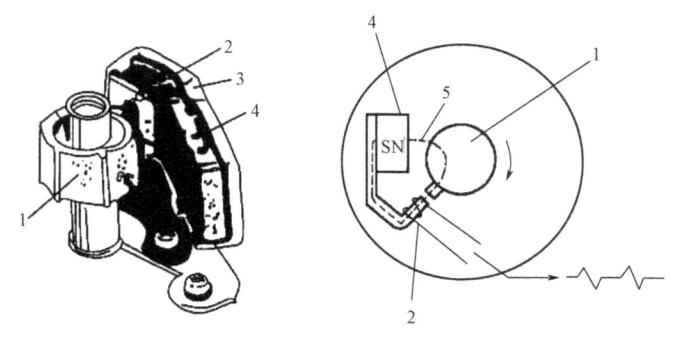

1—信号转子；2—信号线圈；3—托架；4—永久磁铁；5—磁通

图2-34 电磁脉冲式曲轴位置传感器结构

当转子凸齿接近信号线圈时（图2-35（a）→（b）），空气间隙逐渐减小，线路中的磁阻减小，磁通量的变化率逐渐增大，这时在线圈两端会产生一个逐渐增大的正电动势；随着凸齿向线圈靠近，空气间隙越来越小，但是磁通量变化率却逐渐变小，这时线圈两端的电动势会逐渐变小。

当转子凸齿与线圈之间的距离最小时（图2-35（b）），线圈中的磁通量最大，但是磁通量变化率为0，线圈两端的感应电动势为0。

转子继续旋转，当转子与线圈间的距离逐渐变大时（图2-35（b）→（c）），线路中的磁阻逐渐变大，但是磁通量的变化率却逐渐变大，所以产生了一个负的但绝对值却逐渐增大的电动势。随着转子的旋转，转子凸齿与线圈间的间隙越来越大，回路中的磁通量减小，磁通量的变化率也在减小，此时线圈两端的电动势减小，但仍为负值。

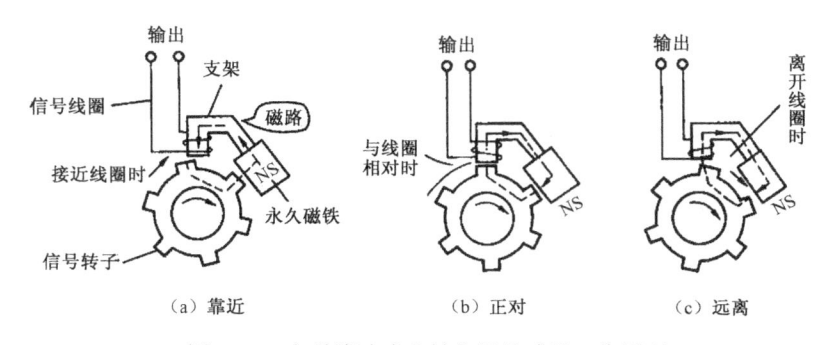

（a）靠近　（b）正对　（c）远离

图2-35 电磁脉冲式曲轴位置传感器工作原理

（2）电磁脉冲式曲轴位置传感器的检测

① 开路检测法。关闭点火开关，拔下传感器插头，用万用表R×10挡测量传感器感应线圈的电阻值。测量值应符合原厂规定，具体查看相关资料，其电阻值一般在300~1500Ω。

② 在路检测法。
- 用万用表 AC 电压挡检测其输出电压，启动时应高于 0.1V；运转时应为 0.4~0.8V。
- 用频率表检测其工作频率。
- 用示波器检测其输出信号波形。
- 如果在传感器上能检测到电压信号，而在 ECU 连接器上检测不到信号，则应检测传感器至 ECU 之间的导线及插头。

（3）具体车型检测实例

桑塔纳 2000GSi，捷达 GT、GTX 型轿车电磁脉冲式曲轴位置传感器检测方法如下。

① 电阻检查。关闭点火开关，拔下传感器连接器插头，检查传感器上 1 和 2 端子间的电阻，正常值为 450~1000Ω，若电阻无穷大，说明信号线圈存在断路，应该更换传感器。检查传感器上 1 和 2 端子与屏蔽线端子 3 之间的电阻，阻值应为无穷大，如果电阻不是无穷大，则应该更换。

② 检查传感器与 ECU 之间的连接线束。分别检查 1 与 56 端子、2 与 63 端子、3 与 67 端子间的电阻值（如图 2-36 所示），应不超过 1.5Ω。如果电阻为无穷大，说明存在导线断路或接触不良，需进行更换。

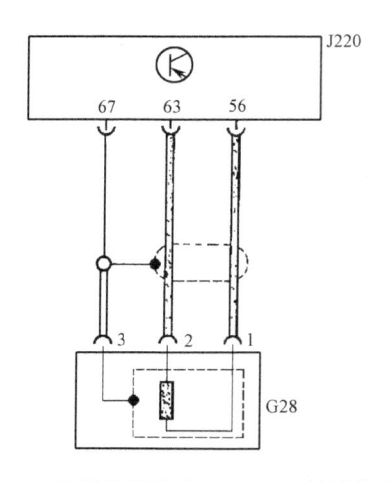

图 2-36 曲轴位置传感器与 ECU 的连接关系

③ 信号转子与磁头间间隙的检查。用厚薄规检查信号转子与磁头间的间隙，标准值为 0.2~0.4mm。若不在此范围内，则需要进行调整。

2．光电式曲轴位置传感器

（1）光电式曲轴位置传感器的结构、工作原理

光电式曲轴位置传感器由信号发生器和信号盘组成。信号发生器由两只发光二极管、两只光敏二极管和电子电路组成，两只发光二极管分别正对着两只光敏二极管，发光二极管以光敏二极管为照射目标，其结构如图 2-37 所示。

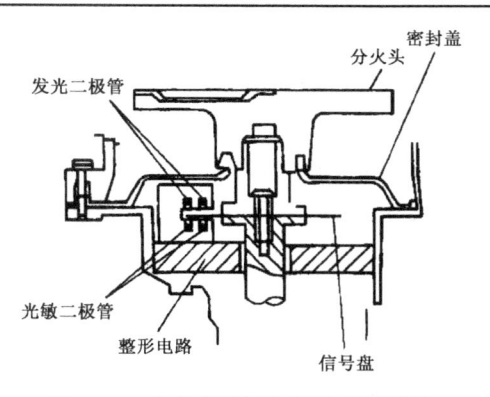

图 2-37 光电式曲轴位置传感器结构

光电式曲轴位置传感器通常安装在分电器内（如没有分电器则安装在曲轴左前端），如图 2-38 所示，在分电器底板上固定着由一对发光二极管和一对光敏二极管组成的信号发生器。分电器轴上装有信号盘，信号盘上开有弧形槽，如图 2-39 所示，发光二极管和光敏二极管分别安装在信号盘的两侧。日产汽车的光电式曲轴位置传感器信号盘外围有 360 条缝隙，产生 1°（曲轴转角）信号；外围稍靠内侧分布着 6 个光孔（间隔 60°），产生 120°信号（曲轴转两圈，分电器转一圈），其中有一个较宽的光孔是产生对应第 1 缸上止点的 120°信号。

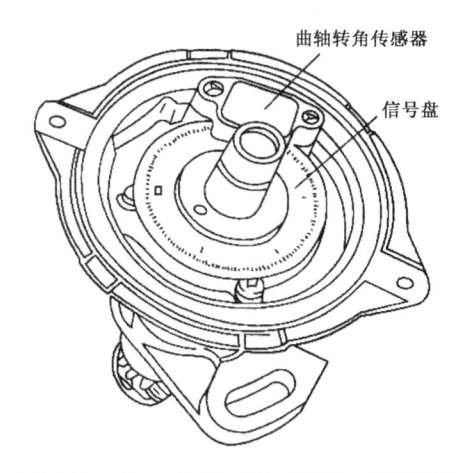

图 2-38 光电式曲轴位置传感器安装位置

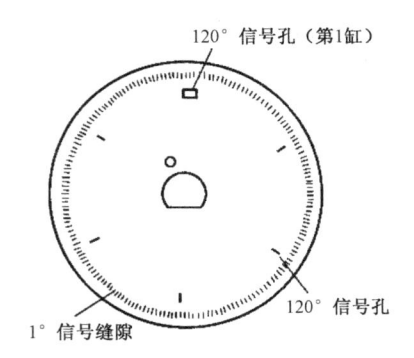

图 2-39 信号盘结构

图 2-40 所示就是光电式曲轴位置传感器的工作原理。光电式曲轴位置传感器将光量的变化转化为电量的变化，应用的是光电效应原理。当曲轴转动的时候，分电器轴带动遮光盘旋转，因为遮光盘上弧形槽（缝隙）的缘故，发光二极管发出的光线时而能照射到光敏二极管上，时而不能照射到光敏二极管上。由于光敏二极管上的光量不断发生变化，从而使二极管导通与截止，产生脉冲电压信号，再经过传感器的信号检测电路将杂波滤除，这时的脉冲电压信号就可以作为传感器的输出信号。当信号发生器的发光二极管发出的光线经过遮光盘的小孔照射到光敏二极管时，光敏二极管感光导通，产生一个高电压；当光线被遮光盘挡住时，光敏二极管截止，感应电动势为 0。传感器的遮光盘边缘均匀分布着 360 个缝隙，遮光盘每

转一周将产生 360 个脉冲。每个脉冲由一个高电压信号（二极管导通）和零电压信号（二极管截止）组成。由于分电器每转一周，曲轴转两周，所以一个脉冲信号代表 2° 曲轴转角，一个脉冲信号中的高电压和零电压分别代表 1° 曲轴转角。光敏二极管产生的脉冲电压信号经电子电路放大后，便向 ECU 输入曲轴转角的 1° 信号和 120° 信号。由于安装位置的缘故，120° 信号并不是活塞达到了上止点，而是在活塞上止点前 70° 曲轴位置。

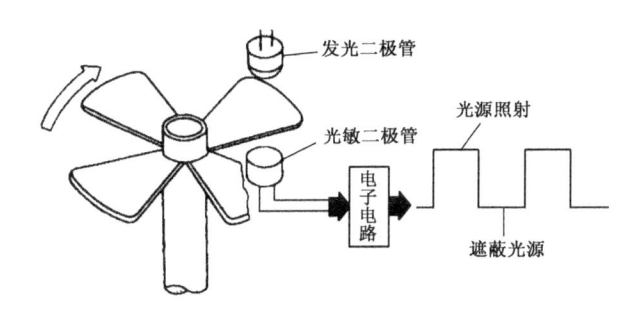

图 2-40 光电式曲轴位置传感器的工作原理

（2）光电式曲轴位置传感器的检测

① 拔下传感器插头，接通点火开关，检查插头上电源端子与搭铁端子之间的电压应为 5V 或 12V。若无电压，则应该检查传感器至 ECU 的导线和 ECU 上相应端子的电压。若 ECU 端子上有电压，则为 ECU 至传感器之间的导线断路；否则为 ECU 故障。

② 插回传感器插头，启动发动机，使其转速保持在 2500r/min 左右，测量传感器输出端子的电压，正常值一般为 2~3V。如电压不对，则是传感器损坏。

③ 用示波器检测有关信号的波形来判断其是否有故障。

（3）具体车型的检测

这里以日产千里马轿车曲轴位置传感器的检测为例。

传感器与 ECU 的连接电路如图 2-41 所示。

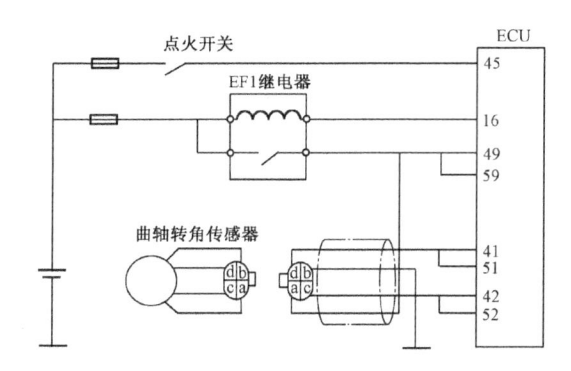

图 2-41 曲轴位置传感器与 ECU 的连接电路

① 检测电源。接通点火开关，测量端子 a 与地线之间的电压（如图 2-42 所示），正常时应为蓄电池电压，如电压正常，应进一步检查输入信号。

② 检查ECU与传感器之间的导线。关闭点火开关，拔下传感器接线器，拆下ECU、SMJ接线器，检查ECU接线器49号、59号端子与端子a之间是否导通（如图2-43所示），正常时应导通，即所测阻值小于1.5Ω。

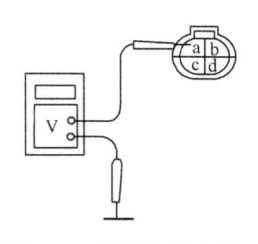

图2-42 检测电源电压

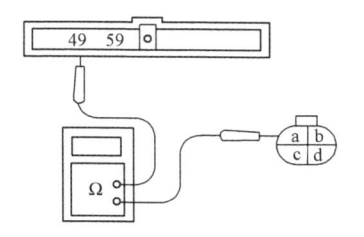

图2-43 检测ECU与传感器之间的导线

③ 检查输入信号。启动发动机，用万用表或示波器检查ECU端子41、51（120°信号端子）及端子42、52（1°信号端子）（如图2-44所示）。正常时应有脉冲信号；如无脉冲信号或脉冲信号缺损，则需要更换传感器。

④ 检查ECU与传感器之间的导线和接线器。发动机熄火，拆下传感器和ECU、SMJ的接线器，检查ECU接线器端子41、51与端子b，端子42、52与端子c间是否导通（如图2-45所示），正常时应导通。如导通正常，则应继续检查曲轴位置传感器；如不导通，应修理或更换配线或接线器。

⑤ 检查搭铁回路。停止发动机运转，断开传感器和ECU、SMJ的接线器，检测d端子与搭铁间是否导通（如图2-46所示），正常时应导通；如不通，则应检查配线或接线器。

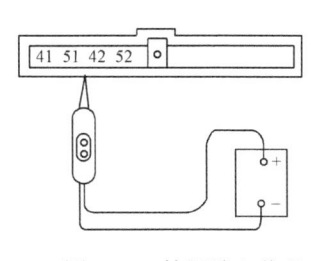

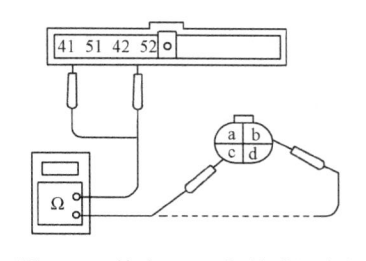

图2-44 检测输入信号　　图2-45 检查ECU与传感器之间的导线和接线器　　图2-46 检查搭铁回路

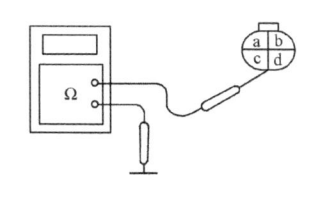

3．霍尔式曲轴位置传感器

霍尔式曲轴位置传感器是利用霍尔效应制成的。置于磁场中的静止载流导体，当它的电流方向与磁场方向不一致时，载流导体上平行于电流和磁场方向上的两面之间产生电动势差，该电动势差就为霍尔电动势，这种现象称为霍尔效应，如图2-47所示。霍尔式曲轴位置传感器可分为触发叶片式和触发轮齿式两种。

（1）触发叶片式霍尔曲轴位置传感器结构、工作原理

触发叶片式霍尔曲轴位置传感器由触发叶轮、带导板的永久磁铁、霍尔元件及集成电路组成，如图2-48所示。永久磁铁和霍尔元件分别位于触发叶轮的两侧。集成电路又包括放大

电路、稳压电路、温度补偿电阻、信号变换电路和输出电路。触发叶轮安装在转子轴上,能够随转子轴一同旋转,触发叶轮上有叶片;当曲轴带动转子轴转动时,触发叶轮也随之转动,轮上的叶片便在霍尔集成电路和永久磁铁之间旋转。

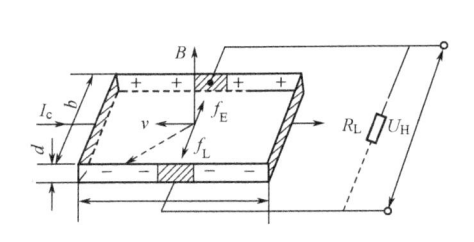

图 2-47 霍尔效应原理

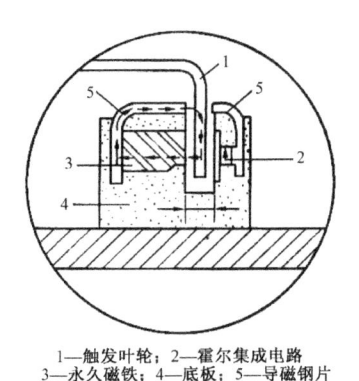

图 2-48 触发叶片式霍尔曲轴位置传感器结构图
1—触发叶轮;2—霍尔集成电路
3—永久磁铁;4—底板;5—导磁钢片

当触发叶轮转动时,轮上的叶片会交替地挡在永久磁铁和霍尔元件之间,霍尔元件用导线接在电路中,其上通有电流。当触发叶轮的叶片挡在磁铁和霍尔集成电路之间时,霍尔集成电路的磁场被旁路,此时的霍尔电动势为 0,集成电路的输出端三极管截止,传感器输出一个高电平信号;当叶片不在磁铁和集成电路之间时,磁力线构成回路,产生霍尔电动势,这时输出端三极管导通,传感器输出一个低电平信号。ECU 根据输入的脉冲信号计算出曲轴转角和活塞上止点,对发动机的喷油和点火进行控制,其工作原理如图 2-49 所示。

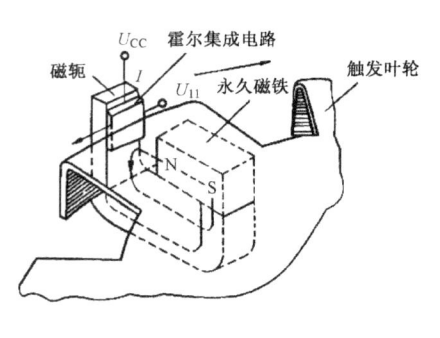

(a) 叶片进入气隙,磁场被旁路

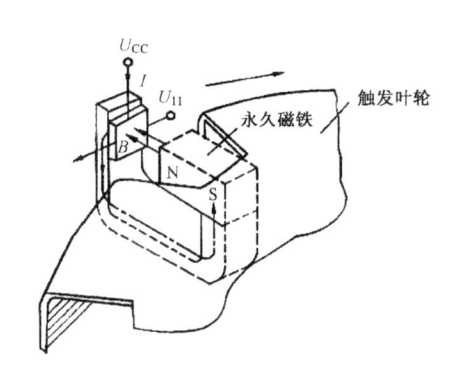

(b) 叶片离开气隙,磁场饱和

图 2-49 霍尔式曲轴位置传感器的工作原理

(2) 触发轮齿式霍尔曲轴位置传感器结构、工作原理

触发轮齿式霍尔曲轴位置传感器安装有两个霍尔元件,因此也称双霍尔式曲轴位置传感器。其结构与电磁脉冲式曲轴位置传感器相似,由带凸齿的信号转子和霍尔信号发生器组成,如图 2-50 所示。

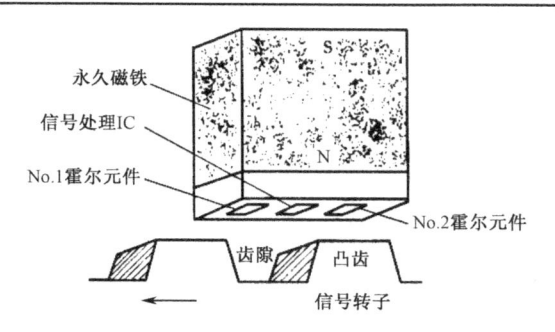

图 2-50 触发轮齿式霍尔曲轴位置传感器的结构

触发轮齿式霍尔曲轴位置传感器的工作原理与触发叶片式霍尔曲轴位置传感器的工作原理相同。传感器的信号转子安装在发动机曲轴上(有部分发动机直接以发动机飞轮作为信号转子)。当曲轴旋转时,传感器的信号转子随之一起旋转。因为信号转子上有凸齿,所以在信号转子旋转过程中,转子上的凸齿和齿缺交替经过传感器探头(由霍尔元件、放大电路、稳压电路、温度补偿电路、信号变换电路和输出电路等组成)的位置,使探头与信号轮之间的空气间隙发生变化,从而导致磁路中的磁场强度发生变化。根据霍尔效应,在传感器的霍尔元件中就会产生交变电压,其输出电压是两个霍尔电压(两个霍尔元件)的叠加。由于输入信号强度增强(如图 2-51 所示),所以信号轮凸齿与信号发生器之间的间隙可以增大到 1.0±0.5mm(普通霍尔式传感器仅为 0.2~0.4mm),这样可以将信号转子设计成电磁脉冲式的齿盘式信号盘结构,便于安装。

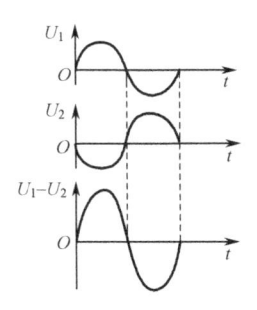

图 2-51 触发轮齿式霍尔曲轴位置传感器的输出电压波形

(3) 霍尔式曲轴位置传感器的检测

① 拔下传感器插头,接通点火开关,检测插头上电源端子与搭铁之间的电压应为 8V 或 12V。若无电压,检查传感器到 ECU 间的线路及 ECU 端子上的电压,ECU 相应端子上如有电压,则传感器至 ECU 之间线路断路;如 ECU 相应端子上无电压,则为 ECU 故障。

② 将拔下的传感器插头重新插好,启动发动机,测量霍尔式曲轴位置传感器输出端子电压,正常值为 3~6V。如无电压,则为传感器问题。

③ 检查传感器输出电压信号波形,确认传感器本身是否有问题。

(4) 具体车型检测

霍尔式曲轴位置传感器的检测主要是电源电压、信号输出电压和连接导线电阻的检测。

北京切诺基霍尔式曲轴位置传感器与 ECU 的连接电路以及该传感器的三个端子 A、B、C 的位置如图 2-52 所示。

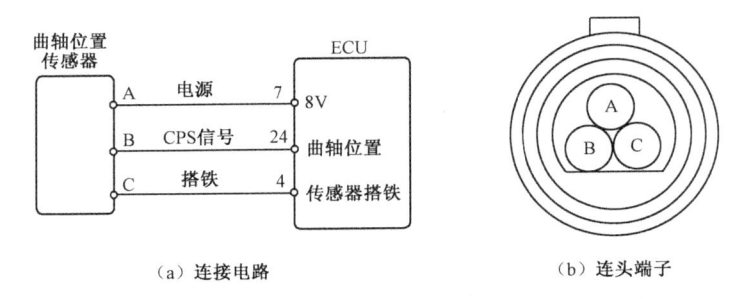

图 2-52　切诺基曲轴位置传感器与 ECU 的连接电路及该传感器的接头端子
（a）连接电路　（b）连头端子

① 传感器电源电压的检测。打开点火开关，用万用表测量 ECU 侧 7 端子与 4 端子间电压，应为 8V；测量 A 端子与 C 端子间电压，也应为 8V。否则说明电源线断路或接头处接触不良。

② 传感器输出信号电压的检测。用万用表对传感器的三个端子 A、B、C 间进行电压检测。打开点火开关，A、C 间电压应为 8V；在发动机运转时，测量 B、C 间电压应在 0.3~5V 间呈脉冲变化，该脉冲电压为传感器的信号电压。如果无脉冲电压输出，则说明传感器损坏，应更换传感器。

③ 电阻的检测。关闭点火开关，拔下曲轴位置传感器导线连接器。用万用表测量传感器的 A、B 或 A、C 间电阻应为∞；如果不是∞，则应更换曲轴位置传感器。

4．曲轴位置传感器检测手册

（1）上海通用赛欧车系（C16NE）：

端　　子	检测项目	检测条件	端子功能
插座端子 A	—	—	信号
插座端子 B	—	—	信号
插座端子 C	—	—	搭铁
A—B	电阻	960Ω	—

（2）奇瑞东方之子车系：

端　　子	检测项目	检测条件	标　准　值
2—搭铁	电压	连接插接器　启动机启动	0.4~4.0V
2—搭铁	电压	连接插接器　发动机怠速运转	1.5~2.5V
插座端子 3—搭铁	电压	断开插接器	12V
插座端子 2—搭铁	电压	点火开关 ON	4.8~5.2V
1—搭铁	导通情况	—	导通

（3）一汽大众奥迪 A6 车系（1.8L ANQ）：

端　　子	检测项目	检测条件	标　准　值
1—2	用二极管试笔测脉冲	插接器仍插在传感器上测试	曲轴每转两周发光二极管闪亮一次
插座端子 1—搭铁	电压	点火开关 ON	4.5~5.5V

（4）大众桑塔纳车系（AJR）：

端　　子	检测项目	检测条件	标　准　值
插座端子 1—3	电压	断开插接器，点火开关 ON	5V
插座端子 2—3	电压	断开插接器，点火开关 ON	蓄电池电压
插座端子 1—2	发光二极管闪烁	启动发动机	发动机每转两周，二极管闪亮一次

（5）东风悦达起亚千里马车系：

端　　子	检测项目	检测条件	标　准　值
1—2	电阻	断开插接器，温度为 20℃	0.486~0.594kΩ
—	间隙	传感器与外壳之间的间隙	0.5~1.5mm
2—搭铁	电压	断开插接器，点火开关 ON	蓄电池电压

（6）2003 款雅阁车系（磁感应式）：

端　　子	检测项目	检测条件	标准值/V
1—搭铁	电压	断开插接器，点火开关 ON	蓄电池电压
3—搭铁	电压	断开插接器，点火开关 ON	5
1—3	电压	断开插接器，点火开关 ON	蓄电池电压
PCM 插头端子 A7—搭铁	电压	点火开关 ON	5

（7）广州本田雅阁车系（K30A4）：

端　　子	检测项目	检测条件	标准值/V
1—搭铁	电压	断开插接器，点火开关 ON	蓄电池电压
2—搭铁	电压	断开插接器，点火开关 ON	5
1—3	电压	断开插接器，点火开关 ON	蓄电池电压
PCM 插头端子 A7—搭铁	电压	点火开关 ON	5

（8）广州本田雅阁车系（3.0L V6）：

端　　子	检测项目	标　准　值
1—2	电阻	1850~2450Ω
插座端子 1—搭铁	导通情况	应不导通
插座端子 2—搭铁		

续表

端　子	检测项目	标　准　值
PCM 端子 C68—C9	电阻	1850~2450Ω
PCM 端子 C8—搭铁	导通情况	不导通

（9）北京现代索纳塔车系：

端　子	检测项目	检测条件	标　准　值
3—搭铁（L4） 1—搭铁（V6）	电压	断开插接器， 点火开关 ON	蓄电池电压
1—搭铁（L4） 3—搭铁（V6）	导通情况	断开插接器	导通
2—搭铁（L4） 2—搭铁（V6）	电压	断开插接器， 点火开关 ON	4.8~5.2V

（10）风神蓝鸟车系：

端　子	检测项目	标　准　值		端子功能
a—搭铁	电压	拔下传感器 线束插接器	点火开关 ON	蓄电池电压
b—搭铁	导通情况		点火开关 OFF	导通
c—ECU 端子 31、40 b—ECU 端子 22、30	导通情况	拔下 ECU 线束插接器		导通
a、b—搭铁	电压	①从发动机上拆下分电器（传感器线束 插接器仍保持连接） ②点火开关 ON ③用手慢慢转动分电器轴		在 5~10V 之间波动

2.4.2 节气门位置传感器

节气门位置传感器一般安装在节流阀的本体上，并且可以随节流阀一起转动，节气门的开度大小的变化与加速踏板的变化是一致的。节气门位置传感器的作用是将节气门的开度大小转化为电信号传输给 ECU，ECU 根据输入的信号判断发动机的工况（怠速、部分负荷、全负荷等），通过对工况的判断来控制喷油量的大小。在装有自动变速器的汽车上，节气门位置传感器检测的信号还是变速器确定换挡时机和变矩器确定锁止时机的主要信号之一。节气门位置传感器一般有两种：开关触点式和线性输出式。

1．开关触点式节气门位置传感器

（1）开关触点式节气门位置传感器的结构、工作原理

开关触点式节气门位置传感器安装在节流阀本体上，用于检测节气门的开度，它是一种编码器式的传感器，其结构如图 2-53（a）所示。传感器上安装有可以与节流阀联动的转子、检测怠速位置的怠速触点、检测满负荷位置的满负荷触点以及动触点。

转子上设有凸轮槽，动触点可在凸轮槽内活动。节气门处于怠速位置时，动触点与怠速触点接合；节气门位于满负荷位置时，动触点与满负荷触点接合。

当节气门转过不同的角度时，开关触点式节气门位置传感器的动触点与不同的触点构成

闭合回路,闭合的触点向 ECU 输入低电平,断开的触点向 ECU 输入高电平,ECU 根据电平值来判断发动机的工况。

在怠速运转情况下,节气门关闭,怠速触点 IDL 闭合,功率触点 PSW 断开,如图 2-53(b)所示。怠速触点 IDL 输出端子输出一个低电平信号"0",功率触点 PSW 输出端子输出一个高电平信号"1"。ECU 接收到节气门位置传感器 TSP 输入的这两个电压信号时,若车速传感器输入 ECU 的信号表示车速为 0,那么 ECU 便可根据这两个信号判定发动机处于怠速状态,并控制喷油器增加喷油量,保证发动机怠速转速稳定而不致熄火;如果此时车速传感器输入到 ECU 的信号表示车速不为 0,那么 ECU 便可判断发动机处于减速状态,从而控制喷油器停止喷油,以减少排放量和提高经济性。

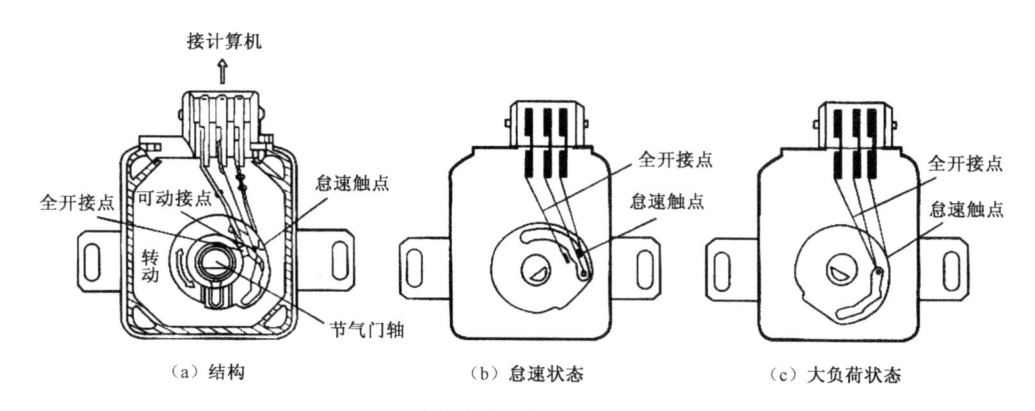

图 2-53 开关触点式节气门位置传感器的结构

当驾驶员继续踩下加速踏板时,节气门接近全部开启(80%以上),这时功率触点 PSW 闭合,向 ECU 输入低电平信号"0",怠速触点 IDL 断开,输入高电平信号"1",如图 2-53(c)所示。ECU 根据这两个信号判断发动机处于大负荷状态,从而控制喷油器增加喷油量,保证发动机输出足够的动力。

当节气门全开时,ECU 将控制系统进入开环控制模式,此时不采用氧传感器信号。如果此时汽车空调在工作,那么 ECU 将中断空调主继电器信号约 15s,以便切断空调电磁离合器的线圈电流,使空调压缩机停止工作,增大发动机输出功率,提高汽车动力性。

为了检测发动机的加减速状况,在部分发动机的节气门位置传感器上还增加了 A_{cc1} 和 A_{cc2} 信号输出触点。

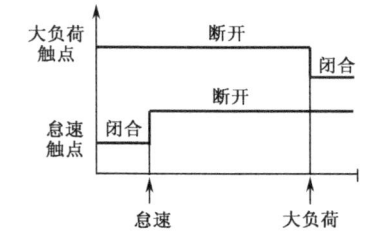

开关触点式节气门位置传感器的输出特性如图 2-54 所示。

图 2-54 开关触点式节气门位置传感器的输出特性

(2) 开关触点式节气门位置传感器的检测

① 一般检查。开关触点式节气门位置传感器结构简单,对其检查时只需测量怠速触点和功率触点的通断情况即可判定其好坏:在节气门全闭时怠速触点应闭合,节气门略打开一

点即断开。在节气门开度小于 50°时，功率触点应断开，节气门开度超过 50°时应闭合。

② 开路检测法。对开关触点式节气门位置传感器开路检查时，其怠速触点可通过间隙检查、功率触点可经过角度检查来确定其好坏。

检测时，首先拔下节气门位置传感器的接线，用万用表和塞尺两者配合进行检测，然后与手册上的数据进行对照，应与其相符；若不相符，应检查原因。

（3）具体车型的检测

奥迪 200 型轿车节气门位置传感器的检测方法如下。

① 接通点火开关，用万用表电压挡在线束侧检查连接器供电端子的电压，其电压为蓄电池电压。

② 关闭点火开关，拔下节气门线束连接器，用万用表电阻挡检查相关端子间的导通状况。

当怠速开关闭合，即怠速触点接通时，怠速开关信号端子与中间端子间应导通；当怠速开关开启，即怠速触点断开时，怠速开关信号端子与中间端子间应不导通；当节气门开度小于 57°，大负荷开关开启，即大负荷开关触点断开时，大负荷开关信号端子与中间端子间应不导通；当节气门开度大于 57°，大负荷开关闭合，即大负荷开关触点接通时，大负荷开关信号端子与中间端子间应导通。

若检测情况与上述不符，则应该更换传感器。

2. 线性输出式节气门位置传感器

（1）线性输出式节气门位置传感器的结构、工作原理

线性输出式节气门位置传感器是一种电位计式传感器，由滑动触点 1、滑动触点 2、电阻器、节气门轴、接线插头等组成，其结构如图 2-55 所示。传感器的两个滑动触点可以与节气门轴实现联轴转动。滑动触点 1 用来测量节气门活动开度，滑动触点 2 用来确定节气门全闭位置。

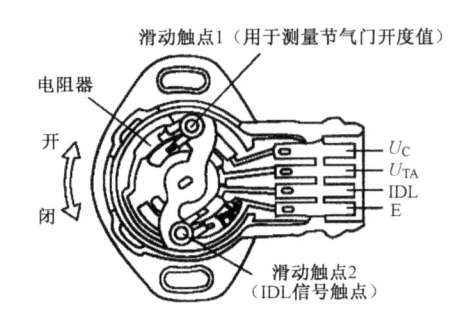

图 2-55 线性输出式节气门位置传感器的结构

线性输出式节气门位置传感器的滑动触点 1 可在电阻器上滑动，并与电阻器形成一电位计，利用电阻器电阻值的变化将节气门的开度值转化为一个线性电压信号，并将此线性电压信号输入给 ECU，ECU 根据此信号确定节气门的开度，并对喷油量进行修正。而滑动触点 2 则在节气门全闭时与怠速触点 IDL 接触，用于提供怠速信号，并将此怠速信号输入 ECU，使 ECU 根据此信号来实现断油及点火提前角的控制。线性输出式节气门位置传感器的输出特性如图 2-56 所示。

线性输出式节气门位置传感器与 ECU 的连接电路如图 2-57 所示。传感器内阻 r 的两端一直加有 ECU 输送来的 5V 电压，滑动触点 1 根据节气门开度的状况在电阻 r 上滑移，由此改变 ECU 的 U_{TA} 端子的电位。这一电压信号经 A/D 转换器变换成数字信号，再输入到计算机中去。从图中可以看出，传感器通过 U_{TA} 端 ECU 内部的电阻 R_1 与稳压电源电路相连，通过 U_{TA} 电阻 R_2 端与 E_2 端子相连，但是因为 R_1、R_2 都大于 r，所以电流的流经途径是 U_C 端子→电阻 r→E_2 端子，U_{TA} 端的电位并不受电阻 R_1、R_2 的影响。

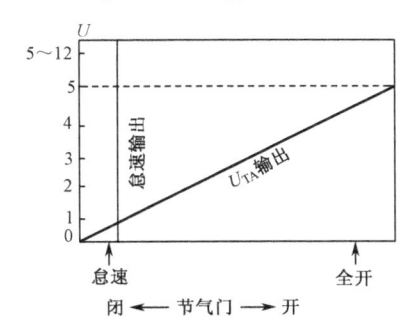

图 2-56 线性输出式节气门位置传感器的输出特性

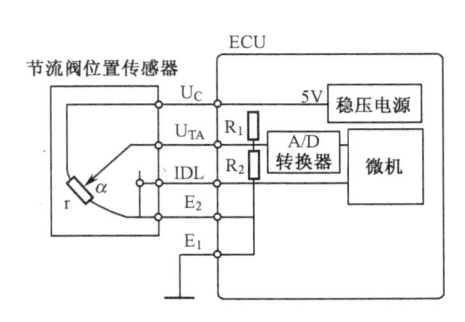

图 2-57 线性输出式节气门位置传感器与 ECU 的连接电路

当节气门全闭时，IDL 触点闭合，IDL 端的电位为零，这样就把节气门全闭的情况通知了计算机。收到 U_{TA} 端子、IDL 端子传来的信号之后，计算机根据这些信号判断出车辆的行驶状态，再决定进行过渡时期的空燃比修正或是输入增量修正，或是切断油路，或是进行怠速稳定修正。

（2）线性输出式节气门位置传感器的检测

线性输出式节气门位置传感器的常见故障一般为怠速触头或电位计可动触头接触不良，或电位计电阻值不够准确，从而使 ECU 不能接收到怠速信号或接收到的节气门开度信号不准及节气门开度信号时断时通，进而造成发动机怠速不稳或无怠速、加速性能不良、加速性能时好时坏。

① 开路检测方法。用万用表 R×100 挡分别测量线束插件与传感器相连的各端子之间的电阻值应符合标准电阻值（车型不同可能有一些差异，但变化规律是相同的），如图 2-58 所示。如果电阻值相差较大，则可能是传感器已经损坏。

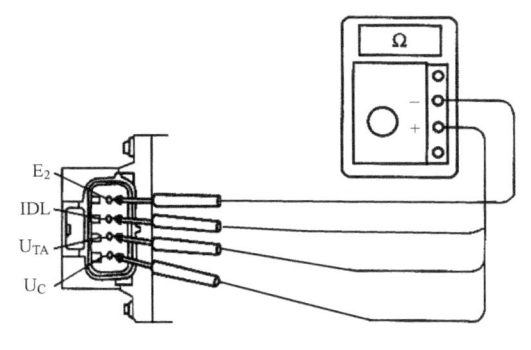

图 2-58 传感器电阻检查

② 在路检测方法。将节气门位置传感器插件插好。

接通点火开关,但不要启动发动机。

用万用表 10V 直流挡测线束插件各端子之间的电压应符合检测车型资料中所列值。如电压值相差较多,应检查线路、ECU 及节气门位置传感器。可先将节气门位置传感器拆下,测量电路中的电阻是否正确。当确定节气门位置传感器无问题,且检查线路及供电均无故障后,再检查 ECU。

(3) 具体车型的检测

这里以红旗 CA7220E 型轿车节气门位置传感器的检测为例。

① 检查节气门位置传感器。接通点火开关,不启动发动机,一边踩下加速踏板使节气门开度增加,一边在线束侧用万用表电压挡检查节气门控制器 5 号端子与车身接地间的电压。其电压应随节气门开度的增大而减小。反之,放松加速踏板使节气门开度减小,其电压随节气门开度的减小而增大。若检测结果与上述规定不符,应修理或更换节气门位置传感器。

② 检查配线及连接器。关闭点火开关,拆下右前轮下护板,拉出电控单元(ECU)线束连接器固定锁架,拔开 ECU 线束连接器。

用万用表电阻挡检查控制器线束连接器 5 号端子与 ECU 线束连接器 40 号端子间的电阻,控制器线束连接器 4 号端子与 ECU 线束连接器 35 号端子和 41 号端子间的电阻,其电阻值均应小于 1.5Ω。

用万用表电阻挡检查控制器线束连接器 4 号端子和 7 号端子与 ECU 线束连接器 40 号端子间的电阻,控制器线束连接器 7 号端子与 ECU 线束连接器 14 号端子间的电阻,其电阻值均应无穷大。

如果检测结果与上述规律不符,则应修理或更换节气门控制器与电控单元(ECU)间的配线及连接器。

3. 其他车型节气门位置传感器检测手册

(1) 奇瑞 QQ 车系:

端　子	检测项目	检测条件	标　准　值
1—3	电阻		1.95~2.10Ω
2—3	电阻	节气门从全闭位置至全开位置(连续变化)	1.10~2.80kΩ
2—3	电压	节气门全关	0.2~0.7V
		节气门全开	3.0~4.8V
插座端子 1—搭铁	电压	断开插接器	5V
插座端子 2—搭铁	导通情况	断开插接器	导通

(2) 奇瑞东方之子车系:

端　子	检测项目	检测条件	标　准　值
1—2	导通情况	断开插接器 踩下加速踏板	不导通
		松开加速踏板	导通
1—搭铁	电压	断开插接器,点火开关 ON	4.8~5.2V
4—搭铁	导通情况	—	导通

（3）丰田车系：

检测条件	检测端子	标　准　值
点火开关置于 ON，节气门全闭（IDL闭合）	IDL—E	>0.5V
	PSW—E	4.5~5V
点火开关置于 ON，节气门全开	IDL—E	4.5~5V
	PSW—E	>0.5V
点火开关置于 ON，节气门在全闭和全开之间（部分负荷）	IDL—E	不能同时小于 0.5V
	PSW—E	
关闭点火开关，取下传感器导线连接器	节气门全闭 IDL—E	<10V
	PSW—E	>1MΩ
关闭点火开关，取下传感器导线连接器	节气门全开 IDL—E	>1MΩ
	PSW—E	<10Ω
关闭点火开关，取下传感器导线连接器	节气门在全开和全闭之间 IDL—E	不能同时低于 10Ω
	PSW—E	

（4）神龙富康车系：

端　子	检测项目	检测条件	标　准　值
插座端子 3B1—3B2	电压	点火开关 ON	5V±0.5V
插座端子 3B3—3B2	电压	节气门全闭时	0.5V±0.1V
		节气门逐渐打开	电压线性变化至 4.5V
3B3—3B2	电阻	断开插接器 节气门全闭	1100Ω
		节气门全开	1600Ω

（5）风神蓝鸟车系：

端　子	检测项目	检测条件	标　准　值
a—搭铁	电压	拔下传感器线束插接器，点火开关 ON	约 5V
c—搭铁	导通情况	点火开关 OFF	导通
b—ECU 端子 20	导通情况	点火开关 ON	导通
a—b	传感器输出电压	旋转节气门位置传感器体，调整电压	0.45~0.55V
a—b	电阻	拔下传感器线束插接器 加速踏板完全松开	约 2.0kΩ
		加速踏板部分踩下	2~10kΩ
		加速踏板踩到底	约 10kΩ

（6）东风悦达起亚千里马车系：

端　子	检测项目	检测条件	标　准　值
3—搭铁	电压	断开插接器 点火开关 ON	4.8~5.2V
2—搭铁	导通情况	断开插接器 —	导通
2—3	电阻	断开插接器	0.7~3.0kΩ

续表

端　子	检测项目	检测条件	标准值
2—1	电阻	节气门从怠速位置慢慢转到全开位置	电阻随着开启角度的变化按比例平滑地变化

（7）北京现代索纳塔车系：

端　子	检测项目	检测条件		标准值
1—3（L4） 2—3（V6）	电压	点火开关 ON	怠速时	300~900（L4）mV
				250~800（V6）mV
			节气门开启	增加（根据节气门开度）
			节气门全关	4250~4700mV
1—2（L4） 2—1（V6）	电阻	断开插接器		3.5~6.5kΩ
1—3（L4） 2—3（V6）	电阻	节气门从全关位置到缓慢打开		电阻慢慢变化
2—搭铁（L4） 1—搭铁（V6）	电压	断开插接器，点火开关 ON		4.25~4.7V
搭铁（L4） 搭铁（V6）	导通情况	断开插接器		导通

（8）一汽大众奥迪 A6 车系（1.8L ANQ）：

端　子	检测项目	检测条件	标准值/V
4—搭铁	电压	点火开关 ON	5
2—3	电压	断开插接器	节气门关闭导通
			节气门打开不导通

（9）广州本田雅阁车系（2.0L、2.3L）：

端　子	检测项目	检测条件	标准值/V
插座端子 1—3	电压	断开插接器，点火开关 ON	5
插座端子 3—搭铁	电压		5
PCM 插头端子 C28—搭铁	电压	点火开关 ON	5
PCM 插头端子 C18—C27	电压	点火开关 ON，节气门完全关闭	约 0~5
		点火开关 ON，节气门完全打开	约 4~5

（10）广州本田雅阁车系（K20A7/K24A4）：

端　子	检测项目	检测条件	标准值
1—3	电压	断开插接器，点火开关 ON	5V
1—2	电阻	断开插接器	0.5~0.9kΩ
1—3	电阻	断开插接器	5kΩ
PCM 插头端子 A20—A23	电压	点火开关 ON	5V
PCM 插头端子 A21—搭铁	电压	点火开关 ON	5V

2.4.3 溢流环位置传感器

在安装有老式机械式调速器的柴油机上，溢流环的位置是由发动机带动的配重块的离心力和各种弹簧力的平衡位置决定的。由于机械式调速器的结构复杂，配合件又精密，机械控制受到制约，所以它的特性与控制机能有一定限度。随着柴油机电子控制系统的发展，电子式 VE 型分配式喷油泵在柴油机上得到了广泛的应用。在该泵上检测溢流环位置的是可调电感式溢流环位置传感器。

（1）溢流环位置传感器的结构、工作原理

可调电感式溢流环位置传感器的基本原理如图 2-59 所示。在线圈内部有铁芯，铁芯是同被检测部件一起运动的。当铁芯向上或向下移动时，线圈的电感发生变化，与基准信号相比，输出信号有很大变化。反过来讲，可以根据输出信号的大小来检测被测部件的位置。

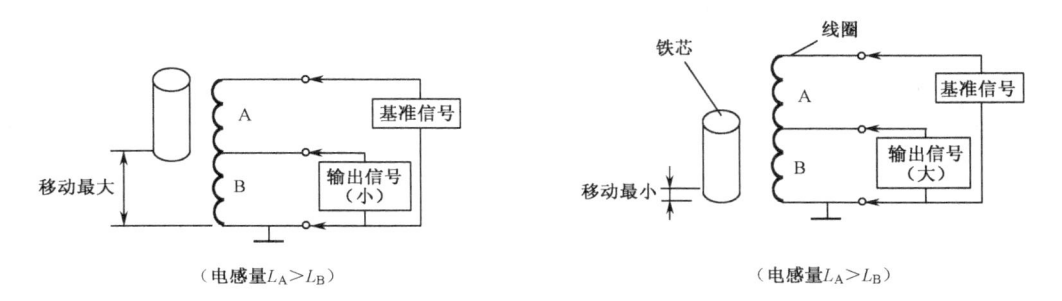

图 2-59 溢流环位置传感器的工作原理

在安装有电子控制喷油装置的柴油机上，可以利用计算机计算出这个系统的最佳状态，把电信号送至溢流控制电磁铁处，再使溢流环动作，从而实现喷油量的实时控制。计算机根据节气门位置和发动机转速计算出基本喷油量，然后再根据发动机的状态对基本喷油量进行校正，校正后再向溢流控制电磁铁发出控制信号。

此外，为了保证控制的准确性，将喷油系统设计成闭环系统：利用位置传感器检测溢流环的位置，即实际的喷油量，再反馈到计算机中。电子控制柴油机喷射系统原理如图 2-60 所示。

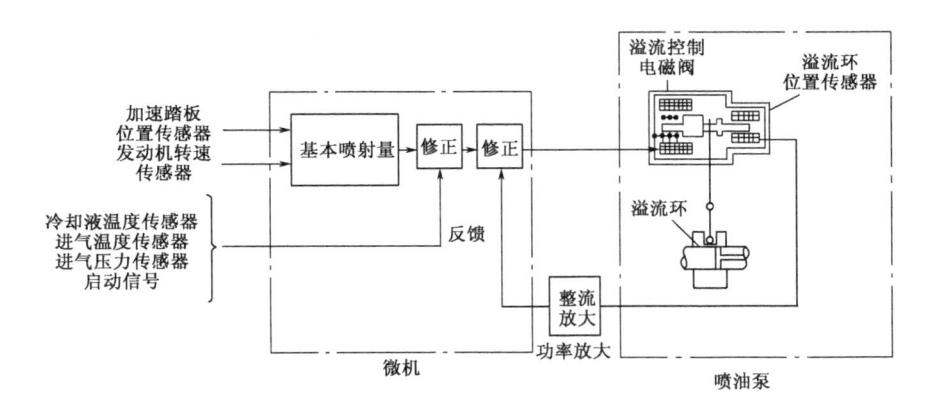

图 2-60 电子控制柴油机喷射系统原理

（2）溢流环位置传感器的检测

可调式溢流环位置传感器的常见故障是线圈短路或断路，检测时可用万用表欧姆挡测量端子间的电阻值来判断其是否良好，标准电阻值可参考有关维修手册。若电阻为 0Ω 或 ∞，则须更换该传感器。

2.4.4 液位传感器

汽车上的液位传感器可分为两种类型：模拟量输出型和开关型。模拟量输出型液位传感器主要用于检测燃油箱油量，可以分为浮子式、电热式、电容式等；开关输出型液位传感器主要用于测量制动液液位、清洗液位、冷却水液位，在液位减少到一定值时，产生开关接通、闭合转换，这种传感器有热敏电阻式、浮子式和舌簧开关式。

1. 浮子舌簧开关式液位传感器

（1）浮子舌簧开关式液位传感器的结构、工作原理

浮子舌簧开关式液位传感器由树脂圆管制成的轴和可沿轴上下移动的环形浮子组成。圆管状轴内装有易磁化的强磁性材料制成的触点（舌簧开关），浮子内嵌有永久磁铁，如图 2-61（a）所示。舌簧开关的内部是一对很薄的金属触头，触头会随着浮子位置的不同而闭合或断开，由此可以判定液量是否符合规定值。

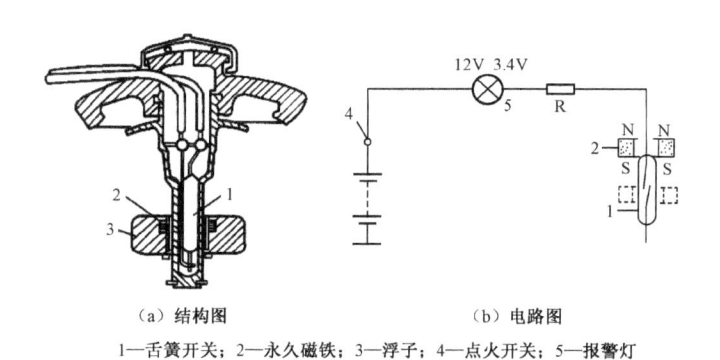

（a）结构图　　　　　（b）电路图

1—舌簧开关；2—永久磁铁；3—浮子；4—点火开关；5—报警灯

图 2-61　浮子舌簧开关式液位传感器结构图

浮子舌簧开关式液位传感器可以用来检测制动液箱内的液位。当液位低于规定值时，舌簧开关和浮子的位置如图 2-61（b）所示。永久磁铁接近舌簧开关，很多磁力线从舌簧开关内通过（如图 2-62 所示），由于舌簧开关是易磁化的强磁性材料，所以舌簧开关的两触头被磁化互相吸引而闭合。报警灯至搭铁形成通路，报警灯亮，通知驾驶人员液位已经低于规定值。当液位达到规定值时，浮子也上升到规定位置，没有磁力线穿过舌簧开关，两触点不互相吸引，而是在自身弹力的作用下打开，这时报警指示灯灭，表示液位符合要求。

图 2-63 所示为浮子舌簧开关式液位传感器检测制动液液位的报警系统电路，用于检测洗涤液液位和冷却液液位的报警电路如图 2-64 所示。

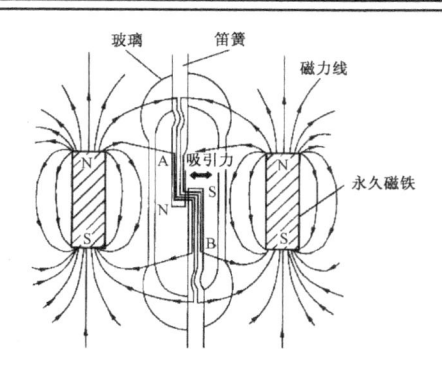

图 2-62 浮子舌簧开关式液位传感器工作原理

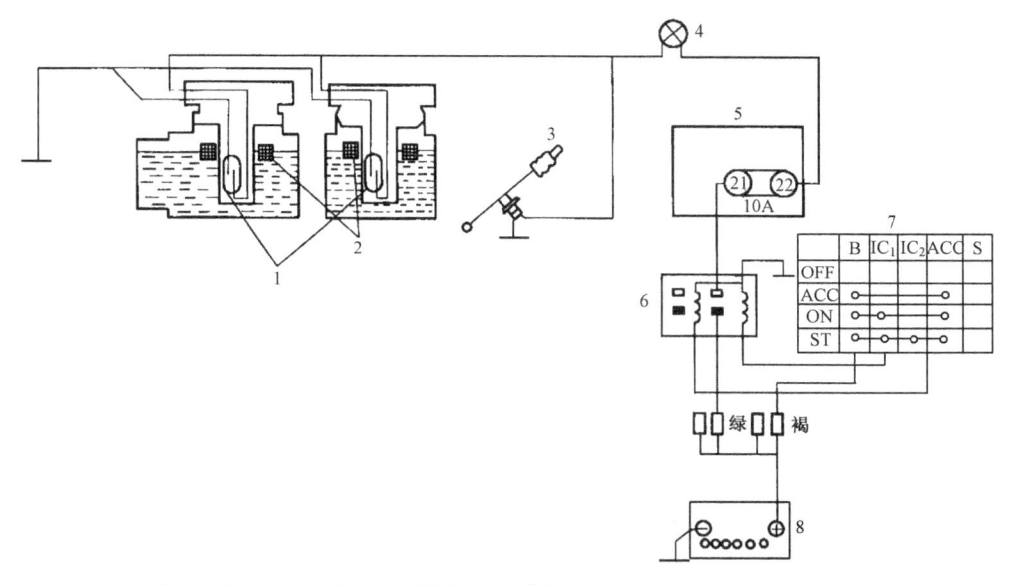

1—舌簧开关；2—浮子；3—制动液；4—报警灯；5—熔断器盒；6—继电器；7—点火开关；8—蓄电池

图 2-63 制动液液位报警系统电路

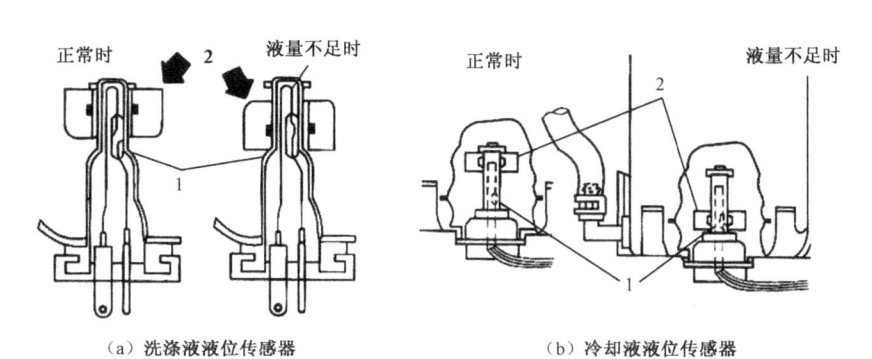

（a）洗涤液液位传感器　　（b）冷却液液位传感器

1—舌簧开关；2—浮子

图 2-64 浮子舌簧开关式液位传感器的应用

（2）浮子舌簧开关式液位传感器的检测

这种液位传感器的常见故障是浮子损坏、舌簧弹性丧失而不能工作。

可用万用表测量传感器的两接线端子电阻，当浮子上下移动时，确认开关是否随之通断变化。当传感器工作正常，浮子向下移动时，两端子电阻为 0Ω，表示导通；浮子向上移动时，两端子电阻为∞，表示不导通。如果不符合要求，则表示液位传感器已损坏，应当更换。

2．热敏电阻式液位传感器

（1）热敏电阻式液位传感器的结构、工作原理

热敏电阻的阻值会随着温度的变化而变化。当在热敏电阻两端加上电压时，电阻上有微小的电流通过，在电流的作用下，热敏电阻自身要发热。当热敏电阻置于油中时，在油的作用下，热敏电阻上的热量容易散出，所以热敏电阻的温度不会升高而使其阻值增加；反之，当电阻暴露于空气中时，由于热量不容易散出，故电阻温度升高而阻值降低。用热敏电阻与指示灯等构成的电路如图 2-65 所示。通过指示灯的亮、灭就可以判断燃油量的多少。

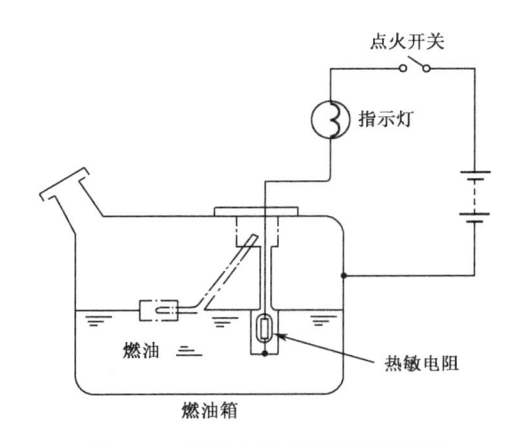

图 2-65　热敏电阻式燃油报警回路

（2）热敏电阻式燃油报警电路的检测

① 从上至下改变浮子的位置，检测燃油端子与搭铁端子间的电阻，其电阻值应符合标准规定值。

② 从燃油表上拔下连接插头，打开点火开关，把报警灯一端搭铁，此时指示灯应点亮。

③ 取出燃油油量表的外壳，然后在报警端与搭铁端连接一个 12V、3W 的小灯泡作报警灯，当接上蓄电池时，如图 2-66（a）所示，报警灯应该亮。当将液位传感器放入水中时，如图 2-66（b）所示，报警灯应该熄灭。

3．可变电阻式液位传感器

（1）可变电阻式液位传感器的结构、工作原理

可变电阻式液位传感器由浮子、内装滑动电阻的电位器以及连接浮子和电位器的浮子臂

组成，如图2-67所示。传感器的浮子可以随着液位上下移动，这时滑动臂就在电阻上滑动，从而改变搭铁与浮子之间的电阻值。利用这一阻值变化来控制回路中电流的大小，并在仪表上显示出来。

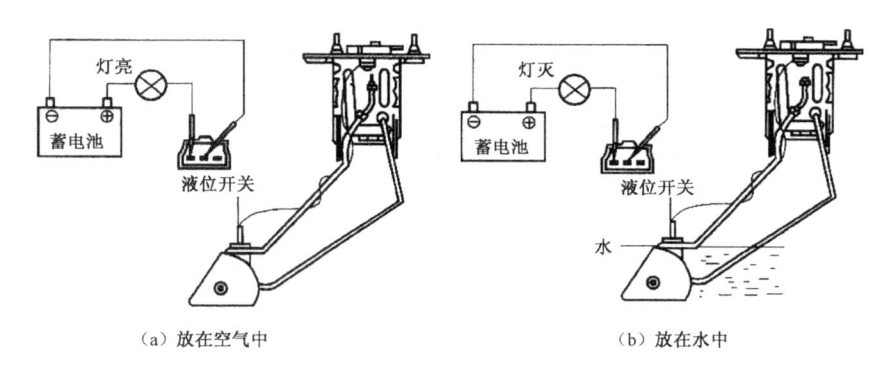

（a）放在空气中　　　　　　　　　（b）放在水中

图2-66　热敏电阻式液位传感器的检测

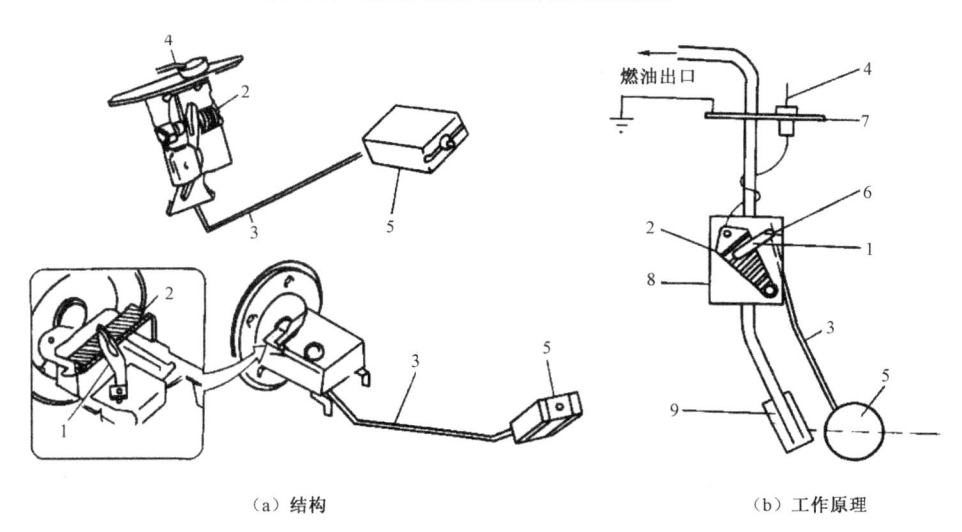

（a）结构　　　　　　　　　（b）工作原理

1—滑动臂；2—滑动电阻；3—浮子臂；4—接线柱；5—浮子；6—支点；7—固定板；8—电位器；9—燃油滤清器

图2-67　可变电阻式液位传感器结构及工作原理

图2-68所示就是汽油油量表的电路图。如图中所示，仪表部分与浮子部分串联。当油箱内装满汽油时，浮子升到最高位置，滑动臂滑向低电阻方向，此时通过回路中的电流增大，使双金属片弯曲增大，指针指向F侧；当油箱内油量较少时，浮子降到较低位置，滑动臂滑向高电阻方向，汽油表电路中的电流减小，仪表内双金属片稍有弯曲，指针指向E侧。

（2）可变电阻式液位传感器的检测

这种液位传感器的检测方法如图2-69所示。用万用表测定浮子在不同位置时，F与E两点的电阻，即传感器连接器插头1、3端子间的电阻。若E处电阻值大于F处电阻值，而且从 E 到 F 变化过程中电阻值连续变化，说明传感器性能良好。

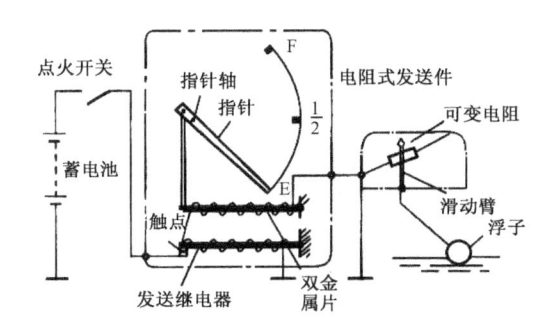

图 2-68 可变电阻式液位传感器在汽油表中的应用

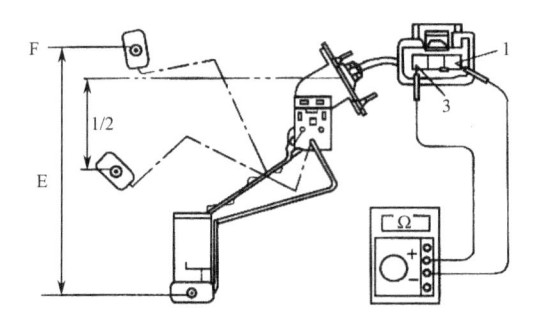

图 2-69 可变电阻式液位传感器的检测

4．电极式液位传感器

（1）电极式液位传感器的结构、工作原理

电极式液位传感器用来测定蓄电池电解液液面的高度。其主要结构就是装在蓄电池盖上的铅棒，如图 2-70 所示，铅棒起电极作用。当蓄电池电解液液面低于规定值时，报警灯亮，通知驾驶员及时添加电解液。

蓄电池液位传感器、控制电路与报警灯的原理电路如图 2-71 所示。当电解液液位符合规定要求时，如图 2-71（a）所示，铅棒浸在电解液中而产生电动势，晶体管 VT_{r1} 导通，电流从蓄电池正极沿箭头方向经点火开关、晶体管 VT_{r1} 再回到蓄电池的负极，因为 A 点电位接近于 0，所以晶体管 VT_{r1} 截止，报警灯不亮。当电解液液位低于规定值时，如图 2-71（b）所示，铅棒不能浸在电解液中，其上没有电动势产生，所以晶体管 VT_{r1} 截止。这时，A 点电位上升，晶体管 VT_{r2} 的基极中有箭头方向所示的电流通过，晶体管 VT_{r2} 导通，报警灯亮，通报电解液已不足。

（2）电极式液位传感器的检测

当怀疑这种液位传感器有故障时，可把要检测的传感器安装在液量正常的蓄电池上，对其进行性能试验。此时如试验灯不亮，则说明电极式液位传感器组件的性能良好。

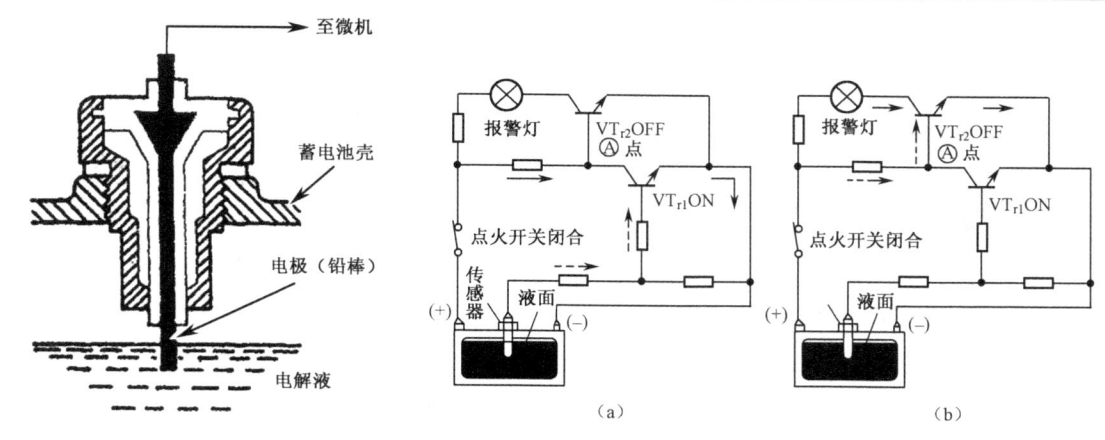

图 2-70 电极式液位传感器结构

图 2-71 电极式液位传感器报警电路图

5. 电容式与电热式液位传感器

电容式液位传感器浸在燃油中，电容两极不是导电材料，电容量与电容两极进入油液的深度有关，即与液位高低有关。利用电容量的变化可将液位高低转化成电信号的高低电平，制成电容式液位传感器。

电热式液位传感器利用电阻率、温度系数大的材料制成的电阻，在其两端施加电压来检测液位的变化。温度越高，电阻温升越高，电阻阻值也随着下降，通过检测出的电阻的变化，即可获得燃油的变化。这种传感器是在金属箔上附着 Fe-Ni 薄膜，做成薄膜电阻，制成电热式液位传感器，如图 2-72 所示。

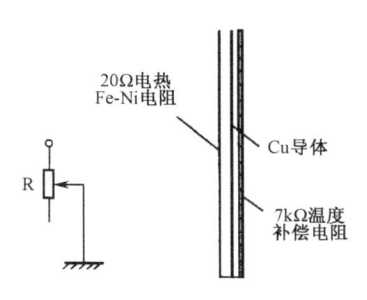

图 2-72 电热式液位传感器

2.5 气体浓度传感器

目前汽车上用于电子控制燃油喷射装置进行反馈控制的传感器是氧传感器。氧传感器安装在发动机的排气管上，其功能是检测发动机排放气体中氧气的含量、空燃比的浓稀，并将检测的结果转变为电压或电流信号反馈给计算机，计算机根据氧传感器传来的信号，不断对喷油时间和喷油量进行修正，使混合气浓度保持在理想的范围内，实现空燃比的反馈控制。三元催化转化器只有在空燃比接近理论值（14.7）时才会达到最好的净化效果，氧传感器对喷油量的反馈控制使得三元催化转化器在最佳转化效率下工作，从而降低了有害气体的排放，减轻了汽车尾气对环境的污染。

还有一类传感器叫做全范围空燃比传感器，这种传感器能连续检测混合气从浓到稀的整个范围的空燃比。与普通的氧传感器相比，这样的传感器可以在发动机的整个运转范围内实现空燃比的反馈控制，在各个区域上实现最佳油耗、最佳排放及最佳运转性能。在稀燃发动机的领域空燃比反馈控制系统中，采用了稀燃传感器，这种传感器能够在混合气极稀薄领域中，连续地测出稀薄燃烧区的空燃比，实现了稀薄领域的反馈控制。

2.5.1 氧传感器

汽车用氧传感器主要有氧化锆型（ZrO_2）和氧化钛型（TiO_2）两种类型。两种类型的氧传感器都有加热式和不加热式两种类型，汽车上大部分使用的是加热式的。

1. 二氧化锆型氧传感器

某些固体电解质氧离子容易通过，当这种电解质表面与内部存在氧气浓度差时，氧气将从浓度高的一侧向浓度低的一侧扩散，如图 2-73 所示，以求达到平衡状态。当电解质的表面设置集中用多孔电极之后，在其两表面之间就可以获得电动势，称此为氧浓差电池。这时电动势的大小可用下式表示：

$$E = (RT/4F) \cdot \ln(p_s/p_g) \quad (2.5\text{-}1)$$

式中，R 为气体常数；T 为绝对温度；F 为法拉第常数；p_s、p_g 分别为基准电极、测定电极上的氧气分压。

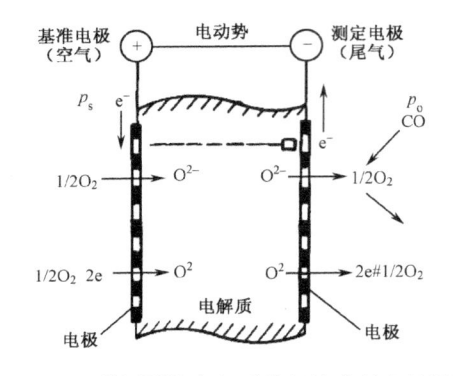

图 2-73 利用固体电解质的氧浓度差电池图

现在已知的固体电解质有 ThO_2、Bi_2O_3、ZrO_2、CeO_2 等，但广泛应用的只有 ZrO_2。

已经批量生产的二氧化锆氧传感器的结构原理如图 2-74 所示。它是由一端已密封的试管状固体电解质元件、其表面的铂电极及保护用陶瓷层组成的。一般的尾气中含有未燃烧成分与剩余的氧。为了弄清楚准确的空气过剩率，就需要使未燃烧的成分与剩余的氧气进行反应达到平衡状态。通过电极上所用铂的催化作用，可以促进其反应的进行。空气过剩率与平衡氧分压的关系如图 2-75 所示。从图中可以看出，以 $\lambda=1.00$ 处为界，平衡氧分压出现了急剧的变化。

将值代入式（2.5-1）中计算可知，氧传感器将产生如图 2-76 所示的电压。二氧化锆式氧传感器的电动势随温度的变化情况如图 2-77 所示。

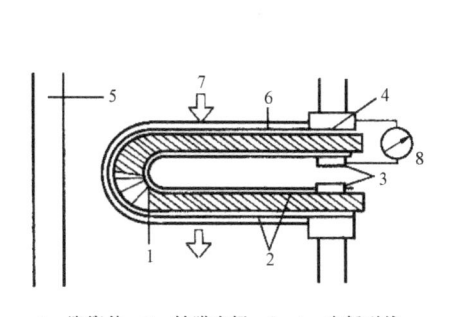

图 2-74 中：
1—陶瓷体；2—铂膜电极；3、4—电极引线；
5—排气管；6—陶瓷防护膜；7—排气；8—大气

图 2-74　二氧化锆氧传感器的结构原理

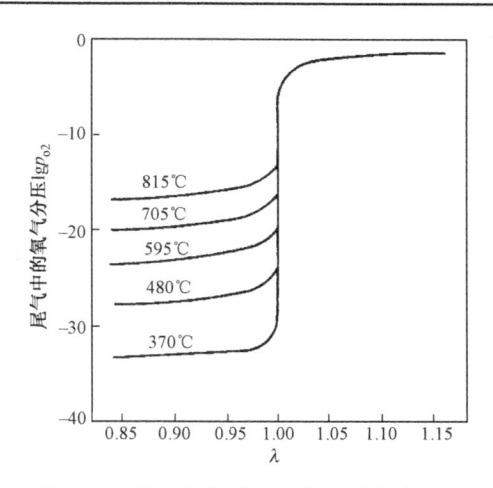

图 2-75　空气过剩率与平衡氧分压的关系

低温区浓状态下氧传感器的输出电压比较低，这是传感器元件的内阻在低温区时相当高的原因造成的，即使利用输入阻抗很高的普通电压表也无法测出其输出电压。高温区浓状态下氧传感器的输出电压也比较低，见图 2-75、图 2-76，这是由高温下氧分压引起的。

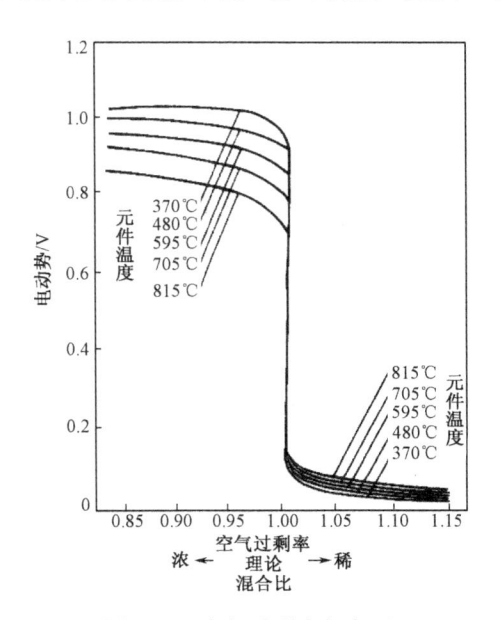

图 2-76　空气过剩率与电压

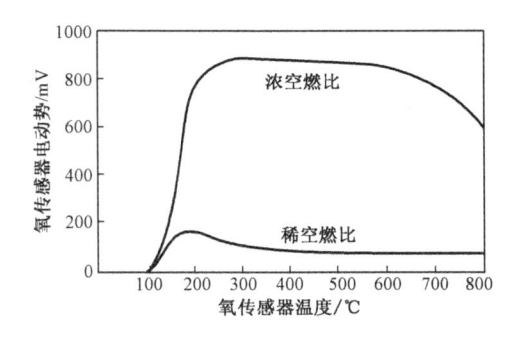

图 2-77　二氧化锆氧传感器的电动势与温度的关系

低温区稀状态下氧传感器的输出电压增高，这是非平衡气体影响所造成的。要想在低温区快速利用氧传感器，就要降低传感器内阻，采用高输入阻抗的电压表。也需要设法在传感器内设加热器来加热传感器元件。

传感器上，二氧化锆固体电解质的外侧电极涂敷有陶瓷保护层。对传感器的性能来说，催化剂特性有两个重要的作用，一是尾气中存在有未燃烧的气体而造成测量误差，催化剂对此起着平衡作用；另一个是，电极上进行的是电化学反应，其内容包括电子的移动、氧分子的吸附、脱离，氧离子的形成，因移动与脱离而渗入固体电解质，而作为逆反应包括从固体电解质中捕获氧离子，使其移动，形成氧分子，形成气态等，催化剂担负着重要的作用。

(1) 二氧化锆型氧传感器的结构、工作原理

二氧化锆型氧传感器的基本元件是锆管—专用陶瓷体（即氧化锆固体电介质）制成的试管似的固体电介质。锆管固定在带有安装固定螺钉的固定套中，内表面与大气相通，外表面与发动机废气相通。锆管的内外表面都涂有一层多孔的铂膜作为电极，为了防止发动机废气腐蚀铂膜，在锆管的外表面喷涂一层多孔的陶瓷粉末作为保护膜。二氧化锆型氧传感器的结构如图 2-78 所示。

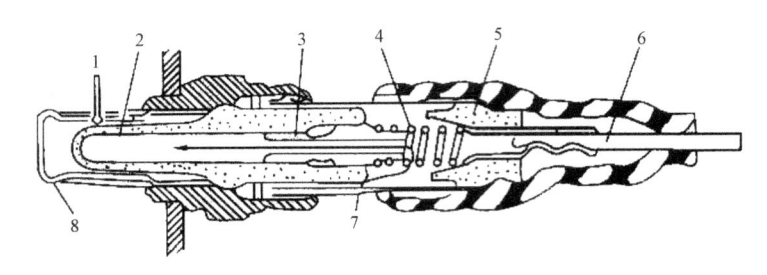

1—排气；2—锆管；3—电极；4—弹簧；5—绝缘座；6—引出电极；7—大气；8—钢制护管

图 2-78 圆筒形二氧化锆型氧传感器的结构

在传感器的接线端上有一个金属护套，其上设有用于锆管内腔和大气相通的透气孔。电线将锆管内表面的铂极经绝缘套从此接线端上引出，氧传感器中的铂既有电极作用又有催化作用。

锆管的陶瓷体是多孔的，渗入到陶瓷体中的氧气在温度较高时发生电离。只要锆管内（与大气相通）、外侧（与排气相通）氧含量不一致，存在浓度差，氧离子就将从大气侧向排气侧扩散，从而使锆管成为一个微电池，在两铂极间产生电压。

当供给发动机的混合气较稀时，排气中氧的含量会较高，这时锆管的内外两侧的氧浓度差较小，锆管的两铂电极间的电位差也很低，产生很小的电压，传感器输出的电压几乎为零；当供给发动机的混合气较浓时，排气中氧的含量较少，同时排气中的未完全燃烧产物 CO、HC、NO 等在锆管的铂极的催化作用下与排气中的氧发生反应，将使锆管外面本来就稀少的氧含量进一步降低，这时锆管内外的氧浓度差急剧增大，锆管的铂电极之间会产生较大的电压，即传感器的输出电压接近 1V，如图 2-79 所示。

从图 2-79 中可以看出，这种电压的突变发生在空燃比为 14.7 时，即理论空燃比时，此时空气过量系数为 1。但要保持混合气为理论空燃比是不可能的，实际上的反馈控制只能使混合气在理论空燃比附近一个狭小的范围内波动，故氧传感器的输出电压在 0~1V 不断变化（通常每 10s 变化 8 次以上）。如果氧传感器的输出电压过缓或电压保持不变（不论保持在高电位还是低电位），则表明氧传感器有故障。

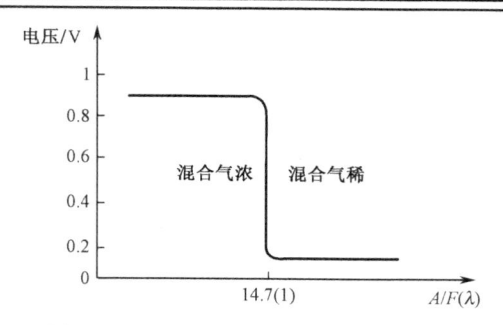

图 2-79 二氧化锆式氧传感器输出特性

这种氧传感器必须在 300℃左右的环境中才能正常工作,因此一般把它安装在离发动机较近、温度较高的位置,但是由于设计的原因,有时必须将其安装在离发动机较远、温度较低的位置处,在这种位置也能工作的是带加热器的氧传感器。带加热器的氧传感器与不加热式氧传感器工作原理完全相同,只是加热式的传感器加装了一个陶瓷加热元件,使其即使在 150~200℃环境中也能正常工作。

（2）二氧化锆式氧传感器的检测方法

对二氧化锆式氧传感器可用电阻法及电压法来进行检测,具体方法如下。

① 电阻法。利用万用表测量二氧化锆式氧传感器在暖机和非暖机情况下的电阻,在充分暖机状态下氧传感器的电阻值约为 300kΩ,不在暖机状态下其电阻值应为∞。

对于带加热器的二氧化锆式氧传感器,可检测其加热电阻。将点火开关置于 OFF,拔下传感器导线插接器,用万用表电阻挡测量氧传感器接线端子中加热器端子与搭铁端子间的阻值,其阻值应符合标准规定值（一般为 4~40Ω）。若不符合,则氧传感器可能损坏,应继续检测或更换。

② 电压法。用汽车专用万用表的红色测试线接氧传感器的信号线,黑色线接地,同时将其置于 4V 直流挡位置。让发动机以 2500r/min 左右的转速运转,当发动机尾气较浓时,输出信号电压应在 0.9V 左右；当排出的废气较稀时,输出的信号电压应在 0.1V 左右。若测得值相差很大,则传感器已损坏。

（3）具体车型的检测

这里,以桑塔纳 GLi 和桑塔纳 2000GLi 型轿车二氧化锆式氧传感器的检测为例。

桑塔纳 GLi 和桑塔纳 2000GLi 型轿车的氧传感器均为二氧化锆式,其电路图如图 2-80 所示。

当桑塔纳 GLi 和桑塔纳 2000GLi 型轿车的氧传感器出现故障时,发动机 ECU 检测不到故障信息,但发动机仍能以开环方式继续运转。因为 ECU 接收不到氧传感器信号来调节混合气浓度,所以发动机不能工作在最佳状态,排气中有害气体的含量以及发动机的燃油消耗量将增加。使用配备的专用诊断仪,通过诊断插座可以读取氧传感器的工作参数和获取氧传感器的故障信息。

对此类型轿车的氧传感器进行检测时,仍用万用表测量相应端子间的电压及电阻值,它们应符合标准规定值,否则说明损坏,应更换传感器。其标准值如表 2.10 所示。

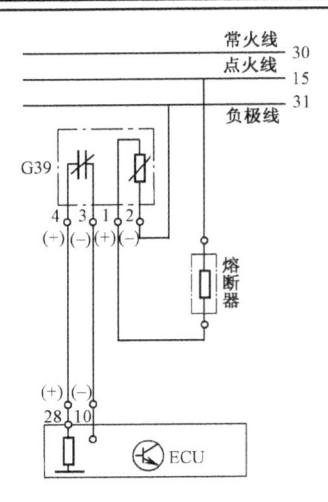

图 2-80 桑塔纳 GLi 和桑塔纳 2000GLi 型轿车的氧传感器电路图

表 2.10 桑塔纳 2000GLi 型轿车氧传感器的检测

检测项目	检测条件	检测部位	标 准 值
电源电压	点火开关 ON，发动机怠速	两根白色导线间的电压 1 与 2 端子	13~14V
信号电压	发动机启动	灰色与黑色导线间的电压 4 与 3 端子	在 0.1~0.9V 变化
模拟故障检测信号电压	发动机启动、怠速拔下油压调节器软管并将管口堵住	两根白色导线间的电压 1 与 2 端子	显示 0.9V，然后开始摆动
加热元件电阻	拔下传感器连接器	灰色与黑色导线间的电压 4 与 3 端子	0.5~20Ω
信号正极线	拔下 ECU、传感器连接器	28 端子与 4 端子	<0.5Ω
信号负极线	拔下 ECU、传感器连接器	10 端子与 3 端子	<0.5Ω
加热元件正极导线	关闭点火开关，拔下传感器连接器	点火开关 15 端子至传感器连接器端子	<0.5Ω
加热元件负极导线	关闭点火开关，拔下传感器连接器	传感器连接器 2 端子至搭铁端子 31	<0.5Ω

2．二氧化钛型氧传感器

氧化物的性质是要设法维持自身的氧与大气的氧达到平衡状态，因此当大气处于还原状态时，氧化物放出自身的氧而形成空穴。正离子与 O^{2-} 离子化合相比，因为普通氧化物结合的更紧密，所以空穴的生成量非常少。过渡性金属氧化物自身的原子价是可变的，所以即便是放出 O^{2-} 离子，也能够简单地维持其电中性。氧空穴随周围的氧分压而变化，结果电阻也发生变化，所以可作为传感器使用。下面以多孔形的 TiO_2 陶瓷的电阻—温度特性（如图 2-81 所示）为例对 TiO_2 的性质分五部分加以说明。

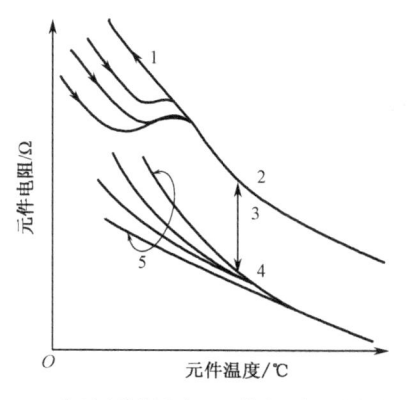

1—表面吸附的影响；2—体电阻与温度的关系；
3—氧分压的影响；4—原子价控制的影响

图 2-81 TiO$_2$ 氧传感器的电阻—温度特性

① 表面的化学吸附。这是指表面靠化学吸附的 O$_2$、H$_2$O、CO、HC 气体与 TiO$_2$ 表面之间电子转移所引起的现象。这主要从室温至 400℃ 的过程中可以发现：电阻的变化程度随温度及表面状态而变化。一般采用的湿度传感器、普通的气体传感器主要是对此领域的各种气体发生反应，所以通过选择传感器的材质、细微结构、催化剂及温度，就可以提高所测气体的选择性。

② TiO$_2$ 自身电阻的变化。随着温度的升高，热量激励出的载流子的数量增多，所以电阻减小。这种变化相当于热量形成空穴的能量，这是 TiO$_2$ 固有的性质，这一能量相当于式（2.5-2）中的 E，纯 TiO$_2$ 的此值大概为 3~4eV。

③ 氧分压的影响。在 H$_2$、CO 的气氛中加热 TiO$_2$ 时，按氧分压的大小，TiO$_2$ 中的一部分 O^{2-} 离子游离至气体中并完成还原。这时，TiO$_2$ 中形成氧离子空穴，电阻下降，呈现出 N 型半导体特性。在 Ti-O 系列物中存在着许多低次氧化钛化合物（Ti$_n$O$_{2n-1}$），随着 n 的增大，空穴点连成片状，外观也从白色变为蓝色、黑蓝色、暗紫色。即使从 TiO$_{1.96~2.00}$ 中去除氧，它仍能保持原来的氧化钛（R）结构，这一范围的实际应用就是制作发动机控制用的 O$_2$ 传感器，即利用其处于稳定的结晶状态制作氧传感器，典型的电阻 P_{O_2} 特性如图 2-82 所示。

④ 非平衡气体的影响。前述③是在认为气体处于完全平衡状态下的说明。实际上，尾气中往往存在着大量的未燃烧气体，如这些气体在 TiO$_2$ 的表面发生燃烧反应，则局部表面的温度上升，就会起到②的效果，燃烧后，连表面附近的氧气也消耗掉了，电阻值随传感器表面的催化能力而变化。当利用 TiO$_2$ 贵金属催化剂时，催化能力大幅度地提高，同时微粒子等单位表面积增大，其效果也很明显。当温度超过 700℃ 时，在热反应时大部分的未燃烧气体完全处于平衡状态，所以这个问题是低于 600℃ 时出现的。当温度低于 400℃ 时，因为出现①所属的化学吸附的影响，故传感器的工作状态更加复杂。

⑤ 原子价控制的影响。除热量、化学的原因之外，杂质也会造成晶格缺陷。TiO$_2$ 中的 Ti 是 +4 价元素，当给 TiO$_2$ 加上 +3 价的 AL、Fe 及 +5 价的 Nb、Ta 之后，为了维持电中性的状况，传导电子就会有增有减。因此，通过控制掺入量就可以改变 TiO$_2$ 的阻值，称此为原子价控制。其中的一侧如图 2-83 所示，因为 TiO$_2$ 的传导电子的迁移率很高，所以很少的固溶

体就会使传感器的阻值发生很大的变化。

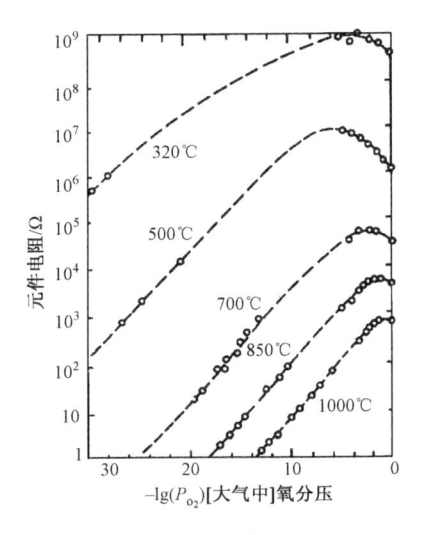

图 2-82 TiO₂ 氧传感器的元件电阻与氧分压的关系

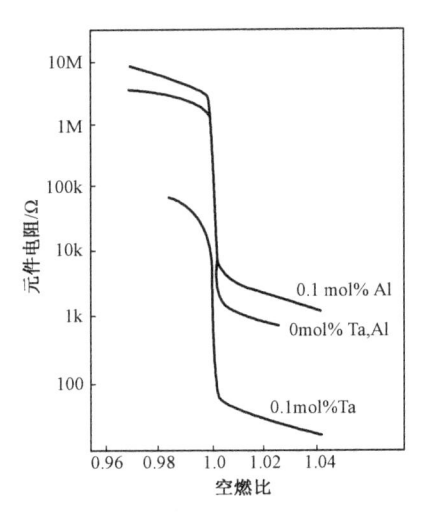

图 2-83 原子价控制对 TiO₂ 氧传感器的电阻—空燃比特性的影响

一般，阻值变化型氧传感器的阻值 R_T 按下述公式变化：

$$R_T = A \cdot \exp(-E/kT)(P_{O_2})^n \quad (2.5\text{-}2)$$

式中，A、E、n 是传感器固有的常数；k 是波尔兹曼常数。

对于上面介绍的①～⑤项来说，此式主要适用于②、③项。对实际的传感器来说，在低温时①、④项也有影响。在高于 500℃ 时，最好是 600℃ 以上如能使用的话，那么该公式成立。⑤项的原子价控制对式中 A 常数有影响，对 n 值影响较小。

TiO₂ 的特点是测量被检气体的绝对压力，与 ZrO₂ 传感器相比，不用比较基准电极，所以它具有结构简单的优点。反过来看，因温度相关性影响着指数函数，所以在工作温度范围相当广的场合下，需要温度修正。

（1）二氧化钛型氧传感器的结构、工作原理

二氧化钛型氧传感器与二氧化锆型氧传感器的结构相似，主要由二氧化钛传感元件（钛管）、钢制壳体、加热元件和接线端子、护套、护管等组成，如图 2-84 所示。

二氧化钛型氧传感器同样也要在 300℃ 以上的环境中才能正常工作，安装在离发动机较近的排气管上。后来为了布置上的方便，也采用加热器对传感器进行加热，以使氧传感器在发动机工作过程中保持恒定的温度。

由图 2-85 可以看出，当发动机混合气稀（过量空气系数大于 1）时，排气中的氧离子含量较多，传感器元件周围的氧离子浓度较大，二氧化钛呈现高电阻状态；当发动机的可燃混合气较浓（过量空气系数小于 1）时，传感器元件周围的氧离子较少，在铂的催化作用下，剩余的氧离子与排气中 CO、HC 进一步发生反应生成 CO_2、H_2O，将进一步消耗排气中的氧离子，二氧化钛呈低阻状态，从而大大提高了传感器的灵敏度。二氧化钛型氧传感器的电阻

将在混合气的过量空气系数为 1（空燃比 *A/F* 为 14.7）时产生突变。

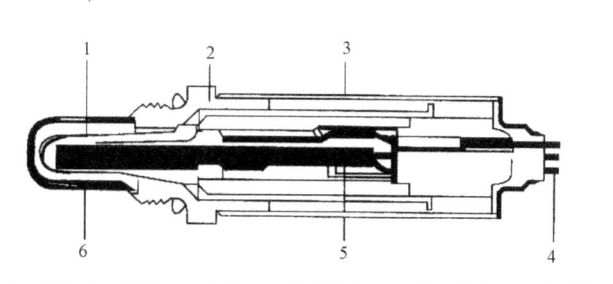

1—钛管；2—壳体；3—护套；4—接线端子；5—加热元件；6—传感器护管

图 2-84　二氧化钛型氧传感器的结构

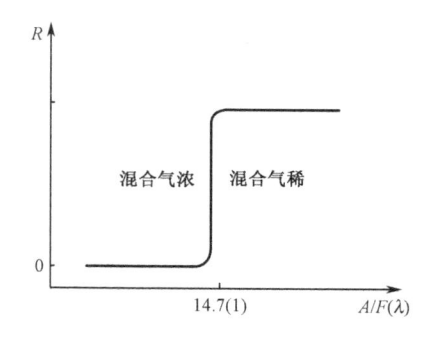

图 2-85　二氧化钛型氧传感器的特性

二氧化锆型氧传感器和二氧化钛型氧传感器的主要区别在：二氧化锆型氧传感器是将排气中氧含量的变化转化为电压的变化；二氧化钛型氧传感器是将排气中氧含量的变化转化为电阻的变化。

二氧化钛型氧传感器与 ECU 的连接电路如图 2-86 所示。在发动机运转过程中，氧传感器和反馈控制系统并不是任何时候都起作用。ECU 是通过开环和闭环两种方式对发动机的喷油量进行控制的。在发动机启动、大负荷及暖机过程中需要较浓的混合气，此时 ECU 处于开环控制状态，氧传感器不起作用。因为氧传感器只有在高温下（一般在 390℃）才能正常工作，产生可靠的信号。只有当发动机达到正常工作温度后，ECU 才进行闭环控制，氧传感器起反馈作用。而当氧传感器出现故障、输出信号异常时，电控单元会自动切断氧传感器的反馈作用，发动机进入开环控制。

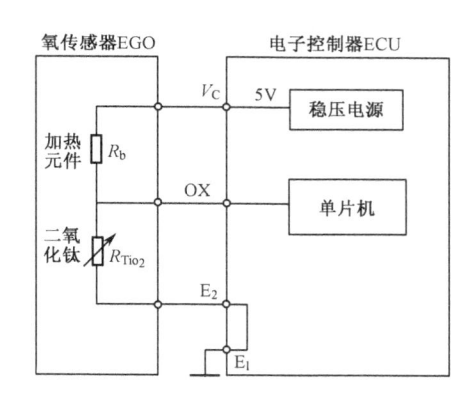

图 2-86　二氧化钛型氧传感器与 ECU 的连接电路

使用氧传感器进行信号反馈控制需要使用无铅汽油，因为含铅汽油燃烧后，废气中的铅分子会附在传感器的表面，阻碍氧离子的扩散，使传感器的灵敏度降低，最终导致传感器失效，这种现象称为氧传感器中毒。同时润滑油中的硅化物燃烧后生成的二氧化硅可能使氧传感器产生硅中毒而失效。所以最好使用无铅汽油和质量好的润滑油，同时在行驶一段路程后最好更换氧传感器。

（2）二氧化钛型氧传感器的检测

① 检查加热器电阻。用高阻抗数字式万用表电阻挡对氧传感器的加热电阻值进行测试。拔下氧传感器线束插头，测试氧传感器 A、B 接线柱间的电阻值。在正常情况下，其阻值为 5~7Ω。如果电阻为∞，说明加热电阻烧断，应更换氧传感器。

② 检查氧传感器电源电压

如图 2-87 所示，打开点火开关，用万用表电压挡测量传感器的电源电压，其标准值为 1V。

③ 检查氧传感器加热器电源电压

如图 2-88 所示，打开点火开关，用万用表电压挡测试传感器的加热电源电压，其标准值应为 12V。

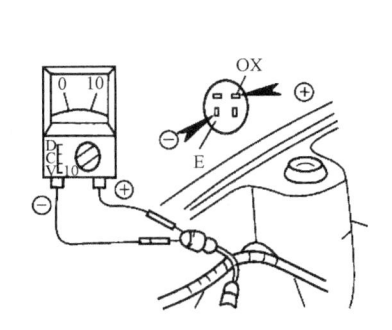

图 2-87 检测氧传感器电源电压 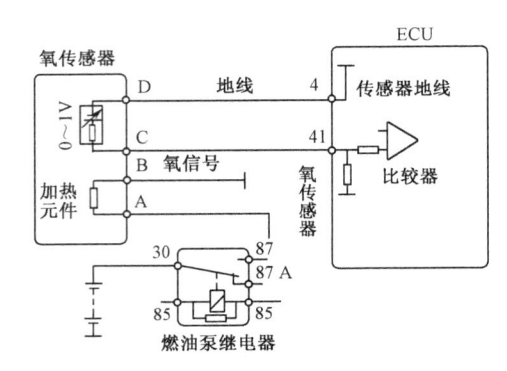　　　　图 2-88 检测氧传感器加热器电源电压

④ 检查氧传感器反馈电压

接通点火开关，启动发动机使其在怠速下正常运转，然后用电压表测量电控单元 ECU 的 4 号端子与搭铁之间的电压值，其值应在 0.2~0.8V 内变动。当发动机提高转速后，其电压值应为 0.6~1.0V，否则应更换氧传感器。

⑤ 动态测试

使发动机充分预热，拔下燃油压力调节器的真空软管，堵上歧管，使混合气变浓（空燃比减小）。在怠速状态下测量电控单元 ECU 插接器上的 41 端子电压，电压值应大于 0.5V，否则应更换氧传感器。

2.5.2　稀薄混合气传感器

1. 稀薄混合气传感器的结构、工作原理

稀薄混合气传感器和氧传感器一样，不过是直接使用于发动机稀薄燃烧领域中，使用二氧化锆元件来测定排气中的氧浓度，进而来测定混合气空燃比。

如图 2-89 所示，稀薄混合气传感器的结构从外表上看与普通的带加热器二氧化锆型氧传感器很相似，它的内部装有二氧化锆元件与加热器。传感器元件表面的陶瓷保护层决定着氧的扩散速度，在二氧化锆元件的两端加上电压，当传感器电极两端施加一定电压时其电流与排气中的氧浓度成正比例关系，稀薄混合气传感器正是利用这一特性而连续地检测出稀薄燃

烧区的空燃比的。图 2-90 所示为稀薄混合气传感器的基本特性。

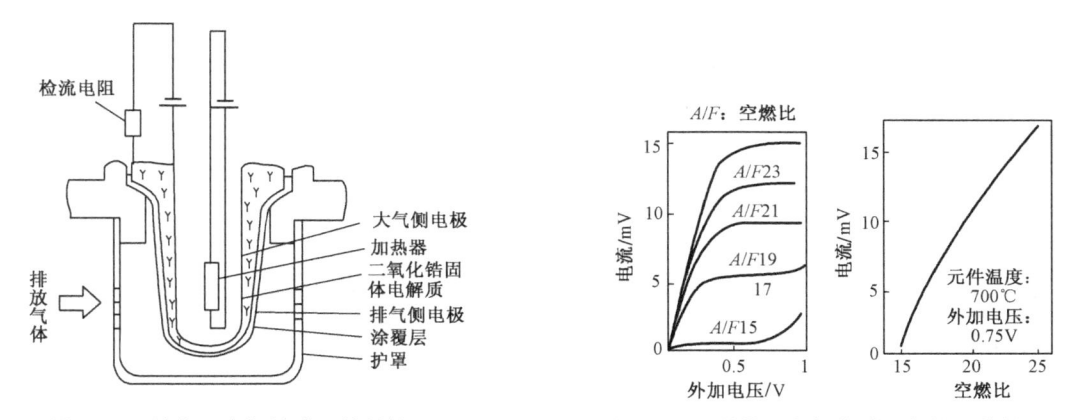

图 2-89 稀薄混合气传感器的结构

图 2-90 稀薄混合气传感器的输出特性

丰田卡利那汽车上装用了稀薄混合气传感器，用于在稀薄混合气状态下对空燃比进行反馈控制，其系统的构成如图 2-91 所示。

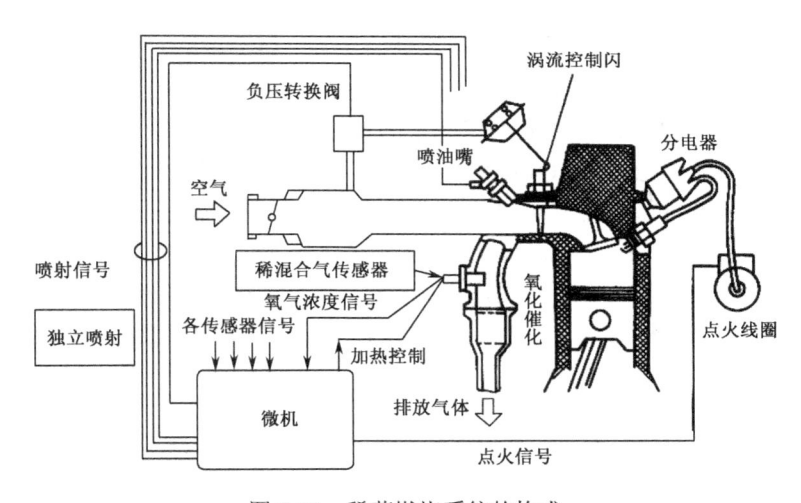

图 2-91 稀薄燃烧系统的构成

为了净化排气，使汽车运行符合工况检测法的规定，除采用理论空燃比进行三元催化转化方式净化排气外，也有用稀薄燃烧法降低 NO_x 含量的方法。无论三元催化方式还是稀薄燃烧方式，首先要求其空燃比为 15~16，才能降低 NO_x，获得最佳值，混合气过浓或过稀均会影响其效果。同时，对于燃油消耗率，空燃比越高越好。这样，从降低 NO_x 与燃油消耗率方面考虑，提高空燃比要好些。但在采用三元催化反应器的发动机上，当把空燃比提高到 19 左右时，发动机的转矩变化增大，无法再提高空燃比，所以不得不依靠理论空燃比的方法净化废气。但当采用稀薄燃烧系统后，空燃比提高到 23 时，才开始出现转矩变化增大的现象，因此可以在转矩变化的允许范围内，选择较高空燃比以使废气中的 NO_x 符合限制值。这样，稀薄混合气范围的燃烧得到了改善，同时与理论空燃比相比，耗油率可降低 10%~15%。也就是说，采用稀薄燃烧系统之后，利用改善燃烧状况的方法，在 NO_x 和转矩变化两个因素均符合要求的前提下节省了燃油。

在稀薄燃烧系统中，由电控单元 ECU 对燃油喷射量与点火时刻进行控制，采用进气歧管压力、发动机转速、冷却液温度、进气温度、节气门位置等传感器信号，并以稀薄混合气传感器代替氧传感器，实现了稀薄燃烧状态下的空燃比反馈控制。

2．稀薄混合气传感器的检测

（1）检查传感器加热器电阻

将点火开关置于"OFF"，拔下传感器的导线插接器，用万用表电阻挡测量传感器接线端中加热器端子与搭铁端子间的电阻，其电阻值应符合标准值（一般为 4~40Ω）。如不符合标准，则应更换氧传感器。

（2）检查传感器输出电流信号

用万用表的电流挡测试传感器的输出电流信号，电流值应随空燃比的增大而增大。

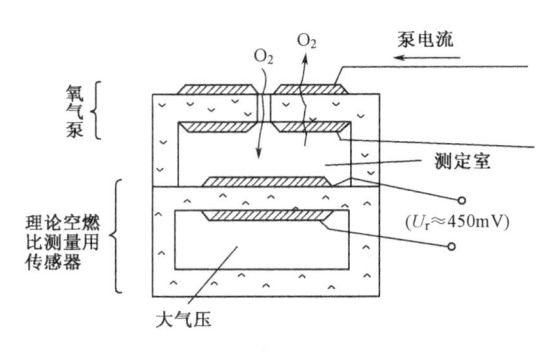

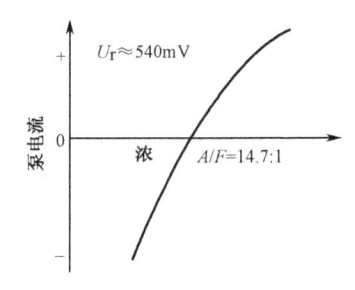

2.5.3 全范围空燃比传感器

1．全范围空燃比传感器的结构、工作原理

全范围空燃比传感器的基本结构如图 2-92 所示，它是利用氧浓度差电池原理和氧气泵的泵电池原理，连续检测混合气从过浓到理论空燃比再到稀薄状态整个过程的一种传感器。当混合气过浓时，氧气泵就会吸入 O_2 到测定室中；而当排放的气体浓度比混合气空燃比稀薄时，则从测定室中放出 O_2 到排气中去。全范围空燃比传感器就是利用这一特点用氧气泵供给出入测定室的 O_2，使排放气体保持在理论空燃比上的。这样就可通过测定氧气泵的电流值 I_P 来测定排放气体中的空燃比 A/F。如图 2-93 所示，混合气空燃比在过浓一侧为负电流，在稀薄一侧为正电流，当理论空燃比 A/F 为 14.7 时，电流值为零，即可连续测量出空燃比。

图 2-92　全范围空燃比传感器的基本结构　　图 2-93　全范围空燃比传感器的基本特性

2．全范围空燃比传感器的检测

（1）检查电源电压。打开点火开关，拔下氧传感器的连接器，用万用表电压挡测量电源电压，其值应为 12V。

（2）用万用表的电流挡测试传感器的输出电流信号。当空燃比大于 14.7 时，输出电流为正值；当空燃比小于 14.7 时，输出电流为负值。

3. 其他车系氧传感器检测手册

（1）奇瑞 QQ 车系：

端　子	检测项目	检测条件	标　准　值
3—4	电压	发动机转速为 2500r/min，10s 内至少变化 5 次以上	0.1~0.9V
插座端子 1—搭铁	电压	断开插接器	12V
插座端子 2—搭铁	导通情况		导通

（2）奇瑞旗云车系：

端　子	检测项目	检测条件	标　准　值	端子功能
A	—	—	—	氧传感器信号低
B	—	—	—	氧传感器信号高
插座端子 C—D	电压	断开插接器，点火开关 ON	蓄电池电压	—

（3）奇瑞风云车系：

端　子	检测项目	检测条件	标准值/V
1—2	电压	发动机达到正常工作温度	0.1~0.9

（4）广州本田雅阁车系（2.0L、2.3L）：

端　子	检测项目	检测条件		标准值/V
插座端子 3—4	电压	断开插接器，点火开关 ON		12
1—2	电压	断开插接器，将端子 3、4 分别与蓄电池正、负极相连，发动机达到正常工作温度	完全踩下加速踏板	≥0.6
			迅速放松加速踏板	<0.4
PCM 插头端子 B20—C16	电压	连接插接器，发动机达到正常工作温度	完全踩下加速踏板	≥0.6
			迅速放松加速踏板	<0.4

（5）广州本田雅阁车系（K20A7、K24A4）：

端　子	检测项目	检测条件	标　准　值
4P（6P）插接器端子 3（4）—4（5）	电压	断开插接器，点火开关 ON	蓄电池电压
4P（6P）插接器端子 4（5）—搭铁	电压		蓄电池电压
PCM 插头端子 A5—E21	电压	断开 PCM 插头 E，点火开关 ON	≤0.1V
4P（6P）插接器端子 3（4）—4（5）	电压	断开插接器	5.0~6.4Ω

（6）广州本田飞度主氧传感器检测：

端　子	检测项目	检测条件	标　准　值
—	电压	断开插接器，用跨接线短接传感器端子 1 和 2，点火开关 ON，用本田 PCM 检测仪检测	0.9V 以上

续表

端　子	检测项目	检测条件	标　准　值
—	电压	用跨接线短接 ECM/PCM 插接器端子 A6 和 A10，点火开关 ON，用本田 PCM 检测	0.9V 以上
3—4	电阻	断开插接器（室温下）	6Ω 以下
3—4	电压	点火开关 ON	蓄电池电压
3—搭铁	电压		蓄电池电压

（7）北京现代伊兰特车系：

端　子	检测项目	检测条件	标准值/mV
1—2	信号电压	发动机怠速	0~1000

（8）广州本田飞度副氧传感器检测：

端　子	检测项目	检测条件	标　准　值
—	电压	断开插接器，用跨接线短接传感器端子 1 和 2，点火开关 ON，用本田 PCM 检测仪检测	0.1V 以上
—	电压	用跨接线短接 ECM/PCM 插接器端子 E2 和 E4，点火开关 ON，用本田 PCM 检测	
3—4	电阻	断开插接器（室温下）	大约 11Ω
3—4	电压	点火开关 ON	蓄电池电压
4—搭铁	电压		蓄电池电压

2.6　爆燃传感器

汽油发动机在压缩行程中，由于点火时刻不当，有时会使汽缸内压力过大，导致发动机发生爆燃。持续的爆燃会引起汽缸体、汽缸盖和进气歧管等薄壁构件的高频振荡，以及运动机构的冲击载荷，产生很大的噪声，最终导致机件损坏，而且火花塞电极或活塞很可能产生过热、熔损等现象，造成发动机的严重故障。为了防止爆燃的产生，在发动机上安装了爆燃传感器。爆燃传感器作为发动机的电控点火系统的反馈信号，与点火系统构成闭环控制。爆燃传感器检测到的爆燃信号作为点火提前角的反馈信号输入 ECU，实现 ECU 对点火提前角的修正，使发动机保持最佳状态。图 2-94 所示为发动机爆燃控制系统。

按发动机缸体振动频率的检测方式不同，爆燃传感器可分为共振型和非共振型两种；按爆燃传感器结构不同，可分为压电式、磁致伸缩式及火花塞座金属垫型几种。

共振型爆燃传感器的显著特点是传感器的共振频率与发动机爆燃的固有频率一致，因此其内部设有共振体，并且共振体的共振频率与爆燃频率协调一致。其优点是输出电压高，不需要滤波器，因此信号处理比较方便。由于机械共振体的频率特性尖且频带窄，因此无法响应发动机条件变化引起的爆燃频率变化，即共振型爆燃传感器只能用于特定的发动机，不能与其他发动机互换使用，装车自由度很小。

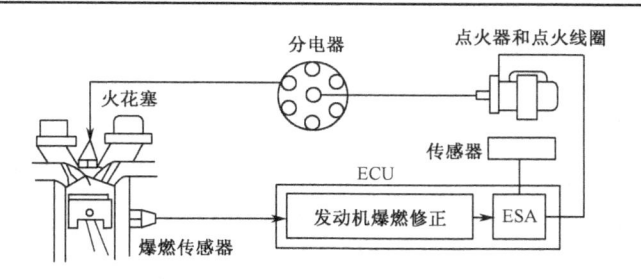

图 2-94 发动机爆燃控制系统

非共振型爆燃传感器的突出优点是适用于所有的发动机，装车自由度大。但其输出电压较低，频率特性平且频带较宽，需要配用带通滤波器（只允许特定频带的信号通过、对其他频率的信号进行衰减的电路组成的滤波器称为带通滤波器，带通滤波器一般由线圈和电容组合而成），信号处理比较复杂。

1．爆燃传感器的结构和原理

（1）共振型压电式爆燃传感器的结构、工作原理

共振型压电式爆燃传感器主要由压电元件、振荡片等组成，其结构如图 2-95 所示。传感器的压电元件紧紧贴在振荡片上，振荡片固定在传感器基座上。振荡片随发动机的振动而振荡，压电元件随振荡片的振荡而发生形变，进而产生一个电压信号。当发动机爆燃时的汽缸振动频率与传感器振荡片的固有频率相符合时，振荡片产生共振。此时，压电元件将产生最大的电压信号，如图 2-96 所示，即该类型爆燃传感器在发动机爆燃时输出的电压信号比较高，因此无须使用滤波器即可判别有无爆燃产生。

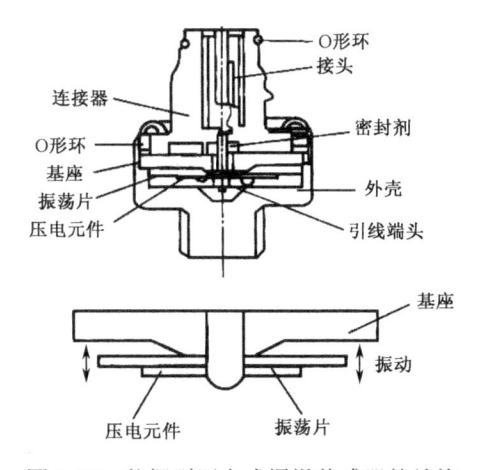

图 2-95 共振型压电式爆燃传感器的结构

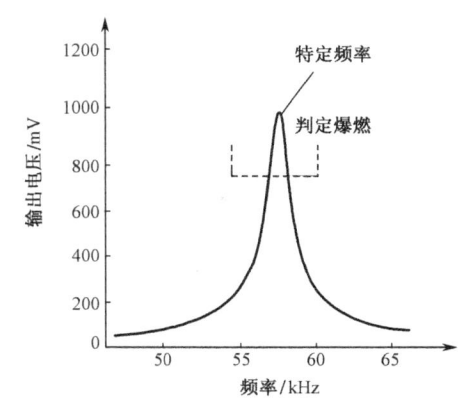

图 2-96 共振型压电式爆燃传感器的输出特性

（2）非共振型压电式爆燃传感器的结构、工作原理

非共振型压电式爆燃传感器一般也安装在发动机的汽缸体上，其安装位置及结构如图 2-97 所示。传感器由配重、压电晶体、壳体、电气连接装置等组成。两个压电晶体同极性相向对接，配重由螺丝固定在壳体上。

(a) 安装位置　　　　　　　　　(b) 结构

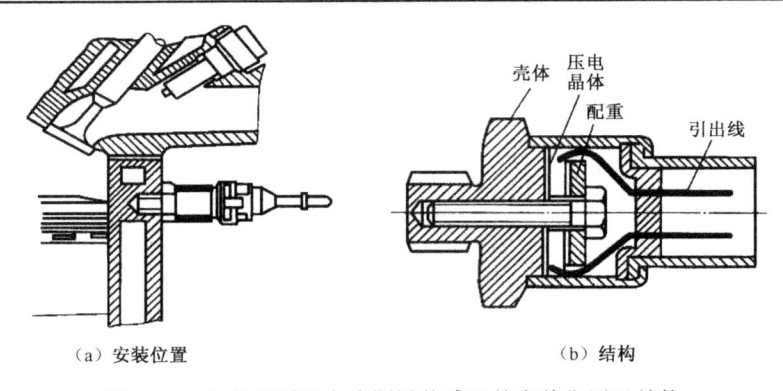

图 2-97　非共振型压电式爆燃传感器的安装位置及结构

当发动机产生爆燃时，安装在缸体上的爆燃传感器内部配重受振动的影响而产生加速度，配重将此加速度惯性力转变为作用在压电晶体上的力，压电晶体受到此加速度惯性压力后产生电信号输出，输出电压由两个压电晶体的中央取出。该传感器结构简单，制造时不需要调整。在发动机爆燃发生时，由于这种传感器输出的电压不大，具有平缓的输出特性，如图 2-98 所示。因此，需要将反映发动机振动频率的输出电压信号送到识别爆燃的滤波器中，判别是否有爆燃产生的信号。

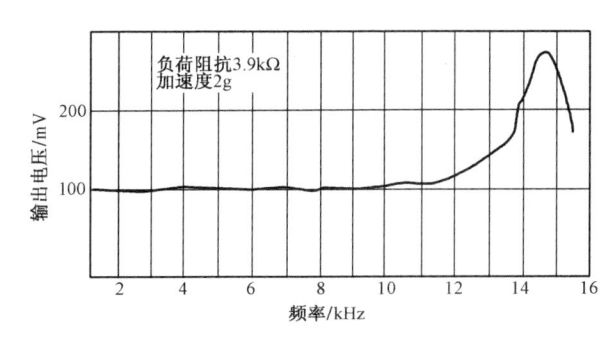

图 2-98　非共振型压电式爆燃传感器的输出电压与频率的关系

非共振型压电式爆燃传感器的优点是检测频率范围宽，因此可设计成由零至数十千赫兹，可检测很宽频带的发动机振动频率。用于不同发动机上时，只需调整滤波器的过滤频率即可，而无须更换传感器。

（3）共振型磁致伸缩式爆燃传感器的结构、工作原理

共振型磁致伸缩式爆燃传感器主要是由感应线圈、伸缩杆、永久磁铁和壳体组成，其结构如图 2-99 所示。由高镍合金制成的伸缩杆一端设有永久磁铁，另一端安放在弹性部件上。伸缩杆周围绕有感应线圈，线圈两端引出电极与控制线路连接。

当发动机产生爆燃使缸体发生振动时，一端固定在缸体上的伸缩杆就会随之振动，伸缩杆周围的感应线圈的磁通量就会发生变化，根据电磁感应原理可知，在感应线圈内会产生一个交变电动势，即传感器有一个信号电压输出，输出的电压高低取决于发动机缸体上的振动强度和振动频率。当传感器的固有振动频率和发动机缸体振动频率相同时，即当发动机缸体

的振动频率达到 6~9kHz 时，传感器产生共振，此时传感器振动强度最大，传感器的感应线圈中产生的电压最高，如图 2-100 所示。

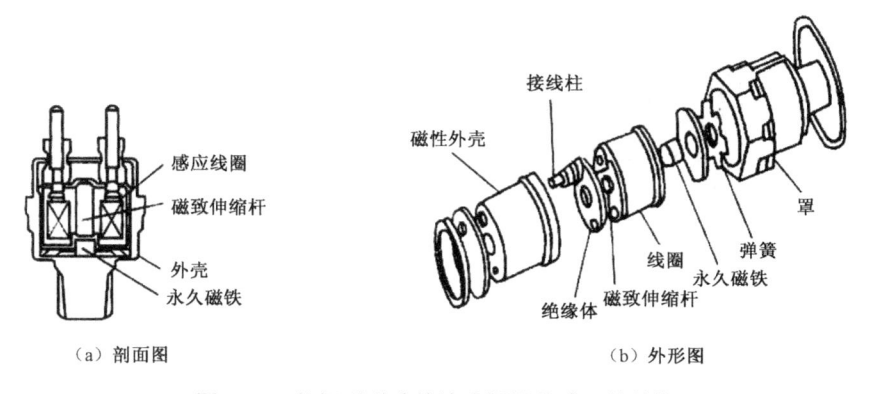

图 2-99　共振型磁致伸缩式爆燃传感器的结构

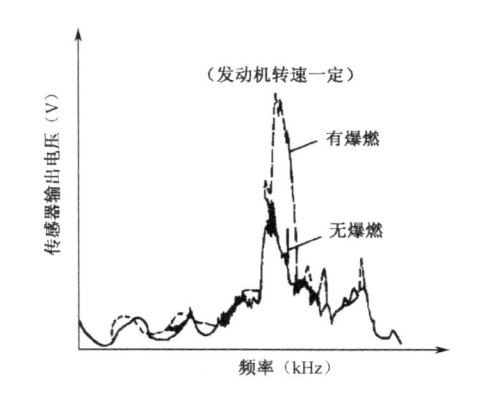

图 2-100　共振型磁致伸缩式爆燃传感器输出特性

（4）火花塞座金属垫型爆燃传感器结构、工作原理

火花塞座金属垫型爆燃传感器又称为垫圈型压力传感器或压力检测式爆燃传感器，该类传感器是由压电元件制成的，安装在火花塞的垫圈与发动机缸体之间，其结构如图 2-101 所示。它能根据燃烧压力直接检测爆燃信息，并将燃烧压力转换成电压信号输出。这类爆燃传感器一般每缸火花塞都安装一个。

火花塞座金属垫型爆燃传感器的信号输出如图 2-102 所示。如果发生爆燃现象，则在燃烧期间传感器输出的电压信号波形的振幅将增大，输入 ECU 后，经过滤波处理，根据其值的大小可判定有无爆燃产生。

从以上可以看出，共振型与非共振型压电式爆燃传感器的输出波形大致如图 2-103 所示，即在共振型爆燃传感器的输出波形中可以直接观察出爆燃的波形，即爆燃点；而非共振型的爆燃传感器输出波形则需要经过滤波器分离处理后才能检出爆燃的信号。

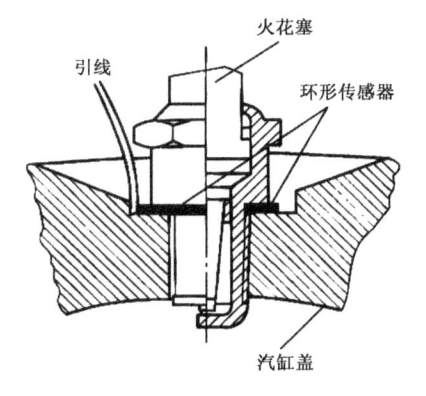

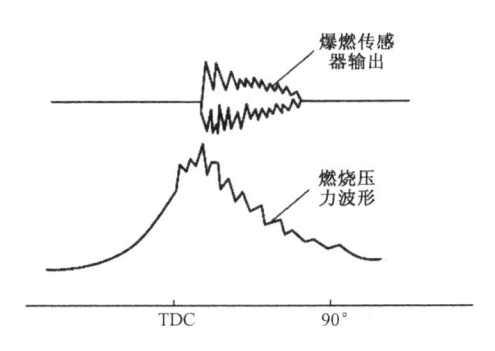

图 2-101　火花塞座金属垫型爆燃传感器的结构　　图 2-102　火花塞座金属垫型爆燃传感器的输出波形

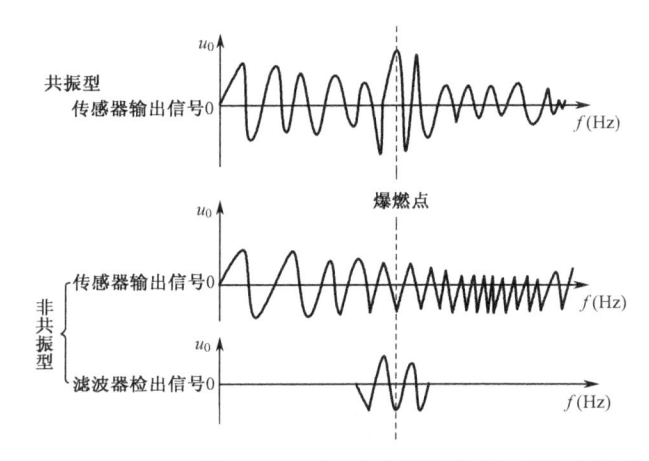

图 2-103　共振型与非共振型压电式爆燃传感器的输出波形

2．爆燃传感器的检测

各种爆燃传感器的检测方法都是相似的,所以这里只以共振型磁致伸缩式爆燃传感器为例进行讲解。图 2-104 所示为该传感器与 ECU 的接线方法。

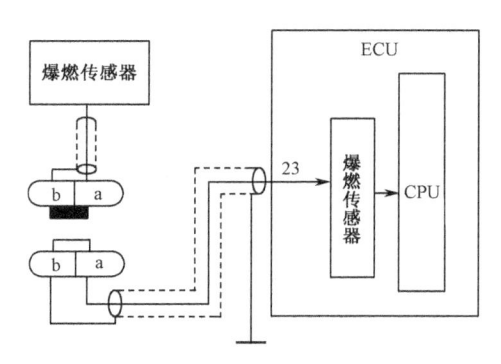

图 2-104　共振型磁致伸缩式爆燃传感器与 ECU 的接线方式

(1) 万用电表检测法。

① 关闭点火开关，脱开爆燃传感器接线端，脱开 ECU 接线器。

② 用万用表测量 ECU 爆燃传感器信号输入端与爆燃传感器信号输出端子 a 之间的连线是否导通。如果不通，应检查这段配线及接线器。

③ 如果检查上述线路无问题，再检查传感器 b 端子与搭铁间是否导通。如不通说明搭铁不良。

④ 如果检查 b 端子搭铁良好，可进一步脱开爆燃传感器接线器，单独测量 a、b 两端子电阻应接近于 0Ω。如不对，则说明该传感器已损坏。

(2) 示波器测波形法。正常情况下，各爆燃传感器的输出电压波形如前面所示，如果测得波形不对或无波形，或在波形不对且发生爆燃时波形振幅基本不变，则可能是传感器损坏。

3. 具体车型的检测

这里，以凌志 LS400 轿车爆燃传感器的检测方法为例。

凌志 LS400 发动机左右缸体外侧各安装一只压电式爆燃传感器，用来检测发动机的爆燃。当爆燃发生时，ECU 收到爆燃信号后会自动推迟发动机的点火提前角，用于制止爆燃进一步发生。爆燃传感器与 ECU 连接电路如图 2-105 所示。

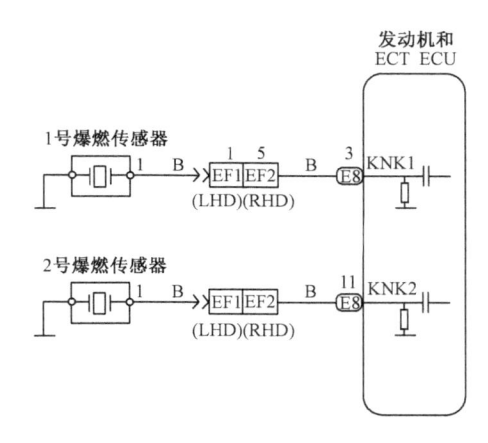

图 2-105 凌志 LS400 轿车爆燃传感器与 ECU 的连接方式

发动机转速在 1600~5200r/min，1 号爆燃传感器电路出现断路或短路时，会显示故障码 52；当 ECU 中的爆燃控制程序电路出现故障时，会显示故障码 53；发动机转速在 1600~5200r/min，2 号爆燃传感器电路出现断路或短路时，会显示故障码 55。

可用万用表和示波器检查爆燃传感器的电阻和输出信号情况，进一步判断故障。

(1) 爆燃传感器电阻的检查。关闭点火开关，拔下爆燃传感器连接器插头，用万用表的电阻挡检查爆燃传感器的接线端子与外壳间电阻。若导通，说明传感器已经损坏，必须更换。

(2) 爆燃传感器输出信号的检查。当发动机怠速运转时，用示波器检查爆燃传感器的接线端子与搭铁间应有脉冲波形输出。如果没有脉冲波形输出，说明传感器已经损坏，必须更换。

4. 其他车系爆燃传感器检测手册

（1）一汽大众奥迪 A6 车系：

端　子	检测项目	标准值/Ω
1—2		
1—3	电阻	∞
2—3		

（2）北京现代索纳塔车系：

端　子	检测项目	检测条件	标　准　值
1—2	电阻	断开插接器，温度为 20℃	5MΩ
2—3	电容	断开插接器	800~1600pF
2—搭铁	导通情况	—	导通

（3）风神蓝鸟车系：

端　子	检测项目	检测条件	标　准　值
b—ECU 端子 27	导通情况	拔下传感器和 ECU 线束插接器	导通
a—搭铁	导通情况	拔下传感器线束插接器	导通

（4）东风悦达起亚千里马车系：

端　子	检测项目	检测条件	标　准　值
1—2	电阻	断开插接器，温度为 20℃以下	约 5MΩ
1—2	电容	—	800~1600 pF

（5）红旗世纪星车系（VG20E）：

端　子	检测项目	检测条件	标　准　值
ECM 端子 23—搭铁	电压	点火开关 ON 启动发动机 怠速时	2.5V
1—ECM 端子 23（配线侧）	电阻	—	0Ω
1—传感器壳体	电阻	—	∞

（6）奇瑞 QQ 车系：

端　子	检测项目	标　准　值
1—2	电阻	>1.0MΩ
2—搭铁 3—搭铁	导通情况	导通

（7）上海通用君威车系（L34 2.0L）：

插座端子	端子功能
A	爆燃传感器信号
B	爆燃传感器间隔

（8）奇瑞旗云车系：

端子	检测项目	检测条件	标准值	端子功能
A	—	—	—	信号
B	—	—	—	通过屏蔽线接地
A—壳体	电阻	断开插接器	>1MΩ	—

（9）大众捷达、捷达王车系：

端子	检测项目	检测条件	标准值/Ω
1—2	电阻	断开插接器	∞

（10）大众宝来车系（AGN）：

端子	检测项目	检测条件	标准值/Ω
1—2 1—3 2—3	电阻	断开插接器	∞

（11）大众波罗车系：

端子	检测项目	检测条件	标准值/Ω
1—2	电阻	断开插接器	∞

（12）大众桑塔纳车系（AJR）：

端子	检测项目	标准值
3个端子中任意两个端子	导通情况	均不导通

（13）大众桑塔纳车系（AFE）：

端子	检测项目	检测条件	标准值/k·W
1—2	电阻	断开插接器	>1

（14）大众帕萨特车系（1.8T/1.8L）：

端子	检测项目	检测条件	标准值/Ω
1—2、1—3、2—3	电阻	断开插接器	∞

2.7 空气流量传感器

空气流量传感器是电控燃油喷射发动机上最重要的传感器之一，它安装在发动机的进气道上，如图 2-106 所示。在工作过程中计算进入汽缸的空气量，并将此信号送给发动机 ECU。ECU 以此为根据,结合其他传感器的信息,计算出最佳喷油量,以控制发动机的空燃比（A/F）。空气流量传感器有体积型与质量型。目前，轿车上广泛应用的质量流量型传感器，主要是叶片式、热线式、热膜式和卡曼涡旋式。采用这种方式的电喷发动机直接计算进入空气的质量，并转化为 1~5V 的电压信号输送给发动机 ECU。

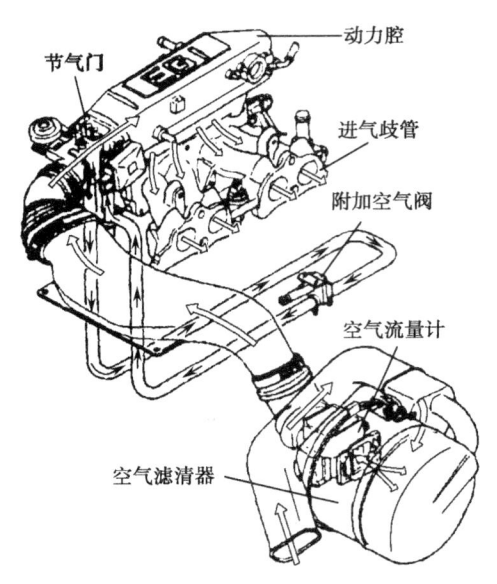

图 2-106 空气流量传感器的安装位置

空气流量传感器是决定系统控制精度的重要部件之一。当规定发动机所吸进空气、混合气的空燃比（A/F）的控制精度为±1.0 时，系统的允许误差为±(6%~7%)；将此允许误差分配至系统的各构成部件上时，空气流量传感器所允许的误差为±(2%~3%)。

汽油发动机所吸进空气流量的最大值与最小值之比在自然进气系统中为 40~50，在带增压的系统中为 60~70，在此范围内空气流量传感器应能保持±(2%~3%)的测量精度。电子控制燃油喷射装置上所用的空气流量传感器在很宽的测定范围上不仅应能保持测量精度，而且测量响应性也要优秀，可测量脉动的空气流，输出信号的处理应简单。

2.7.1 卡曼涡旋式空气流量传感器

卡曼涡旋式空气流量传感器利用流体因附面层的分离作用而交替产生的一种自然振荡分离型涡旋（称为卡曼涡旋）的原理来测量气体的流速，并通过流速的测量直接反映出空气的流量。这种流量计有许多优点，首先是其输出的脉冲信号易于处理，其次是没有可动部件，压力损失较小，可靠性高。

在流体中放置一个圆柱或三角柱体，则在这个物体的下游就会产生如图 2-107 所示的两列旋转方向相反并交替出现的空气涡旋，称为卡曼涡旋。卡曼涡旋的形成必须满足关系式 $h/l = 0.281$，这个非对称的两列涡旋才是稳定的。

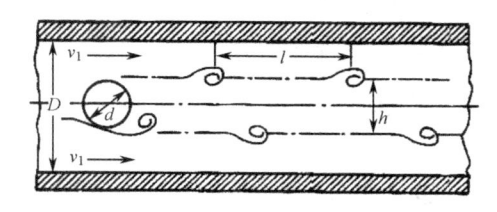

图 2-107 卡曼涡旋形成原理

由于周期性产生的两列涡旋间的相互作用，涡旋列是向流动相反方向旋进而随流体离去的。根据实验资料，单列涡旋产生的频率为 f，对于圆柱体

$$f = S_t \cdot \frac{V}{\beta d} \tag{2.7-1}$$

式中，S_t 为斯特劳哈尔数；d 为圆柱体直径，单位为 m；V 为流体的流速，单位为 m/s；β 为直径比，即 $\beta = d/D$，其中 D 为管道直径。

由式（2.7-1）得圆柱体传感器检测流体的流速为

$$V = \frac{\beta d f}{S_t} \tag{2.7-2}$$

如果管道截面积为 A_0，则流体的体积流量为

$$Q = A_0 \frac{\beta d f}{S_t} \tag{2.7-3}$$

对于三角柱传感器，其平均边长为 d，检测的流速和体积流量相应为

$$V = \frac{d}{S_t}(1-1.5\beta)f \tag{2.7-4}$$

$$Q = A_0 \frac{d}{S_t}(1-1.5\beta)f \tag{2.7-5}$$

对于一台具体的卡曼涡旋式空气流量传感器，管径 D、圆柱体直径（或三角柱体平均边长）d 及 β 均是一定值，故式（2.7-3）和式（2.7-5）可简化为

$$Q = Kf \tag{2.7-6}$$

式中，K 为比例常数。就是说卡曼涡旋流量传感器输出频率 f 与体积流量 Q 成正比。

根据涡旋频率检测方式的不同，卡曼涡旋式空气流量传感器可分为超声波式和反光镜式两种类型。

1. 超声波式卡曼涡旋空气流量传感器

（1）超声波式卡曼涡旋空气流量传感器的结构、工作原理

超声波式卡曼涡旋空气流量传感器的结构如图 2-108 所示。传感器上分别设有一个主空

气道和一个旁通空气道。涡旋发生器设在主空气道上，旁通空气道是为了调节主空气道的流量。对于排量不同的发动机，通过改变旁通空气道截面积的大小，可使用同一规格的流量传感器来满足流量检测的要求。主通道上的三角柱和数个涡旋放大板构成了卡曼涡旋发生器。

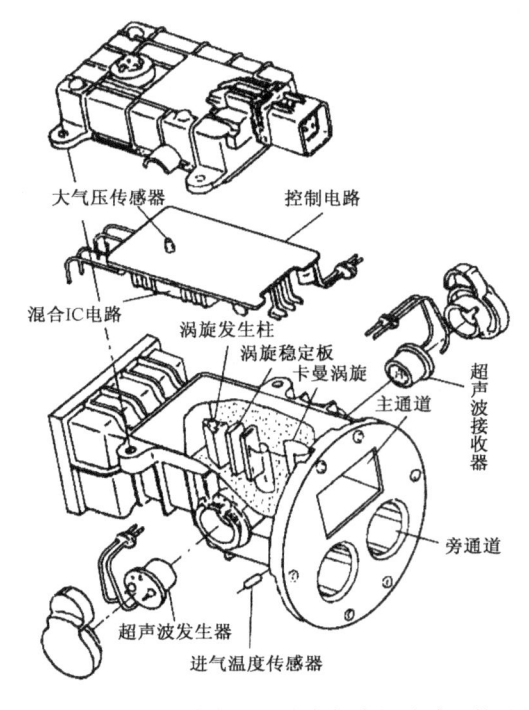

图 2-108 超声波式卡曼涡旋空气流量传感器的结构

在卡曼涡旋处的两侧相对设置了用于电子检测装置的超声波发生器和超声波接收器，也可以把这两个部件归入传感器，传感器产生的电信号经空气流量传感器的控制电路（混合集中电路）整形、放大后成理想波形，再输入到微机中。为了利用超声波检查涡旋，在涡旋通道的内壁上都粘有吸音材料，目的是防止超声波出现不规则反射。

超声波式卡曼涡旋空气流量传感器的流量检测原理电路图如图 2-109 所示。当有卡曼涡旋产生时，就伴随有速度及压力的变化，流量检测的基本原理就是利用其中速度的变化。

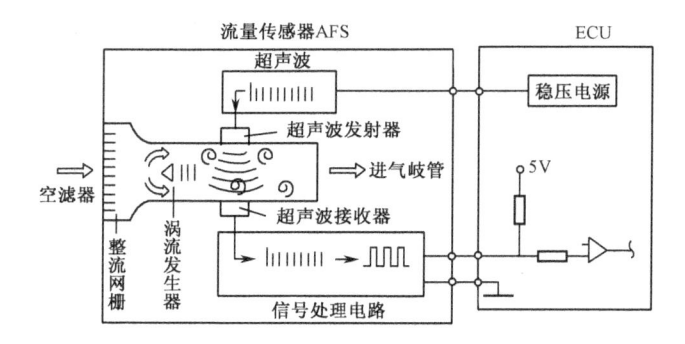

图 2-109 流量检测的原理电路图

当发动机运转并吸入一定的气体时,超声波发生器不断向接收器发出一定频率(40kHz)的超声波。当超声波通过进气气流到达接收器时,由于受到气流移动速度及涡旋数量变化的影响,接收到的超声波信号的相位以及相位差会发生变化:进气量越大,涡旋越多,移动速度越快,接收到的超声波的相位及相位差越大;反之越小。控制电路根据超声波信号的相位或相位差的变化就可计算出涡流的频率并将其输入给 ECU,ECU 根据输入的进气涡旋信号计算出进气量。

超声波发生器之所以选择 40kHz 的超声波,是因为在根本没有涡旋的通道上,所发送的超声波与接收到的超声波相位相同(如图 2-110(b)所示)。当通道上有卡曼涡旋时,则接收到的超声波信号中,有的受减速作用而滞后(如图 2-110(c)所示),有的受加速作用而提前(如图 2-110(e)所示),因此接收到的超声波信号的相位和相位差就会发生变化。集成控制电路在信号相位超前时输出一个正向脉冲信号,在信号相位滞后时输出一个负向脉冲信号,如图 2-110(d)、图 2-110(f)所示,从而表明涡旋的产生频率。当发动机转速低时,进气量小,产生涡旋的频率低;当发动机转速高时,进气量大,产生涡旋的频率高。将频率信号输入 ECU 后,ECU 即可计算出进气量大小。

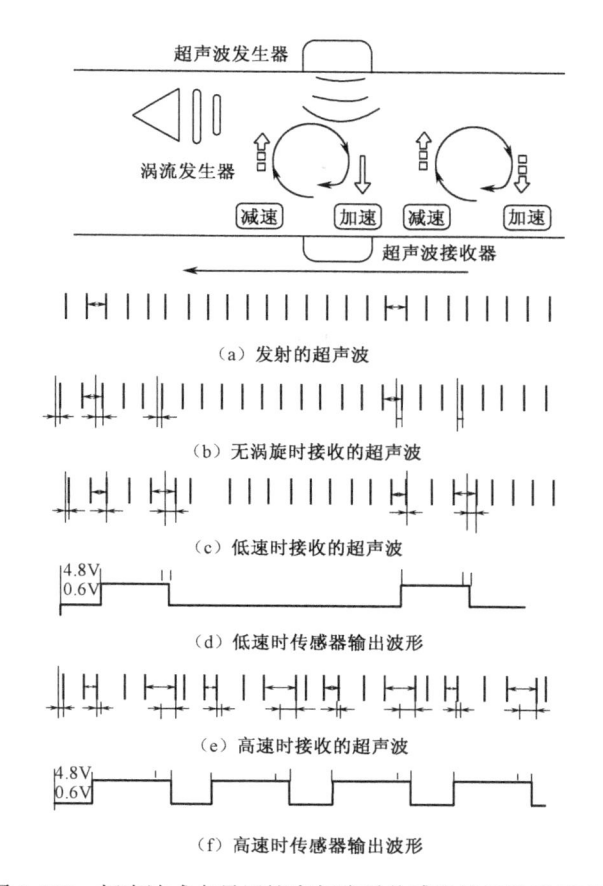

图 2-110 超声波式卡曼涡旋空气流量传感器输出波形示意图

（2）卡曼涡旋式空气流量传感器的检测

以丰田凌志 LS400 轿车 1UZ-FE 型发动机为例讲述卡曼涡旋式空气流量传感器的检测方法，该传感器连接器端子排列情况如图 2-111（a）所示，电路连接方法如图 2-111（b）所示。

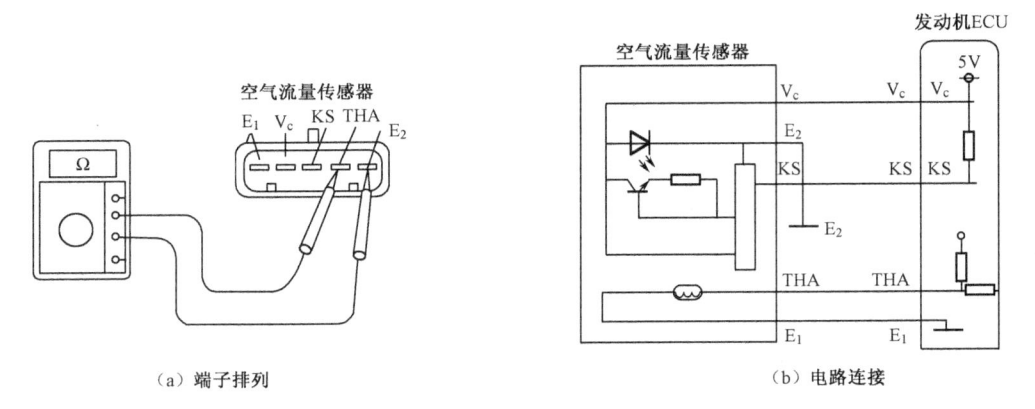

图 2-111 卡曼涡旋式空气流量传感器连接电路图
（a）端子排列　（b）电路连接

① 开路加温检测方法。
- 关闭点火开关，拔开空气流量传感器配线连接器，从车上拆下空气流量传感器。
- 一边用电热吹风机或制冷剂改变空气流量传感器的进气温度传感器的温度，一边用万用表电阻挡测量进气温度传感器，即 ECU 配线连接器（见图 2-111（a））THA 端子与 E2 端子间的电阻，其值应符合规定值（见表 2.11）。

如果测得值与规定值不符，则说明空气流量传感器有故障，应修理或更换新件。

表 2.11　凌志 LS400 型轿车发动机涡旋式空气流量传感器的检测标准值

名　称	测量端子	测量条件	标　准　值	备　注
进气温度传感器	THA—E2	−20℃	10.00~20.00kΩ	
		0℃	4.00~7.00kΩ	
		+20℃	2.00~3.00kΩ	
		+40℃	0.90~1.3kΩ	
		+60℃	0.40~0.70kΩ	
进气温度传感器	THA—E2	怠慢、20℃	0.5~3.4V	
空气流量传感器	VC—E1	打开点火开关	4.5~5.5V	检查电源电压
	KS—E1	打开点火开关	4.5~5.5V	
		怠速	2.0~4.0V（脉冲形式）	信号电压跳跃变化

② 在路检测方法。
- 接通点火开关，但不要启动发动机，用万用表电压挡测量 ECU 配线连接器 KS、E$_2$ 两端子间的电压，其值应为 4~6V。
- 接通点火开关，启动发动机使其运转（或怠速运转），用万用表电压挡测量 ECU 配线连接器 KS、E$_2$ 两端子间的电压，其值应为 2~4V。KS 信号为光学检测方法的卡曼涡旋式空气流量传感器传送给 ECU 的脉冲信号，测量时该电压既不是 0V，也不是 5V，进气量越大，电压越高。

③ 如果测得值与上述规律不符，则应检查空气流量传感器与 ECU 间的配线和连接器。

- 如果检查配线或连接器有问题，应修理或更换新件。
- 如果检查配线或连接器无问题，可拔开空气流量传感器配线连接器，接通点火开关，用万用表电压挡测量 ECU 配线连接器 VC 与 E_2 两端子间的电压，其值应为 4.5~5.5V。如果测得值符合规定，说明空气流量传感器有故障，应进行修理或更换。如果测得值不符合规定，应重换一只新的 ECU 后重新进行检查。
- 如果测得 ECU 配线连接器 KS 与 E_2 两端子间的 2~4V 电压正常，可进一步利用 ECU 的故障自诊断功能进行自诊断。如果自诊断显示有相应的故障码，且发动机有时启动性能不良、怠速不稳，甚至熄火停转，则说明空气流量传感器控制电路有问题。先重换一只正常的空气流量传感器后重新检查，如果故障仍然存在，且检查空气流量传感器与 ECU 间的线路均无问题的话，则问题多是由于 ECU 有故障引起的，可重换一只新的 ECU 试试。
- 接通点火开关，发动机怠速运转时，ECU 配线连接器 THA 与 E_2 两端之间电压应为 0.5~3.4V（20℃时）。

（3）具体车型的检测

三菱轿车使用卡曼涡旋式空气流量传感器，它与 ECU 的连接电路如图 2-112 所示。

传感器的电源由燃油继电器通过 2 号端子引入蓄电池电压；4 号端子与 ECU 的 14 和 24 号端子相连，提供搭铁；5 号端子是大气压力传感器输出信号，由 16 号端子输入 ECU；6 号端子与 ECU 的 8 号端子相连，ECU 通过 8 号端子向传感器内的进气温度传感器提供 5V 电压；1 号端子与 ECU 的 10 号端子相连，向 ECU 输入空气流量信号。空气流量的信号电压平均值为 2.2~3.2V。

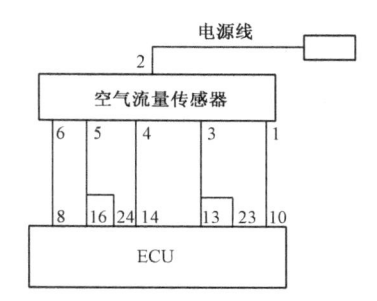

图 2-112 三菱轿车空气流量传感器与 ECU 连接线路图

传感器的检测内容是：

① 接通点火开关，测量传感器 1 号端子与搭铁间电压，应为 5V；

② 启动发动机，使发动机转速到 3000r/min，这时再测量 1 号端子与搭铁间电压应为 2.2~3.2V；

③ 关闭点火开关，测量传感器的 4 号端子与搭铁间电阻应为 0Ω。

2．反光镜式卡曼涡旋空气流量传感器

（1）反光镜式卡曼涡旋空气流量传感器的结构、工作原理

反光镜式卡曼涡旋空气流量传感器主要由涡流发生器、发光二极管 LED、光敏三极管、反光镜、张紧带、厚膜集成控制电路和进气温度传感器组成。其中涡流发生器后面设置有导压孔，用来将变化的涡流压力导入导压腔内；反光镜安装在张紧带上；发光二极管和光敏三极管设置在反光镜的上面，发光二极管发出的光经反光镜反射后使光敏三极管导通。其结构如图 2-113 所示。

(a) 外形结构　　　　　　　　　　　　（b) 内部结构

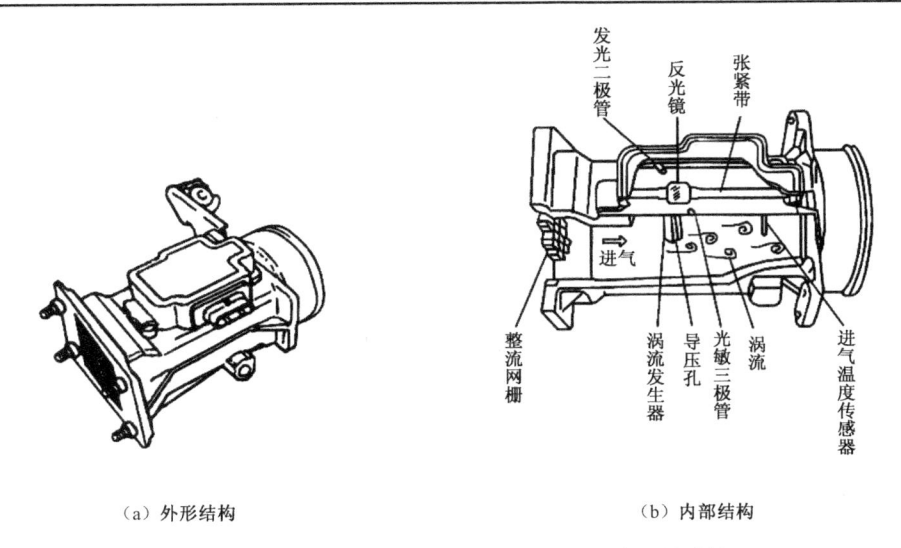

图 2-113　反光镜式卡曼涡旋空气流量传感器的结构

从图 2-113 中还可以看出，在传感器的空气入口处设有蜂窝状整流网栅，其作用是使吸入的空气在涡流发生器上游形成比较稳定的气流，从而保证气流经涡流发生器后产生与其流速成正比的涡流。涡流发生器用合成树脂与厚膜集成控制电路封装成一体。反光镜式卡曼涡旋空气流量传感器的剖视图如图 2-114 所示。

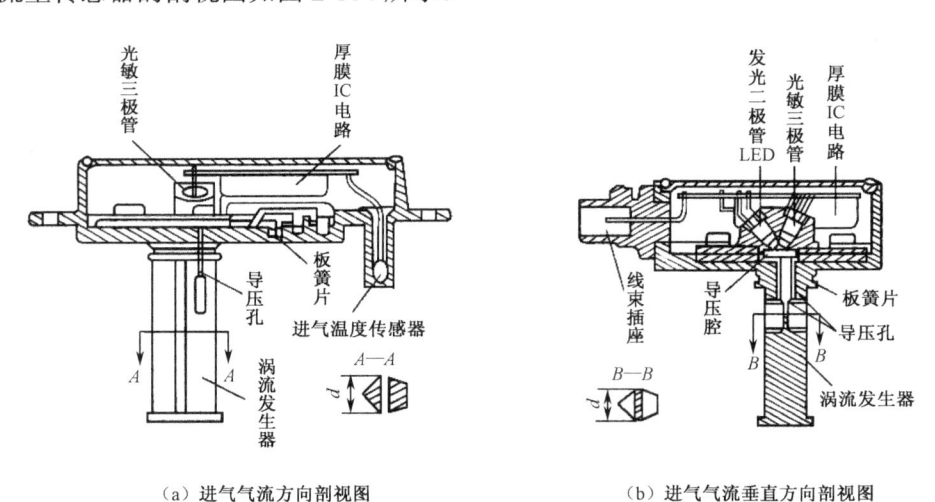

(a) 进气气流方向剖视图　　　　　　（b) 进气气流垂直方向剖视图

图 2-114　反光镜式卡曼涡旋空气流量传感器的剖视图

当进气气流流过涡流发生器时，发生器两侧就会交替产生涡流，两侧的压力就会交替发生变化。进气量越大，产生的涡流数量越多，压力变化频率就越高。变化的压力被导压孔导到导压腔中使张紧带产生振动，从而带动张紧带上面的反光镜一起振动，且振动频率与单位时间内产生的涡旋数量（即涡旋频率 f）成正比。由于反光镜的振动，被反光镜反射的光束也以同样频率变化，使得光敏三极管也随光束的变化以同样的频率导通和截止，所以光敏三极管导通与截止的频率与涡旋频率成正比。信号处理电路将涡旋频率信号转换成方波电压信号输入 ECU 后，ECU 便可计算出进气量的大小。

（2）反光镜式卡曼涡旋空气流量传感器的检测

丰田凌志 LS400 轿车和丰田皇冠 3.0 轿车均采用反光镜式卡曼涡旋空气流量传感器，空气流量传感器与 ECU 的连接电路如图 2-115 所示。

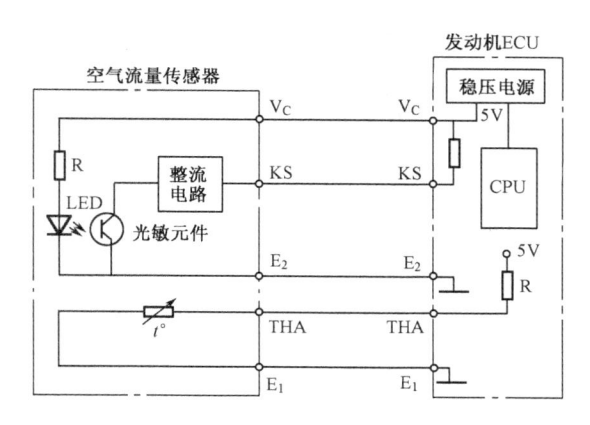

图 2-115　丰田轿车涡旋式空气流量传感器与 ECU 的连接电路

丰田轿车的反光镜式卡曼涡旋空气流量传感器的检测方法如下。

① 静态检测。拔下空气流量传感器线束插头，用万用表电阻挡测量传感器插座上端子"THA"与"E₂"之间的阻值，检测结果应当符合表 2.12 所列出的规定值。如果阻值不符，则应更换传感器。

表 2.12　丰田轿车卡曼涡旋式空气流量传感器检测参数

检测对象	端子名称	检测条件	标　准　值	备　　注
进气温度传感器	THA—E₂	−20℃	10~20kΩ	—
		0℃	4~7kΩ	—
		20℃	2~3kΩ	—
		40℃	0.9~1.3kΩ	—
		60℃	0.4~0.7kΩ	—
进气温度传感器	THA—E₂	怠速进气，温度 20℃	0.5~3.4V	—
空气流量传感器	V_C—E₁	点火开关接通	4.5~5.5V	检测电源电压
	KS—E₁	点火开关接通	4.5~5.5V	检测电源电压
		怠速	2.0~4.0	信号电压跳跃变化

② 动态检测。将空气流量传感器线束插头与插座插好，用万用表直流电压挡测量传感器连接器端子"THA"与"E₂"、"V_C"与"E₁"和"KS"与"E₁"之间的电压，电压值应符合表 2.12 中规定。如检测结果与标准电压值不符，则应检查传感器与 ECU 之间的线束是否断路；如线束良好，则拔下传感器插头并接通点火开关，检查电源端子"V_C"与"E₁"和

信号输入端子"KS"与"E_1"之间的电压，如在 4.5~5.5V 内，说明 ECU 工作正常，应当更换空气流量传感器；如电压不在 4.5~5.5V 内，说明 ECU 发生故障，应检修或更换 ECU。

2.7.2 热线式和热膜式空气流量传感器

热线式空气流量传感器属质量型流量传感器，其主要元件是热线电阻。它能直接测量进气歧管进入发动机的空气质量，不需要温度传感器修正；精度高，能在短时间内反映空气流量，响应速度快；具有无运动组件、进气阻力小、不易磨损、测量范围大等特点，因此在汽车上广泛应用。热膜式空气流量传感器是热线式空气流量传感器的改进产品，结构和热线式基本相同，只是它的发热体是热膜，而不是热线。

1. 热线式空气流量传感器的结构和原理

热线式空气流量传感器按其测量元件的安装位置不同，可分为两种：第一种是将热线安装在主进气道中，称为主流测量方式的热线式空气流量传感器（如图 2-116 所示）；第二种是将热线安装在旁通气道中，称为旁通测量方式的热线式空气流量传感器（如图 2-117 所示）。主流测量方式的热线式空气流量传感器，主要由防护网、采样管、热线电阻、温度补偿电阻和控制电路板等组成。热线电阻和温度补偿电阻安装在主进气道中，控制电路板安装在流量传感器下方。进气管连接侧的防护网用于防止回火和脏物进入空气流量传感器。

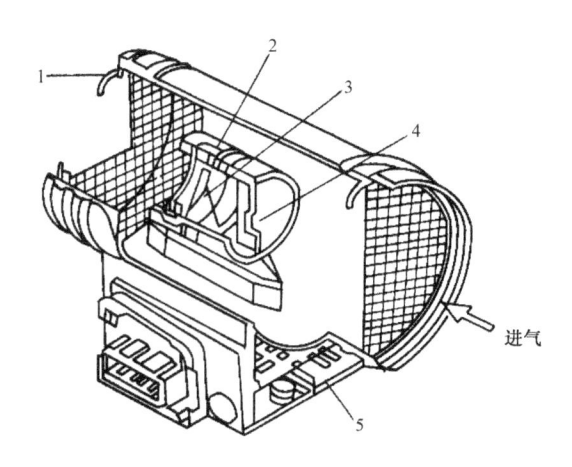

1—防护网；2—采样管；3—铂丝热线；
4—铂薄膜电阻（温度补偿电阻）；5—控制电路板；6—连接器

图 2-116 主流测量方式的热线式空气流量传感器

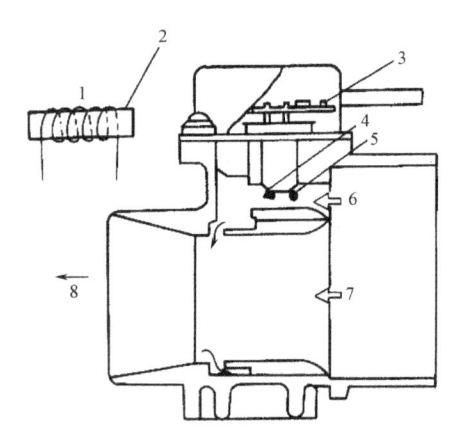

1—热线和冷线；2—陶瓷螺线管；3—控制回路；4—冷线；
5—热线；6—旁通空气道；7—主通道；8—进入节气门体

图 2-117 旁通测量方式的热线式空气流量传感器

旁通测量方式热线式空气流量传感器与主流测量方式热线式空气流量传感器的主要区别是，它把铂金热线和补偿电阻（冷线）安装在旁通空气道上。热线和温度补偿电阻用铂线绕在陶瓷螺线管上。

热线式空气流量传感器的工作原理如图 2-118 所示。安装在控制电路板上的精密电阻 R_A、电桥电阻 R_B 和热线电阻 R_H、温度补偿电阻 R_K 组成了惠斯通电桥。当空气流经热线电阻 R_H 时，热线温度降低，电阻减小，电桥失去平衡，空气流量越大，热线电阻上被带走的热量越多，电阻减小的越大。若要保持电桥平衡，就必须增加流经热线电阻的电流，以恢复其温度和阻值，精密电阻 R_A 两端的电压也相应增加。流经热线的空气量（质量流量）不同，热线的温度变化量不同，其电阻变化量也就不同。为保持电桥平衡，需增加流经热线电阻的电流，从而使精密电阻 R_A 两端的电压也相应变化，控制电路将电阻 R_A 两端的电压输送给 ECU，即可确定进气量。

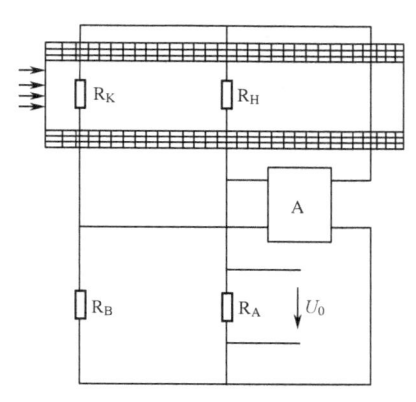

A—混合集成电路；R_H—热线电阻；R_K—温度补偿电阻；R_A—精密电阻；R_B—电桥电阻

图 2-118 热线式空气流量传感器的工作原理

混合集成电路 A 的作用是保持电桥平衡，即保持热线电阻与感应进气温度的温度补偿电阻之间的温度差不变。热线式空气流量传感器直接测量进入发动机的空气质量流量，不需进气温度传感器对测量值进行修正。

精密电阻 R_A 为一个温度系数很低的金属薄电阻；温度补偿电阻 R_K 用来对热线电阻的温度进行参照，使其温度差控制在 100℃ 左右，从而提高测量精度，它与电桥电阻 R_B 的阻值较高，这样能减少电能的损耗。

热线式空气流量传感器都有自洁功能，即发动机转速超过 1500r/min，关闭点火开关使发动机熄火后，控制系统自动将热线加热到 1000℃ 以上并保持约 1s，使附在热线上的粉尘烧掉。另一种防止玷污的方法是将热线的保持温度提高，一般保持温度设在 200℃ 以上，以便烧掉黏附的污物。

2. 热膜式空气流量传感器的结构和原理

热膜式空气流量传感器的结构如图 2-119 所示，它是热线式空气流量传感器的改进型。其结构与热线式基本相同，只是它的发热体是热膜而不是热线。热膜是由发热金属铂固定在薄的树脂膜上制成的。热膜式空气流量传感器的发热体不直接承受空气流动所产生的作用力，从而增加了发热体的强度，提高了传感器的使用可靠性。同时与热线式传感器相比，热膜式传感器的热膜电阻阻值较大，消耗的电流小，使用寿命也较长。但是由于其发热元件表面的一层保护膜存在辐射热传导作用，因此响应特性较差。为了防止空气温度变化使测量精度受到影响，在热膜电阻附近的气流上游设有铂金属膜式温度补偿电阻，如图 2-120 所示。

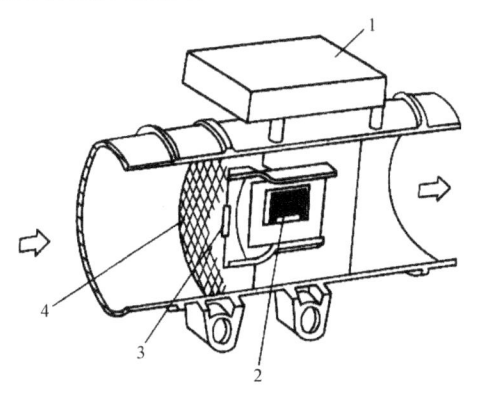

1—控制电路板；2—热膜；3—进气温度传感器；4—金属网

图 2-119 热膜式空气流量传感器的结构

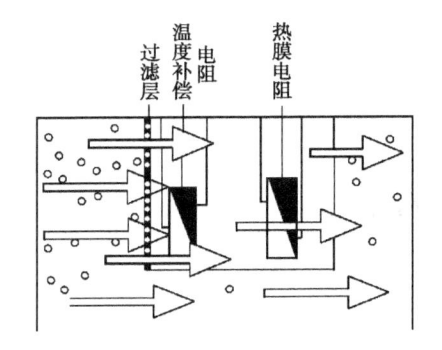

图 2-120 热膜式空气流量传感器的内部元件

热膜式空气流量传感器与热线式空气流量传感器的工作原理大致一样。传感器的热膜电阻 R_H、温度补偿电阻 R_T、精密电阻 R_1 和 R_2、信号取样电阻 R_S 在电路板上以惠斯通电桥的方式连接，如图 2-121 所示。

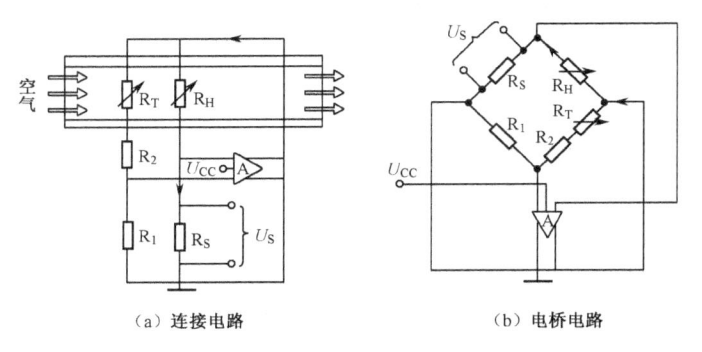

(a) 连接电路　　(b) 电桥电路

图 2-121 热膜式空气流量传感器电路

当空气流经发热元件时，发热元件会因热量被带走而温度降低，阻值减小，电桥失去平衡。这时控制电路 A 会增大供给发热元件的电流，使其与温度补偿电阻的温度差保持一个固定值（一般为 100℃）。电流增量的大小取决于发热元件受到冷却的程度，即取决于流过传感器的空气量。当电桥电流增大时，信号取样电阻 R_S 上的电压就会升高，从而将空气流量的变化转化为电压信号 U_S 的变化。输出电压与空气流量之间的关系特征曲线如图 2-122 所示。信号电压输入到 ECU 后，ECU 就计算出空气流量的大小。

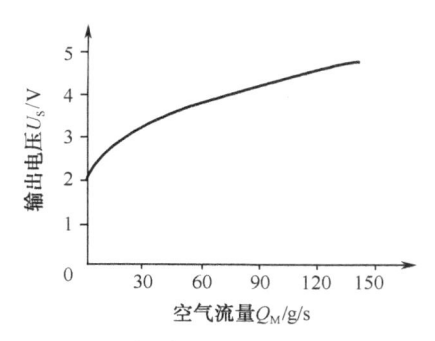

图 2-122 热膜式空气流量计输出电压

当发动机怠速或空气为热空气时，因为怠速时节气门关闭或接近全闭，所以空气流速低，空气量少；又因空气温度越高，空气密度越小，所以在体积相同的情况下，热空气的质量小，因此发热元件受到冷却的程度小，阻值减小的幅度小，所以电桥平衡需要的电流小，如图 2-123（a）所示，故信号取样电阻上的信号电压低。控制单元 ECU 根据信号电压即可计算出空气量。

当发动机负荷增大或空气为冷空气时，因为节气门开度增大，空气流速加快使空气流量增大；冷空气密度大，在体积相同的情况下冷空气质量大，所以发热元件受到冷却的程度增大，阻值减小幅度大，保持电桥平衡需要的电流增大，如图 2-123（b）所示，因此当发动机负荷增大时，信号电压升高。

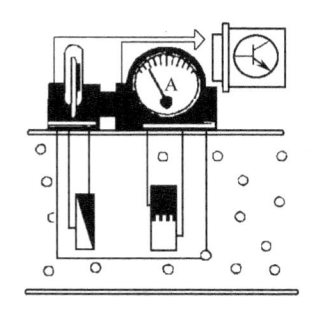

（a）怠速或热空气时 　　（b）负荷增大或冷空气时

图 2-123 热膜式空气流量传感器的测量原理

3．热线式和热膜式空气流量传感器的检测

（1）热线式空气流量传感器的检测

热线式空气流量传感器连接器有 5 端子和 6 端子两种。图 2-124 所示为日产千里马轿车

VGS0E 型发动机热线式空气流量传感器接线图。其他车型装用的热线式空气流量传感器接线及电路结构与此基本相同，检测差别不大。

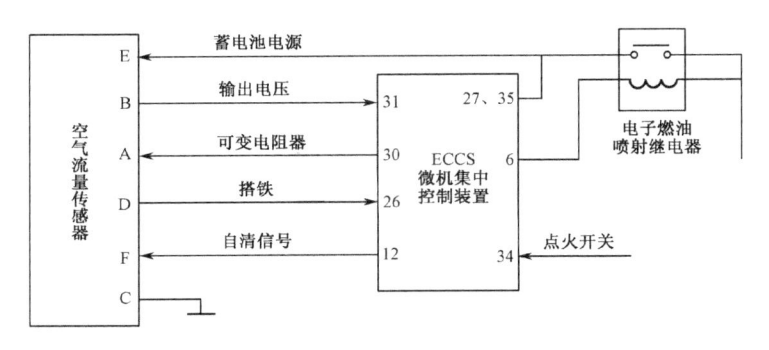

图 2-124　热线式空气流量传感器连接电路

在图 2-124 中，热线式空气流量传感器各端子字母所代表的作用如下所述。

E 端子：为蓄电池供电电压输入端，一般为 12V。

B 端子：为热线式空气流量传感器信号输出端，输出的信号提供给微电脑集中控制装置 ECCS 作控制检测信号。

D 端子：为热线式空气流量传感器接地（即搭铁）端。

F 端子：自清信号输入端，信号来自 ECCS 控制电路。每当点火开关关闭后，ECCS 通过 F 端子向传感器输入一个自清信号，使传感器内的加热电阻丝在 5s 内升温至 1000℃左右，并保持 1s 时间后停止，以便将残留在热线上的污垢和油渍等烧掉，保证传感器的准确性。

A 端子：为调整 CO（一氧化碳）的可变电阻输出端子。

① 开路检测方法。

• 拆卸方法。

➢ 清除空气流量传感器外部的尘垢，拔下其线束插头，拆下与空气流量传感器相连的空气滤清器。

➢ 将空气流量传感器出口处空气软管上的卡箍松开，并卸下空气流量传感器的固定螺栓。

➢ 将空气流量传感器从发动机上小心取下。

• 外观检查。对拆下的空气流量传感器进行外观检查，检查其护网有无堵塞或破裂，并从进口处查看铂丝热线是否脏污、折断。

• 静态检查。如图 2-125（a）所示，将蓄电池正极与空气流量传感器插座内的 E 端子相接，负极与插座内的 D 端子相连，并将万用表置于 10V 直流电压挡，两表笔测量插座的 B、D 两端子间的电压，其值应为 1.6V±0.5V。

• 动态检查。保持上述接线状态不变，用电风扇向空气流量传感器进口吹入空气（如图 2-125（b）所示）的同时，用万用表测量 B、D 端子间的电压，正常值应为 2~4V。如测得值与规定值不符，应更换新的空气流量传感器。

• 安装方法。将检修后的空气流量传感器装回，并用螺栓固紧。将空气软管连接在空气流量传感器出口上，并锁紧卡箍。装回空气滤清器，并将线束插头对准接插孔插在插座上。

(a) 静态测量　　　　　　　　(b) 动态测量

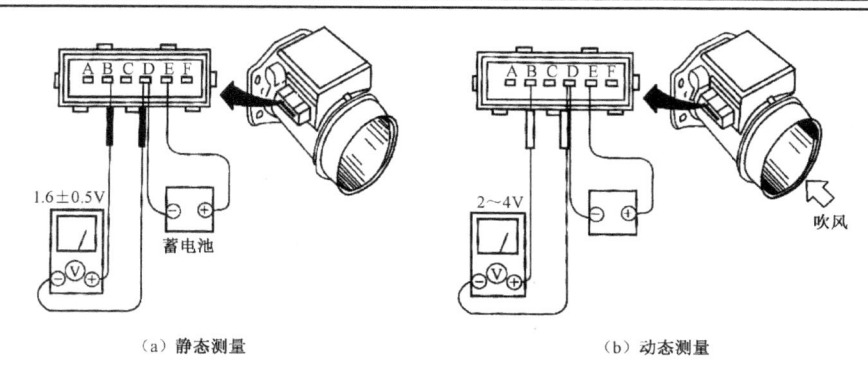

图 2-125　热线式空气流量传感器检测连线图

② 在路检测方法。

- 接通点火开关，不启动发动机。测量插座内 E 端子与 D 端子之间的电压应为 12V 左右。
- 如果测量 E 端子与 D 端子间无电压，再测量 E 端子与 C 端子之间的电压，其值若为 12V，则说明 D 端子搭铁不良，应检查 D 端子与 ECCS 端子之间的导线或 ECCS 的搭铁线是否良好。
- 测量 B 端子与 D 端子之间电压，应为 1.6V±0.5V。启动发动机，测量 B 端子与 D 端子之间电压，应在 2~4V 变化。
- 检查自洁电路：对自洁电路的检查有两种方法。

方法一为直观检查法：

> 启动发动机，并使其以 2500r/min 以上的转速运转；
> 使发动机怠速运转，拆下空气滤清器和空气流量传感器进口处的管道；
> 关闭点火开关，从空气流量传感器进口部位查看空气流量传感器内的铂丝热线是否在熄灭 5s 内被加热至发出红光，并持续 1s 时间。

方法二为万用表测量法：

> 使发动机冷却液温度上升至 60℃ 以上，发动机转速超过 1500r/min；
> 用万用表 10V 直流挡，将其两表笔接在插座的 F 端子与 D 端子之间；
> 关闭点火开关，万用表上指示值电压应回零并在 5s 后又跳跃上升，1s 后再回到零。

如万用表检测或直观检查结果与上述要求不符，且进一步检查微电脑与空气流量传感器连接导线均无问题的话，可试换一只新的空气流量传感器试试。

(2) 热膜式空气流量传感器的检测

各种型号的热膜式空气流量传感器的检测方法和热线式基本相同，都是检查传感器的电源电压和信号电压，因此可参照热线式空气流量传感器的检测方法进行检测。

4．具体车型的检测

(1) 沃尔沃轿车空气流量传感器的检测方法

沃尔沃轿车使用 6 端子热线式空气流量传感器，其 1 号端子为搭铁端子，2 号端子为空气流量传感器信号线，3 号端子也是信号端子，4 号端子接加热电热丝，5 号端子为电源输入端子，6 号端子原为调整 CO 的可变电阻，现已不使用。其检测内容如下。

① 检测空气流量传感器时，应将 ECU 的 21 号端子搭铁，以使燃油系继电器向空气流量传感器的 5 号端子供电。这时，测量 5 号与 1 号端子间电压，应为蓄电池电压。

② 如果没有电压，可测量 5 号端子与车身搭铁间电压，其值若为 12V，说明 1 号端子搭铁不良。如果仍没有电压，则说明继电器供电线路存在故障。

③ 检测传感器加热丝线路时，应先启动发动机，使发动机冷却液温度在 60℃以上，然后测量 4 号与 1 号端子间电压。在发动机转速上升到 2000r/min 时，熄火观察万用表指针，应慢慢回到原位，最后表针又向前跳动一下，表示电热丝线路正常，污垢已经清除干净。

④ 关闭点火开关，测量 ECU 的 6 号与 7 号端子间电阻值，其值即为空气流量传感器的 2 号与 3 号端子间电阻，应为 2.5~4Ω。

（2）桑塔纳 2000GSi、捷达 GT、捷达 GTX 轿车空气流量传感器的检测方法

桑塔纳 2000GSi、捷达 GT、捷达 GTX 轿车发动机使用热膜式空气流量传感器来测量发动机的进气量。图 2-126 所示为热膜式空气流量传感器的连接器插头各端子情况，其含义如表 2-13 所示；图 2-127 所示为该传感器与 ECU 的连接电路。

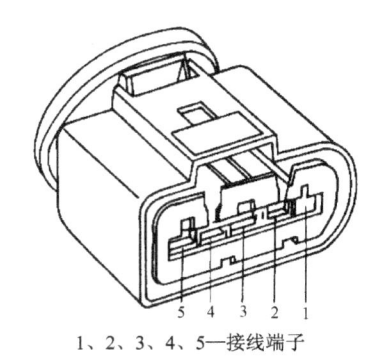

图 2-126 热膜式空气流量传感器连接器插头

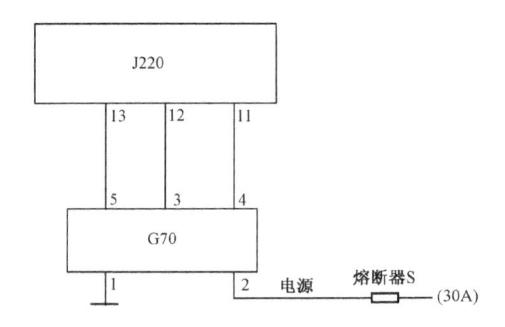

图 2-127 热膜式空气流量传感器与 ECU 连接电路（桑塔纳 2000GSi）

表 2-13 热膜式空气流量传感器的连接器插头各端子的含义

空气流量传感器 5 芯插头各端子号	含 义	空气流量传感器 5 芯插头各端子号	含 义
1	空	4	5V 电源
2	12V 电源	5	正信号线
3	负信号线	—	—

该热膜式空气流量传感器的检测方法如下。

用发光二极管连接空气流量传感器连接器插头 2 号端子和发动机搭铁点，启动发动机，发光二极管应当亮。如果不亮，则应检查熔断器 S 与插头 2 号端子之间是否存在断路；如果正常，则应检查燃油泵继电器。

空气流量传感器供电电压的检查必须在燃油泵继电器和熔丝正常情况下，用万用表测量传感器插头 4 号端子与搭铁之间的电压，电压值应为 5V。如果电压不正常，则应检查发动机（J220）至空气流量传感器线路有无断路或短路存在。

2.7.3 叶片式空气流量传感器

1. 叶片式空气流量传感器的结构和原理

叶片式空气流量传感器又称为翼片式或活门式空气流量传感器。它是利用进气气流推力来改变电位计电阻的原理工作的。叶片式空气流量传感器在传统的博世 L 型发动机和丰田佳美、皇冠轿车上有广泛应用。它主要由叶片部分和电位计部分组成，如图 2-128 所示。

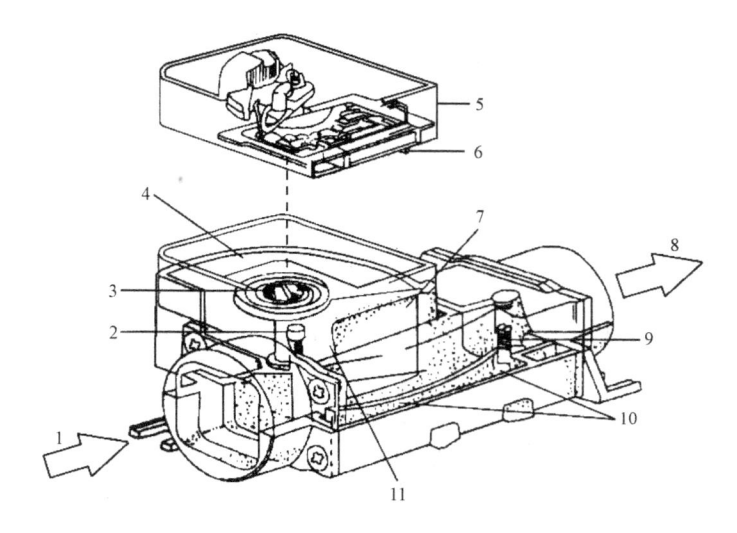

1—空气滤清器侧；2—进气温度传感器；3—复位弹簧；4—缓冲室；5—电位计；
6—接线插头；7—缓冲叶片；8—进气支管侧；9—调整螺钉；10—旁通道；11—测量叶片

图 2-128 叶片式空气流量传感器的结构

叶片式空气流量传感器的叶片分为测量叶片和缓冲叶片两部分，测量叶片在主空气道内旋转，缓冲叶片在缓冲室内旋转。当发动机吸入的空气急剧变化和气流脉动时，缓冲叶片可以减小叶片的脉动。测量叶片和缓冲叶片是铸成一体的，如图 2-129 所示。

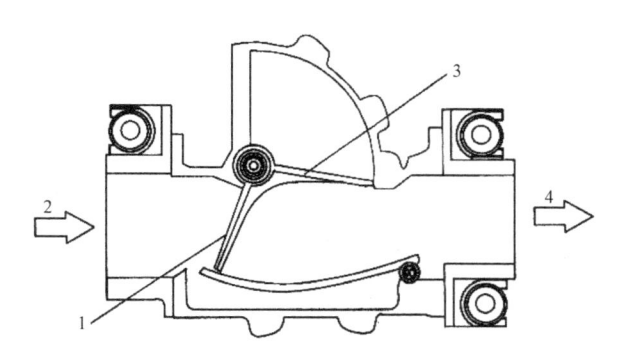

1—测量叶片；2—空气滤清器侧；3—缓冲叶片；4—进气支管侧

图 2-129 叶片部分的构造

叶片式空气流量传感器的叶片轴下端与传感器壳体相连，上端通过回位弹簧固定在电位计的调整齿圈上。当发动机工作时，通过空气滤清器的气流推动传感器叶片，克服回位弹簧的弹力，使叶片旋转。当驾驶员踩下加速踏板时，节气门开度增大，进气量大，进气气流对叶片的推力大，叶片的开启角度也增大。

在空气流量传感器主空气道下方设有空气旁通通道，在旁通通道一侧设有调节螺钉，用于调整发动机怠速时混合气的空燃比。通过对旁通通道面积进行调整，可使空气流量传感器的输出与目标值一致。

传感器中电位计位于传感器壳体上方，内有平衡配重、滑臂、复位弹簧、调整齿圈和印制电路板等，其结构如图2-130所示。

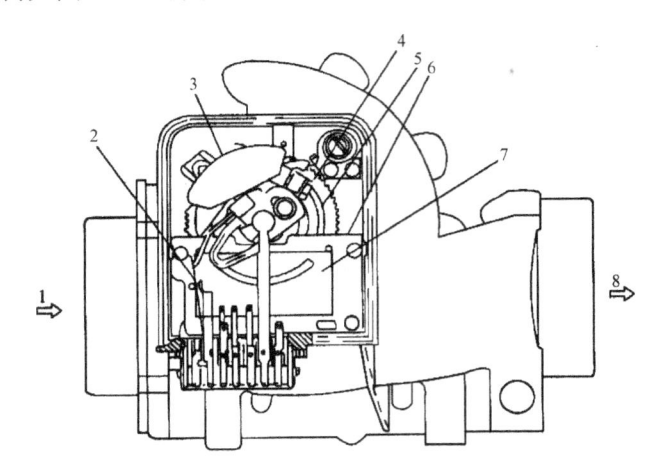

1—空气滤清器侧；2—燃油泵接点；3—平衡配重；4—调整齿圈；
5—复位弹簧；6—电位计；7—印制电路板；8—进气支管侧

图2-130 叶片式空气流量传感器电位计部分构造

叶片轴上的回位弹簧一端固定在转轴上，另一端与调整齿圈相连，通过调节齿圈可以调节弹簧的预紧力，改变传感器的输出特性。在叶片转轴上端装有随其一起运动的平衡配重和滑臂，滑臂与印制电路板的镀膜接触，并在其上滑动。

印制电路板由陶瓷基镀膜工艺制成，其电路如图2-131所示。图2-131所示为模拟式电路，还有一种数字式电路。它们的主要区别是数字式电路取消了限流电阻，接线插座上连接端子的位置略有变化。

在空气流量传感器中还有一个燃油泵控制开关，当发动机启动时，叶片旋转，燃油泵控制触点闭合，燃油泵开始运转；当发动机熄灭时，叶片回到关闭位置，电动燃油泵控制触点断开，燃油泵停止工作。这时如果点火开关处于接通位置，燃油泵也不会运转，可以防止燃油外溢。

空气流量传感器内安装的进气温度传感器用于测量进气温度，它有两条线，分别与搭铁端子和温度信号端子THA相连，其作用就是为进气量做温度补偿。

叶片式空气流量传感器的工作原理如图2-132所示，当空气通过传感器的主通道时，叶片将受到气流推力和弹簧弹力的共同作用。当进气气流增大，气流推力增加时，叶片转角α

逐渐增大，直到气流推力与弹簧弹力平衡为止。同时，电位计的滑臂在印制电路板上滑动，使接线端子"V_C"与"V_S"之间的电阻减小，使其分压电压 U_S 的电压增大，U_S 电压值升高。这样，发动机电控单元 ECU 就根据空气流量传感器的 U_S/U_B 的信号，感知空气流量的大小。U_S/U_B 的值与空气流量成反比，其变化关系如图 2-133 所示。

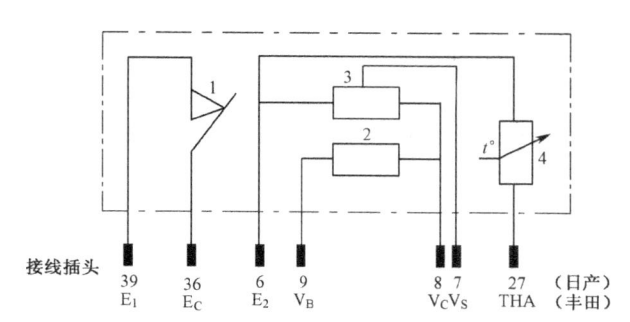

1—燃油泵控制触点；2—固定电阻；3—可变电阻；4—热敏电阻

图 2-131　叶片式空气流量传感器的电路原理

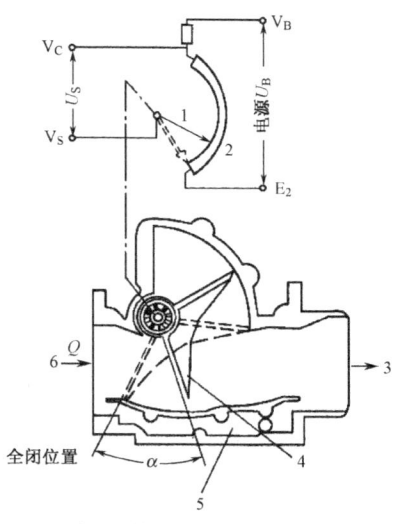

1—滑臂；2—镀膜电阻；3—进气支管侧；
4—叶片；5—通进气道；6—空气滤清器侧

图 2-132　叶片式空气流量传感器的工作原理

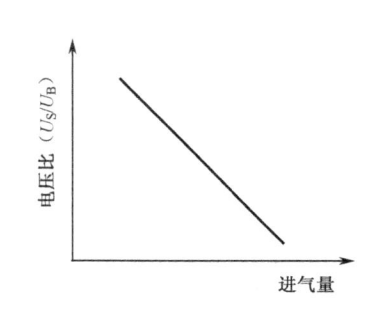

图 2-133　U_S/U_B 与空气流量的关系

2. 叶片式空气流量传感器的检测

叶片式空气流量传感器的检测方法主要有开路检测和在路检测两种。开路检测主要是在传感器与线路不连接的情况下，对传感器内部情况进行检测。一般通过检测有关端子之间的电阻值或通断情况来判断。在路检测是传感器在工作状态时，通过检测有关端子的电压，对传感器、ECU 及连接导线进行综合检测。

（1）开路检测方法

① 关闭点火开关，拔下叶片式空气流量传感器的配线连接器，从车上拆下传感器。

② 检测 E_C 端子和 E_1 端子间的电阻。当叶片不转动时（叶片完全关闭），F_C 与 E_1 之间应不通，用手稍稍拨动叶片，F_C 和 E_1 之间导通电阻为 0，说明燃油泵开关正常。否则说明燃油泵开关已损坏。

③ 检查 V_C 端子与 E_2 端子间的电阻。叶片在任何位置时，V_C 与 E_2 间电阻均应为 200~400Ω。

④ 检查 V_S 端子与 E_2 端子之间的电阻。在叶片完全关闭时，为 200~600Ω；叶片由完全关闭位置逐渐打开到完全开启位置时，应在 200~1200Ω 之间连续变动。

如果检查结果与上述规律不符，说明空气流量传感器和燃油泵开关有故障，应进行修理或重换新的空气流量传感器总成。

（2）开路加温检测方法

所谓开路加温检测，就是用加温和用制冷剂改变叶片式空气流量传感器的温度，同时用万用表测量 THA 与 E_2 两端子间在不同温度时的电阻值，以此来判断叶片式空气流量传感器中进气温度传感器是否损坏。

（3）在路检测方法

① 接通点火开关，不启动发动机，用万用表检查 ECU 连接器+B 端子（供电电压输入端）与车身接地（搭铁）间是否有电压。如果没有电压，应检查 ECU 电源电路是否断路，必要时应修理或更换 ECU。

② 如果检查 ECU 的供电电压正常，可关闭点火开关，用万用表电阻挡检查 ECU 连接器端子 E_1 与车身接地（搭铁）间的连接导线是否接通。

③ 如果检查 E_1 与车身接地良好，则接通点火开关，用万用表测传感器各相关端子间的电压，应符合规范值。

如果检查结果与规定正常值不符，应更换空气流量传感器。

④ 关闭点火开关，拔下空气流量传感器配线连接器和 ECU 配线连接器，用万用表电阻挡检查传感器与 ECU 间的连接导线是否短路、断路或接触不良。

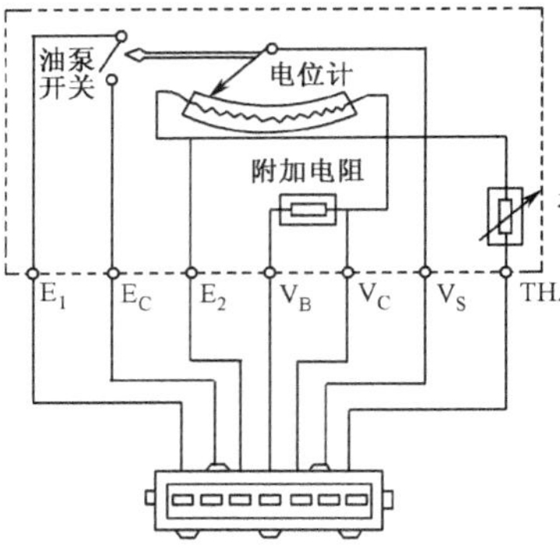

3．具体车型的检测

这里以丰田大霸王轿车叶片式空气流量传感器的检测为例，其电路图如图 2-134 所示。

图 2-134　丰田大霸王轿车空气流量传感器电路图

各端子的含义如表 2.14 所示。

表 2.14　丰田大霸王轿车空气流量传感器各端子的含义

端子名称	含　义	端子名称	含　义
THA	进气温度传感器信号	E_2	搭铁
V_S	空气流量传感器输出信号	E_C	燃油泵开关
V_C	空气流量传感器输出信号	E_1	燃油泵开关搭铁
V_B	电源电压		

对此传感器采用就车检测或单体检测。

（1）就车检测

将点火开关置于"OFF"，拔下传感器的导线连接器，用万用表电阻挡测量连接器各端子间的电阻，其电阻值应符合表 2.14 所列值。如果不符，则传感器已损坏，应进行更换。

（2）单体检测

① 外观检查

用手指拨动叶片，检查叶片的摆动是否平顺，叶片有无破裂、卡滞，转轴是否松旷。

② 检查电动机燃油泵开关

用万用表电阻挡测量 E_1、E_C 两端子间的电阻，在测量叶片关闭时，此值应为∞；在测量叶片开启后的任一角度上，此值应为 0。

③ 检测电位计性能

用旋具推动测量叶片，同时用万用表电阻挡测量电位计滑动测点 Vs 与 E_2 端子间的电阻。在测量叶片由全闭至全开的过程中，电阻值应逐渐变小，且应符合表 2.14 中所列的值；如不符，则传感器已损坏，应更换。

④ 检测进气温度传感器电阻值

用电吹风对空气流量传感器的进气温度传感器加热，或将其拆下放在有热水的烧杯里加热，并用万用表测量 THA 与 E_2 端子间的电阻值，电阻值应随温度升高而降低，且应符合表 2.15 中所列的值。若有不符，则应更换进气温度传感器。

表 2.15 丰田轿车空气流量传感器各端子间的电阻

端 子	标准电阻/kΩ	温度/℃	端 子	标注电阻/kΩ	温度/℃
V_S—E_2	0.02~0.60	—	THA—E_2	2.00~3.00	20
V_C—E_2	0.20~0.60	—		0.90~1.30	20
	10.00~20.00	-20		0.40~0.70	60
	4.00~7.00	0	E_C—E_2	0 或 ∞	—

2.7.4 测量芯式空气流量传感器

测量芯式空气流量传感器是叶片式空气流量传感器的改进型。与叶片式空气流量传感器相比，测量芯式空气流量传感器具有进气阻力小、计量精度和工作可靠性高等优点，日本马自达轿车多采用此类型空气流量传感器。

1. 测量芯式空气流量传感器的结构和原理

测量芯式空气流量传感器由量芯、电位计、进气温度传感器、线束插头等组成，其结构如图 2-135、图 2-136 所示。

测量芯式空气流量传感器与叶片式空气流量传感器的区别在于它用量芯代替了叶片式传感器的叶片，量芯安装在进气道内并可沿进气道移动。电位计滑臂的一端与量芯连接，另一端设有滑臂触点，量芯在进气气流的推动下向后移动时能带动电位计触点在印制电路板的镀膜电阻上滑动。测量芯式空气流量传感器没有设置旁道进气道和怠速混合气调整螺钉，发动机怠速时，混合气的浓稀由电子控制单元根据氧传感器的反馈信号进行调整。

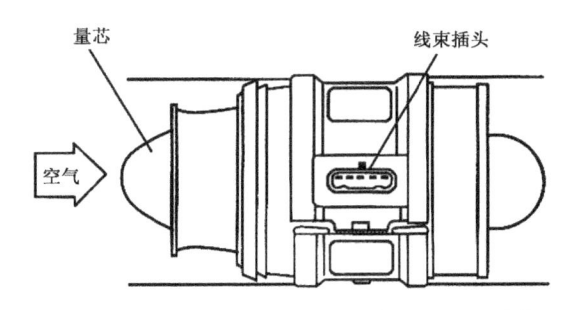

图 2-135 测量芯式空气流量传感器的外部结构

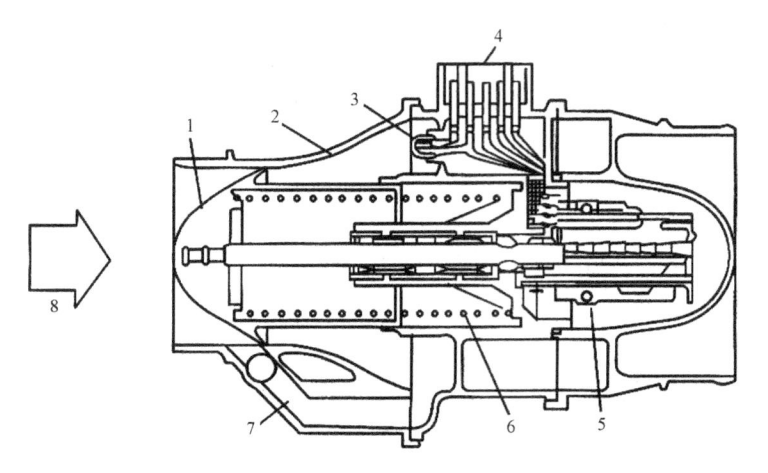

1—量芯；2—锥形量筒；3—进气温度传感器；4—连接插座；
5—电位计；6—回位弹簧；7—旁通气道；8—气流

图 2-136 测量芯式空气流量传感器的内部结构

测量芯式空气流量传感器电路如图 2-137 所示。当发动机进气量增大时，进气道内空气气流对量芯产生的推力矩增大，气流推力力矩克服回位弹簧的弹力力矩，使量芯移动的距离增大，从而带动电位计滑臂转动的角度增大，使传感器信号输出端子 V_S 与搭铁端子 E_2 之间的电阻值减小，因为 ECU 向流量传感器输入端 V_C 输入一个不变的 5V 电压，所以输出端 V_S 输出的信号电压将降低；反之，当发动机进气量减小时，输出的信号电压就会升高。计算机根据传感器信号电压的高低就可以计算出进气量的大小。

2．测量芯式空气流量传感器的检测

测量芯式空气流量传感器的常见故障有：量芯卡滞、移动不灵活，电位计滑动触点磨损或接触不良，量芯回位弹簧的弹性变弱及电位计的电阻不准确等。各种故障对发动机及汽油喷射系统的影响如表 2.16 所示。

1—进气温度传感器；2—空气流量传感器

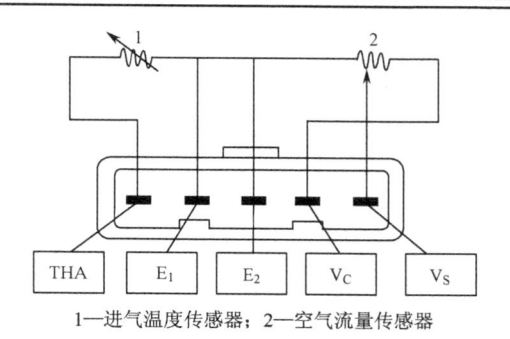

图 2-137　测量芯式空气流量传感器的电路图

表 2.16　测量芯式空气流量传感器的常见故障及影响

故障部位	对汽油喷射系统的影响	对发动机的影响
量芯移动不灵、卡滞	传感器空气流量信号不正确	发动机功率下降，启动后熄火，运转不平稳，加速不畅，油耗增加
电位计电阻值不准确	传感器空气流量信号不正确	发动机功率下降，运转不平稳，油耗增加
电位计滑动触点磨损或接触不良	传感器空气流量信号时通时断	发动机间断运行或不工作
量芯复位弹簧弹力减弱	喷油量过多	发动机间断运行或不工作

测量芯式空气流量传感器的检测方式有单体检测和就车检测两种。

（1）单体检测

将点火开关置于"OFF"位置，从发动机上取下空气流量传感器，首先看测量芯式空气流量传感器是否开裂，量芯是否发卡等，若有，则需更换。用万用表电阻挡测量连接器上各端子之间的电阻值，若不符合正常值，则应更换测量芯式空气流量传感器。在测量空气流量计信号端子 V_S 与搭铁端子 22 间的电阻时，还需缓慢移动量芯，观察电阻的变化情况，其变化应呈摆动变化；若电阻忽大忽小，或者间断出现无穷大的情况，均说明空气流量传感器不良，应进行更换。

（2）就车检测

拔下测量芯式空气流量传感器导线连接器并将点火开关置于"ON"位置，用万用表电压挡测量 V_C 与 E_2 端子间的电压，观察是否为 5V 左右。若相差很大，则为导线或计算机故障，应检修或更换导线或计算机。用万用表电阻挡测量空气流量传感器连接器上 THA 与 E_1 端子间、V_C 与 22 端子间的电阻值，应符合标准规定值，否则需更换测量芯式空气流量传感器。

第3章 底盘控制系统传感器

3.1 概 述

随着汽车电子技术的发展，汽车的电子化程度也越来越高。汽车底盘控制系统的装置与执行器之间的连接也由简单的机械连接阶段进入了电信号联系阶段。良好的底盘电子控制系统能改善车轮和地面之间的附着情况，进而改善汽车的安全性、动力性和舒适性。在汽车底盘电子控制系统中，控制工作离不开传感器，传感器能将汽车行驶时底盘各部分的状态反馈给各系统控制单元，控制单元再对汽车状态进行调整。用于底盘控制的传感器是指分布在变速器控制系统、动力转向系统、悬架控制系统、制动系统等中的传感器。随着汽车电子控制系统集成化程度的提高和 CAN-BUS 技术的广泛应用，同一传感器不仅可以给发动机控制系统提供信号，也可为底盘控制系统提供信号。

在动力转向系统中，传感器的控制对象是车轮转向角，通过对车轮转向角的电子控制达到控制动力转向系统的目的。汽车动力转向系统所用的传感器主要有发动机转速传感器、车速传感器、转矩传感器、油压传感器等，通过这些传感器，动力转向电控系统在实现转向操作轻便、提高响应特性的同时增大输出功率、减少发动机损耗，从而也节省了燃油。

悬架系统中的传感器通过对汽车悬挂元件特性进行干预和调节，从而达到实现汽车动力学控制的目的。工作的时候，系统综合各传感器检测到的信息，获得汽车运动状况的信息，通过计算得出每个车轮悬挂阻尼器的最优阻尼系数，然后做出自动调整车高、抑制车辆姿势的变化等工作指令，从而实现了对操纵稳定性、行车稳定性和车辆舒适性的控制。悬架系统传感器主要有车速传感器、节气门位置传感器、加速度传感器、车身高度传感器、方向盘转角传感器等。

防抱死制动系统 ABS 是汽车电子装置中一种开发时间最长、推广应用最为迅速的重要安全性部件。它是通过防止汽车制动时车轮的抱死，保证车轮与地面之间达到最佳滑移率来工作的。轮速传感器是 ABS 最重要的传感器，其主要工作是向 ECU 及时提供可靠精确的车轮转速。如果没有轮速传感器，该系统是无法工作的，同时轮速传感器的精确程度将直接影响 ABS 系统的工作。

汽车变速器是连接发动机和车轮的装置，通过在发动机与车轮之间产生不同的变速比可以使发动机工作在最佳的动力性能状态。现在的汽车自动变速器主要有三种形式：液力自动变速器（AT）、机械无级自动变速器（CVT）、电控机械自动变速器（AMT）。自动变速器的传感器主要有车速传感器、加速踏板位置传感器、加速度传感器、节气门位置传感器、发动机转速传感器、冷却液温度传感器、油温传感器等。

有一部分传感器为发动机控制系统和底盘控制系统共用的传感器，上面已经详细介绍了，这里就只对底盘控制专用的传感器进行讲解。

3.2 线性加速度惯性传感器

在汽车运行过程中，汽车控制系统经常需要获得汽车的加速度来了解汽车的运行状态，再对其进行控制，这就出现了加速度传感器在汽车上的应用。在汽车的安全气囊系统、防抱死系统、电子控制悬架系统、自动变速器系统、汽车防盗系统上都应用了各种加速度传感器。

汽车上使用的加速度传感器很大一部分是 MEMS 加速度传感器。MEMS（Micro Electro Mechanical Systems）是微电子机械系统的英文缩写。应用 MEMS 技术的传感器具有体积小、质量轻、成本低、功耗低、可靠性高等特点，而且因为其加工工艺一定程度上与传统的集成电路工艺兼容，易于实现数字化、智能化以及批量生产，因而从问世起，就引起了广泛的关注。本节主要介绍三种应用 MEMS 技术的加速度传感器：压阻式 MEMS 加速度传感器、电容式 MEMS 加速度传感器、谐振式 MEMS 加速度传感器。

3.2.1 压阻式 MEMS 加速度传感器

半导体单晶硅材料在受到外力作用下，会产生肉眼察觉不到的极微小应变，其原子结构内部的电子能级状态发生变化，从而导致其电阻率剧烈地变化，由其材料制成的电阻也就出现极大变化，这种物理效应叫压阻效应。压阻式加速度传感器是利用压阻效应将加速度信号转变为电信号的装置。压阻式加速度传感器的悬臂梁直接用单晶硅制成，四个扩散电阻扩散在其根部两面（上、下面各两个等值电阻），其结构如图 3-1 所示。

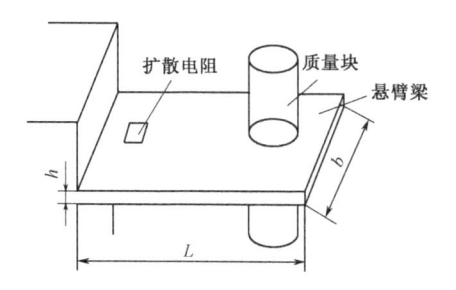

图 3-1 压阻式传感器结构

当梁的自由端的质量块受到加速度作用时，悬臂梁受到弯矩作用发生变形，产生应力，使电阻值变化。由四个电阻组成的电桥产生与加速度成比例的电压输出。当梁的自由端质量块受到加速度作用时，梁要受到弯矩作用，从而产生应变为

$$\varepsilon = \Delta L / L \tag{3.2-1}$$

同时由弹性力学可知

$$\sigma = E\varepsilon \tag{3.2-2}$$

式中，E 为弹性模量（$N·m^{-2}$）；ε 为应变。

由压阻效应知，应变会导致半导体材料电阻值的改变，其电阻值的相对变化量为

$$G = \frac{\Delta R / R}{\Delta L / L} = \frac{\Delta R / R}{\varepsilon} \tag{3.2-3}$$

式中，G 为力敏电阻的灵敏度系数。

对于一个一端固定的矩形等截面悬臂梁，作用力与某一位置的应变的关系为

$$\varepsilon_x = \frac{6F(L-x)}{EAh} \tag{3.2-4}$$

式中，ε_x 为离固定端 x 处的应变；L 为梁的长度（m）；x 为某一位置离固定端的距离（m）；E 为弹性模量（$N·m^{-2}$）；A 为梁的截面积（m^2）；h 为梁的厚度（m）。

从式（3.2-4）可以看出，随着位置 x 的不同，在梁上各位置产生的应变也是不同的。例如，在 $x=0$ 处应变最大，在 $x=L$ 处，应变等于零。显然，它的应变灵敏度结构系数为

$$\beta = 6(1 - \frac{x}{L}) \tag{3.2-5}$$

在实际应用中，常把悬臂梁自由端的挠度作为输出，力与挠度的关系式为

$$W = \frac{4L^3}{Ebh^3}F \tag{3.2-6}$$

从式（3.2-6）可以看出，在固定端也就是 $x=0$ 处的 β 最大，而在自由端即 $x=L$ 处的 β 等于零，β 与位置 x 之间呈线性关系，如图 3-2 所示。

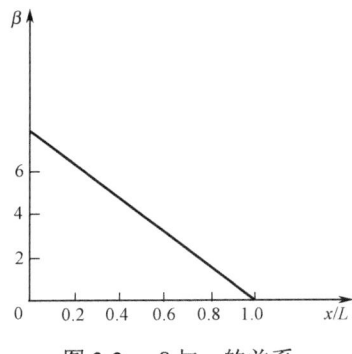

图 3-2　β 与 x 的关系

一般加速度微传感器取 $x=0$，将 $F=ma$、$A=bh$ 代入式（3.2-4）得到

$$\varepsilon = \frac{6mL}{Ebh^2}a \tag{3.2-7}$$

可以看出，当梁的结构确定后，$\frac{6mL}{Ebh^2}$ 就是一个常数，此时应变 ε 与加速度 a 成正比。这就是加速度传感器的基本工作原理。由此式还可以看出，梁的长度 L 越长，宽度 b 越窄，厚度越薄，质量块 m 越大，受力后产生的应变越大。

图 3-3 所示是一个单悬臂梁压阻式加速度传感器的实际结构，它采用 N 型硅单晶作为悬臂梁。根据式（3.2-4）的分析，在 $x=0$ 处的应变最大，在其根部沿[110]和[1$\bar{1}$0]晶向各扩散

两个 P 型电阻，构成一个全桥电路。当悬臂梁自由端的质量块受到加速度作用时，悬臂梁受弯矩作用产生应力，其方向为梁的长度方向，从而使 4 个电阻中两个电阻的应力方向与电流方向平行，另两个电阻的应力方向与电流方向垂直。

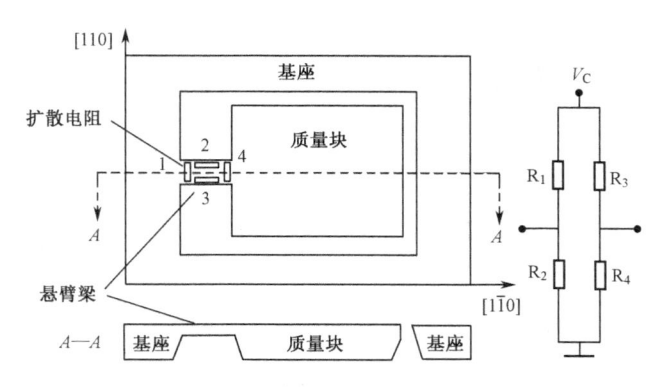

图 3-3 单悬臂梁压阻式加速度传感器结构

由惠斯通电桥输出电压与电阻的关系以及式（3.2-3），可以求得加速度传感器电桥与扩散电阻的电阻应变系数、应变、供桥电压之间的关系：

$$V_o = GV_c\varepsilon \qquad (3.2\text{-}8)$$

式中，V_o 为输出电压；V_c 为供桥电压；G 为扩散电阻的电阻应变系数。

所以有

$$V_o = \frac{6GV_c mL}{Ebh^2}a \qquad (3.2\text{-}9)$$

这种压阻式加速度传感器用来测量振动加速度时，其固有频率按下式计算：

$$f_0 = \frac{1}{2\pi}\sqrt{\frac{Ebh^2}{4mL^3}} \qquad (3.2\text{-}10)$$

压阻式加速度传感器结构简单，外形小巧，性能优越，其总体积仅为 2mm×3mm×0.6mm，尤其适用于低频加速度的测量，但其缺点是对温度敏感、灵敏度较低等。随着自动化技术和微处理技术深入到各个领域，对低频振动和过载测试的需要日益广泛，这将促使微小型压阻式加速度传感器更快的发展，得到更广泛的应用。

图 3-4 所示为一种具体的单悬臂梁式硅加速度微传感器结构。整个传感器由一块硅片（包括敏感质量块和悬臂梁）和两块玻璃键合而成，从而形成质量块的封闭腔，以保护质量块并限制冲击和减振。在悬臂梁上，通过扩散法集成了压阻。当质量块运动时，悬臂梁弯曲，于是压阻的阻值就发生变化。

制作这样一个加速度微传感器的基本工艺过程如图 3-5 所示。首先在硅片上腐蚀一些定位孔，接着在硅片上生长一层带有一定图形的大约 1.5μm 厚的热氧化物，然后再进行两次扩散，一次形成连接线，一次形成压阻（在硅片上不进行金属化）。在硅片正面淀积一层厚的、致密的氧化物，对硅片背面氧化物图形化，再用 KOH（氢氧化钾溶液）刻蚀以形成梁的形状。对正面的氧化物图形化，并使用 KOH 对其刻蚀以形成质量块的活动间隙。接下来，金属化玻璃层以形成必要的空腔，再在玻璃上淀积并图形化一层铝，用来形成键合盘。接着硅晶片夹存两层玻璃之间键合，最后划片即完成整个压阻式加速度传感器的制作。

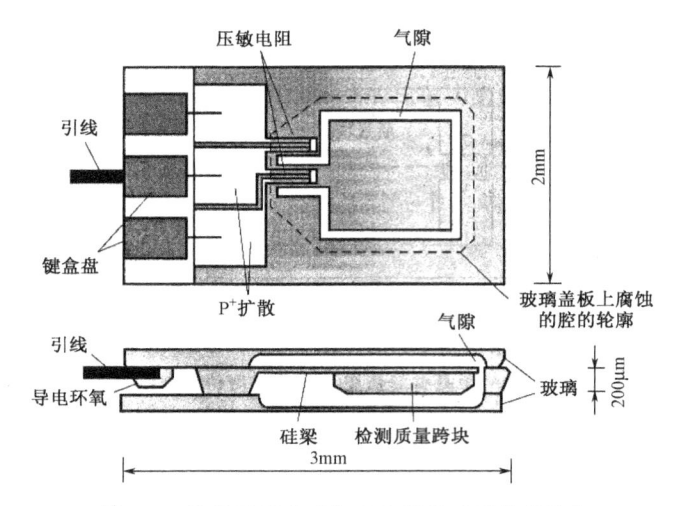

图 3-4 单悬臂梁式硅加速度微传感器具体结构

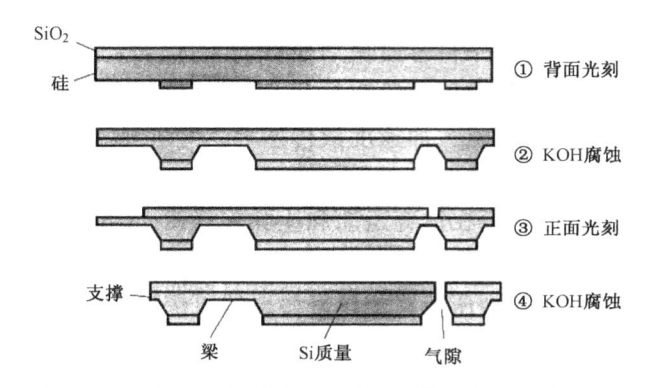

图 3-5 单悬臂梁压阻式加速度传感器的制作工艺过程

加速度传感器的一个重要性质是离轴灵敏度，即器件应对一个方向的加速度敏感，而对其他方向的加速度不敏感。对于单悬臂梁的加速度传感器，梁的宽度很重要，由图 3-6（a）可看出，y 方向的加速度使加速度传感器的质量块绕 x 轴运动，这就使得悬臂梁产生了扭转。为了克服这一缺点，由单悬臂梁传感器又衍生出几种不同的类型。图 3-6（b）所示为双悬臂梁结构，对 y 方向的运动，其敏感程度比单悬臂梁结构低的多。由于质量块的中心位于悬臂梁平面之下，因此 x 方向的加速度仍然可造成悬臂梁的弯曲。此种弯曲不能与 z 方向加速度造成的弯曲相区分，这与图 3-6（c）～（f）所示多梁结构不同。在这些多梁结构中，z 方向的加速度造成质量块的平移，而 x 或者 y 方向的加速度造成质量块的转动。这些效应可以分别被检测出来，离轴灵敏度会很低。多悬臂梁结构的问题可能是悬臂梁的残余应力，而且大的挠度会使梁产生张力，结果形成非线性加速度—挠曲特性，图 3-6（c）所示的结构不受此效应的影响。这是因为此种情况下，质量块绕 z 轴有一个小的转动，缓解了梁的应力。多数单轴加速度传感器都具有垂直于悬臂梁结构平面的敏感轴，所以通常称为z轴加速度传感器。

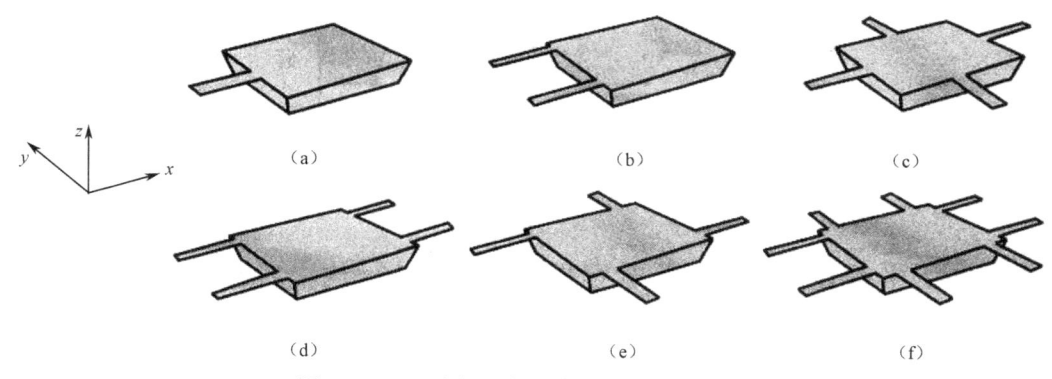

图 3-6 压阻式加速度传感器的几种悬臂结构

3.2.2 电容式 MEMS 加速度传感器

电容式加速度传感器将质量块的运动转换为电极板间电容的变化，从而通过电容值的测量来得到加速度的值。压阻元件对温度很敏感，在其封装过程中所引入的应力不仅会导致零点的变化，而且会影响到微处理器的长期稳定性。因此，压阻式加速度传感器的封装材料必须与硅材料的热膨胀系数相匹配。这些因素使得压阻式加速度传感器只能在一个相对狭窄的温度范围内使用，或者需要采用温度补偿及单独标定的措施。相比之下，电容检测原理对温度变化不敏感，因此在温度特性方面，电容式加速度传感器比压阻式加速度传感器有本质上的优势。

在电容式加速度传感器中，电容的两个电极之一是制作在质量块上的，外部加速度的变化引起该电极与衬底上固定电极之间电容的改变。因此，电容值所对应的就是外部加速度。

图 3-7 所示是一个典型的电容式加速度传感器的结构示意图，用于测量 y 轴方向的加速度。在这个结构中，采用硅片和玻璃键合的方法来实现厚而大的质量块以获得高的灵敏度，质量块由一个悬臂梁来支撑。

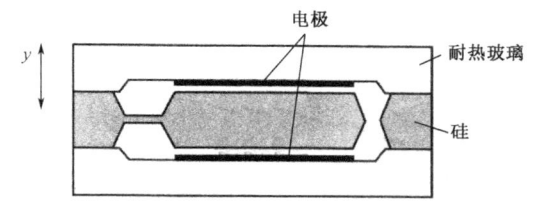

图 3-7 电容式加速度传感器结构

设质量块处于平衡状态时，上下电容极板间距相同，均为 y_0，相应的电容均为 C_0。当传感器受到外部加速度作用时，质量块产生位移，上下电容分别变为

$$C_1 = C\frac{y_0}{y_0 + \Delta y} \quad , \quad C_2 = C\frac{y_0}{y_0 - \Delta y} \quad (3.2\text{-}11)$$

当 Δy 的值很小时，若质量块的质量为 m，加速度为 a，二阶弹性系统的弹性系数设为 k，则有 $ma = k$。电容的变化量为

$$\Delta C = C_1 - C_2 = C\frac{-2y_0 \Delta y}{y_0^2 - \Delta y^2} \approx -C\frac{2}{y_0}B\Delta y = -C\frac{2}{y_0}\frac{M}{k}a \qquad (3.2\text{-}12)$$

即电容变化和外部加速度信号呈线性关系，检测电容变化即可得到外部加速度的大小。

对电容式加速度传感器的改进主要是在敏感质量块上。有些采用双悬臂梁、四悬臂梁、甚至八悬臂梁等结构形式。

图 3-8 所示为采用三层多晶硅制成的汽车安全气囊用加速度传感器结构。中间的多晶硅层 2 为质量块，采用四悬臂梁结构。上层的多晶硅层 3 为检测电极。实际应用时，加速度的检测是通过检测多晶硅层 2 与 3 之间的电容实现的。而最下层的多晶硅层 1 上则制备一对敏感电极，其电容用于判断微传感器的工作状态，当微传感器开机使用时，用于微传感器系统的上电自检、置零等。

传感器中电极板的数目直接关系到传感器的灵敏度。由一对电极板构成的电容器，其电容值很小，灵敏度相应很低。美国 AD 公司生产的 ADXL50 是已经产品化的最典型的电容式加速度微传感器，它采用多晶硅表面加工工艺制作出敏感元件，在芯片上集成有检测电路的传感器芯片。

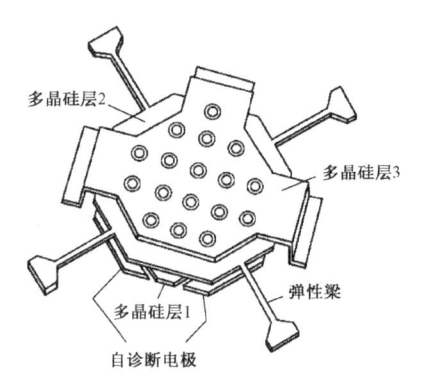

图 3-8 汽车安全气囊用加速度传感器结构

ADXL50 采用了一对梳状电极结构，通过采用多对平行电极，可在有限的空间内提高电容值，进而提高加速度传感器的灵敏度。图 3-9 所示为其工作原理，敏感元件是差动电容 C_{s1} 和 C_{s2}，它由两片固定的外侧极板和可移动的中央动极板组成。中央动极板受到加速度的作用而左右移动。无加速度作用时，C_{s1} 与 C_{s2} 相等；当感受到加速度时，其敏感质量（梁）带动中央动极板移动，导致两电容之差发生变化。

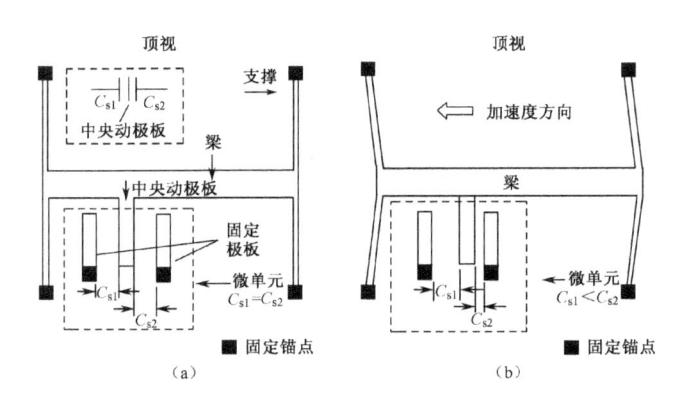

图 3-9 ADXL50 加速度传感器工作原理

ADXL50 内部集成的电路原理图如图 3-10 所示，电容检测原理如图 3-11 所示。在传感

器的固定极板上加上来自振荡器的 1MHz 的脉冲信号,并且两个固定极板上脉冲信号的相位是相反的。这样中央动极板输出的信号为 C_{s1} 与 C_{s2} 两串联电容所组成分压器的中央分压。f 和 C_{s2} 相等(无加速度)时,加到中央动极板上的脉冲信号由于相位相反而互相抵消,输出信号为某一恒定值(如图 3-12(a)所示)。当受到加速度作用而使 C_{s1} 与 C_{s2} 之间存在差值时,加在两个固定极板上的两个脉冲信号的相位不再严格相反,因此在中央动极板上的输出电压为如图 3-12(b)所示的脉冲信号。利用 1MHz 的同步脉冲信号对输出电压信号进行解调,当加速度为正方向时,解调器输出电压为正电压,反之则为负电压。通过上述工作过程,就能将梳状电极间电容量的变化转换成相应的直流电压输出。

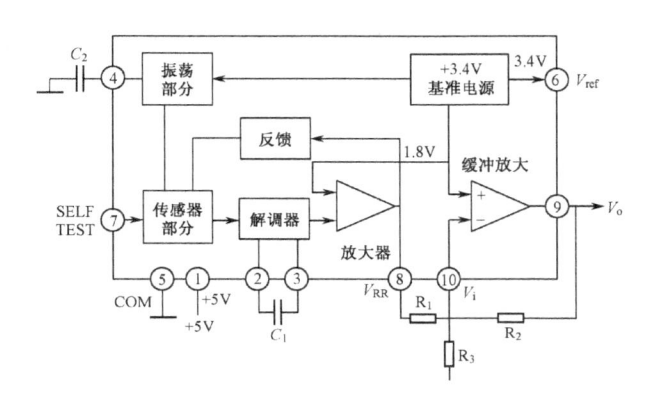

图 3-10　ADXL50 加速度传感器的电路原理

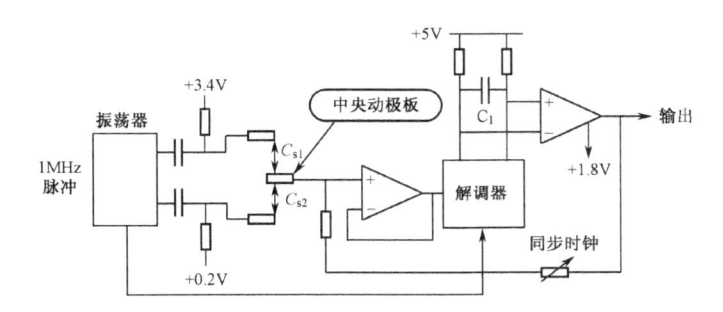

图 3-11　ADXL50 加速度传感器的电容检测原理

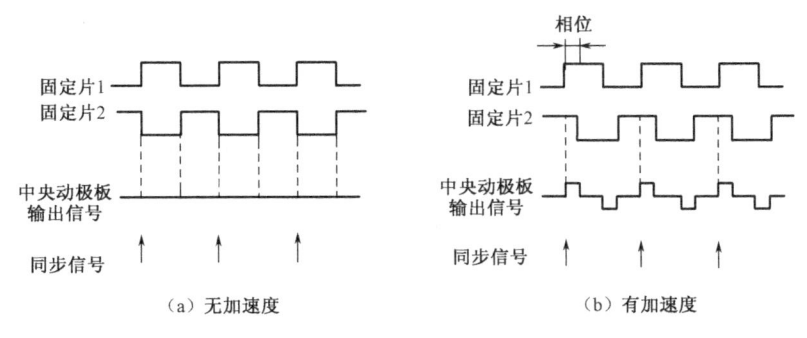

(a)无加速度　　　　(b)有加速度

图 3-12　ADXL50 加速度传感器中的信号

ADXL50 加速度传感器中采用了先进的多晶硅表面微加工技术、BiCOMS 电路和激光微调薄膜电路等工艺，使用了温度稳定性较好的差动电容器作为敏感元件，具有闭环反馈随动传感器技术和周全的信号调理电路。因而这种传感器成为一种完整的具有良好温度稳定性的加速度微传感器，无须外加任何有源器件即可接到模数转换器的输入端。传感器芯片由标准的+5V 电源供电，它具有足够的坚固性，能工作在汽车的环境中，可以经受住 2000g 的冲击。它比压电晶体和压阻式敏感元件具有更高的温度稳定性。

3.2.3 谐振式 MEMS 加速度传感器

与常规的加速度传感器一样，采用 MEMS 技术的谐振式加速度传感器也是基于牛顿第二定律，由敏感质量将被测加速度转换为集中力实现测量的。谐振式 MEMS 加速度传感器的独特优点是：它的准数字量（频率）输出可直接用于复杂的数字电路而免去了其他类型传感器在信号传递方面的诸多不便。它还具有动态范围宽、灵敏度高、分辨率高、稳定性好的优点。谐振式 MEMS 加速度传感器已经达到了 1kHz/g 以上的灵敏度和 $2\mu g$ 的噪声水平。用 MEMS 工艺加工出来的硅谐振式加速度传感器在制作成本方面具有明显的优势，使得这种传感器在很多场合都可替代石英晶体加速度传感器，成为低成本、高性能传感器的典范。

谐振式加速度传感器由支撑梁、质量块、谐振器、激振单元、拾振单元组成。其工作原理为：加速度在质量块上产生的集中力致使与敏感质量相连接的硅微结构（一般是梁）产生拉伸或压缩变形（依加速方向而定），从而改变它的谐振频率。通过测量与被测加速度成正比的谐振频率的变化量，就能得到被测加速度的大小和方向。

谐振器需要采用激励方式使其发生谐振，改变元件的谐振频率，然后利用光学、电学方法拾取谐振频率。目前激励/检测的方式有电磁激励/电磁拾振、静电激励/电容拾振、电热激励/压阻拾振等。本节主要介绍采用最后一种激励/拾振方式的加速度传感器，其结构示意图如图 3-13 所示。

当有垂直于纸面方向的加速度作用于敏感质量块上时，质量块将在垂直方向移动，并使支撑梁弯曲。因谐振梁与支撑梁的厚度不同，故二者的中心轴不在同一平面上，导致谐振梁产生拉伸或压缩应变而产生拉应力或压应力，进而改变谐振梁的谐振频率，其改变量与被测加速度值成函数关系。处于谐振梁端部的激励电阻上加载交变电压和直流偏压（或只加交流电压）时，谐振梁将沿轴向产生交变热应力。若频率与谐振梁的谐振频率一致，则梁发生谐振。处于梁端部拾振单元的检测电阻对梁谐振的轴向交变应力较敏感，阻值就按相同频率变化，通过惠斯通电桥即可得到同频变化的电压信号，进而通过此电压信号的频率即可得到加速度值。

图 3-14 所示为德国慕尼黑克莱斯勒—奔驰技术中心研制出的一种结构和工艺都比较简单的谐振式加速度计。其敏感质量块由悬臂梁支撑，悬臂梁横向连接着一个双端固定的硅梁，在此硅梁上扩散了激励电阻和拾振电阻。当传感器受到沿敏感轴方向（具体形状与悬臂梁根部的铰链形状有关）的加速度时，质量块产生位移使悬臂梁弯曲，在谐振梁上产生压应力或拉应力，间接使谐振梁的固有频率改变，用拾振电阻检测出此频率信号，就可以得到被测加速度。

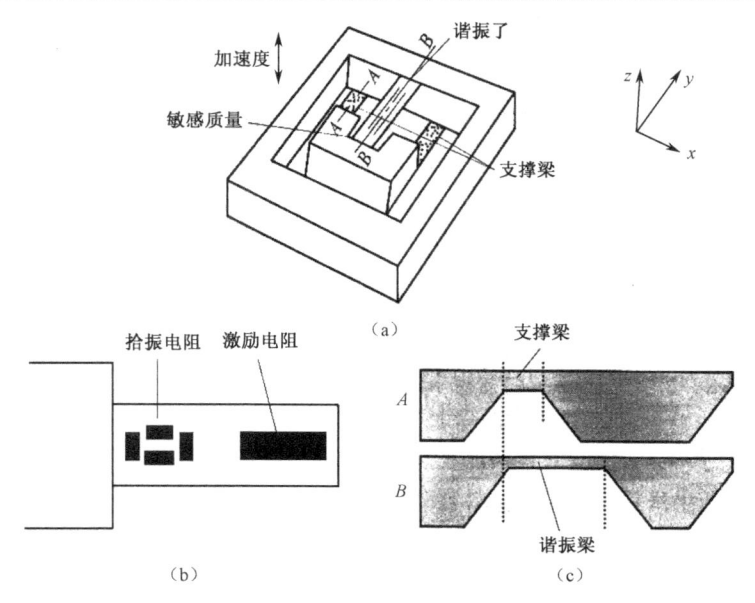

图 3-13 谐振式加速度传感器的结构示意图

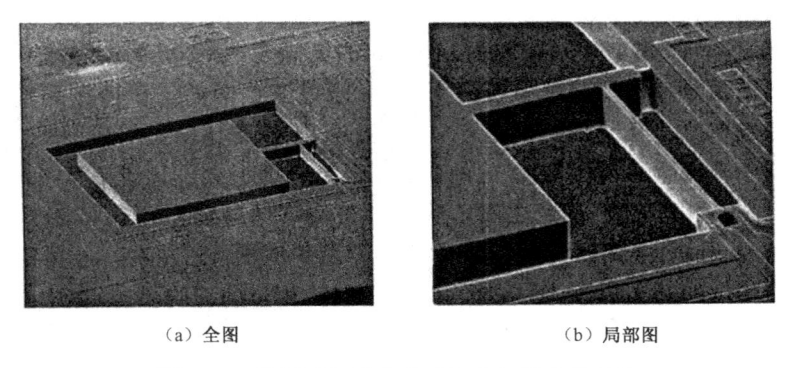

图 3-14 谐振式加速度传感器的扫描电镜照片

谐振梁及质量块的尺寸分别为 200μm×3μm 及 400μm×400μm。整个硅微结构的深度大约为 30μm,谐振梁的一阶谐振频率约为 400kHz。质量块与框架之间通过 130μm×30μm 的悬臂梁及 4μm×8μm 的铰链连接。悬臂梁与谐振梁之间的连接同时起到一种放大作用,连接点的位置可实现约 10:1 的杠杆比。灵敏度约为 50Hz/g。

上述结构中,垂直方向和横向方向加速度存在交叉影响,故在实用中有时采用多支撑对称悬挂结构。这样,横向加速度将导致敏感质量转动,而垂直方向的加速度则只能导致敏感质量沿垂直方向平移,从而可把来自任意方向的加速度分解,实现解耦。

下面介绍一种静电激励/电容拾振的谐振式加速度传感器。图 3-15 所示为一种利用绝缘硅(Silicon-On-Insulator,SOI)技术制作的谐振式加速度传感器。整个传感器的结构包括一个两端连接的双谐振梁、一个质量块、一个锚点以及两个连接点,表面加工工艺在 SOI 硅片上实现,避免了使用浓硼掺杂硅的自停止腐蚀技术制作硅梁。由于 SOI 硅片的中间二氧化硅可以实现深反应离子刻蚀（DRIE）的自停止腐蚀，得到垂直的侧面，因而可精确确定结构的各部分尺寸。

图 3-15 给出了谐振器的基本结构及振动模态。谐振器的两端都有梳状电极，用于实现静电激励以及电容拾振。谐振器工作于 x-y 平面内的弯曲振动模态，振动的节点置于连接点处。图 3-16 所示为在图 3-15 所示结构基础上改进的一种双谐振器的机构。质量块的两端由一对谐振器支撑，因此可降低传感器对交叉轴加速度的灵敏度。

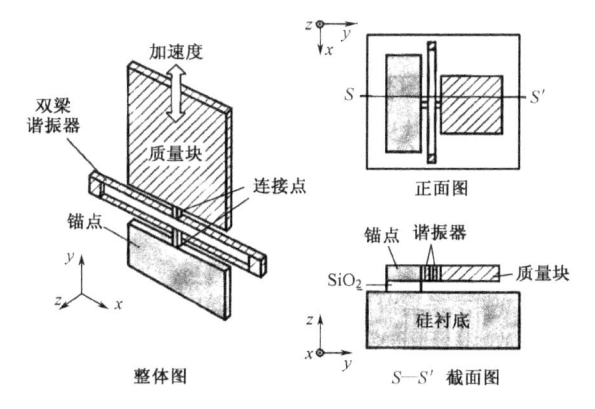

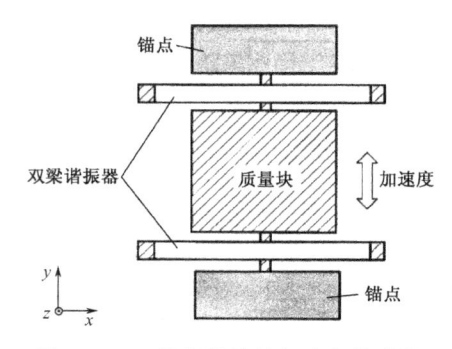

图 3-15 采用 SOI 硅片实现的谐振式加速度传感器原理

图 3-16 双谐振结构的加速度传感器

当传感器受到 y 向加速度作用时，谐振器的双梁结构受到质量块所感应的惯性力作用而发生变形，双梁之间的距离发生改变，导致谐振器的等效刚度 k 发生变化，如图 3-17 所示。谐振器的谐振频率 f 与梁的等效刚度 k 之间的关系为

$$f \propto \frac{1}{L^2}\sqrt{\frac{Ek}{A\rho}} \quad (3.2\text{-}13)$$

式中，L 为谐振梁的长度；E 为弹性模量；A 为梁的横截面积；ρ 为材料密度。因此加速度变化时，谐振频率发生的相应改变为

$$\Delta f / f = \frac{1}{2}\Delta k / k \quad (3.2\text{-}14)$$

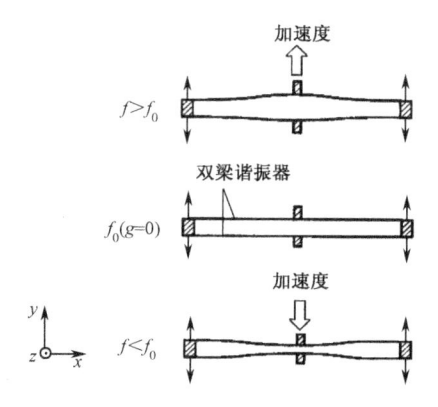

图 3-17 加速度作用时谐振器的结构变形

3.3 角速度传感器

角速度传感器是用以检测车体转弯时旋转角速度的一种传感器，在汽车新技术（VSC、VSA、VDC、ASC 等）中是不可缺少的。

3.3.1 振动型角速度传感器

振动着的金属柱旋转时，按其旋转速度的大小会产生哥氏力。所谓哥氏力就是指旋转坐标内具有速度的物体所受到的力，力的方向既与旋转轴垂直，也与物体的速度方向垂直，力的大小与物体的速度与系统的转速成正比。振动型角速度传感器就是通过检测哥氏力的大小来测量角速度的。

图 3-18 所示为振动型角速度传感器的工作原理图。在振动型角速度传感器上，粘贴有兼起驱动和检测作用的压电元件，当电压加到压电元件上时，就会使振子振动，当将旋转又加到振动着的金属柱上时，按其转速就会产生哥氏力。当检测出通过压电元件的电流时，也可以检测出包含振动成分和哥氏成分的输出信号，测取相邻两面压电元件输出信号之差，测出的就只有哥氏力信号，将此信号变换成电压信号，得到与旋转角速度大小相应的输出信号。

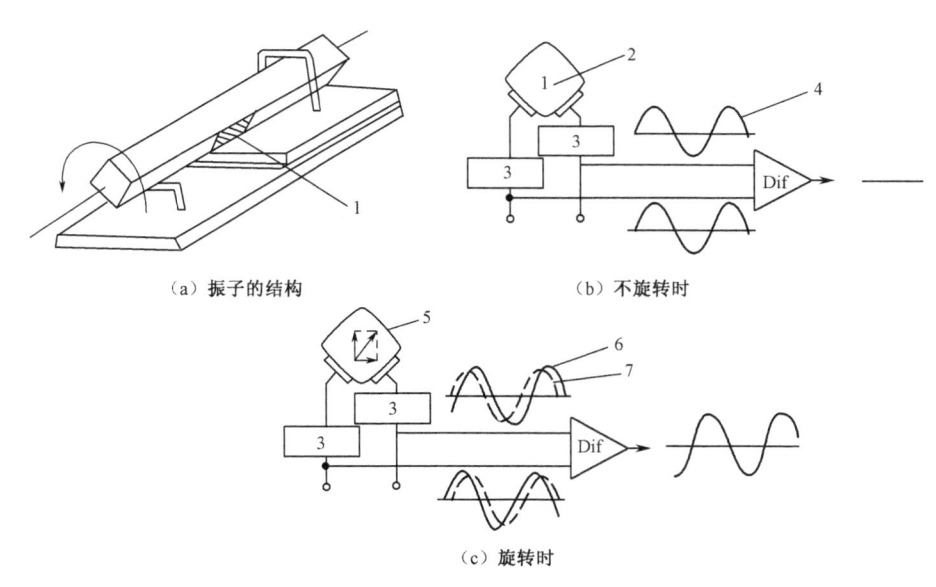

（a）振子的结构　（b）不旋转时　（c）旋转时

1—驱动与检测压电元件；2—振子的振动成分；3—电流检测；
4—输入输出信号；5—旋转形成的哥氏力成分；6—输出信号；7—输入信号

图 3-18　振动型角速度传感器的工作原理

图 3-19 所示为采用了角速度传感器的三菱汽车的主动稳定控制系统（ASC）的部件构成图。这是一种预防安全系统，通过根据行车状态分别控制四个车轮的制动力，控制前后力和横向力，来抑制车辆在临界行驶时的危险状态。图 3-20 所示为 ASC 系统的控制线路。此系

统是在 ABS（防抱死制动系统）和 TCS（牵引力控制系统）的基础上，再添加角速度传感器、主油缸压力传感器、存储器压力传感器和横向加速度传感器等。

图 3-21 所示为 ASC 系统的工作实例图。ASC 就是用改变四轮的制动力和转弯力，使车辆发生偏摆力矩，达到平衡状态，来控制车辆稳定的。例如，在易滑路面上，若有未按司机意图而车身变为转向不足倾向时，则减小前外轮的制动力，使后内轮的制动力增大，方向发生回头力矩，抑制转向不足。反之，若车身有过度倾向时，则增大前外轮的制动力，减小后内轮的制动力，方向发生复原力矩，抑制过度转向。另外，在判断出车身超速时，对前内轮施以制动，使其减速，实现安全稳定转弯。

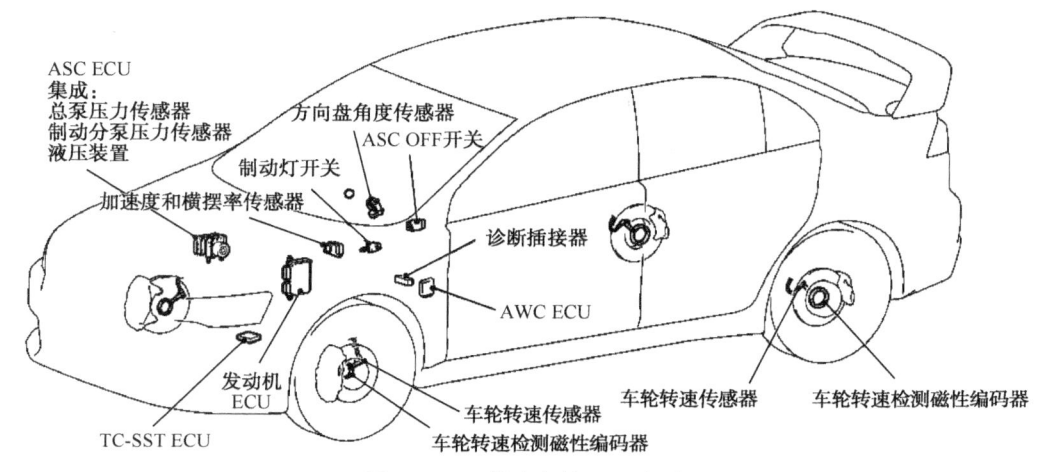

图 3-19　三菱汽车的 ASC 组成

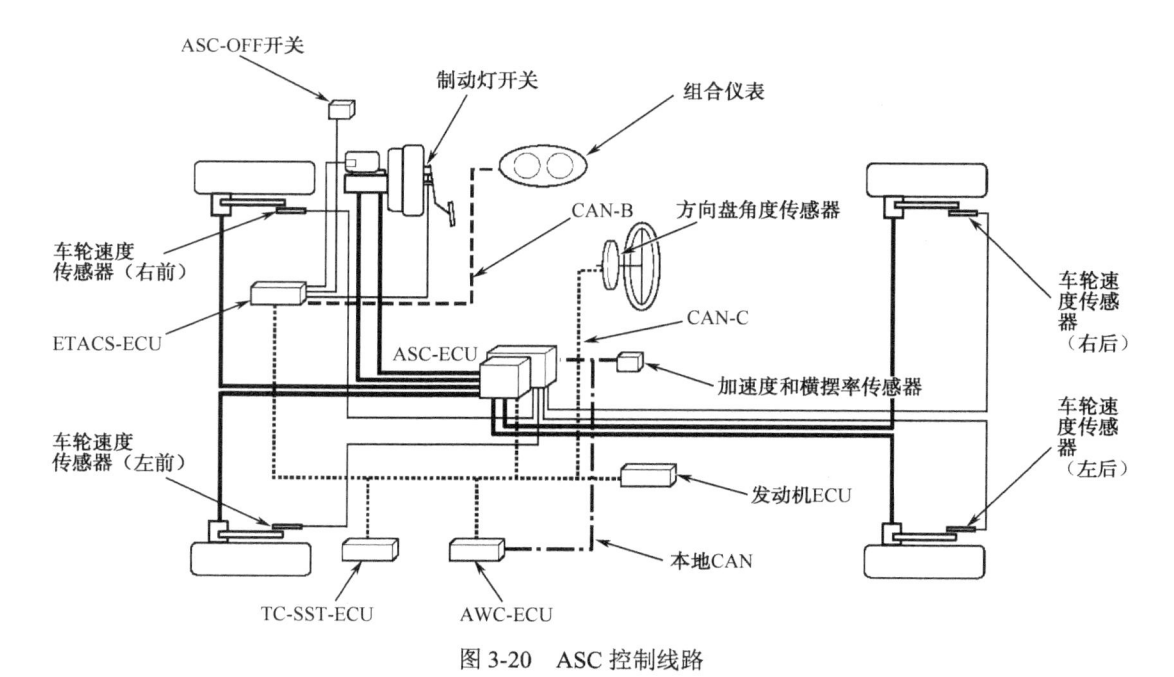

图 3-20　ASC 控制线路

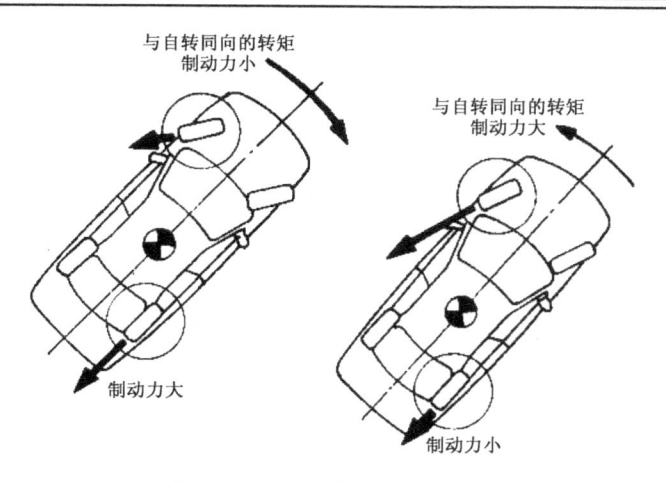

图 3-21 ASC 系统的工作实例

3.3.2 音叉型角速度传感器

音叉型角速度传感器的作用是检测车辆垂直轴周围的旋转角速度，它是车辆稳定控制系统（VSC）中不可缺少的重要组成部分之一。

音叉型角速度传感器是采用压电振动原理来检测出角速度的一种传感器。图 3-22 所示为音叉型角速度传感器的构造图。振子由振动和检测两部分构成，两者方向上差 90°，但制成为一个整体。音叉上黏结有压电陶瓷片（PTZ），当电压加到各振子上时，PTZ 就会产生应变，反之，使之产生变形时就会产生电压。利用 PTZ 可以测出振动与旋转引起的振子变形。

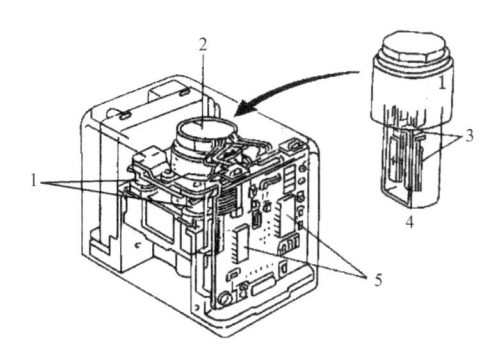

1—缓冲器；2、4—传感器本体；3—压电陶瓷；5—专用集成电路（IC）块

图 3-22 角速度传感器的结构

在振子部位加上交流电时就会产生振动，由此，在振子周围形成哥氏力，根据哥氏力引起压电陶瓷的变形量与方向就可以测出角速度。

现在使用的音叉型角速度传感器一般将激振与信号处理采用了专用的 IC 块，不但体积小、精度高，而且可靠性也得到了提高。

在运算与得出车身的滑移角度时，因为要把角速度值对时间积分，当传感器测出的角速度值包含误差时，其误差也对时间积分，所以误差逐渐变大。因此，本节所述传感器对角速度的检测精度就像测试仪器一样，如图 3-23 所示。

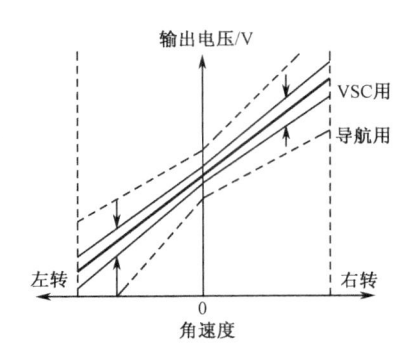

图 3-23 角速度传感器精度对比

当将交流电压加到振子的激振 PTZ 上时，检测 PTZ 也总是在左右方向（V 方向）上振动，在这种状态下车辆转弯（ω 方向）时，在哥氏力的作用下，在与激振方向垂直的方向上（F 方向）有力作用在检测 PTZ 上，因此检测 PTZ 输出交流电压信号。此电压信号再经放大，与激振波形一起进入同步检波电路，检测出旋转方向与量的大小，再经整形电路后，作为角速度传感器的线性信号输出，如图 3-24 所示。

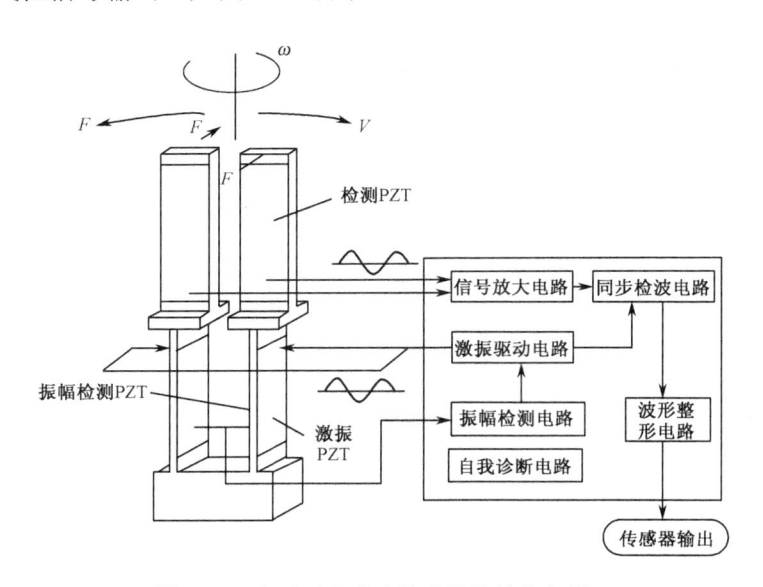

图 3-24 音叉型角速度传感器的结构与原理

振子选定为音叉型的理由是：因为两个振子是反向运动的，所以产生哥氏力的方向也相反，由此车辆前后、左右方向加速度所形成的挠曲变形可以互相抵消，因此就可以从检测 PZT 上仅输出角速度信号。

此外，本节介绍的传感器设有自我诊断电路，具有检测传感器自身是否异常的功能，其目的是提高 VSC 系统的可靠性，因此这种传感器也是一种智能传感器。

3.4 电控变速器系统传感器

现代汽车上都装有发动机控制、自动驾驶、ABS、自动锁车门、主动悬架、导向系统、电子仪表等装置，这些装置都需要汽车车速信号，车速传感器就可以产生所需要的信号。

在电控变速系统中，换挡时刻需要由车速传感器和加速踏板位置传感器等传感器来提供信号，在这里仅对这两种传感器进行介绍。

3.4.1 车速传感器

车速传感器一般安装在变速器的输出轴上，主要有舌簧开关式、光电式、电磁感应式、磁阻元件式和霍尔式等几种类型。

1. 舌簧开关式车速传感器

舌簧开关式车速传感器现已淘汰，只是在一些旧车上还在使用。

舌簧开关是由小玻璃管内装有 2 个细长的触头构成的，触头由铁、镍等易于被磁铁吸引的强磁性材料制成。受玻璃管外磁极的控制，有时触头互相吸引而闭合，有时互相排斥而断开，从而形成了触头的开关作用。

舌簧开关式车速传感器的结构如图 3-25 所示，传感器的轴外圆周装有永久磁铁，由转速表软轴带动旋转。当车速表电缆旋转时，磁铁也跟着旋转，N、S 磁极则靠近或离开舌簧开关的触头。当永久磁铁的 N 和 S 极转到舌簧开关两端时，开关的两个钢片臂末端被磁化为与永久磁铁相近的 N 和 S 极，产生吸力，开关闭合如图 3-26（a）所示；当永久磁铁的一个极转到开关中心时，这时开关两臂末端被磁化成相同的极性，互相排斥，触点断开，如图 3-26（b）所示。因为磁铁一般是 4 极，所以转速表转一周，就会输出 4 个脉冲，脉冲输入到 ECU 后就可以计算出汽车的行驶速度。

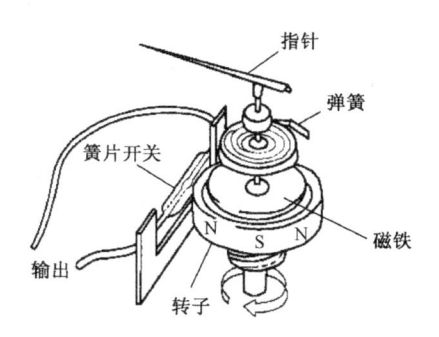

图 3-25 舌簧开关式车速传感器的结构

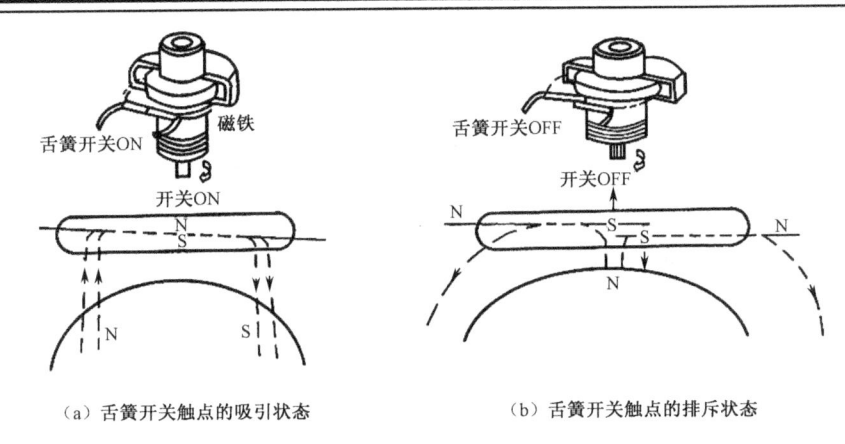

(a) 舌簧开关触点的吸引状态　　　　(b) 舌簧开关触点的排斥状态

图 3-26　舌簧开关式车速传感器工作原理图

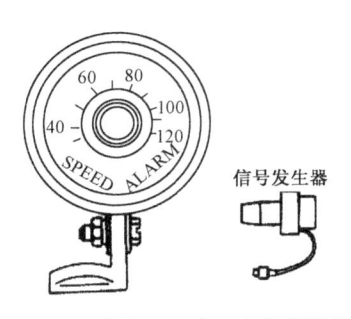

图 3-27　舌簧开关式速度报警装置

舌簧开关可用作速度报警装置，如图 3-27 所示。该装置为装于速度表外的报警装置，它由速度报警组件和信号发生器组成。速度报警装置能够产生与车速大致成正比的电流，由晶体管把这一电流加以放大。当达到报警车速时，这一电流同时加到蜂鸣器上，使蜂鸣器鸣叫报警。

（1）低速时速度报警组件的工作状态

在图 3-28 所示的电路中，当舌簧开关 SR 断开时，电流 i_1 通过电阻 R_1、电容器 C_1、二极管 VD_2，使电容器 C_1 与 C_2 充电。这时由于 C_1 和 R_1 所确定的时间常数较小，所以 C_2 上所存储的电荷也比较少。

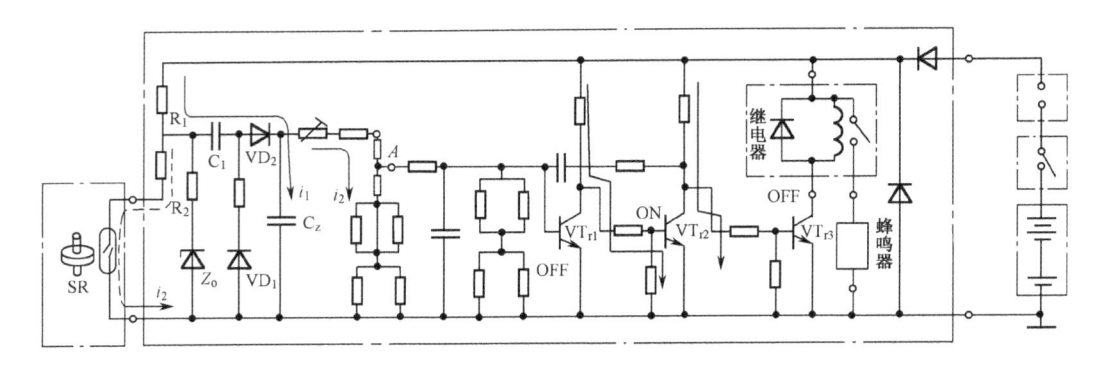

图 3-28　低速时速度报警组件的工作状态

当 SR 闭合时，电流就会通过 R_1、R_2，存储在 C_1 中的电荷这时也通过 R_2 放电，存储在 C_2 中的电荷以形成 i_3 的形式放电，这时，由于 SR 闭合时间较长，所以 C_2 上的电荷可完全放完。在放电时，由于 C_2 所存储的电荷较少，A 点电压较低，所以晶体管 VT_{r1} 的基极电压 E_b 还不能使 VT_{r1} 导通，这时晶体管 VT_{r1} 截止，VT_{r2} 导通，VT_{r3} 截止，继电器不动作，蜂鸣器也不鸣叫。

（2）高速时速度报警组件的工作状态

高速时，如图 3-29 所示，SR 的闭合时间缩短，存储在 C_2 中的电荷在没有完全放完的情况下又被充电。C_2 端电压的上升情况如图 3-30 所示。但是，由于稳压二极管 Z_0 的作用，C_2 的端电压被控制在一定的范围内。

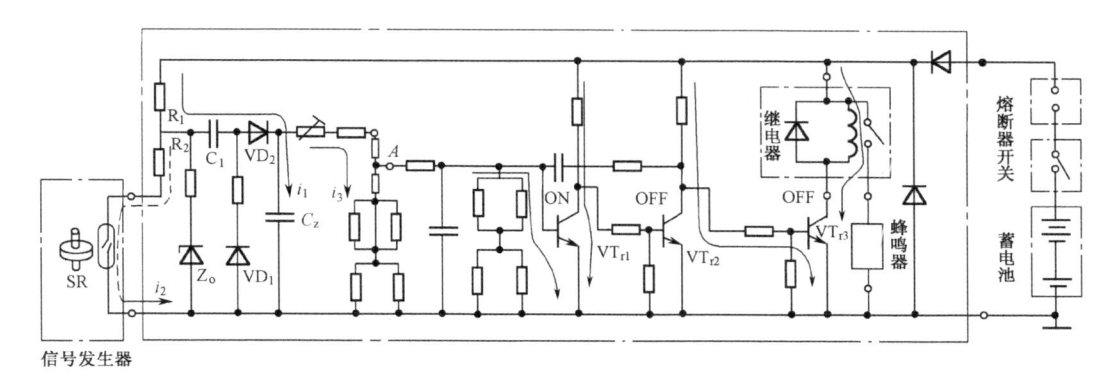

图 3-29 高速时速度报警组件的工作状态

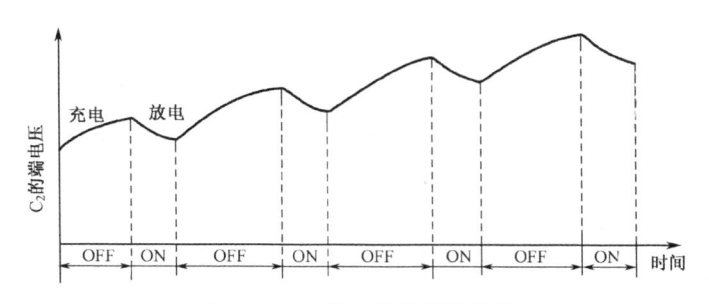

图 3-30 C_2 端电压的升高状况

当存储在电容器 C_2 中的电荷开始放电时，A 点电位（VT_{r1} 的基极电压 E_b）升高并足以使 VT_{r1} 导通，这时因 VT_{r2} 的基极电压处于被断路状态，故 VT_{r2} 截止。当 VT_{r2} 截止时，VT_{r3} 的基极电压 E_b 已达到足以使 VT_{r3} 导通的电压，这时继电器动作，使蜂鸣器电路形成通路，蜂鸣器鸣叫。

（3）舌簧开关式车速传感器的检测

用指针式万用表电压挡检测舌簧开关式车速传感器，把两个表笔接在传感器连接器插头两端子上。转动起动机 1~2s，观察电压表指针是否有脉冲电压产生，若无脉冲电压产生，则表示传感器有故障，应当更换。

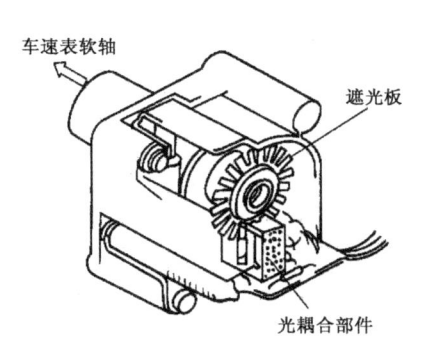

2. 光电式车速传感器

光电式车速传感器的结构如图 3-31 所示。传感器由发光二极管、光敏元件以及有速度表电缆驱动的遮光板组成。传感器的工作原理可用图 3-32 来说明。当遮光板

图 3-31 光电式车速传感器的结构

没有遮光时，发光二极管的光照射到光敏晶体管上，光敏晶体管的集电极中有电流流过，晶体管导通，这时三极管 VT1 也导通，因此在 Si 端子上就有 5V 电压输出。脉冲频率取决于车速，当车速为 60km/h 时，仪表电缆的转速为 637r/min，仪表电缆每转一圈，传感器就有 2 个脉冲输出。采用了车速传感器的数字式速度表的结构和方框图如图 3-33 所示，它主要由荧光管、微型计算机及集成电路构成。荧光管根据车速传感器输出的脉冲信号显示车速，并把其他信号输入到里程表、燃油表。

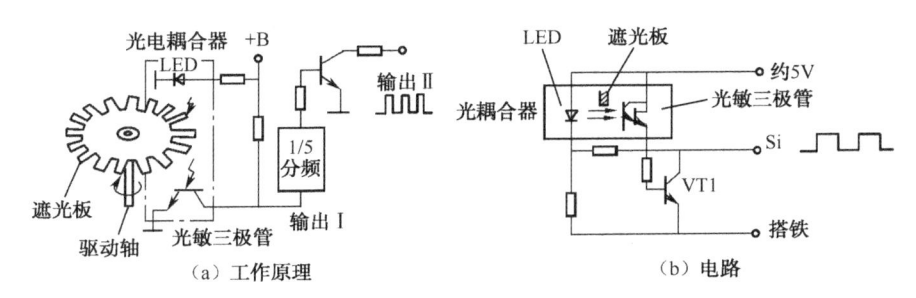

图 3-32 光电式车速传感器的工作原理

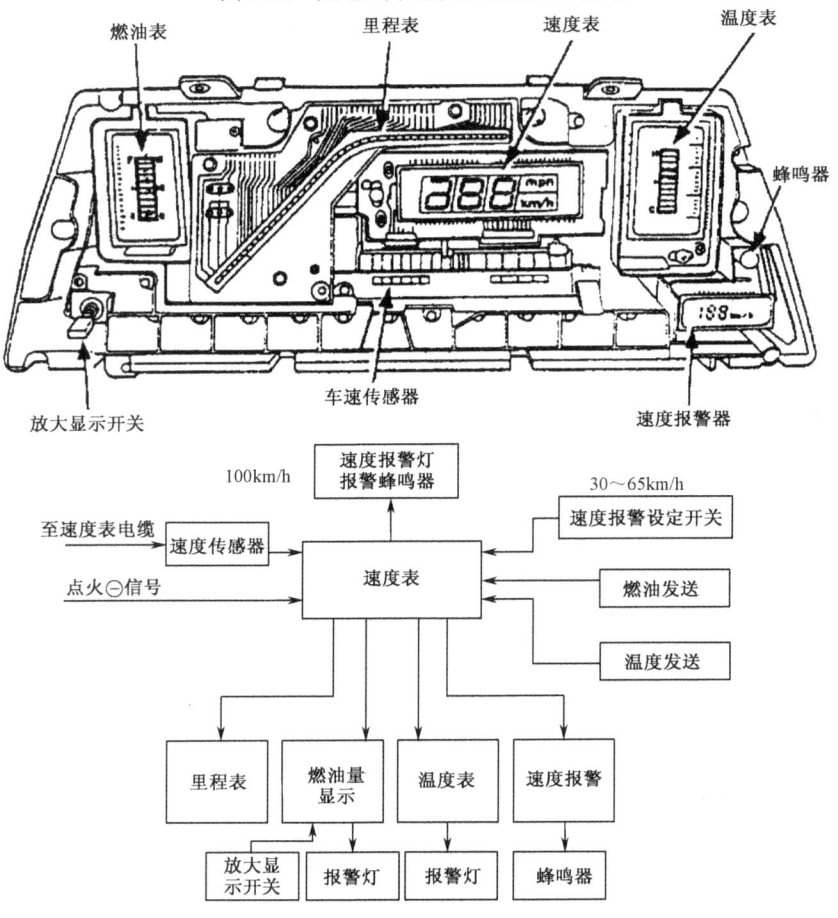

图 3-33 速度表的结构与连接方框图

速度表的电路方框图如图 3-34 所示,传感器产生的脉冲信号经整形后输入到计数电路中,在记忆电路中被记忆下来。而定时电路输出信号决定计数电路的计测时间和记忆电路的记忆时间。记忆电路的输出信号加到显示电路上,荧光管根据速度传感器输出的脉冲数显示车速。

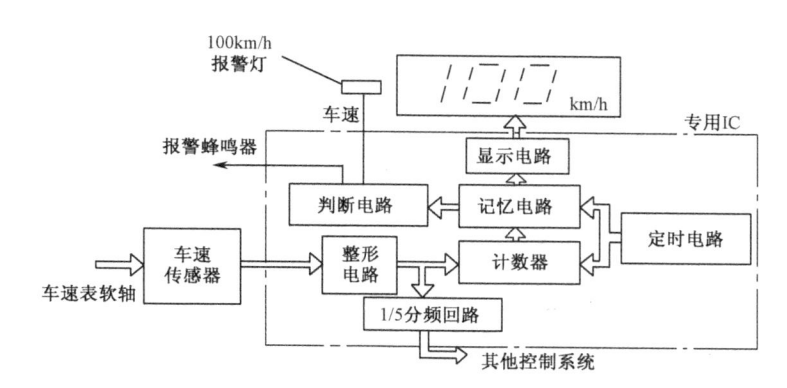

图 3-34 速度表的电路方框图

速度表的显示分解能力为 1km/h,当其显示的车速超过 101km/h 时,速度判断回路输出报警信号,点亮速度报警灯;当车速超过 105km/h 时,蜂鸣器鸣叫。

电路中还有 1/5 分频电路部分,它产生相当于舌簧开关输出的车速信号(4 个脉冲/转),输入到自动驾驶计算机和恒速控制计算机中。

光电式车速传感器的常见故障与检修方法与光电式曲轴位置传感器相似,只是检测数据不同,其数据可参阅有关维修手册。

3．磁阻元件式车速传感器

磁阻元件式车速传感器上采用了元件电阻随磁场而变化的磁阻元件(MRE),以磁阻元件来检测车速。在检测速度表及变速器等装置的转速时,可以把这种传感器直接装在变速器上,这样就可以取消仪表的电缆。

磁阻元件式车速传感器的结构如图 3-35 所示,它主要由磁阻元件、转子、印制电路板和磁环等构成。传感器的工作原理如图 3-36(a)所示,当齿轮驱动传感器轴旋转时,与轴连在一起的多极磁环也同时旋转,磁环旋转引起的磁通变化使集成电路内的磁敏的阻值发生变化。

利用磁阻元件的阻值变化就可以检测出磁铁旋转引起的磁通变化。阻值的变化引起其主要电压的变化,将电压的变化输入到比较器中进行比较,再由比较器输出信号控制晶体管的导通和截止。磁阻元件式车速传感器的电路原理如图 3-36(b)所示。

磁阻元件式车速传感器在检测时,可用手转动传感器轴,在转动的同时,用万用表测量传感器两端子间输出的电压信号,若有脉冲电压信号输出,说明传感器良好;若无脉冲信号产生,则说明传感器已经损坏,应当更换。

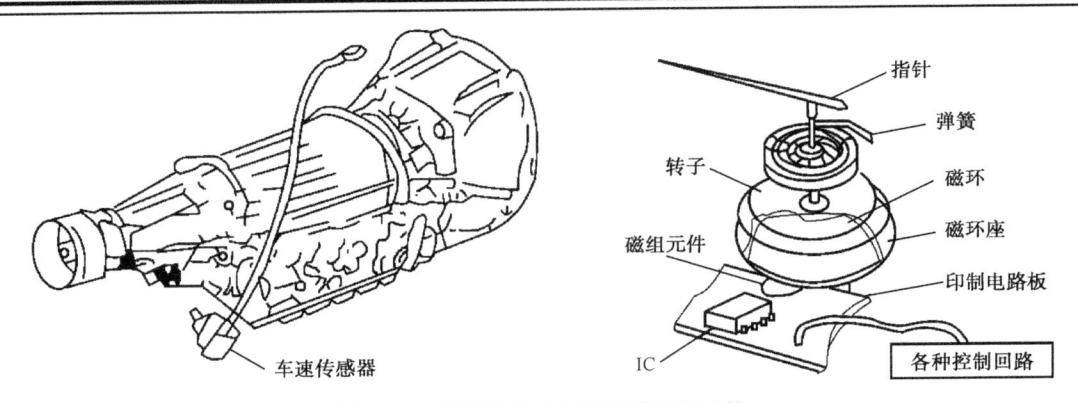

图 3-35 磁阻元件式车速传感器的结构

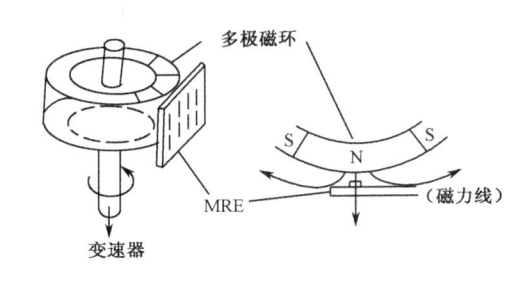

(a) 工作原理

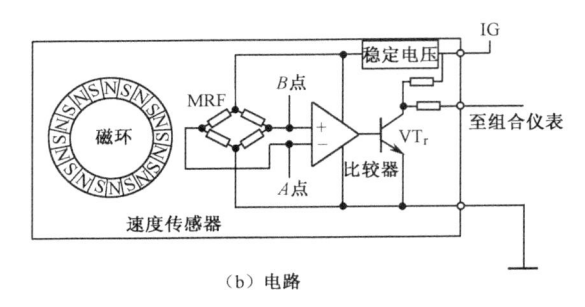

(b) 电路

图 3-36 磁阻元件式车速传感器的工作原理及电路

4．电磁感应式车速传感器

（1）电磁感应式车速传感器的结构、工作原理

电磁感应式车速传感器的结构如图 3-37（a）所示，主要由永久磁铁、线圈等组成。

电磁感应式车速传感器安装在自动变速器输出轴附近的壳体上，当输出轴转动时，输出轴上的停车锁止齿轮随其一起转动，从而使齿轮上的凸齿不断地靠近或离开车速传感器，使通过传感器线圈内的磁通量不断变化，进而在线圈上产生一个周期变化的感应电压，如图3-37（b）所示。

汽车行驶的车速越高，输出轴的转速也越高，传感器线圈中产生的感应电压的脉冲频率也越高，电控组件便根据电压脉冲的大小计算汽车的行驶速度。

在部分装有自动变速器的汽车上，变速器的输入轴转速传感器也采用电磁感应式车速传感器，以检测变速器的输入轴转速，并将检测的信号输入 ECU，使 ECU 能更精确地控制换挡过程。此外，ECU 还将该信号和来自发动机控制系统的发动机转速信号进行比较，计算出液力变矩器的传动比，使油路压力控制过程和锁止离合器的控制过程得到进一步的优化，以改善换挡感觉，提高汽车的行驶性能。

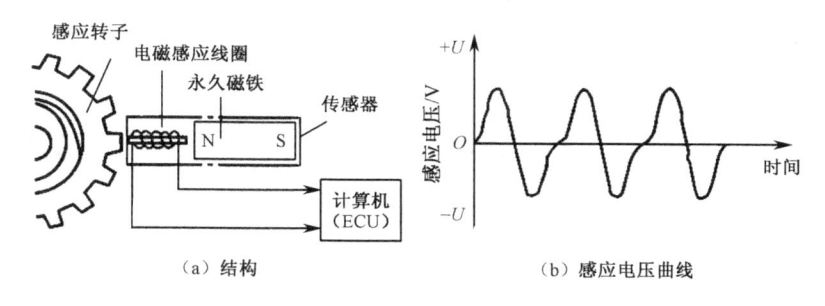

图 3-37 电磁感应式车速传感器的结构与感应电压曲线

（2）电磁感应式车速传感器的检测

电磁感应式车速传感器的检查，主要检查传感器的电阻和输出信号电压。

① 就车检查。

- 检查电阻。拆下车速传感器插接器插头，用万用表测量车速传感器两接线端子之间的电阻，不同车型自动变速器的车速传感器感应线圈的电阻不完全相同，通常为几百欧到几千欧，如图 3-38 所示。

- 检查输出信号电压。举升车辆，用手转动悬空的驱动轮，同时用万用表测量车速传感器的两接线柱之间有无脉冲感应电压。若万用表指针有摆动，说明传感器有输出脉冲，其工作正常，否则应更换传感器，如图 3-39 所示。

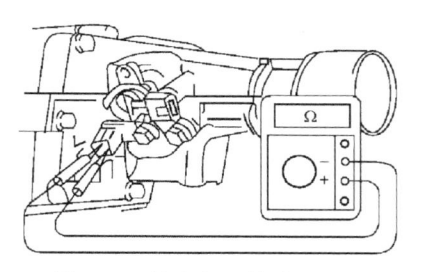

图 3-38 检查车速传感器电阻

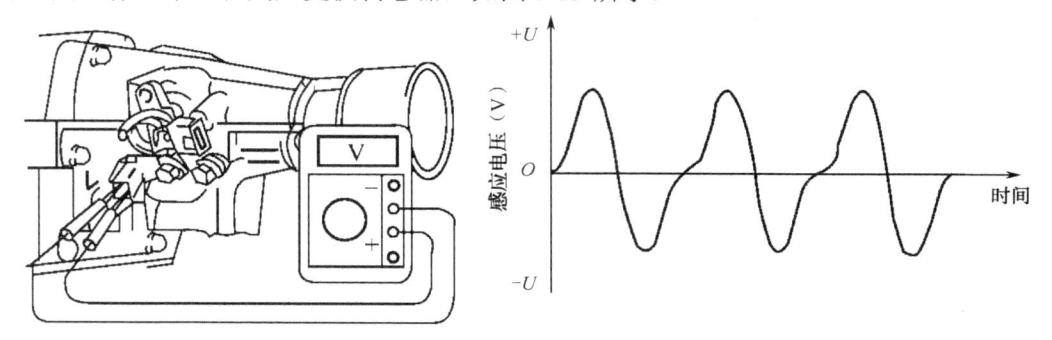

图 3-39 就车检查车速传感器输出信号电压

② 单体检查。

检查传感器输出信号电压。检查时，将传感器拆下，用一根铁棒或一块磁铁迅速靠近或者离开传感器，同时用万用表测量两接线柱之间有无脉冲感应电压。若没有脉冲电压或感应电压很微弱，说明传感器有故障，应更换，如图 3-40 所示。

5. 霍尔式车速传感器

（1）霍尔式车速传感器的结构、工作原理

霍尔式车速传感器的外形及内部结构如图3-41所示，主要由触发叶轮、带导板的永久磁铁、霍尔集成块等组成，霍尔集成块包括霍尔元件和集成电路。霍尔元件产生的电压较弱，所以需要集成电路进行放大、整形，最后输出矩形方波信号。

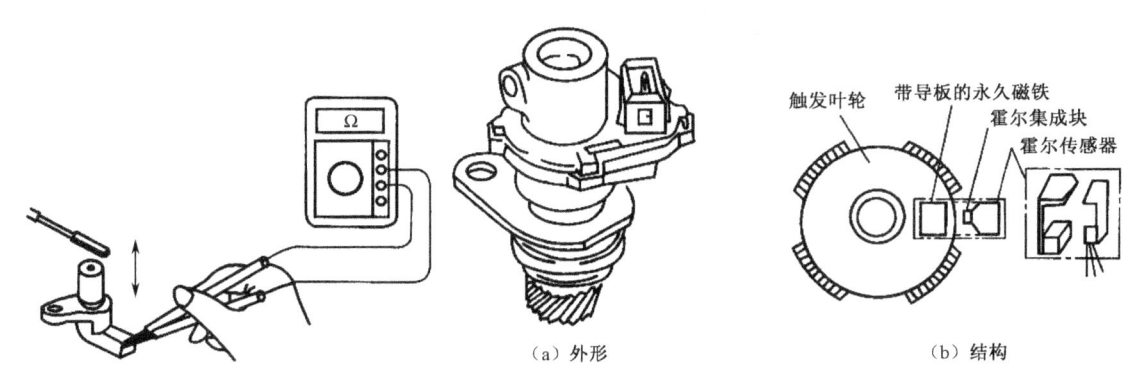

图3-40 单体检查车速传感器电压信号　　图3-41 霍尔式车速传感器的外形与结构

霍尔式车速传感器也是利用霍尔效应的原理制成的，即触发叶轮转动时，其叶片在永久磁铁与霍尔元件间转动，从而使通过霍尔元件的磁通量发生变化，因为霍尔元件用导线连接在电路中，其上通有电流，所以在霍尔元件上产生一个霍尔电压，经集成电路放大整形后输出矩形方波信号，如图3-42所示。

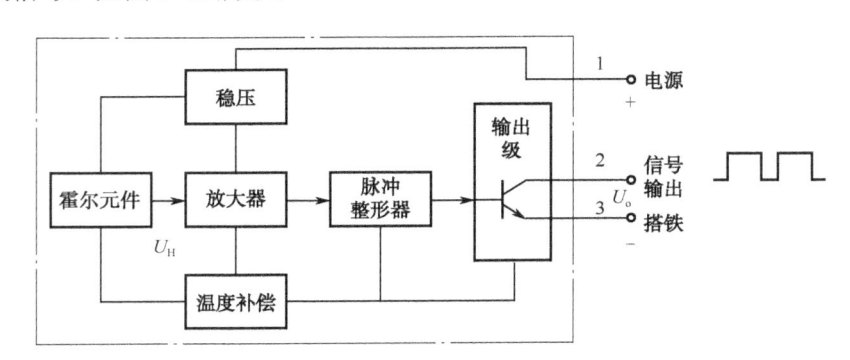

图3-42 霍尔集成块的电路框图

霍尔式车速传感器与ECU的连接电路如图3-43所示。车速传感器上有3个接线端子，其中端子1通过点火开关与蓄电池连接；接线端子2搭铁；接线端子3是一信号输出线，它与发动机计算机（ECU）的接线端子9连通。

（2）霍尔式车速传感器的检测

① 车速传感器的电源电压检测：关闭点火开关，取下车速传感器的插头，接通点火开关，检测车速传感器插头端子1与2的电压，其标准值应为12V；否则应检查熔断器、点火开关以及它们之间的连接导线。

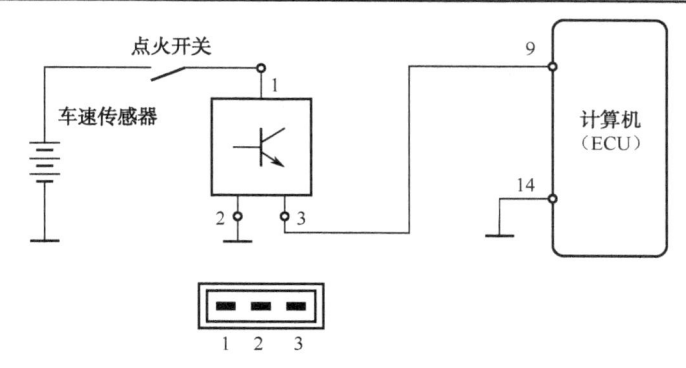

图 3-43 霍尔式车速传感器与 ECU 的连接电路

② 当汽车行驶时，用示波器检测车速传感器插座端子 3 和 2 之间应有方波信号输出（注意：测试时，车速传感器的插头不能取下）；否则为车速传感器损坏。

（3）具体车型的检测

桑塔纳 2000GSi 轿车霍尔式车速传感器安装在主减速器输出轴的端盖上，由霍尔传感器和信号轮组成，如图 3-44（a）所示，传感器与 ECU 的连接如图 3-44（b）所示。其中 1 号端子为电源端子；2 号端子为信号输出端子，与 ECU 的 20 号端子相连；3 号端子为搭铁端子。

（a）传感器的结构　　（b）传感器与ECU的连接电路

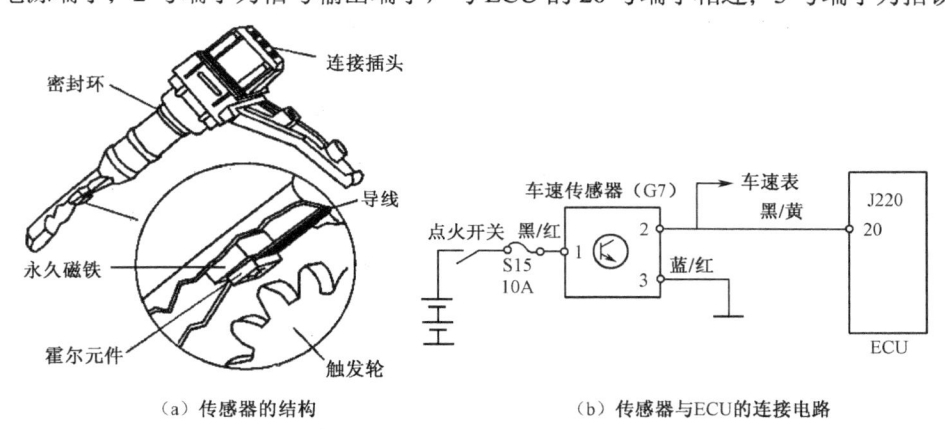

图 3-44 桑塔纳 2000GSi 轿车霍尔式车速传感器的结构及传感器与 ECU 的连接电路

霍尔式车速传感器的检测方法如下。

① 检测传感器的电源电压。关闭点火开关，拔下车速传感器的 3 芯端子，然后打开点火开关，用万用表测量传感器 3 芯插头上 1 号和 3 号端子间的电压值。传感器的电源电压应为 12V，若电压值不符合要求，则说明电源线路有断路或短路故障，或熔断丝损坏。

② 检测传感器线束的导通性。关闭点火开关，拔下车速传感器的 3 芯端子，然后拔下发动机控制单元（J220）的连接插头，用万用表的电阻挡测量传感器 3 芯插头的 1 号端子与 15 号熔断丝之间的电阻值，如图 3-45（a）所示。用万用表测量传感器 3 芯插头的 2 号端子与 J220 的 20 号端子之间的电阻值，如图 3-45（b）所示。用万用表测量传感器 3 芯插头的 3 号端子与搭铁之间的导通性，如图 3-45（c）所示。应均小于 1Ω，若相差很大或为无穷大时，则说明线束的连接有故障。

(a) 1号端子线束

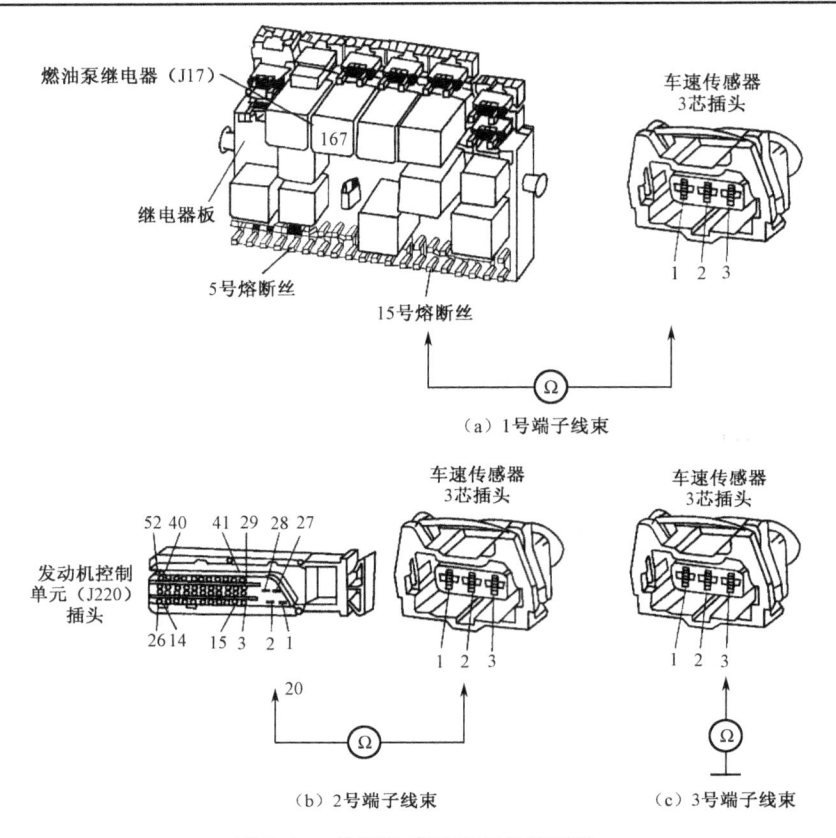

(b) 2号端子线束

(c) 3号端子线束

图 3-45　检测传感器线束的导通性

3.4.2　加速踏板位置传感器

与传统油门相比，电子油门明显不同的一点是用线束代替了传统油门的拉索或拉杆等机械机构。当驾驶员踩下加速踏板时，加速踏板位置传感器会将加速踏板高度变化的信号送往 ECU，ECU 瞬间对信号进行处理，计算出一个控制信号，节气门上的伺服电机根据这个控制信号将节气门打开一个合适的角度。

常用的加速踏板位置传感器有两种类型：电位计式和霍尔式。加速踏板位置传感器的安装位置如图 3-46 所示。

1. 电位计式加速踏板位置传感器

电位计式加速踏板位置传感器一般由电位计和怠速开关组成，如图 3-47 所示。利用怠速开关精确地检测加速踏板是否处于完全放松位置（怠速位置）。

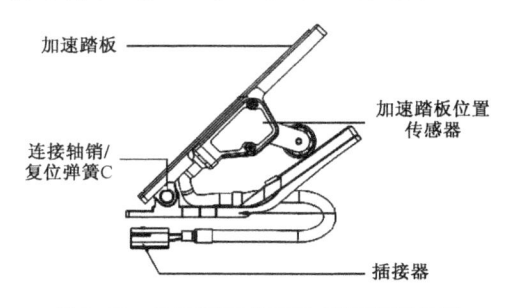

图 3-46　加速踏板位置传感器安装位置

电位计用于连续测量加速踏板的位置及其位置变化。电位计的滑动臂由加速踏板通过轴或拉线驱动，点火开关接通后，ECU 即通过 V_C 端子给传感器提供 5V 标准电压，使通过电位计的电流保持不变。在不同的加速踏板位置时，电位计滑动臂（信号端子 V_A）与搭铁端子（经 ECU 内部搭铁的 E_2 端子）之间的电阻不同，由于发动机工作时流经电位计的电流不变，所以两端子（V_A 端子与 E_2 端子）之间的电压与加速踏板的位置成正比，ECU 即根据这一电压信号确定加速踏板位置及其位置变化。怠速触点为一个常开触点，只有当加速踏板处于完全松开位置（即怠速位置）时，怠速触点闭合，DL 端子与 E_1 端子接通，向 ECU 输送加速踏板处于完全松开位置（即怠速位置）的信号。

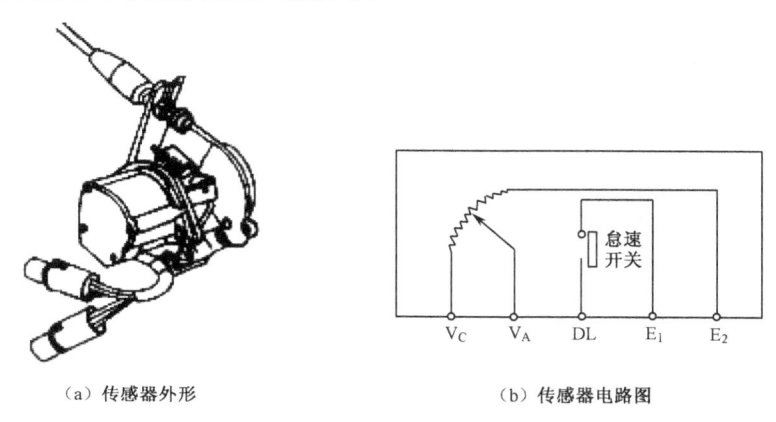

（a）传感器外形　　　　（b）传感器电路图

图 3-47　电位计式加速踏板位置传感器的外形及内部电路

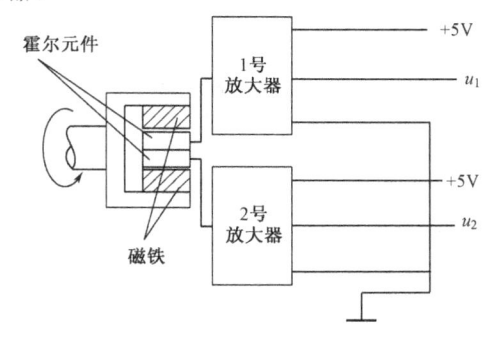

2. 霍尔式加速踏板位置传感器

电位计式加速踏板位置传感器是利用可以相互滑动的电阻元件和滑动臂之间的相互接触工作的，因而它的寿命短。霍尔式加速踏板位置传感器的元件间无相对摩擦，因而使用寿命长，现已逐渐取代了电位计式加速踏板位置传感器。

霍尔式加速踏板位置传感器是利用霍尔效应来检测加速踏板的位置及其位置变化的，该传感器将永久磁铁安装在与加速踏板联动的轴上，霍尔元件则是固定的，如图 3-48 所示。当加速踏板位置变化时，与加速踏板联动的轴就会带动永久磁铁转动，从而改变永久磁铁与霍尔元件之间的相对位置，使作用在霍尔元件上的磁场强度发生变化，结果导致霍尔元件输出的电压发生变化，ECU 根据霍尔元件输出的电压即可确定加速踏板的位置及其位置变化。

图 3-48　霍尔式加速踏板位置传感器

3.5　电动助力转向系统传感器

汽车电动助力转向系统（EPS）是一种直接依靠电机提供辅助转矩的动力转向系统，与传统的液压助力转向系统（HPS）和电控液压助力转向系统（EHPS）相比，EPS系统具有很多优点：仅在需要转向时才启动电机产生助力，能减少发动机燃油消耗；能在各种行驶工况下提供最佳助力，减小由路面不平所引起的电动机输出转矩通过传动装置对转向系的扰动，改善汽车的转向特性，提高汽车的主动安全性；没有液压回路，调整和检测更容易，装配自动化程度更高，且可通过设置不同的程序，快速与不同车型匹配，缩短生产和开发周期；不存在漏油问题，减小对环境的污染。

EPS系统的结构如图3-49所示，由转矩传感器、车速传感器、电动机、减速机构和电子控制单元（ECU）等组成。

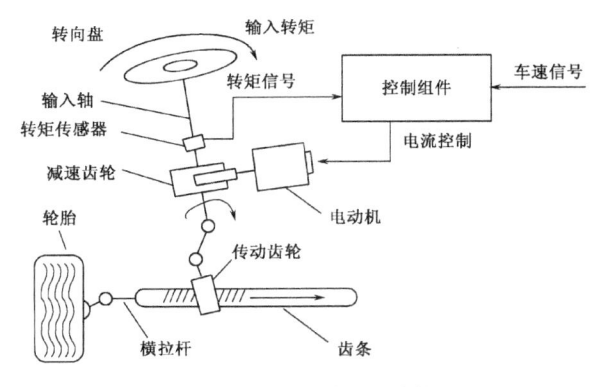

图3-49 EPS系统的结构

EPS系统所用的转矩传感器可分为接触式和非接触式的。下面简单介绍几种接触式转矩传感器。

3.5.1 接触式转矩传感器

1. 应变片式转矩传感器

转矩传感器的主要部件是一个柱形测量体，它受到传到它上面的转矩的扭曲作用，在外表面上产生的伸长变化则是该转矩的度量，可以用应变片测量该变化量。4个应变片粘贴的方向与纵轴成45°角，并接入电桥电路，可以输出与转矩成正比的电压信号。电源电压和测量信号用滑环来传递，也可采用无滑环的传递方式。

图3-50所示为一带滑环的转矩传感器。在测量轴上贴有与轴成45°角的应变片。轴一端支承于壳体上，通过滚珠轴承来减小因摩擦而产生的测量误差。轴上装有风扇，起冷却作用。应变片电路与静止壳体的连接是经滑环和可移动电刷组来完成的。

测量轴与驱动和被驱动部分的连接也可采取挠性连接，使它们之间有足够的轴向间隙，以抑止可能产生的卡紧现象所引起的过高应力。为此可采用自对中的齿轮连接方式，这种连接有很好的扭转刚度，能把动态转矩正确地传给测量轴。

对于不同类型的应变片式转矩传感器，其最大工作转速一般为3000~30000r/min，精度约为0.2%~1%。

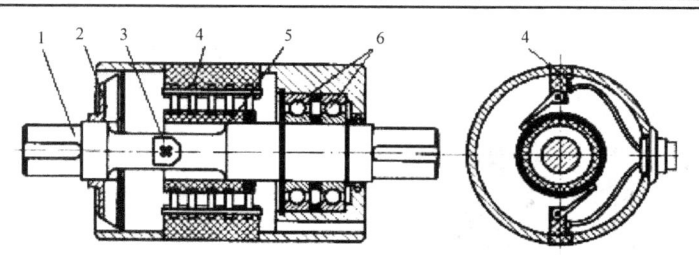

1—测量轴；2—风扇；3—应变片；4—电刷组；5—滑环组；6—轴承

图 3-50　滑环式转矩传感器

2. 电位计式转矩传感器

电位计式转矩传感器的结构如图 3-51 所示。它在转向轴与转向小齿轮之间安装了一个扭杆，转向轴上装有滑环，滑环的一端装有电位计。当转向系统工作时，由操纵力矩引起的扭杆的扭转角位移经转换成为电位计的电阻变化，这个电信号经滑环传递出来作为转矩信号。

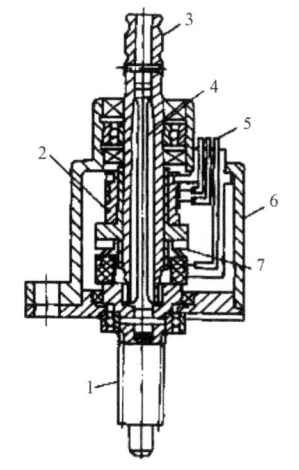

1—小齿轮；2—滑环；3—轴；4—扭杆；
5—输出轴；6—外壳；7—电位计

图 3-51　电位计式转矩传感器的结构

与接触式转矩传感器相比，非接触式转矩传感器在耐磨性等耐久性能方面非常好，所以现在汽车 EPS 系统所使用的转矩传感器多为非接触式的。

3.5.2　非接触式转矩传感器

1. 磁致伸缩式转矩传感器

磁致伸缩式转矩传感器由利用磁性材料加工成圆筒状的磁环及其内面黏结的柔性基板线圈构成，其结构及特点见表 3.1。为了使传感器头做得比较紧凑，将构成桥式电路的 4 块柔性基板重叠，使其形成一个整体。因为基板线圈布置在旋转轴的四周，所以不容易受到旋转轴局部变形以及轴的偏心的影响。此外，要从后部安装到旋转轴上，所以可以把传感头做成半缺形状。

表 3.1 磁致伸缩式转矩传感器的结构及特点

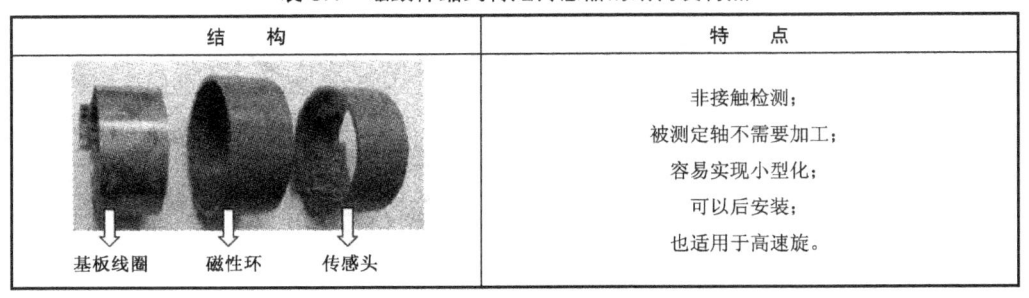

结　构	特　点
基板线圈　磁性环　传感头	非接触检测； 被测定轴不需要加工； 容易实现小型化； 可以后安装； 也适用于高速旋。

磁致伸缩式转矩传感器的检测原理如图 3-52 所示。当将转矩 T 加到旋转轴上时，轴表面的张力方向（+45°方向）以及压缩方向（-45°方向）上会出现变形，此时在张力方向上导磁率增加，在压缩方向上导磁率减小（磁致伸缩的结果）。在导磁率增加的方向上设置线圈，使磁通能够通过线圈时电感 L 增加；在导磁率减小的方向上设置线圈，使磁通能通过线圈时电感 L 减小。

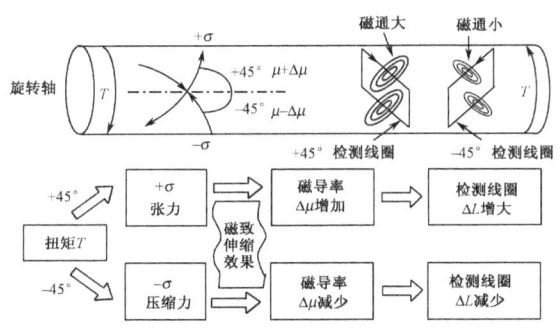

图 3-52 磁致伸缩式转矩传感器的检测原理

如图 3-53 所示，L 增大的线圈（+45°检测线圈）与 L 减小的线圈（-45°检测线圈）为桥式连接，利用锁定放大器（LIA）对差动电压进行放大，可以检测出与转矩成正比的输出电压 V_o。

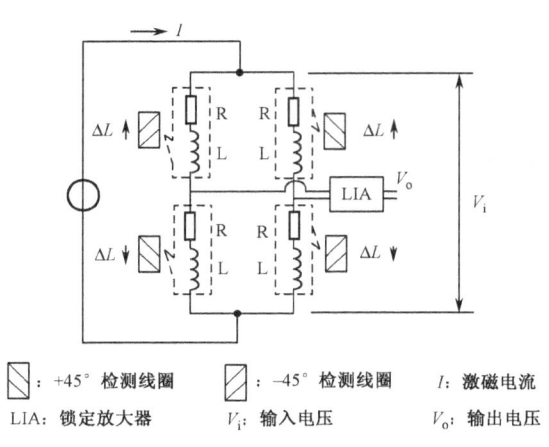

图 3-53 磁致伸缩式转矩传感器检测电路的构成

2. 磁电式转矩传感器

磁电式转矩传感器是由连接输入轴和输出轴的扭杆、检测环以及线圈组成的。其中检测环是由固定在输入轴上的两个检测环和固定在输出轴上的一个检测环组成的，其结构如图 3-54 所示。

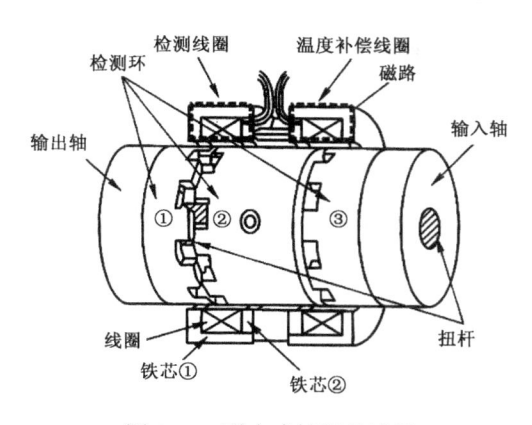

图 3-54 磁电式转矩传感器

在输入转矩为零的状态下，检测环①与检测环②的齿在一定的相对面积下，固定在某一相位上。当转矩加到输入轴上时，连接输入、输出轴之间的扭杆产生扭转，检测环①、②相对的齿部面积发生变化。

在输入轴与输出轴之间，相对的各检测线圈的面积发生变化时，各检测环的磁路的总磁通增加或减少，由此，检测线圈的阻抗发生变化。另一方面，温度补偿线圈与检测环①、检测环②固定在同一根轴上，所以不会产生相对位移，与输入转矩无关，总是保持在同样的状态下。

线圈部分由绕在骨架上的线圈和设置在其周围的磁性铁芯构成，转矩检测用和温度补偿用的两个线圈总成设置在壳体之内。各线圈在骨架的圆周方向卷绕，因为其周围设置有铁芯，所以当电流通过线圈时，就会形成虚线所示的磁路。当输入轴与输出轴产生相对位移时，检测一侧的磁路的总磁量数量增加或减少，因此检测一侧的阻抗发生变化。另一方面，补偿线圈一侧的磁路的总磁通量不发生变化，因此阻抗也不发生变化。

通过检测温度补偿线圈与检测线圈间的电位差，就可以在不受环境温度的影响下检测出与输入转矩成正比的输出信号。

3. 光电式转矩传感器

光电式转矩传感器是利用光电转换原理制成的，它具有很高的精确度和可靠性。图 3-55 所示为其工作原理示意图。光线从光源 S 沿平行轴线方向射出，通过横置当中的一对挡片槽缝，到达光电转换器 D。由此可见，光电转换器 D 所接收到的光线强度是由槽缝重叠的程度所决定的。两槽缝挡片之间用弹性连接，当施以扭力时，挡片与槽缝重叠。转矩越大，重叠越多，从槽缝通过的光线越少，而光电转换器输出的电压越低。当电压输入给 ECU 后就可实现对转矩的自动控制。

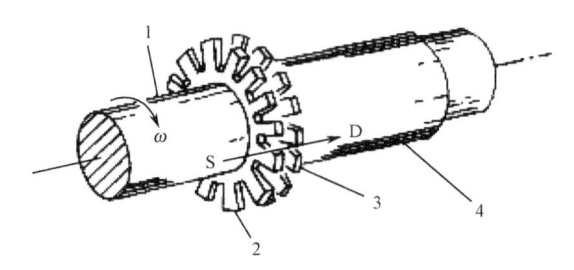

S—光源；D—光电转换器；1—轴；2—挡片1（与轴相连）；
3—挡片2（与套筒相连）；4—套筒

图 3-55 光电式转矩传感器的工作原理

非接触式转矩传感器由于采用的是非接触的工作方式，因而寿命长、可靠性高，不易受到磨损，有更小的延时，受轴的偏转和轴向偏移的影响更小，现在已经广泛用于轿车和轻型车中，是 EPS 传感器的主流产品。

3.6 电控悬架系统用传感器

悬架系统是指由车身与轮胎间的弹簧和减震器组成的整个支持系统。它是车架（或承载式车身）与车桥（或车轮）之间一切传力装置的总称，是汽车的重要总成之一，其性能的好坏对整车平顺性、操作稳定性、行驶安全性和燃油经济性等主要性能产生较大影响。悬架系统通常由三部分组成：弹性元件、阻尼元件和导向元件。根据悬架的控制方式不同，悬架可分为两种形式：主动悬架和被动悬架。

主动悬架是近十几年发展起来的，由计算机控制的一种新型悬架。主动悬架不同于单纯地吸收能量、缓和冲击的传统悬架系统。当汽车载荷、行驶速度、路面状况等行驶条件发生变化时，主动悬架系统能自动调整悬架的刚度，从而同时满足汽车的行驶平顺性、操作稳定性等各方面的要求。主动悬架有以高压液体作为能量的油气悬架，也有以高压气体作为能量的空气悬架。主动悬架系统根据车速、转向、制动、位移等传感器信号，经 ECU 处理后，控制电磁式或步进电机式执行器，通过改变悬架的刚度以适应复杂的行驶工况。

主动悬架进行调节的汽车主要参数有车身高度、车速、制动力、转向角、惯性力等，因此对应的系统传感器就有车身高度传感器、速度传感器、转向角传感器、惯性力传感器等。关于速度传感器和惯性力传感器在前面的章节已经讲解，这里主要介绍车高和转角传感器。

汽车在行进过程中或载荷发生变化，都会引起车身高度的变化，为了防止因车身高度的变化引起汽车的乘坐舒适性和操作稳定性发生变化，在汽车的主动悬架中安装有车高传感器。车高传感器可以将车身高度的变化转变为传感器轴的转角变化，并检测出此轴的旋转角度，把它转化为电信号输入 ECU。ECU 根据输入的车身高度变化的电信号和汽车载荷的大小，通过执行元件，对车身高度进行调节，保持车身高度基本不随载荷的变化而变化，同时还可以在汽车起步、转向、制动,以及前、后、左、右车轮载荷相应变化时,调整车轮悬架的刚度,提高汽车抗俯仰、抗侧倾的能力,维持车身高度基本不变。常见的车身高度传感器有霍尔集成电路式及光电式,其中光电式的应用最为广泛。

3.6.1 车高传感器

1. 霍尔式车高传感器

霍尔式车高传感器是一种电磁变换式传感器。它是由霍尔元件、永久磁铁、传感器轴等组成的,其结构如图 3-56 所示。霍尔式车高传感器安装在汽车左右前轮胎的挡泥板上或后桥的中部,其安装位置如图 3-57 所示,在悬架与传感器之间有一推杆相连。

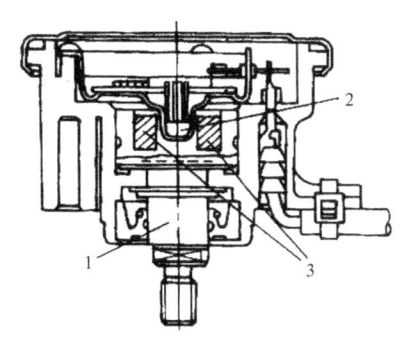

1—传感器轴;2—霍尔元件;3—永久磁铁

图 3-56 霍尔式车高传感器的结构

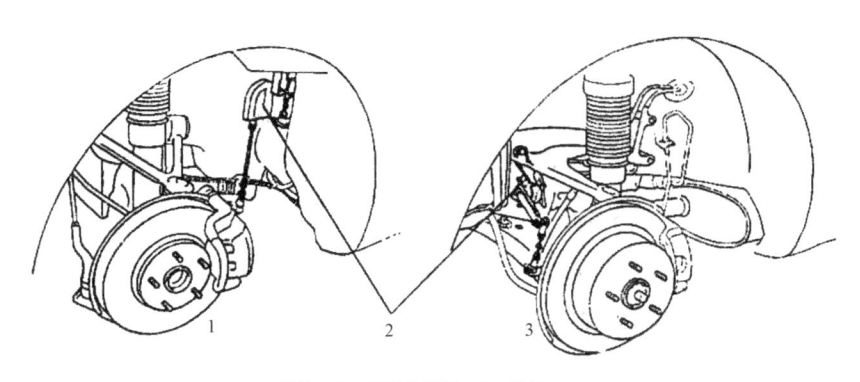

1—前轮;2—高度传感器;3—后轮

图 3-57 霍尔式车高传感器安装位置

霍尔式车高传感器是利用霍尔效应原理工作的。当车身高度发生变化时,悬架就会推动推杆,因为推杆和传感器轴固定在一起,所以推杆会推动传感器轴转动,传感器轴再带动永久磁铁转动。永久磁铁转动会使加在霍尔元件上的磁场强度变化,从而使输出的霍尔电压变化,利用霍尔效应测出轴的旋转角度。

2. 光电式车高传感器

(1) 光电式车高传感器的结构、工作原理

光电式车高传感器的结构与外形如图 3-58 所示,主要由传感器轴、光电元件及遮光板组成,其中传感器轴通过拉杆与拉紧螺栓的一端铰接(拉紧螺栓的另一端与后悬架臂相连),如图 3-59 所示。

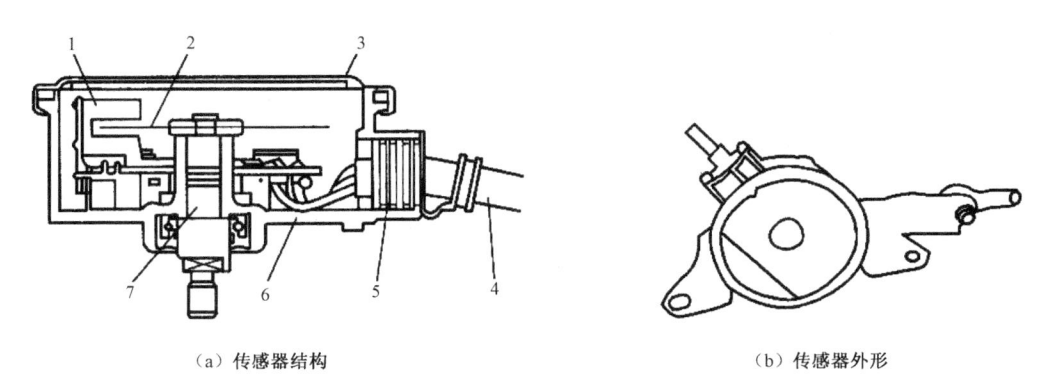

(a) 传感器结构　　　　　　　　　(b) 传感器外形

1—光电元件；2—遮光板；3—传感器盖；4—线束；5—衬垫；6—传感器外壳；7—传感器轴

图 3-58　光电式车高传感器的结构及外形

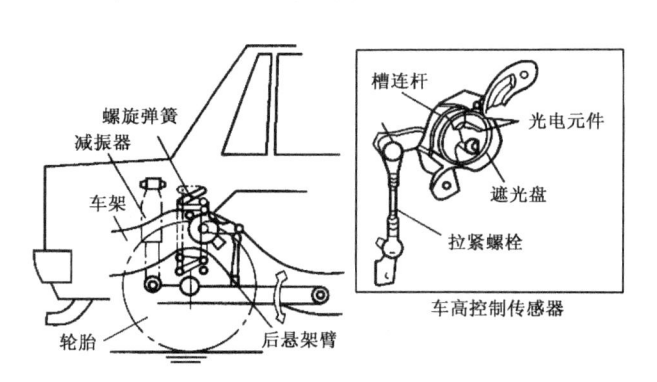

图 3-59　光电式车高传感器的安装位置

光电式车高传感器的核心是由四组发光二极管与光敏三极管组成的光电元件。发光二极管与光敏三极管分布在带孔的遮光盘的两侧,如图 3-60 所示。车身高度变化时,悬架的位移发生变化,与悬架连在一起的拉紧螺栓移动,从而带动连杆与传感器轴转动,传感器轴又带动遮光盘转动,使发光二极管时而透光,时而被遮光盘挡住,从而使光敏三极管导通与截止,进而使电路接通(ON)或断开(OFF)。传感器将这种电路的通断信号输入给悬架的 ECU,ECU 根据输入的信号检测出遮光板的转动角度,即检测出车身高度的变化。

ECU 利用 4 组光电元件进行 ON、OFF 的组合,就可以把车身高度的变化范围分为 0~15 (共 16) 个区域进行检测,如图 3-61 所示。ECU 根据一定的时间间隔检测一次车高传感器输出的信号,并对一定时间内各区域所占的百分比做出判断,以此决定是否对车高进行调整。

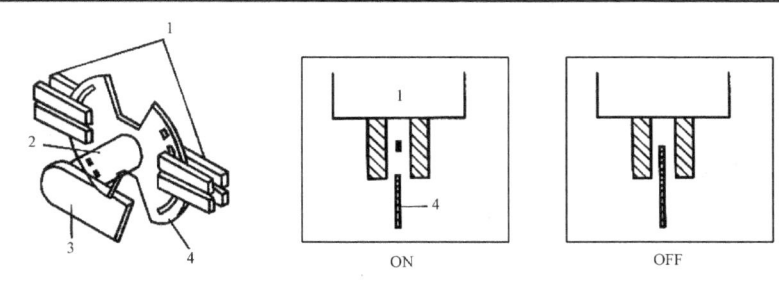

1—光电元件；2—传感器轴；3—连杆；4—遮光盘

图 3-60　光电式车高传感器工作原理

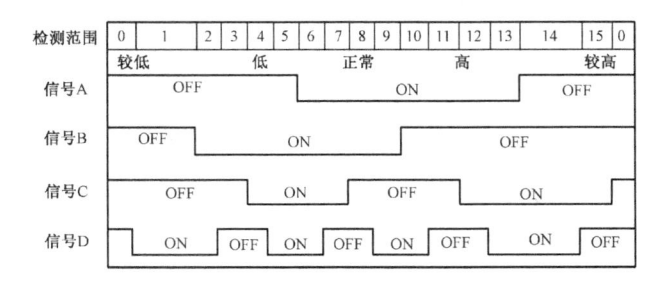

图 3-61　传感器的光电元件进行不同组合时的车身高度区域范围

当百分比超过规定值时，即开始进行调整。对于空气悬架系统，则控制空气压缩机和排气阀的开启，以增加或减少空气悬架主气室中的空气量来保持车身高度为一定值。因为减震器在行车过程中因道路不平而振动，车身所处的区域很难判定，所以悬架ECU每隔10ms就检测一次车身高度传感器输出的信号，在需要调整时及时进行车身高度的调整。

下面以丰田公司的"滑翔"牌汽车为例，其车高传感器状态与车高范围见表3.2。

表3.2　传感器不同组合下的车高范围

车高	光电耦合组件的状态				车高范围	ECU判断结果
	No.1（SH$_1$）	No.2（SH$_2$）	No.3（SH$_3$）	No.4（SH$_4$）		
高 ↑ ↓ 低	OFF	OFF	ON	OFF	15	过高
	OFF	OFF	ON	ON	14	
	ON	OFF	ON	ON	13	
	ON	OFF	ON	OFF	12	…..HIGH
	ON	OFF	OFF	OFF	11	
	ON	OFF	OFF	ON	10	
	ON	ON	OFF	ON	9	
	ON	ON	OFF	OFF	8	…..NORMAL
	ON	ON	ON	OFF	7	
	ON	ON	ON	ON	6	
	OFF	ON	ON	ON	5	
	OFF	ON	ON	OFF	4	…..LOW
	OFF	ON	OFF	OFF	3	
	OFF	ON	OFF	ON	2	
	OFF	OFF	OFF	ON	1	过低
	OFF	OFF	OFF	OFF	0	

（2）光电式车高传感器的检测

① 电源检测。拔下传感器插头，接通点火开关，检测线束连接器上的电源端子电压为12V。

② 信号电压的检测。拔下车高传感器连接插头，用导线将插头两端的电源连接起来，使传感器外壳搭铁，接通点火开关，慢慢转动传感器轴，用万用表测量插头上信号插孔输出的电压。如果电压在0~1V变化，说明传感器工作性能良好，否则应更换传感器。

③ 信号电压波形的检测。用汽车专用示波器检测，其输出信号应为矩形波。

（3）具体车型的检测

这里，以三菱轿车的车高传感器的检测为例。

① 就车检测传感器的端子间电压值。

当车高传感器的连接器处于连接状态时，在ECU的连接器部位测出ECU的电压，以判定出传感器是否良好。在图3-62中，105端子是传感器的电源端子，当ECU工作时，该端子若能显示4~8V则为良好。154~157端子是车高信号端子，当传感器内的光电元件接通时，该信号电压应为0V；当光电元件处于断开（OFF）时，该信号电压若能显示4~8V，则传感器为良好。116端子处于接地状态，平时应为0V。

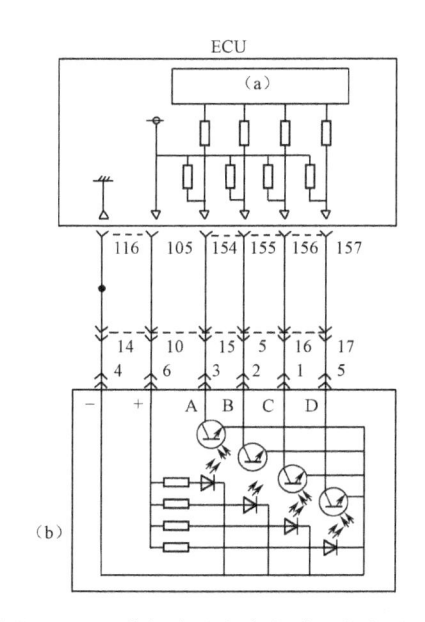

图3-62 三菱轿车前车高传感器的电路图

② 单体检测传感器端子电压值。

对车高传感器的单体检测就是把车高传感器单体与车辆侧电线束连接起来，点火开关处于接地状态时，旋转传感器的环形板，在不同位置测量各端子间的电压值，其电压值应符合表3.3中所列的规定值。

三菱车后车高传感器的连接电路及检测方法与前车高传感器的连接电路及检测方法基本相同。

表 3.3 传感器各端子间的电压值（V）

车高标准	传感器连杆位置	端子 3	2	1	5
最高标准	①	0~0.5	4.5~5	0~0.5	4.5~5
较高	②	0~0.5	4.5~5	0~0.5	4.5~5
高	③	0~0.5	4.5~5	4.5~5	0~0.5
比正常高	④	0~0.5	4.5~5	4.5~5	0~0.5
正常车高	⑤		0~0.5	4.5~5	0~0.5
比正常低	⑥	4.5~5	0~0.5	0~0.5	0~0.5
低	⑦	4.5~5	0~0.5	0~0.5	0~0.5
较低	⑧	4.5~5	4.5~5	0~0.5	0~0.5
最低标准	⑨	4.5~5	4.5~5	4.5~5	4.5~5

3.6.2 光电式转角传感器

光电式转角传感器安装在转向轴管上，用于检测转向盘的中间位置、转动方向、转动角度和转动速度，即转向轮的偏转方向和偏转角度，并将所检测的信号输入给 ECU，使 ECU 根据转角传感器传来的信号和车速传感器输入的车速信号，判断汽车转向时侧向力的大小，对车身的侧倾进行控制。

1．光电式转角传感器的结构和原理

光电式转角传感器用于电控悬架系统上，其结构和安装位置如图 3-63 所示。传感器的遮光盘安装在转向轴上，可以随转向轴一起转动，遮光板上均匀开有许多小槽，有两组光电元件（发光二极管和光敏三极管）分别位于遮光盘的两侧，光电元件套在转向柱管上。

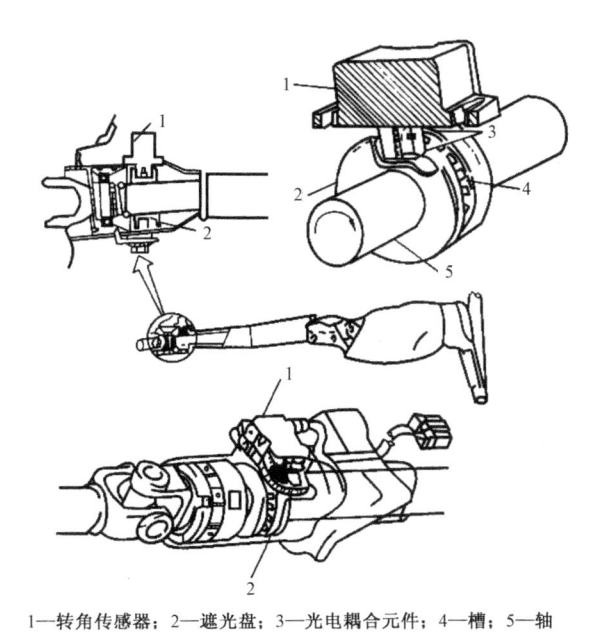

1—转角传感器；2—遮光盘；3—光电耦合元件；4—槽；5—轴

图 3-63 光电式转角传感器的结构与安装位置

光电式转角传感器的工作原理与车高传感器的工作原理相似，如图 3-64 所示。它们都是利用随同转向轴一同转动的遮光盘来使发光二极管发出的光线时而透过小槽照射到光敏三极管，时而被挡住光线，使光敏三极管接收不到光线，从而使光敏三极管时而导通，时而截止，进而使电路导通与截止，产生 ON 或 OFF 电压信号。不同的是，转角传感器根据光敏三极管的导通、截止速度检测出转向器的速度，根据检测到的脉冲信号的相位差来判断转向盘的转动方向。光电式转角传感器的电路如图 3-65 所示。

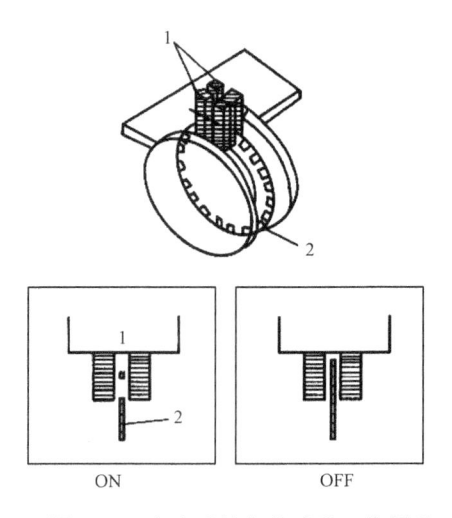

图 3-64　光电式转角传感器工作原理

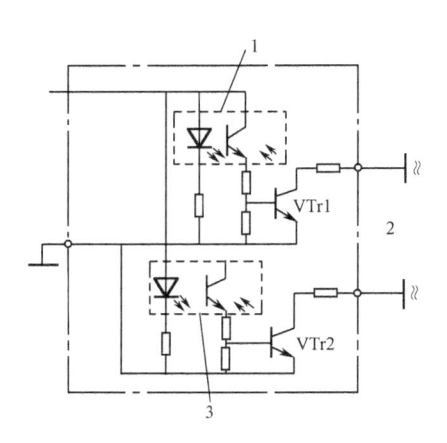

图 3-65　光电式转角传感器电路图

TEMS 是 TOYOTA Electric Modulated Suspension 的简称。为了同时满足舒适性、操纵性和行车稳定性的要求，丰田公司在汽车上采用了 TEMS 装置。TEMS 可以实现人们对悬架系统的操纵性和行车稳定性的要求，即在急起步时防后坐，大转角时防横摆，中高速时防点头，在高速行车时提高衰减力、控制车辆姿态的变化，而在其他场合下则降低衰减力，提高舒适性。

TEMS 的功能见表 3.4。

表 3.4　TEMS 的功能

功　　能	防横摆	防点头	防后坐	防冲击
车的状态	急转弯时	紧急制动	急起步	换挡时
示　意　图				

TEMS 的控制系统构成如图 3-66 所示。

2. 光电式转角传感器的检测

① 将转向盘置于汽车直线行驶位置。

② 将模式选择开关切换到 NORMAL 位置。

③ 短接诊断连接器的端子 16（TS）和 3（E_1）。

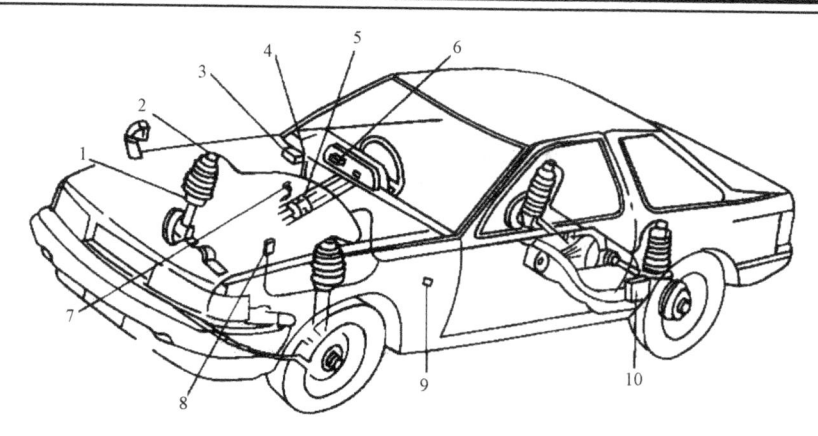

1—减震器；2—执行器；3—控制开关；4—车速传感器；5—转向传感器；
6—方式指示灯；7—制动灯开关；8—节气门传感器；9—空挡开关；10—ECU

图 3-66 丰田汽车的 TEMS 系统的构成

④ 接 ECU 点火开关。此时指示灯 S 和 F 应闪烁，否则，修理或更换模式选择开关，诊断连接器或 ECU。

⑤ 向右转动转向盘 0.01~0.08r，此时，指示灯 F 闪烁，指示灯 S 熄灭。

⑥ 重复以上步骤并向左转动转向盘，此时指示灯 S 闪烁，指示灯 F 熄灭，否则应对转角传感器进行检查。

⑦ 检查转角传感器连接器端子 1 和 2 之间的电压应为 3.5~4.2V，否则应修理或更换接地电路、电源电路或控制装置，如图 3-67 所示。

⑧ 缓慢转动转向盘，用电压表检查连接器端子 3、4 与端子 2 之间的电压应在 5~10V 变化（正极接端子 3、4）。否则应修理或更换控制装置到转角传感器之间的电路。

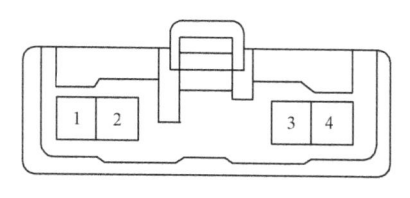

图 3-67 转角传感器连接器

3. 具体车型的检测

这里，以凌志 LS400 轿车光电式转角传感器的检测为例。

（1）输出信号检测

接通点火开关，用跨接线 SST 连接诊断连接器上的 TS 与 E_1 端子。

如图 3-68（a）所示，转动转向盘，若转角小于 45°，仪表板上的 NORM 灯亮，说明转向信号输出正常。

转角传感器信号是否输入悬架 ECU 的检查方法是：接通点火开关，慢慢转动转向盘，如图 3-68（b）所示，在转动的同时分别用万用表测量 ECU 的 SS_1、SS_2 端子与搭铁间的电压应为 0~5V，否则说明转角传感器信号未输入悬架 ECU 或转角传感器信号出现故障。

（2）转角传感器故障诊断与排除

对于转角传感器未输入信号故障，诊断方法为：拆下传感器连接器，接通点火开关，测量连接器 1 号端子和 2 号端子间电压，如图 3-68（c）所示，正常值应为蓄电池电压，否则应检查悬架 ECU 的 IG 熔丝是否良好,转角传感器与熔丝盒之间的连线是否存在断路、短路。

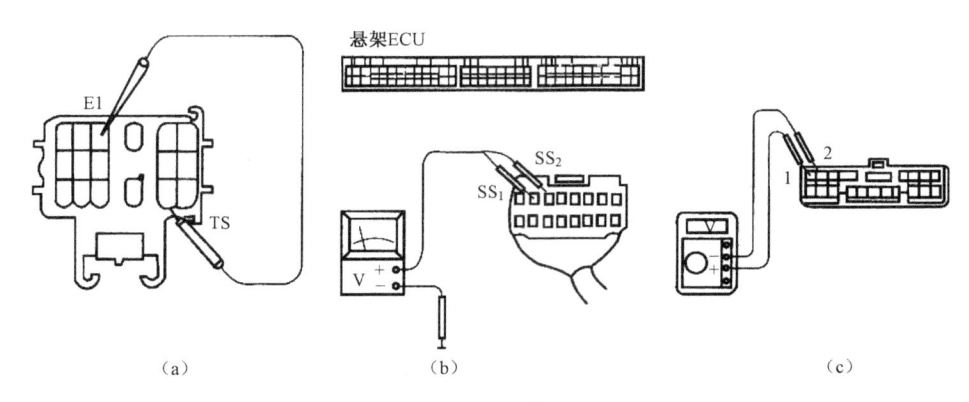

图 3-68 光电式转角传感器的检测

转角传感器故障排除方法为:拆下传感器连接器,在转角传感器 1 号、2 号端子间施加蓄电池电压,在慢慢转动转向盘时,用万用表测量传感器的 10 号、11 号端子与 2 号端子间的电阻,正常值应在 0~∞ 内变化,否则说明转角传感器存在故障,应当更换。

3.7 ABS 系统及其传感器

制动性能是汽车的主要性能之一,它关系到行车的安全性。近年来鉴于消费者对安全的日益重视,ABS 系统成为大部分汽车的标准配置。如果没有 ABS,紧急制动通常会造成轮胎抱死,这时滚动摩擦变成滑动摩擦,制动力大大下降。如果前轮抱死,车辆就会失去转向能力;后轮抱死,车辆容易发生侧滑,使行车方向变得无法控制。ABS 系统通过对车轮状态进行监测,以非常快的速度精密控制制动液压力的收放来防止车轮抱死,确保轮胎的最大制动力以及制动过程中的转向能力,使车辆在紧急制动时也具有躲避障碍的能力。

ABS 系统根据控制参数的不同可分为车轮滑移率控制、车轮减速度控制以及车轮滑移率和减速度综合控制三种方式。但无论何种类型的汽车(轿车、客车、货车、特种车等),其 ABS 系统均由轮速传感器、电子控制系统(ECU)、制动压力(气压或液压)调节器三大部分组成。其组成方框图均可用图 3-69 来表示。

图 3-70 所示为一典型的用液压制动的 ABS 系统的结构示意图。它主要由安装在车轮上的速度传感器液压单元和控制单元等组成。

在 ABS 中,轮速传感器用于检测车轮转速,并将速度信号输入 ABS 系统的 ECU。根据工作原理不同,目前使用的轮速传感器主要分为两种类型:电磁式和霍尔式。轮速传感器的安装位置如图 3-71 所示,每个轮各一个。

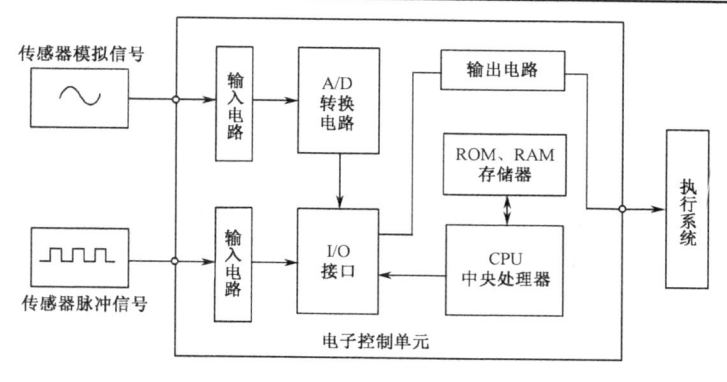

图 3-69 ABS 系统组成方框图

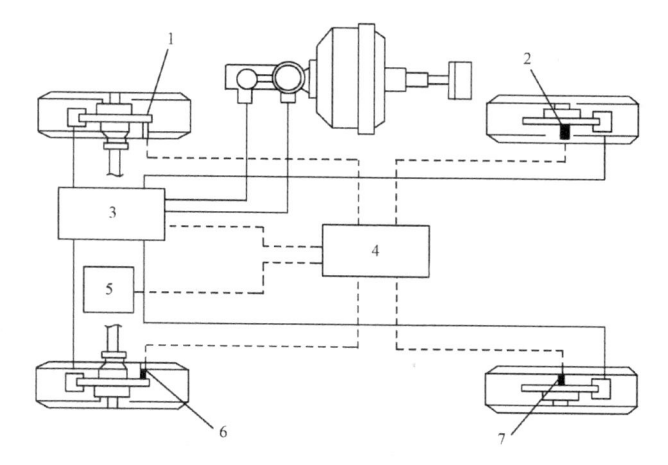

1—右前轮速度传感器；2—右后轮速度传感器；3—ABS 执行器；
4—ABS 微机；5—ABS 继电器；6—左前轮速度传感器；7—左后速度传感器

图 3-70 典型的 ABS 系统结构示意图

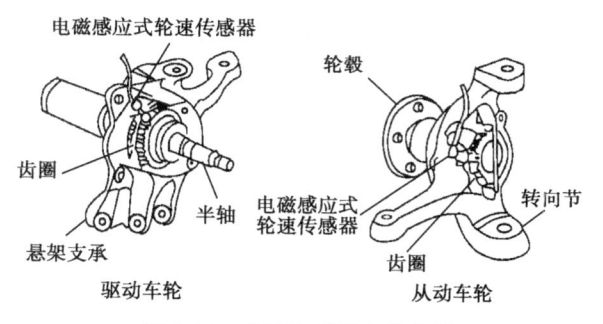

图 3-71 轮速传感器安装位置

1. 电磁式轮速传感器

（1）电磁式轮速传感器的结构、工作原理

电磁式轮速传感器由传感头和齿圈两部分组成，其外形如图 3-72 所示。

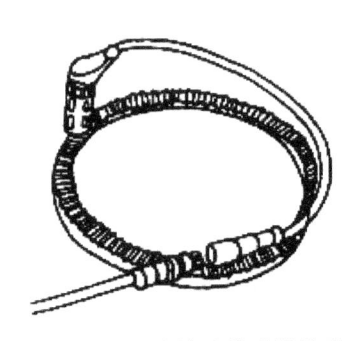

图 3-72　电磁式轮速传感器外形

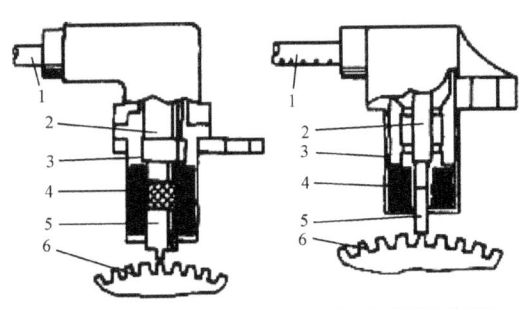

图 3-73　电磁式轮速传感器的结构
（a）凿式极轴轮速传感器　（b）柱式极轴轮速传感器
1—电缆；2—永久磁体；3—外壳；4—感应线圈；5—极轴；6—齿圈

传感头由永久磁铁、极轴、感应线圈等组成，其结构如图 3-73 所示。根据极轴的结构不同，电磁式轮速传感器又可分为凿式极轴轮速传感器、柱式极轴轮速传感器等。其传感头的外形如图 3-74 所示。传感头直接安装于齿圈的上方，极轴与永久磁体 2（见图 3-73）相连。

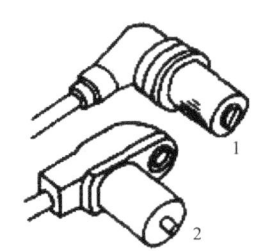

永久磁体通过极轴延伸到齿圈并与齿圈构成回路，感应线圈套在极轴外面，齿圈固定在轮毂上随车轮一起转动。齿圈转动时，齿顶和齿隙交替通过极轴。当齿顶正对极轴时，磁路磁阻最小，通过感应线圈的磁通最大；当齿隙正对极轴时，磁路磁阻最大，通过感应线圈的磁通最小。这样齿圈的转动，使通过感应线圈的磁通量交替变化，从而产生感应电动势，并经过感应线圈末端的电缆将此信号输入到 ABS 的 ECU，感应电动势（电压）信号变化的频率便能准确地反映出车轮速度的变化。

1—凿式极轴传感头；2—柱式极轴传感头

图 3-74　传感头外形

极轴结构形式不同的传感头与齿圈的相对安装方式也有区别，如图 3-75 所示。为防止汽车的振动影响或干扰传感器信号，安装时，传感头与齿圈之间的间隙应小于 1mm。同时注意在安装前应向传感器加注润滑脂，以防止水、泥或灰尘等对传感器工作产生影响。

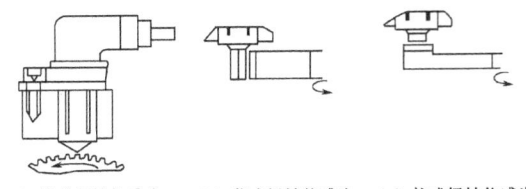

（a）凿式极轴传感头　（b）菱式极轴传感头　（c）柱式极轴传感头

图 3-75　传感头与齿圈的相对安装方式

（2）电磁式轮速传感器的检测
① 输出电压检查。
- 使被检轮离地，松开驻车制动器。

- 以 30r/min 的转速转动车轮，用万用表测量传感器输出电压。若输出电压不符合规定，则应检查传感器是否已损坏。

② 电阻检查。拆下传感器连接器插头，用万用表测量传感器两接线端子间的电阻值，其值应符合要求。表 3.5 提供了部分车型的电阻值。若电阻过大或过小，则说明传感器已经损坏，必须更换。

表 3.5 常见车型车轮传感器线圈电阻值

车　型	前轮传感器线圈电阻/kΩ	后轮传感器线圈电阻/kΩ	车　型	前轮传感器线圈电阻/kΩ	后轮传感器线圈电阻/kΩ
丰田凌志 LS400	0.9~1.3	0.9~1.3	奔驰	1.1~2.3	0.6~1.6
丰田凌志 ES300	0.9~1.3	0.9~1.3	沃尔沃	0.9~2.2	0.6~1.6
皇冠 3.0 轿车	1.2~1.6	185~210Ω	通用鲁米娜	0.988~1.208	2.1~2.4
丰田大霸王	0.92~1.22	1.05~1.4	丰田阿瓦龙	0.6~1.8	1.6~1.8

③ 传感器齿圈检查。轮速传感器头与齿圈之间的间隙应为 0.42~0.80mm。

2. 霍尔式轮速传感器

目前各种类型 ABS 防抱死制动系统的控制速度范围一般为 15~160km/h，今后会对控制的速度范围要求更大，达到 8~260km/h，甚至更大，电磁式轮速传感器因其自身的缺点很难适应这种发展的需要。霍尔式轮速传感器具有输出信号不受转速影响、频率响应高、抗电磁干扰能力强等优点，被用来取代电磁式轮速传感器而广泛应用于轮速检测及其他控制系统的转速检测中。

（1）霍尔式轮速传感器的结构、工作原理

霍尔式轮速传感器由传感头和齿圈组成。传感头由永久磁体、霍尔元件和电子电路等组成，如图 3-76 所示。永久磁体的磁力线穿过霍尔元件通向齿圈，齿圈相当于一个集磁器。当齿圈位于图 3-76（a）所示的位置时，穿过霍尔元件的磁力线分散，磁场相对较弱；当齿圈位于图 3-76（b）所示的位置时，穿过霍尔元件的磁力线集中，磁场相对较强。随着齿圈的转动，穿过霍尔元件的磁力线密度发生变化，从而产生霍尔电压的变化，霍尔元件输出一个 mV 级的准正弦波电压，此电压信号由电子电路转换成标准的脉冲电压信号后输入 ABS 的 ECU 中。霍尔轮速传感器电子线路的框图及各级输出波形如图 3-77 所示。

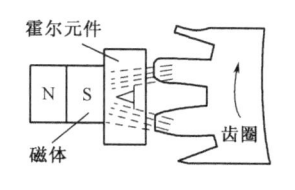

（a）霍尔元件磁场较弱　　　　（b）霍尔元件磁场较强

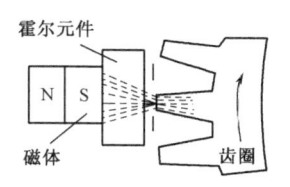

图 3-76 霍尔式轮速传感器的工作原理

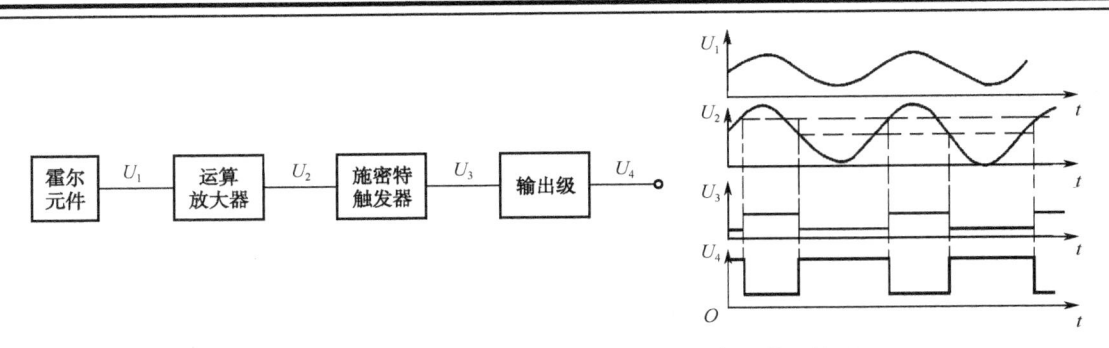

图 3-77　霍尔轮速传感器电子线路的框图及各及输出波形

霍尔轮速传感器的电子线路原理图如图 3-78 所示，它的工作电压为 8~15V，负载电流为 100mA，工作频率为 20kHz，输出电压幅值为 7~14V。为了适应汽车在各种温度下工作，霍尔轮速传感器的结构采用封闭式，将齿圈与传感器密封在一起，以保证在恶劣的环境中能可靠地工作。

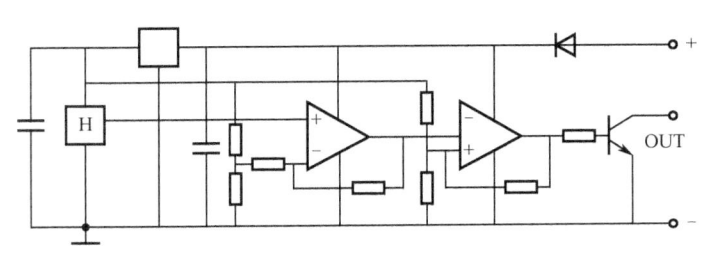

图 3-78　霍尔轮速传感器的电子线路原理图

（2）霍尔式轮速传感器的检测

霍尔式轮速传感器可通过检测其输出电压信号来判断其工作好坏，方法如下。

① 关闭点火开关。

② 将车支起，使四个轮胎离地 10cm 左右。

③ 拔下轮速传感器的导线连接器插头，并用导线将线束插头与轮速传感器插头的电源端子相连。

④ 将万用表（用交流电压挡）的两表笔分别接在轮速传感器的信号输出端（注意正、负极性），测量传感器的输出电压。

⑤ 接通点火开关，用手转动车轮，万用表应显示 7~14V 范围内波动的交流电压。

如果电压不在规定范围，则应检查传感器与齿圈之间的间隙，标准值为 0.2~0.5mm，否则应进行调整。

3．具体车型的检测

这里，以富康轿车 ABS 系统的检测为例。

（1）测车轮转速传感器的电阻

拔下车轮转速传感器两端子插接器，测量传感器两端子之间的电阻，4 个车轮转速传感器电阻均为(1600±320)Ω（20℃条件下测得）。

（2）测车轮转速传感器的信号电压

将车轮悬空并转动车轮，测得传感器两端子之间的交流电压应大于 0.1V，并随着车轮转速加快，测得的电压值也随之增大。也可以用示波器检测车轮转速传感器的输出电压波形检测传感器是否良好。

（3）检查车轮转速传感器的安装

如果车轮转速传感器电阻正常但信号不良，则需检查传感器的安装是否正常，传感器铁芯与感应轮齿的间隙应为 0.3~1.2mm。

第4章 车身及导航控制系统传感器

4.1 概 述

车身控制用传感器主要用于提高汽车的安全性、可靠性和舒适性等。由于其工作条件不像发动机和底盘系统中那样恶劣，所以一般工业用传感器稍加改进就可以应用。主要应用于汽车空调系统的传感器有温度传感器、日照传感器等，雨滴传感器用于汽车雨刮系统，安全气囊系统中的传感器主要是加速度传感器，光量传感器和电流检测传感器主要用于汽车的灯光自动控制，超声波传感器、激光传感器应用在汽车倒车控制中，还有用于保持车距的微波传感器等。

导航系统传感器主要有车速传感器、地磁传感器（陀螺仪）、车轮转差方向传感器，这些传感器与全球定位系统（GPS）相结合，给汽车提供全面、及时的交通信息，使汽车能敏锐感知自身和其他车辆的位置，同时还可以感知驾驶者的盲点。

4.2 汽车空调系统及其传感器

汽车空调系统根据车内温度（车内温度传感器）、车外温度（车外温度传感器）及日照量（日照传感器）的信息，通过输出必要的控制量（出风温度、出风量、出风口、车内外气温及压缩机通断），形成舒适的车内环境。为了实现所需要的出风温度，利用冷风侧温度（蒸发器出口温度传感器）及暖风侧温度（加热器水温传感器）来控制空气混合的比例。

汽车空调系统使用的传感器有车内、外温度传感器，蒸发器出口温度传感器，日照传感器，水温传感器。各传感器的安装位置如图 4-1 所示，这几种传感器除日照传感器采用光电二极管外，其余均采用热敏电阻。

1. 热敏电阻的特性

热敏电阻有正温度系数热敏电阻和负温度系数热敏电阻两种。汽车空调系统使用负温度系数热敏电阻。

图 4-2 所示为负温度系数热敏电阻的曲线。从图中可看出，在温度低的曲线部分，曲线的斜率比较大；在温度高的曲线部分，曲线的斜率逐渐减小。这说明每提高单位温度，在低温部分电阻值下降显著，而高温部分电阻值下降较慢。因此，在温度低时，热敏电阻对周围介质温度变化的响应尤为灵敏，测量精度高。故热敏电阻常用做温度传感器。

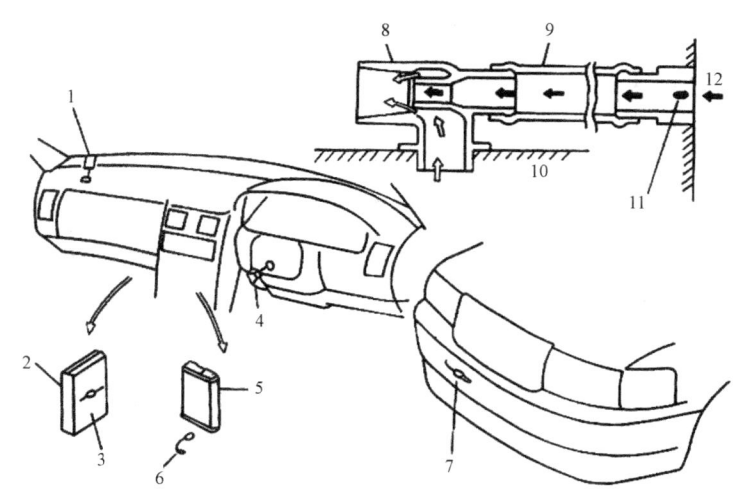

1—日照传感器；2—蒸发器；3—蒸发器出口温度传感器；
4—车内温度传感器；5—暖气芯；6—冷却液温度传感器；7—车外空气温度传感器；
8—抽风装置；9—管道；10—加热组件；11—车内空气温度传感器；12—车内空气

图 4-1 汽车空调系统传感器安装位置

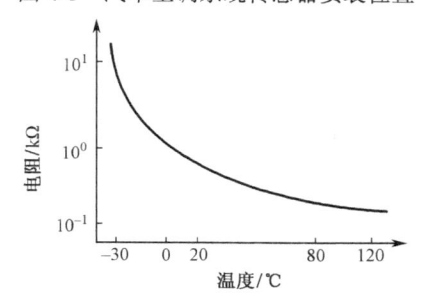

图 4-2 负温度系数热敏电阻特性曲线

2．车内、外空气温度传感器

（1）车内、外空气温度传感器的结构、工作原理

车内、外空气温度传感器是一样的，都是使用热敏电阻式温度传感器，它们测量车内、外的空气温度，并将温度信号转化为电信号输入到空调控制系统的 ECU 中，实现汽车空调控制系统对温度的控制，保持汽车内部温度恒定在设定的温度范围。前面的温度传感器的章节已经对热敏电阻进行了详细的叙述，这里就不再过多赘述。

车内空气温度传感器将热敏电阻安装在塑料壳内，利用抽风装置（利用空调组件内的气流工作或设有专用电动机吸进空气）将车内空气从吸气孔处吸入塑料壳内来检测车内温度。车内空气温度传感器应安装在不受空调出风及近处热量影响的部位。车内空气温度传感器的结构如图 4-3 所示。

车外空气温度传感器安装在前保险杠或水箱之前，检测外部温度，空调控制 ECU 以此信号控制出风口温度、鼓风机转速、气流方式、进气模式等。车外空气温度传感器同样是将热敏电阻安装于塑料壳内，这样有两个目的，一是为了防水，二是为了推迟前方车辆废气排放等温度急剧变化对它的影响，因此，车外空气温度传感器应安装在不易受发动机舱内热气影响的位置上。车外空气温度传感器的结构与特性如图4-4所示。

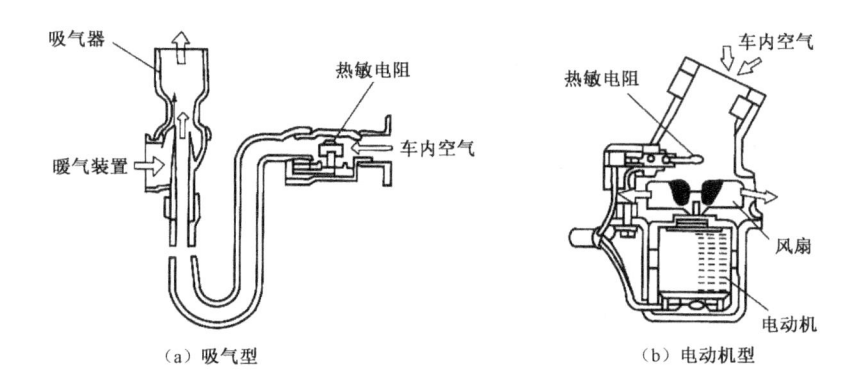

图4-3 车内空气温度传感器的结构

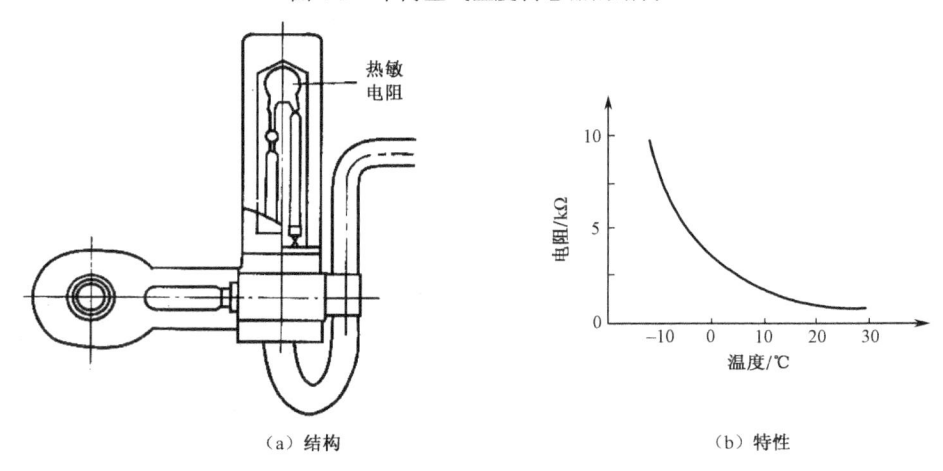

图4-4 车外空气温度传感器的结构与特性

车内、外空气温度传感器的接头端子与ECU的连接电路及电路图如图4-5、图4-6所示。

（2）车内、外空气温度传感器的检测

当空调系统发生故障时，车内的温度不能保持恒定，若出现此状况，应对空调系统电路的各部分进行检测。检测时用万用表分别测量电路各部分的电压，若发现传感器部分的电路短路或断路，则应继续检测，看传感器是否损坏，检测方法如下。

① 车内空气温度传感器的检测。关闭点火开关，拔下传感器的接线插头，把万用表连接在传感器的两端子，并用吹风机吹热风，检查传感器电阻值的变化情况。车内空气温度传感器电阻值随温度的变化规律应符合特性曲线变化规律，否则应更换传感器，其特性曲线如图4-7所示。

② 车外空气温度传感器的检测。拆下汽车散热器护栅，拔下传感器连接器插头，拆下传感器，放在热水中加热并用万用表的电阻挡测量两接线端子之间的电阻值，当温度升高时，其电阻值应明显下降。检测的电阻值应符合特性曲线变化规律，否则应更换传感器。车外空气温度传感器特性曲线如图4-8所示。

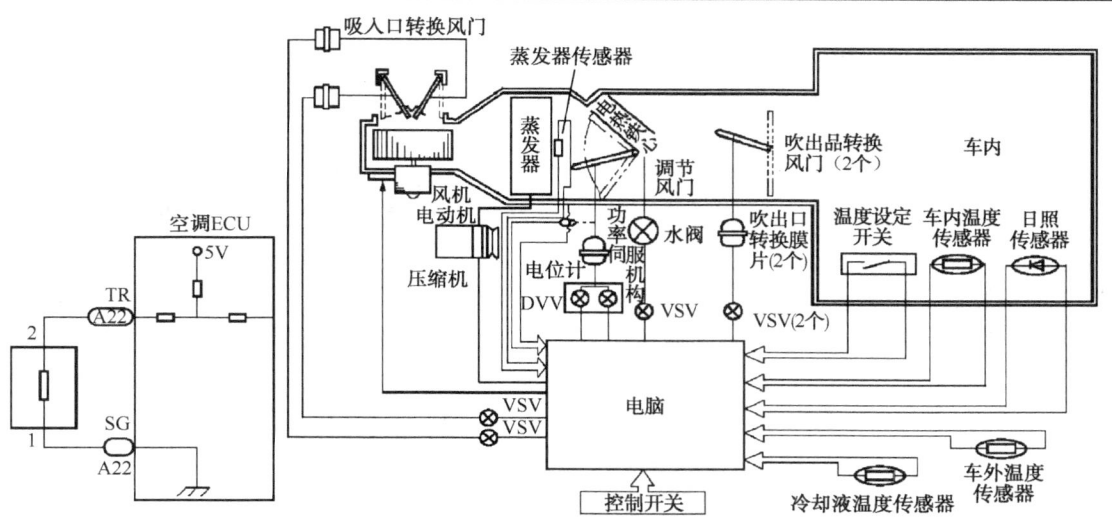

图 4-5 车内空气温度传感器的连接电路及电路图

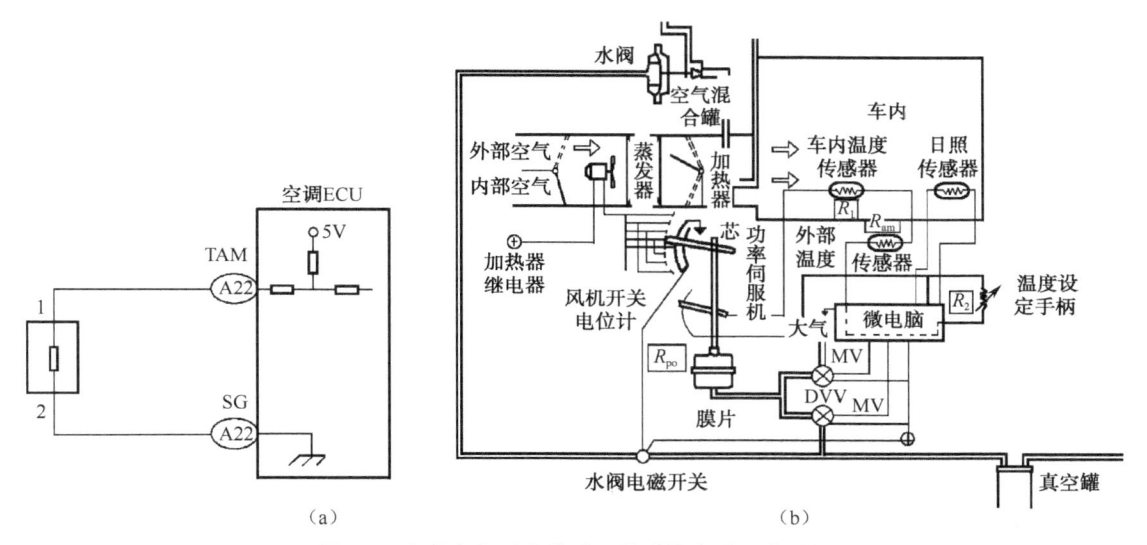

（a） （b）

图 4-6 车外空气温度传感器的连接电路及电路图

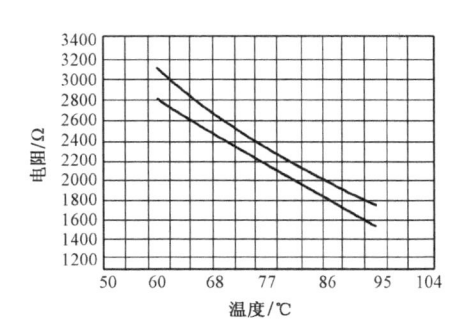

图 4-7 车内空气温度传感器特性曲线 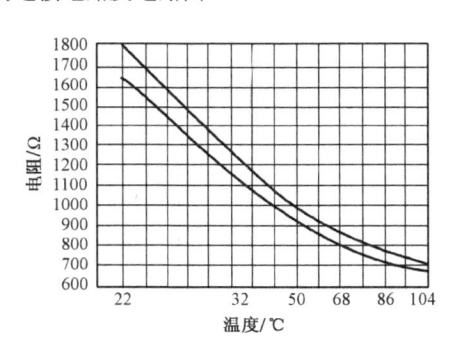 　　图 4-8 车外空气温度传感器特性曲线

3. 蒸发器出口温度传感器

（1）蒸发器出口温度传感器的结构、工作原理

蒸发器出口温度传感器安装在汽车空调系统的蒸发器片上，用以检测蒸发器表面的温度变化，控制压缩机的工作状态，如图4-9所示。其工作温度为20~60℃，其结构与特性如图4-10所示。工作时，出口温度传感器检测蒸发器表面的温度信号，并将其转化为电信号输入给温度控制系统的ECU，ECU将输入的温度信号与设定的温度调节信号进行比较后，控制空调压缩机电磁离合器的通断，从而对压缩机的工作进行控制，同时还能利用此传感器检测到的温度信号，防止蒸发器出现冰堵现象。汽车空调系统的原理框图如图4-11所示。

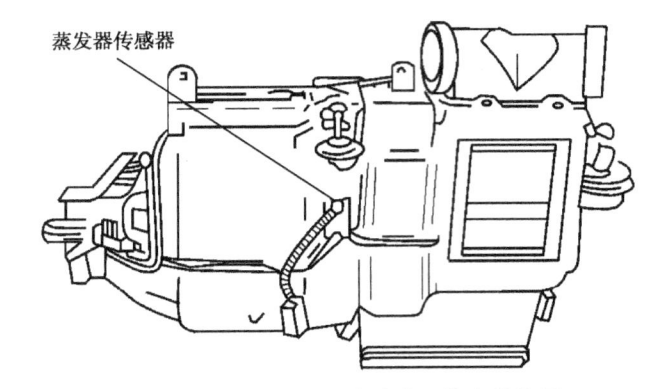

图4-9 蒸发器出口温度传感器的安装位置

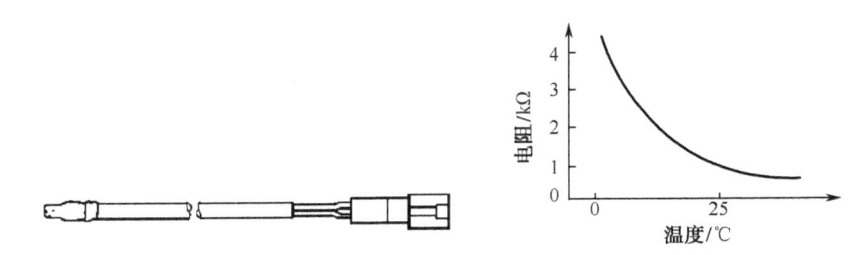

图4-10 蒸发器出口温度传感器的结构与特性

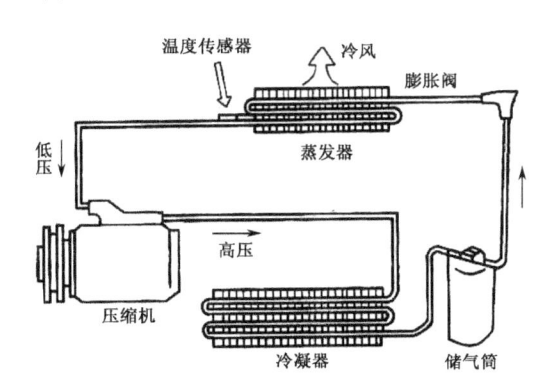

图4-11 汽车空调系统原理框图

蒸发器出口温度传感器与 ECU 的连接图及电路图如图 4-12 所示。

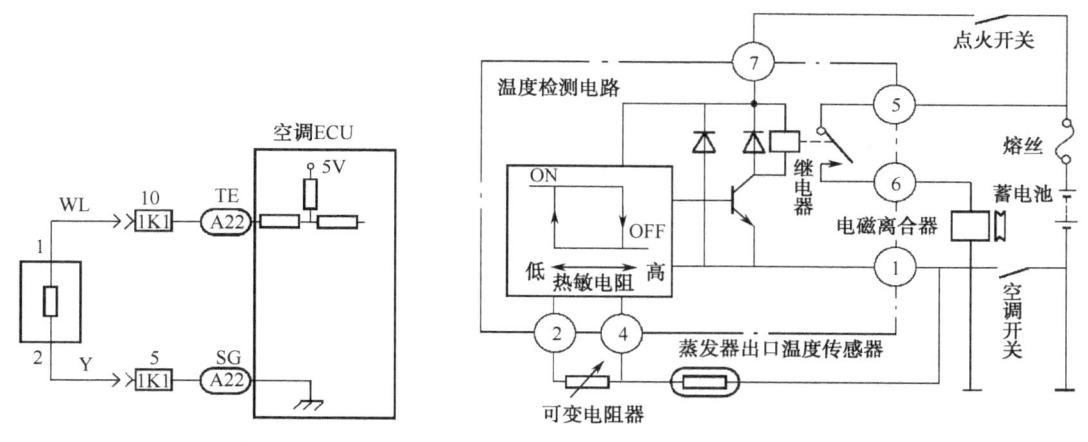

图 4-12 蒸发器出口温度传感器与 ECU 的连接图及电路图

（2）蒸发器出口温度传感器的检测方法

若空调系统发生了故障，且在蒸发器的制冷剂出口处，即高压管路上出现了结冰现象（即冰堵），同时压缩机不能正常工作，则蒸发器出口温度传感器的连接电路可能出现断路或短路的故障，此时应对蒸发器出口温度传感器进行检测，检测方法如下。

① 检查蒸发器出口温度传感器和空调控制器总成之间的连接器及导线的连接情况，检查空调控制器总成的状况。

② 断开点火系统，拆下蒸发器出口温度传感器，用万用表电阻挡测量传感器两接头端子之间在不同温度下的电阻值，应符合一定的标准参考值（可查阅相关资料），且随温度的升高电阻值明显减小；若不符合，则应更换出口温度传感器。

4．日照传感器

（1）日照传感器的结构、工作原理

车用空调日照传感器可把日光照射量的变化转化为电流值变化信号检测出来，用于调整车用空调器吹出的风量和温度。如图 4-13 所示为日照传感器的结构。日照传感器由壳体、滤光片及光电二极管组成，它是利用光敏二极管来检测日照变化情况的。光敏二极管对日照变化反应灵敏，而自身不受温度的影响，它把日照变化转换成电流，根据电流的大小就可知道准确的日照量。日照传感器的特性如图 4-14 所示。日照传感器之所以可以用于汽车空调系统，是因为这种传感器不受周围温度影响，可以利用它准确地检测出日照对温度的影响，并把此信息送入计算机中，以便计算机修正日照所引起的车内温度升高。

日照传感器安装在仪表盘的上侧，这里容易检测到日照的变化。而空气是靠抽风机吸入的，如图 4-15 所示。

（2）日照传感器的检测

① 拆下日照传感器，用万用表检测日照传感器电路中传感器的两端。当电灯照射时，其端电压应该小于 4V；但用布包盖传感器时，其端电压为 4~4.5V；取出布包，将电灯慢慢

远离传感器，传感器两端电压应慢慢增大。

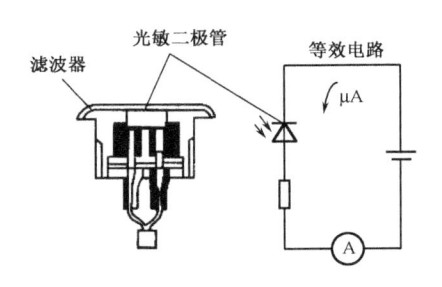

图 4-13　日照传感器的结构

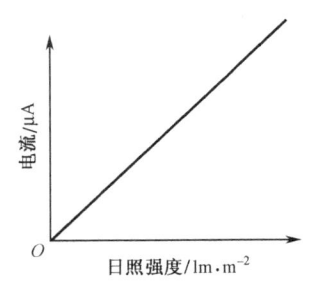

图 4-14　日照传感器的特性

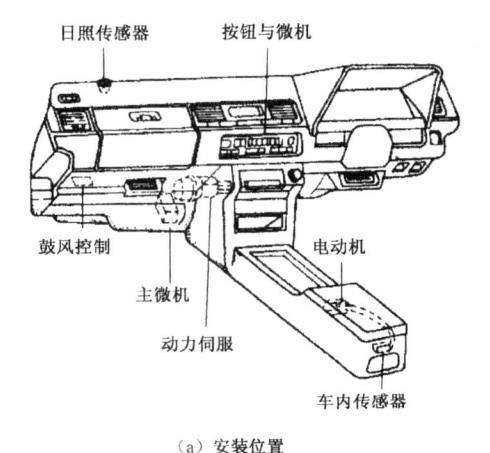

(a) 安装位置

(b) 工作状态

图 4-15　日照传感器的安装位置及工作状态

② 在黑暗中检查日照传感器的电阻，阻值应该无穷大，处于不导通状态。而用灯照射传感器，其电阻值应为 4kΩ，处于导通状态。当慢慢移开电灯时，其电阻值应逐渐增大。如用万用表测其电压为无穷大、电阻无穷小，则说明日照传感器内部已经短路，需要更换。

冷却液温度传感器在前面的章节已经详细叙述，在此不再赘述。

5. 典型汽车空调系统检测方法

（1）三菱帕杰罗汽车空调系统传感器检测方法

① 发动机冷却液温度传感器的检测方法

拔下发动机冷却液温度传感器的连接器，放出冷却水，拆下冷却液温度传感器。

将冷却液温度传感器浸入盛有水的烧杯中，用电热器加热，使水升温。

用万用表电阻挡检查，当水温为 114~118℃ 时，传感器开关两端子间应导通。如果检测结果不符合上述规律，则说明冷却液温度传感器有问题，应进行修理或更换。

② 高低压力开关的检测方法

装上歧管压力表，拔开高低压力开关配线连接器，使发动机以中等转速稳定运转。压力开关导通时，用万用表电阻挡测歧管压力表上的压力。

- 低压侧

在高低压力开关低压侧,当压力为 2.15~2.55kPa 时,压力开关应导通;压力为 1.90~2.15kPa 时,压力开关不导通。

- 高压侧

在高低压力开关高压侧,当压力为 25~29kPa 时,压力开关应导通;压力为 19~23kPa 时,压力开关不导通。

如果压力开关导通情况不符合上述要求,则应更换该开关。

③ 空气热敏传感器和进风口传感器的检测方法

拔开空气热敏传感器和进气口温度传感器配线连接器,一边用电热吹风机或制冷剂改变传感器的温度,一边用万用表电阻挡监测传感器两端子间的电阻,其电阻值随温度变化而变化的规律如下:-20℃时电阻值应为 15~18kΩ,-10℃时电阻值应为 8~10kΩ,0℃时电阻值应为 5~7kΩ,10℃时电阻值应为 3~4kΩ,20℃时电阻值应为 1.5~2kΩ,40℃时电阻值应为 0.8~1kΩ,60℃时电阻值应为 500Ω。

如果检测的电阻值不符合上述要求,说明所检测的空气热敏传感器或进风口传感器有问题,应更换新件。

(2) 三菱戴芒特轿车空调系统传感器检测方法

① 车内温度传感器的检测方法

断开点火开关,拔开车内温度传感器配线连接器。车内温度传感器位于车顶的内衬上。用万用表电阻挡检查车内温度传感器两端子间的电阻,其在25℃时的电阻值为4kΩ。

如果测得数据不符合上述值,说明车内温度传感器有问题,应更换新件。

② 蒸发器温度传感器的检测方法

断开点火开关,拔开蒸发器温度传感器配线连接器。蒸发器温度传感器位于蒸发器总成的左侧。

用万用表电阻挡检查蒸发器温度传感器两端子间的电阻,其电阻值在25℃时的正常值应为 4kΩ。

如果测得的数值与上述值不相符,说明蒸发器温度传感器有故障,应予以更换。

③ 冷却液温度传感器的检测方法

断开点火开关,拔开冷却液温度传感器配线连接器。冷却液温度传感器位于蒸发器顶部的左侧。

用万用表电阻挡检测,在温度为 23~31℃时,冷却液温度传感器两端子间应导通。

如果不导通,说明冷却液温度传感器有故障,应更换新件。

④ 车外温度传感器的检测方法

断开点火开关,拔开车外温度传感器配线连接器。车外温度传感器位于鼓风电动机总成的顶部。

用万用表电阻挡检查车外温度传感器两端子间的电阻,其电阻值在 25℃时的正常值为 4kΩ。

如果测得的数值与上述的正常值不符,说明车外温度传感器有故障,应更换新件。

⑤ 日光传感器的检测方法

断开点火开关，拔开日光传感器配线连接器。日光传感器位于仪表板顶部的中央。

将电压表正表笔与日光传感器端脚①相接，负表笔与蓄电池负极相连，再将蓄电池正极与日光传感器端脚②相接，查看电压表的示值情况：用灯光照射日光传感器时，其电压值应为-0.1~-0.2V；用黑布遮住日光传感器时，其电压值应为0V。

如果测得的数值与上述的正常值不符，说明日光传感器有故障，应更换新件。

（3）丰田MR2轿车空调系统传感器检测方法

① 冷却液温度传感器的检测方法

断开点火开关，拔开冷却液温度传感器线束连接器，从发动机上拆下冷却液温度传感器。

将冷却液温度传感器和温度计放入盛有水的烧杯中，用电热器进行加热。

将万用表置于电阻挡，使两表笔与冷却液温度传感器两端子相连，并查看仪表读数。其电阻值随温度变化而改变的关系如下：

当温度为80℃时，电阻值应为1.55kΩ；

当温度为85℃时，电阻值应为1.35kΩ；

当温度为90℃时，电阻值应为1.19kΩ；

当温度为95℃时，电阻值应为1.05kΩ。

如果测得值与上述数据不符，说明冷却液温度传感器有故障，应更换新件。

② 蒸发器温度传感器的检测方法

断开点火开关，拔开蒸发器温度传感器线束连接器，从蒸发器上拆下蒸发器温度传感器。

将蒸发器温度传感器和温度计放入盛有冰水的烧杯中，如图4-16所示。

将万用表置于电阻挡，使两表笔与蒸发器温度传感器两端相连，并查看仪表读数。其电阻值随温度改变而变化的关系如下：

当温度为-1℃时，电阻值为4.7~5.4 kΩ；

当温度为0℃时，电阻值为4.5~5.2 kΩ；

当温度为1℃时，电阻值为4.3~4.9 kΩ；

当温度为2℃时，电阻值为4~4.7 kΩ；

当温度为3℃时，电阻值为3.8~4.4 kΩ。

如果测得的数据与上述值不符，说明蒸发器温度传感器不良，应换新件。

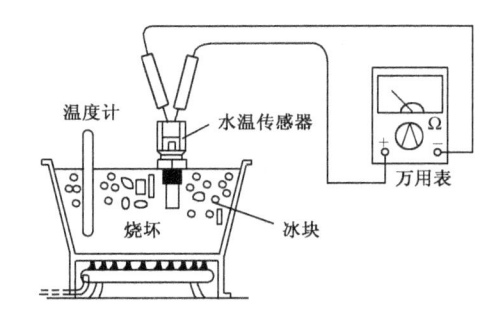

图4-16 蒸发器温度传感器检测示意图

4.3 雨滴传感器

在雨滴传感刮水系统上，雨滴检测传感器检测出雨量，并利用控制器将检测出的信号进行变换，根据变换后的信号自动地按雨量设定刮水器的间隙时间，以便随时控制刮水电动机。

雨滴传感器的工作原理有几种，有的是根据雨滴冲击能量的变化进行检测（压电式）的；有的是根据水的介电常数引起静电电容的变化进行检测的；也有的是利用雨滴的光量变化进行检测的。本节主要介绍第一种。

1. 压电式雨滴传感器

压电式雨滴传感器由振动板、压电元件、放大器、壳体及阻尼橡胶构成，如图4-17所示，其核心部分是压电元件。

振动板的功用是接收雨滴冲击的能量，按自身固有的振动频率进行弯曲振动，并将振动传递给内侧压电元件上，压电元件把从振动板传递来的变形转换成电压信号。雨滴检测用传感器上的压电元件结构如图4-18（a）所示。它是在烧结钛酸钡陶瓷片两侧加真空镀膜电极制成的，当压电元件上出现机械变形时，两侧的电极上就会产生电压，如图4-18（b）所示。当雨滴滴落在振动板上时，压电元件上就会产生电压，电压大小与加到板上的雨滴的能量成正比，一般为0.5~300mV。放大电路将压电元件上产生的电压信号放大后再输入到刮雨器放大器中。放大器由晶体管、IC块、电阻、电容等部件组成。

雨滴传感器安装在车身外部，其壳体要求密封良好，并用不锈钢材料做成。

振动板要通过阻尼橡胶才能在外壳上保持弹性，阻尼橡胶除了可以屏蔽车身传给外壳的高频振动外，它的支撑刚性还可以避免对振动极的振动工况产生干扰。

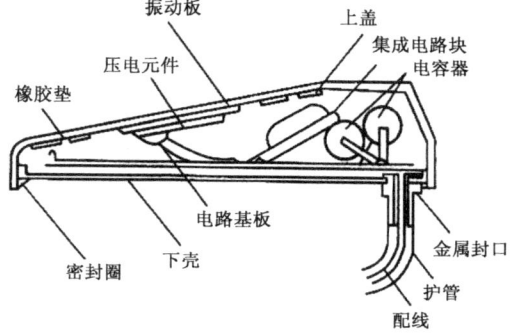

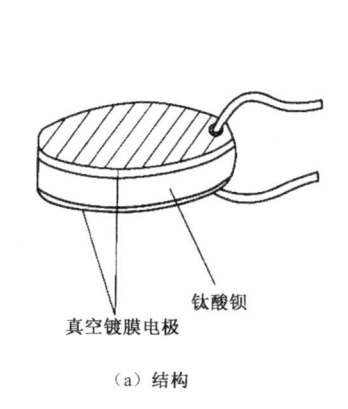

图4-17 压电式雨滴传感器的结构

（a）结构　　　　　　　（b）工作原理

图4-18 压电元件结构及工作原理

2. 间歇式刮水系统

汽车上所用的间歇式刮水系统的构成如图 4-19 所示。该系统由雨滴传感器代替了无级调整式间歇刮水器系统内设定刮水间歇时间的可变电阻器。雨滴传感器安装在发动机盖板上，从其承受的雨滴强度与频率感知雨量的大小。间歇式刮水系统根据实际雨量自动控制雨刷器动作次数，使它在 3~52 次/分钟范围内变化。为使小雨中汽车行驶方便，刮水器可置于"AUTO"（自动）挡位，如果想使刮水器任意动作，可按下"MIST"开关，则刮水器在按下状态中，以"LOW"方式动作。无雨时，如将刮水器置于"AUTO"位置，则刮水器将以 3 次/分钟的速度间歇动作。

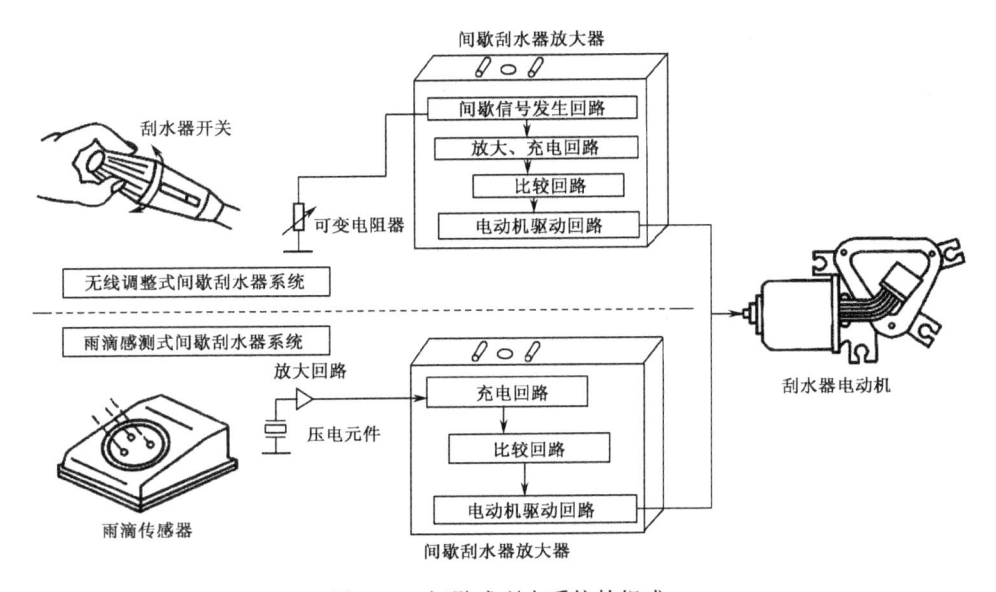

图 4-19 间歇式刮水系统的组成

工作时，雨滴传感器将雨量的大小转变为与之相对应的电信号，经放大后送入间歇控制电路，给充电电路进行充电，使充电电路中电容两端电压上升，当电压上升至与基准电压相等时，驱动电路使刮水电动机工作一次，雨量越大，感应出的电信号越强，充电速度越快，间歇工作频率越高，相反工作频率越低。但当雨量很小时，雨滴传感器没有电压信号输出，只有定时电路对充电电路进行定时充电，一段时间后，充电电路的输出电压与基准电压相等，刮水器动作一次。根据下雨量的大小，电路可以实现无级调速。

图 4-20 所示为自动刮水器控制系统电路图，当雨滴触及传感器表面时，在传感器内部产生随雨滴强度和频率变化的电压（A 点在压电元件上发生与雨滴运动能量成正比的电压波形），该电压波形经传感器内部放大电路放大（B 点），储入功率放大器内的充电电路。当储入充电电路的电压信号达到一定值（V_0）时，经过比较电路输入刮水器驱动电路，刮水器随即开始动作。

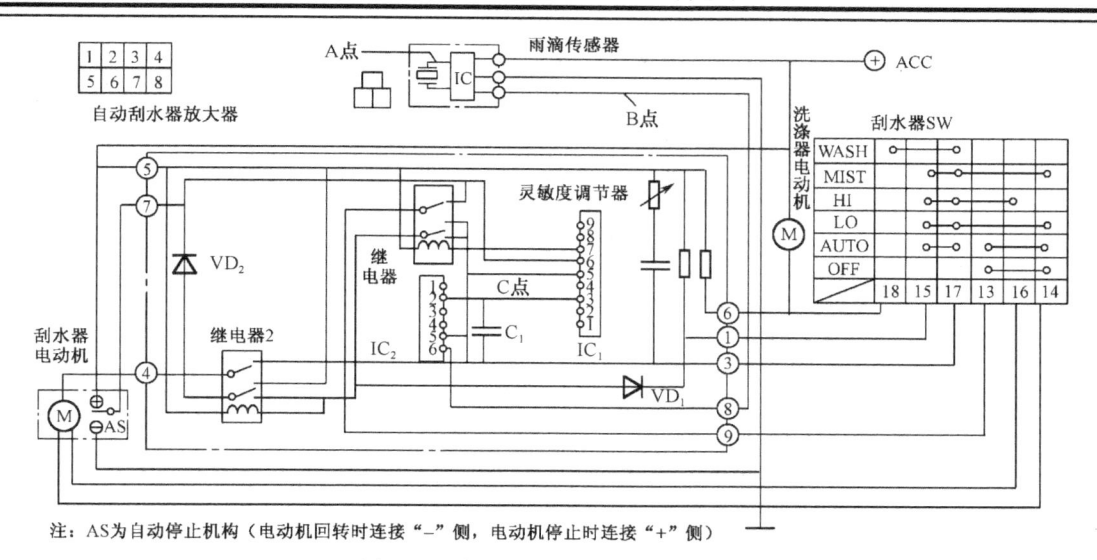

图 4-20 自动刮水器控制系统电路图

由于间歇时间（T）与充电电路电压达到 V_0 的速度成正比，所以雨滴能量越高，车速越快，间歇时间也越短；反之则长。

3. 其他两种雨滴传感器的简介

对利用静电电容量变化的雨滴检测传感器来说，因水与空气的介电常数不同，所以当极上附着雨水时，静电电容量就会发生变化，利用这种静电电容量的变化形成振荡电路，则振荡频率就会随着雨量的变化而变化。将此频率信号输入到控制器中后，就可以设定间歇刮水器的工作时间。

对利用光量变化的雨滴检测传感器来说，它是利用发光元件发出的发光波形来工作的。在不下雨时，感光波形与发光波形是一样的；在下雨时，受雨滴的影响，光被搅乱，所以感光波形的振幅发生变化，随雨滴的大小、雨量的大小、光波形的振幅成正比地衰减，所以测出振幅变化的峰值再输入至控制器中，就可以设定出间歇刮水器的工作时间，其工作时间与振幅变化的峰值成正比。

4.4 安全气囊系统用传感器

碰撞传感器一般用于安全气囊系统中，是安全气囊系统中主要的信号输入装置。其作用是在汽车发生碰撞时，检测汽车碰撞强度的信号，并将信号输入给安全气囊 ECU，安全气囊 ECU 根据碰撞传感器传送的信号来判断是否引爆气体发生器使气囊充气。

在汽车安全气囊系统中，碰撞传感器分为三种：前碰撞传感器、中央碰撞传感器和安全传感器。前碰撞传感器一般安装在汽车前部（前保险杠后及前翼子板下），其作用是在汽车碰撞时检测碰撞强度。中央传感器一般安装在安全气囊 ECU 内部，用来检测碰撞时汽车的减速度，如图 4-21 所示。一般将前碰撞传感器和中央传感器统称为碰撞信号传感器。碰撞信号传感器将检测到的汽车碰撞信号输入到安全气囊系统的 ECU 中，安全气囊 ECU 根据碰撞信号传感器传送的信号来判断是否引爆气体发生器使气囊充气。

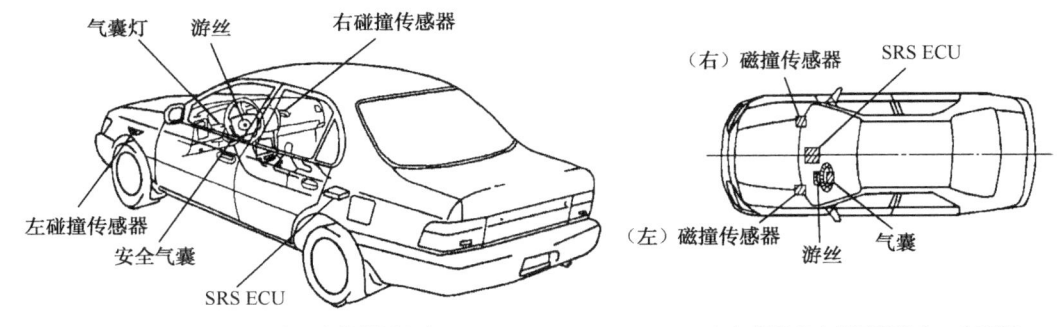

(a) 左、右挡泥板上方

(b) 驾驶室内前下部的左、右两侧

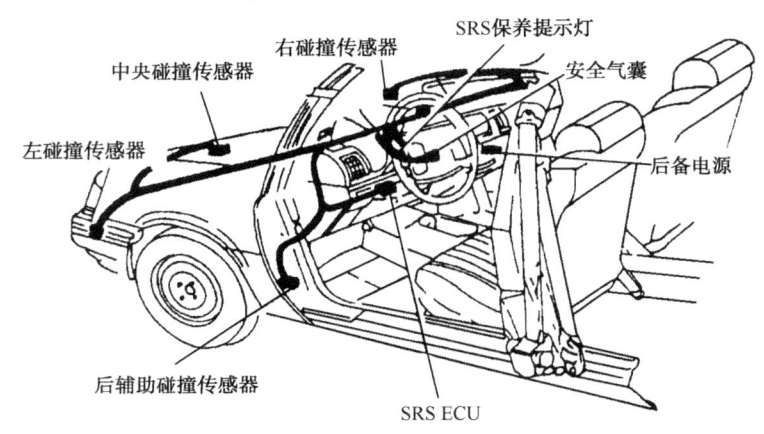

(c) 前保险杠附近

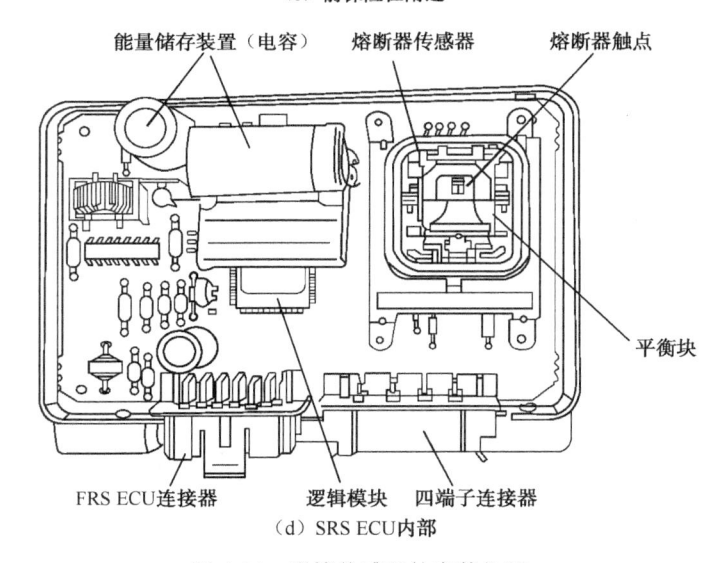

(d) SRS ECU 内部

图 4-21 碰撞传感器的安装位置

安全传感器也叫防护传感器，主要用来防止安全气囊系统在非碰撞的情况下发生误引爆。安全传感器也安装在安全气囊ECU内部，通常有两个安全传感器。

在安全气囊系统中，前碰撞传感器和中央碰撞传感器之间为并联关系，而前碰撞传感器、中央碰撞传感器与安全传感器之间为串联关系，即只有当安全传感器与任何一个碰撞信号传感器同时接通时，安全气囊的点火引爆电路才能接通，气囊才能引爆充气。如果不设置安全传感器，一旦碰撞信号传感器的信号端子短路，气囊点火器电路就会接通，那么气囊就会引爆充气，意外造成气囊误打开，从而造成不必要的损失。

碰撞信号传感器与安全传感器的结构原理基本相同，区别在于设定的减速度阈值有所不同。减速度阈值的设定原则是：碰撞信号传感器的减速度阈值比安全传感器的减速度阈值要稍大。

1. 前碰撞传感器

前碰撞传感器一般为机械式的，它相当于一只控制开关，其工作状态取决于汽车碰撞时减速度的大小。机械式前碰撞传感器利用机械运动（滚动或转动）来控制传感器中常开触点的动作，再由触点的打开与闭合来控制气体发生器电路的导通与截止。常用的机械式碰撞传感器有滚球式、偏心锤式和滚轴式三种。

（1）滚球式碰撞传感器的结构、工作原理

图4-22所示为奥迪轿车使用的滚球式碰撞传感器的外形和内部结构，主要由铁质滚球、永久磁铁、导缸、固定触点和壳体组成。两个触点分别与传感器引线端子连接，滚球在导缸内可移动或滚动。壳体上印制有箭头标记，方向与传感器的结构有关，有的规定指向汽车的前方，有的规定指向汽车的后方，因此安装传感器时，箭头方向必须符合该车型使用说明书的规定。

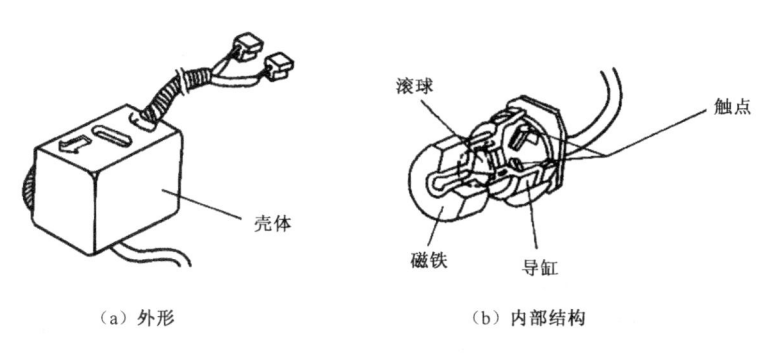

（a）外形　　　　（b）内部结构

图4-22　滚球式碰撞传感器

滚球式传感器的工作原理如图4-23所示。当传感器处于静止状态时，在永久磁铁磁力的作用下，导缸内的滚球被吸向磁铁，两个触点与滚球分离，传感器电路处于断开状态，如图4-23（a）所示。当汽车发生碰撞且减速度达到设定值时，滚球所产生的惯性力将大于永久磁铁的吸引力。滚球在惯性力作用下就会克服磁力沿导缸向两个固定触点运动并将两个固定触点接通，如图4-23（b）所示，此时传感器将碰撞信号传送给安全气囊ECU。

（a）静止状态　（b）工作状态

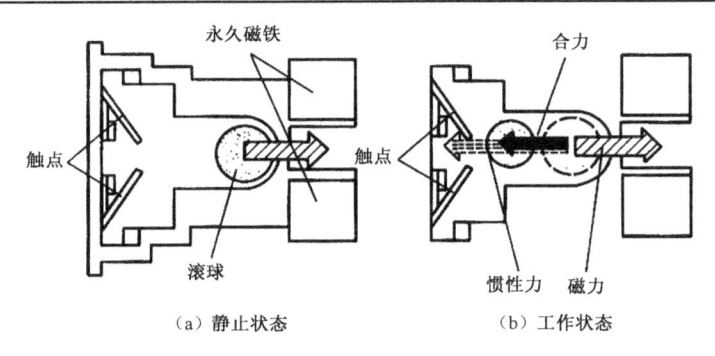

图 4-23　滚球式传感器工作原理

（2）偏心锤式传感器的结构、工作原理

如图 4-24（a）所示为偏心锤式传感器的结构，该传感器由壳体、偏心转子、偏心重块、固定触点、旋转触点等部分组成。如图 4-24（b）所示，在传感器外还固定有一个电阻 R，电阻 R 的作用是对系统进行自检时，检测安全气囊 ECU 与碰撞传感器之间的连接导线是否断路或短路。

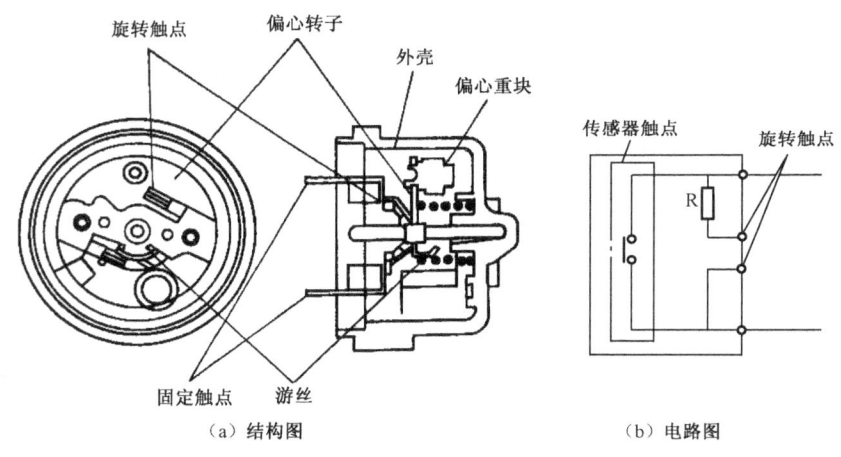

（a）结构图　（b）电路图

图 4-24　偏心锤式传感器的结构

偏心锤式传感器的工作原理如图 4-25 所示。在正常情况下偏心转子和偏心重块在螺旋弹簧弹力的作用下，顶靠在与外壳相连的止动块上。此时，旋转触点与固定触点不接触，开关处于断开状态，如图 4-25（a）所示。当汽车发生碰撞时，偏心重块由于惯性力将带动偏心转子克服弹簧弹力而产生偏转。当碰撞强度达到设定值时，偏心转子旋转触点与固定触点接触而闭合，如图 4-25（b）所示。此时碰撞传感器向安全气囊 ECU 输入导通信号，安全气囊 ECU 只有收到碰撞传感器输入的导通信号时，才能引爆气体发生器，使安全气囊充气。

（3）滚轴式传感器的结构、工作原理

丰田、本田和三菱汽车安全气囊系统采用了滚轴式碰撞传感器，其结构如图 4-26 所示。其结构主要由止动销、滚轴、滚动触点、固定触点、底座和片状弹簧组成。片状弹簧与传感器的一个引线端子连接，一端固定在底座上，另一端绕在滚轴上；滚动触点固定在滚轴部分的片状弹簧上，并可随滚轴一起转动。固定触点与片状弹簧绝缘固定在底座上，并与传感器的另一个端子连接。

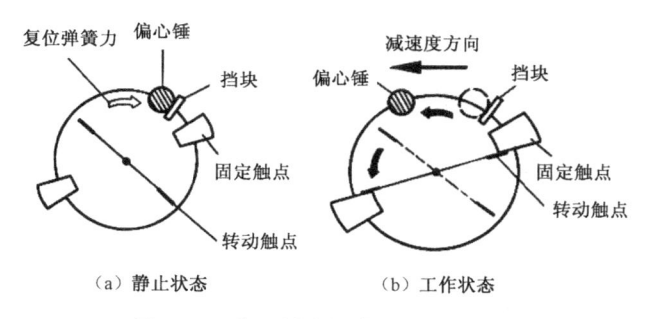

图 4-25 偏心锤式传感器的工作原理

当传感器处于静止状态时，滚轴在片状弹簧的弹力作用下滚向止动销一侧，滚动触点与固定触点处于断开状态，如图 4-26（a）所示。当汽车遭受碰撞时，滚轴的惯性力大于片状弹簧的弹力，惯性力就会克服弹簧弹力使滚轴向前滚动，将滚动触点与固定触点接通，如图 4-26（b）所示，从而接通安全气囊的搭铁回路。

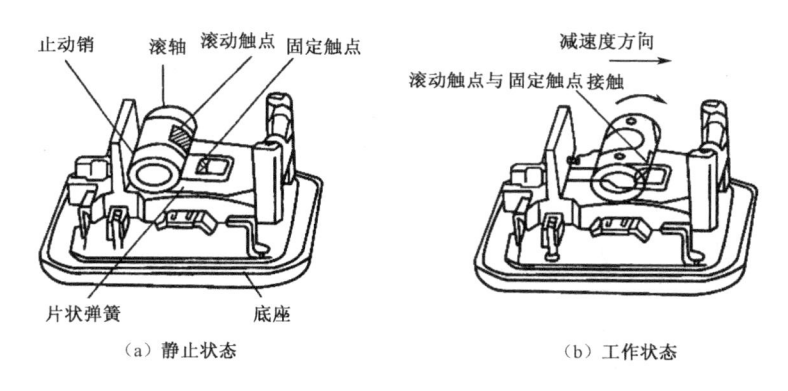

图 4-26 滚轴式碰撞传感器结构原理

2．中央碰撞传感器

中央碰撞传感器又称为中央加速度传感器，检测汽车碰撞时的减速度，根据碰撞减速度的大小来确定是否要引爆气体发生器。中央碰撞传感器一般采用电子式的，图 4-27 所示为中央碰撞传感器的外形及电路图。中央碰撞传感器的结构是一个半导体压力传感器，半导体应变片两端被悬臂架压住。当汽车发生碰撞时，半导体应变片在悬臂架惯性力作用下发生弯曲应变，受压后的半导体应变片的电阻值产生变化，电阻的变化引起动态应变仪输出电压 U_S 的变化。汽车的速度越大，碰撞后产生的减速度越大，传感器输出的电压越大。由于半导体压力传感器输出特性受温度影响，因此常采用晶体管的基极-发射极间的电压变化来对温度进行修正。安全气囊 ECU 根据碰撞信号的分析处理，若需要引爆安全气囊，安全气囊 ECU

便会接通点火电路,如此时前碰撞传感器的触点同时也闭合,则气体发生器的电路接通,安全气囊被引爆。

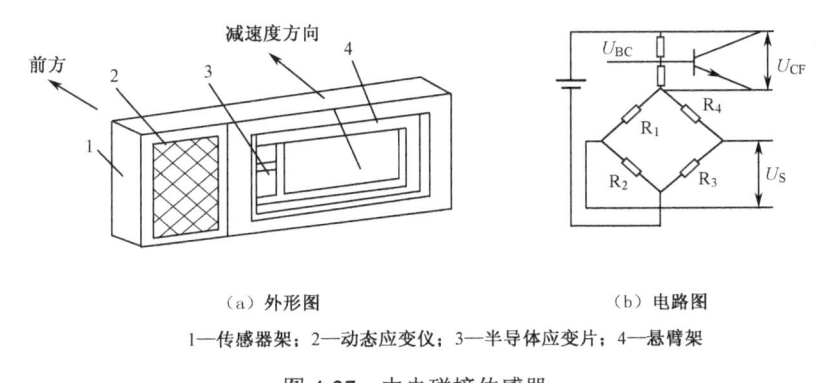

(a) 外形图　　　　　　　　(b) 电路图

1—传感器架；2—动态应变仪；3—半导体应变片；4—悬臂架

图 4-27　中央碰撞传感器

(1) 电阻应变计式碰撞传感器的结构、工作原理

电阻应变计式碰撞传感器由德国博世公司研制生产,该传感器的结构如图 4-28 (a) 所示,主要由电子电路、电阻应变计、振动块、缓冲介质和壳体等组成。电子电路包括稳压与温度补偿电路 W、信号处理与放大电路 A。应变计的电阻 R_1、R_2、R_3、R_4 制作在硅膜片上,如图 4-28 (b) 所示。当膜片产生变形时,电阻应变计的电阻值就会发生变化。为了提高传感器的检测精度,电阻应变计一般都连接成桥式电路,并设计有稳压和温度补偿电路,如图 4-28 (c) 所示。

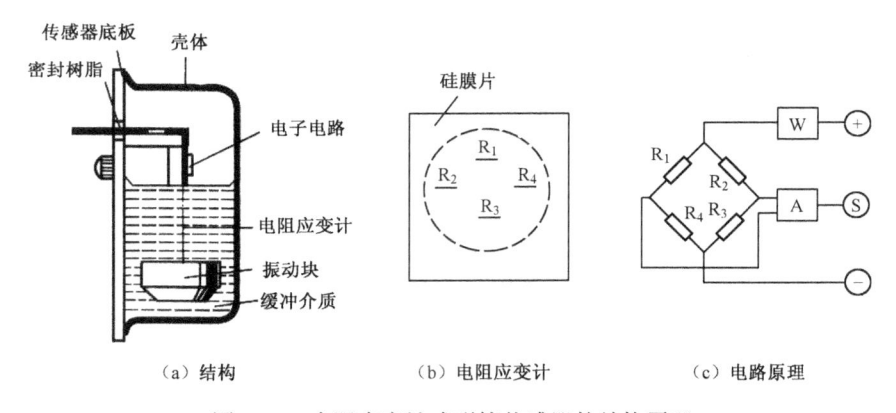

(a) 结构　　　　(b) 电阻应变计　　　　(c) 电路原理

图 4-28　电阻应变计式碰撞传感器的结构原理

当汽车遭受碰撞时,振动块振动,缓冲介质随之振动,应变计的应变电阻产生变形,电阻值随之发生变化,经过信号处理与放大后,传感器 S 端输出的信号电压就会发生变化。安全气囊 ECU 根据电压信号强弱即可判断碰撞的强度,即碰撞激烈程度。如果信号电压超过设定值,安全气囊 ECU 就会立即向点火器发出点火指令引爆点火剂,使充气剂受热分解产生气体。

（2）压电效应式碰撞传感器的结构、工作原理

汽车安全气囊系统用压电效应式碰撞传感器的压电晶体通常是石英或陶瓷材料的。压电效应是指压电晶体在压力作用下，晶体外形发生变化进而使其输出电压发生变化，如图 4-29 所示。在压力的作用下，压电晶体的外形和输出电压就会发生变化。

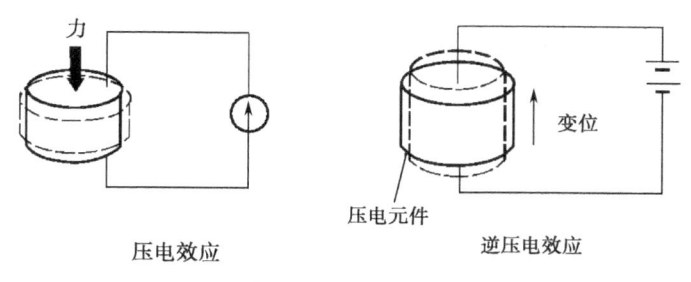

图 4-29 压电效应

当汽车遭受碰撞时，传感器内的压电晶体在碰撞产生的压力作用下，输出电压就会变化。安全气囊 ECU 根据电压信号强弱便可判断碰撞的强度。如果电压信号超过设定值，安全气囊计算机就会立即向点火器发出点火指令，引爆点火剂给安全气囊充气，安全气囊膨开，达到保护驾驶员和乘员的目的。

随着各种传感器新技术的出现，新型传感器出现在汽车安全气囊系统中。现在不少汽车生产厂商使用 MEMS 加速度传感器来替代老式的电子式加速度传感器，这使得安全气囊系统的反应更加灵敏，系统更加可靠。

3．安全传感器

和中央碰撞传感器装在一起的还有安全传感器，其安装位置如图 4-30 所示。它是一个水银开关，其结构如图 4-31 所示。水银开关可以精确地测定由很大的纵向减速度产生的惯性力，发出的信号准确度高，用来防止因轿车紧急制动、跨越沟堑时的振动而发生的"误爆"。

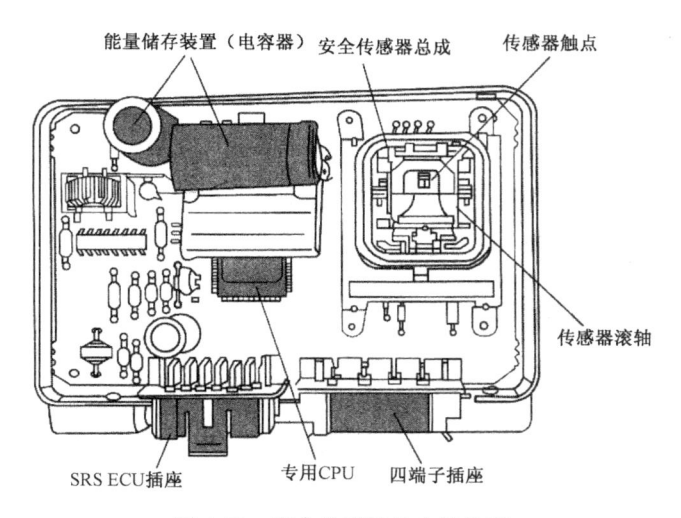

图 4-30 安全传感器的安装位置

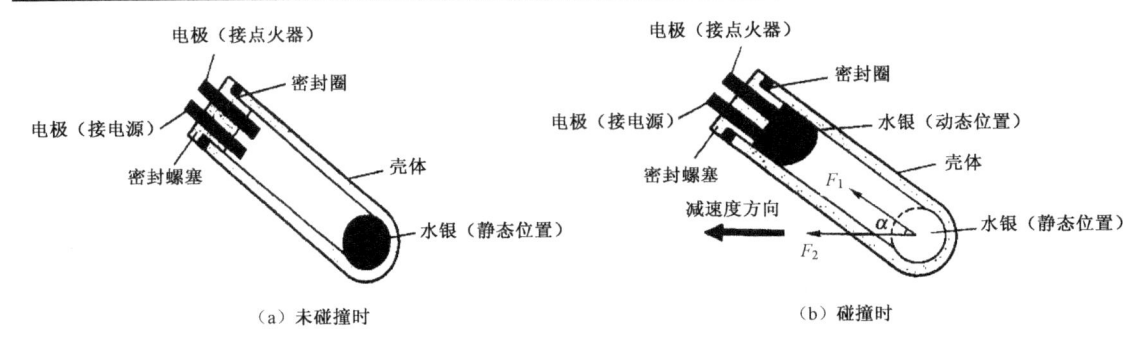

图 4-31 水银开关式安全传感器的结构原理

正常情况下，水银因自重而保持在倾斜绝缘管的下部，如图 4-31（a）所示。在受到轿车行驶或制动时的减速度惯性力的作用时，虽然不断地振荡，但水银不会与上面的两个触点相接触，不能产生任何信号，电路保持常开状态。当轿车发生碰撞而且减速度达到或超过规定值时，水银受到巨大的碰撞惯性力的作用，发生剧烈振荡，水银溅起到倾斜绝缘管的上部，如图 4-31（b）所示，使电流输入触点与电流输出触点接通，并将强烈的碰撞信号输入到中央电子控制器（ECU）中，经 ECU 处理和判断后，决定是否引爆安全气囊。

安全传感器设定的减速度值比前碰撞传感器和中央碰撞传感器的要小一些，只是在轿车发生前面碰撞时才对碰撞减速度做出响应。即使碰撞传感器或中央传感器产生并输出了信号，但只要安全传感器没有信号输出，中央控制 ECU 则判定车辆没有发生碰撞。这样可以防止轿车在紧急制动、跨越沟堑时的振动情况下不正常地引爆安全气囊，以提高安全气囊系统的可靠性。

最新式的安全传感器是一种带有舌簧触点的"机电安全传感器"。它采用一个磁性开关，能够持续地输出信号，根据信号的强度，再由中央控制 ECU 判定是否引爆安全气囊，以避免发生安全气囊的"误爆"。这种传感器比水银安全传感器更加先进。

传感器的发展和进步，标志着安全气囊技术的发展和进步。现代安全气囊系统进一步改变了传感器布置分散、导线配置复杂、检修困难等技术问题。新一代的传感器具有高的灵敏度和良好的可靠性，并采用了有效措施来避免噪声的干扰。传感器逐渐与中央电子控制器组合，集成化中央电子控制系统。

4．碰撞传感器的检测

碰撞传感器检测注意事项如下。

（1）在检查 SRS 安全气囊系统部件之前，应先关闭点火开关，拔下 SRS 系统熔断器，防止 SRS 系统电路触点误触。

（2）SRS 安全系统电器零件均一次性使用，绝不能修复碰撞传感器，左前和右前碰撞传感器更换时应同时更换。在更换碰撞传感器时应使用新品，不能使用其他不同型号车辆上的零部件。

（3）在检修汽车其他系统时，应特别注意 SRS 系统电路连线是用黄色导线与其他系统电线相区别的，在检修之前应关闭点火开关，拆下 SRS 系统熔断器，防止 SRS 系统带电。

（4）安全气囊系统的水银开关式防护传感器在更换后，不能随意扔掉，因为水银有毒，应作为有害物品处理。

(5) 当碰撞传感器摔碰或其壳体、支架、导线连接器有损伤时，应当更换新件。

(6) 前碰撞传感器和 SRS 系统的其他部件不能放在太阳下暴晒或接近火源。

(7) 在 SRS 系统的零部件表面均标有标牌或注意事项，使用时应遵照执行。

(8) 碰撞传感器的动作有方向性，安装时应注意传感器壳体上的箭头的指向，一定要按规定方向安装。日本尼桑和马自达汽车使用说明书规定指向汽车后方，丰田汽车前碰撞传感器安装时则要求传感器壳体上的箭头必须指向汽车前方。

(9) 前碰撞传感器的定位螺栓和螺母都经过了防锈处理，拆卸或更换前碰撞传感器时，必须同时更换螺栓和螺母。

(10) 前碰撞传感器的导线插接器装有电路连接诊断机构。安装连接器时，插头和插座应当插牢固。当连接器插头与插座未插牢时，自诊断系统会检测出来，视为故障，并将以故障码的形式存入存储器中。

5. 具体车型检测实例

下面以凌志 LS400 轿车安全气囊系统碰撞传感器为例，讲解其检测方法。

表 4.1 为丰田凌志 LS400 轿车 SRS ECU 计算机插座端子名称及检测数据。

表 4.1 丰田凌志 LS400 轿车 SRS ECU 电脑插座端子名称及检测数据

代号	端子代号	端子名称	电路参数
1	IG1	电源（ECU—IG 熔断器）	点火开关置于 OFF 时：0V 点火开关置于 ACC 时：12V
2	-SR	右前（RH）碰撞传感器-	两端子间电阻为：755~885Ω
3	+SR	右前（RH）碰撞传感器+	
4	+SL	左前（LH）碰撞传感器+	两端子间电阻为：755~885Ω
5	-SL	左前（LH）碰撞传感器-	
6	+B	蓄电池电源（ECU—B 熔断器）	12V
7	IG_2	电源（IGN 熔断器）	点火开关置于 OFF 时：0V 点火开关置于 ON 时：12V
8	E_2	搭铁	0V
9	LA	SRS 指示灯	灯亮时：0V；灯灭时：12V
10	D-	安全气囊组件点火器-	—
11	D+	安全气囊组件点火器+	—
12	T_C	SRS 诊断触发端子	12V
13	E_1	搭铁	0V
14	ACC	电源（CIG）	点火开关置于 OFF 时：0V 点火开关置于 ACC 时：12V
A	—	电路连接诊断端子	—
B	—	电路连接诊断端子	—

(1) 前碰撞传感器电路检查

拔下 SRS ECU 电脑连接器插头，检测插头上+SR 与-SR 端子、+SL 与-SL 端子间电阻，如图 4-32 所示，正常电阻值应为 755~885Ω。如果电阻值不在规定范围，说明端子+SR、-SR、+SL 或-SL 至前碰撞传感器之间的线束搭铁或前碰撞传感器电路有故障。

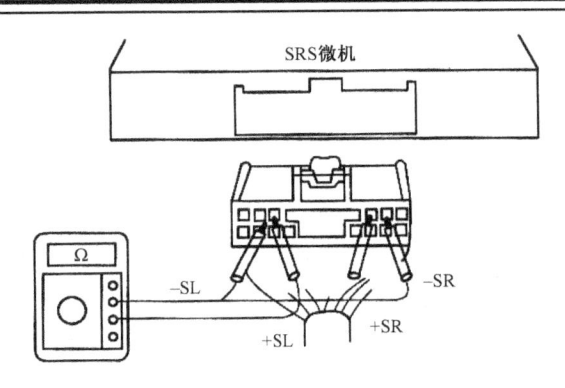

图 4-32 前碰撞传感器电路检查

（2）前碰撞传感器搭铁情况检查

检测+SR、-SL 端子与车身搭铁之间的电阻，如图 4-33 所示，正常值应为无穷大。如果电阻值为无穷大，说明线束良好，故障发生在传感器，碰撞传感器需要更换；如果电阻值不为无穷大，说明端子+SR 或+SL 至前碰撞传感器之间的线束搭铁，需要修理或更换线束。

（3）前碰撞传感器电阻检查

脱开前碰撞传感器线束连接器插头，用万用表测量传感器插头各端子之间的电阻值，如图 4-34 所示。各端子间电阻值应符合表 4.2 规定值；如果不符合规定值，则应更换碰撞传感器。

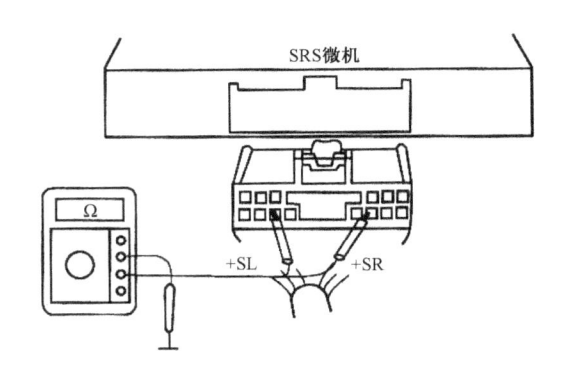

图 4-33 前碰撞传感器搭铁检查 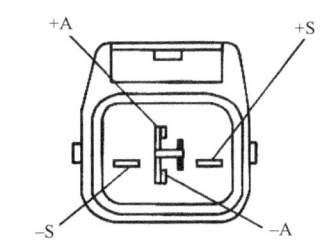　　图 4-34 前碰撞传感器电阻检查

表 4.2　前碰撞传感器电阻值

被测端子代号	标　准　值
+S、+A	755~885Ω
+S、-S	∞
-S、-A	<1Ω

（4）前碰撞传感器的电压检测

将蓄电池负极电缆端子接好，打开点火开关，用电压表在 SRS 电脑线束插头上检测+SR、+SL 端子与车身搭铁之间的电压，如图 4-35 所示，正常电压应为 0V。如果电压超过 0V，说明端子+SR 或+SL 至前碰撞传感器之间的线路与电源线搭铁短路，需要修理或更换线束与连接器。

（5）SRS ECU 计算机至前碰撞传感器之间线路检查

拔下 SRS 计算机线束连接器插头，分别用导线将插头上的端子+SR 与-SR、+SL 与-SL 连接起来。然后拔下前碰撞传感器线束插头，用万用表检测传感器插头上的端子+SR 与-SR、+SL 与-SL 之间的电阻值，如图 4-36 所示，正常值应小于 1Ω。如果电阻值大于 1Ω，说明前碰撞传感器至 SRS 计算机之间线束断路或接触不良，应当修理或更换。

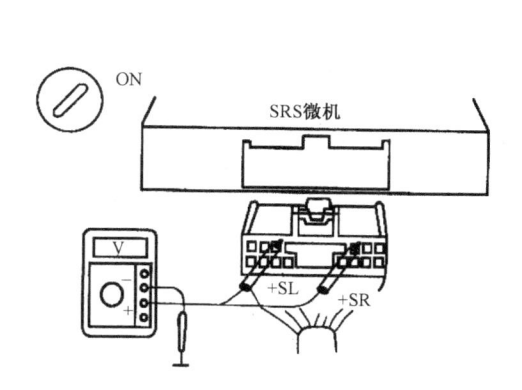

图 4-35　前碰撞传感器电压检测

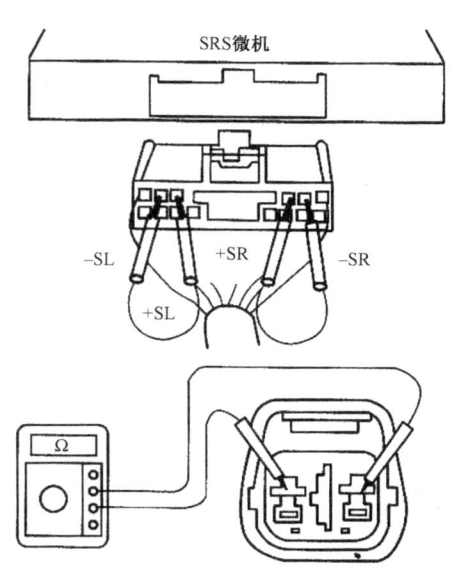

图 4-36　检查前碰撞传感器线路是否断路

4.5　倒车用超声波传感器和激光传感器

随着电子技术的发展、汽车控制水平的提高，汽车控制系统正由仅对车辆自身控制向根据车辆周围环境与状况进行控制发展，因此就需要车辆控制系统对车辆周围的情况进行准确的识别。此项技术的关键是车身周围识别用传感器。

1. 超声波传感器

一般把人耳听不到的高频声波称为超声波。超声波具有波长较短、衍射小、反射强的特点，很适合应用于测距方面。超声波传感器的成本很低，很早以前批量生产作为倒车传感器及转向传感器使用，主要用于检测近距离的障碍物。在倒车及低速时，传感器发出超声波，再测定超声波遇到障碍物后返回的时间，将时间转换为距障碍物的距离，并按距离用不同的报警声及显示等提醒司机。

超声波传感器主要由能产生超声波和接收超声波的装置以及信号处理装置构成，习惯上称为超声波换能器或超声波探头。超声波探头有压电式、磁致伸缩式、电磁式等，汽车用的超声波传感器主要是压电式。

(1) 压电式超声波传感器的结构、工作原理

压电式超声波传感器采用了压电元件锆钛化铅，一般称为 PZT。这种传感器的特点在于它具有方向性，传感器用蜂鸣器的纸盒为椭圆形，其目的是使传感器的水平方向特性宽，而垂直方向受到限制，其结构如图 4-37 所示。

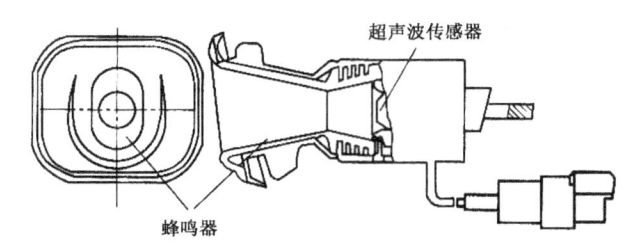

图 4-37 超声波距离传感器的结构

压电式超声波传感器的发射器是利用压电材料的压电效应工作的。当在压电材料上施加交变电压时，就会使压电元件产生机械振动从而产生超声波。压电材料的固有频率与晶体片厚度 d 有关，即

$$f = \frac{nc}{2d} = \frac{n}{2d}\sqrt{\frac{E}{\rho}} \qquad (4.5\text{-}1)$$

式中，$n=1$，2，3…是谐波的次数；c 为波在压电材料里传播的纵波速度；E 为杨氏模量；ρ 为压电晶体的密度。

由式（4.5-1）可知，超声波频率 f 与其厚度 d 成反比，压电晶片在基频做厚度振动时，晶片厚度 d 相当于晶片振动的半波长，可以依规律选择晶片厚度。压电晶片两面镀有银层作为导电的极板，底面接地，上面接至引出线。为避免直探头与被测件直接接触而磨损压电晶片，在压电晶片下粘合一层保护膜（0.3mm 厚的塑料膜、不锈钢或陶瓷片）。当外加交变电压的频率等于晶片的固有频率时产生共振，这时产生的超声波最强。

压电式超声波接收器一般是利用压电材料的逆效应进行工作的，其结构和超声波发生器基本相同，有时就用一个换能器兼做发生器和接收器两种用途。当超声波作用到压电材料上时会使压电材料收缩，在晶片的两个界面上便产生了交变电荷，这种电荷转换成电压经放大后送到测量电路，最后记录或显示出来。

汽车用超声波传感器根据探测距离分为短距离和中距离两种类型。短距离超声波传感器的检测距离约为 50cm，中距离超声波传感器的检测距离约为 2m。

(2) 采用超声波传感器的倒车系统

超声波传感器在汽车上的主要应用就是汽车倒车系统。汽车倒车系统采用的是中距离超声波传感器。此系统有两对超声波传感器，并均匀地分布在汽车后保险杠上，其中两个为发射器、两个为接收器，如图 4-38 所示，该系统由微机进行自动检测、控制、显示及报警。

障碍物的位置和显示器的关系如图 4-39 所示。其中 T_1、T_2 为倒车声纳系统的发射头，R_1、R_2 为接收头。发射头以 15 次/秒的频率向后发射 40kHz 的超声波脉冲，如果车后有障碍物，则超声波被反射到接收头，根据超声波的往返时间，可以确定障碍物到汽车的距离。距

离的表示用蜂鸣器告知，并用显示器亮灯表示，不同的距离采用不同的报警方式，从而可用不同的声音区别不同的距离范围。当距离为 1~2m 时，发出"嘟嘟"两声短音；当距离为 0.5~1m 时，发出"嘟嘟嘟"三声短音；当距离为 0.5m 以内时，发出"嘟"一声长音。

而障碍物的位置是根据不同传感器发射头与接收头的组合而获得的。在倒车时，微机控制左方发射头 T_1 与右方接收头 R_1 工作，覆盖左后方区域；用 T_2 和 R_1 覆盖正后方区域；用 T_2 和 R_2 覆盖右后方区域。这样，不同的组合巡回检测，即可确定障碍物在汽车后左、中或右的位置，如图 4-39 所示。

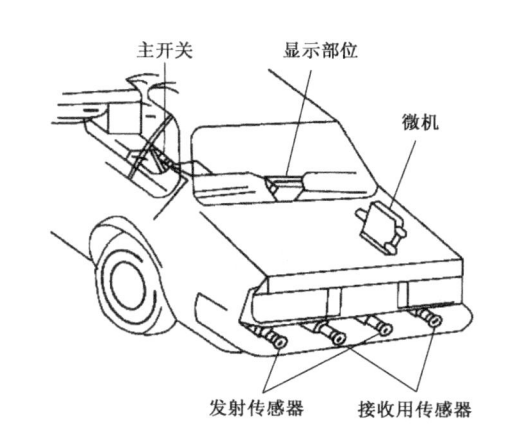

图 4-38　倒车系统组成

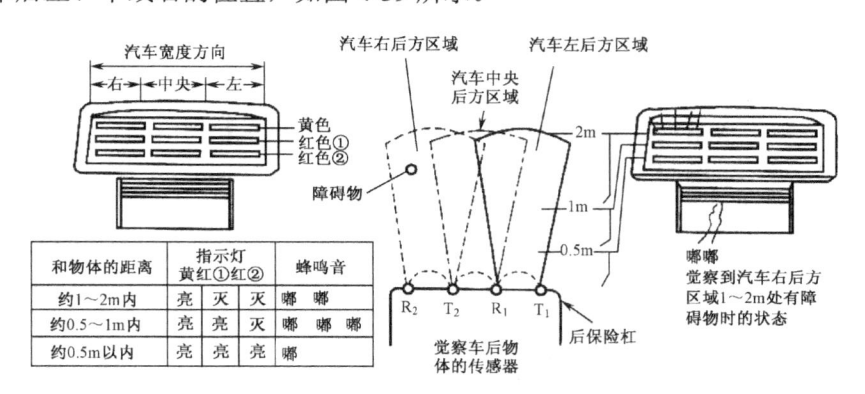

图 4-39　障碍物的位置和显示器的关系

（3）汽车倒车系统的检测

汽车倒车系统故障与维修方法见表 4.3。

表 4.3　汽车倒车系统故障与维修方法

序 号	问 题 点	可能原因	确认方法	维修方法
1	尚未进入倒车挡即发生长鸣现象	电源线与非倒车电源并接	确认电源是否与倒车挡电源并接	将电源线与倒车挡电源并接
2	进入倒车挡，但并无声音产生（倒车灯亮）	蜂鸣器插头未插或损坏 控制主机损坏	确认蜂鸣器插头和主机是否为 12V 确认主机是否损坏	将蜂鸣器插头插入 将插头插入控制主机中 更换主机
3	进入倒车挡时，为二短音	检测器未与车上线材连接 有一组检测器损坏	确认是否确实插入 使用新检测器调试（用代替方式）	将检测器拔起，重新插入 先更换其中一个检测器，确认是否仍为两短音，若是，则更换另一个
4	进入倒车挡，虽车后有障碍物，但无声音发生	检测器损坏 超过检测器范围 控制主机损坏 障碍物反射面积小	确认检测器是否损坏 确认障碍物是否在检测范围 换一个新控制主机，确认是否正常 反射面积是否大于 $25cm^2$	更换新检测器 使用卷尺测量待测距离 更换控制主机 要有足够的反射面积

续表

序 号	问 题 点	可能原因	确认方法	维修方法
5	进入倒车挡时,虽无障碍物,但蜂鸣器长鸣	检测器上沾有泥、水滴等异物检测器损坏	确认检测器上是否有异物,用另两组新的检测器,确实插入,确认是否正常	将检测器擦拭干净,确实插入主机中,确认是否正常更换检测器
6	进入倒车挡时,虽车后无障碍物,但蜂鸣器间歇鸣叫	检测器未安装在指定位置,检测器检测到凹凸不平地面	确认位置正确与否确认地面是否凹凸不平	调整检测器角度及位置移动车辆至平整地面再确认
7	在某些特定情况下系统总是工作不正常,其他情况正常	检测器受到其他声波的干扰	此情况下系统是好的	要消除干扰源

2. 激光传感器

激光测距与超声波测距的原理类似,它是利用从激光发射起到接收到物体反射回来的激光的时间来计算车辆到障碍物的距离的。激光测距具有测量时间短、量程大、精度高等优点。采用激光测距技术的车载激光雷达可以对车前的路面状况进行电子扫描,还可以对周围及后面司机看不到的地方进行扫描,将收集的信息通过各个响应部位的传感器汇集到计算机中去,在车内屏幕显示出来,扩大了司机对路面的观察,并能对超速或有障碍物的路面发出警报,引起司机注意。早期的车载激光雷达采用的方法是:发射数条固定的激光束,利用从前车反射镜的反射时间来测定距离。新型的检测装置为了识别多台车,采用了扫描式激光雷达,如图4-40所示,其原理是:从高功率窄脉冲激光器发出的激光脉冲经发射物镜聚焦成一定形状的光束后,用扫描镜左右扫描,向空间发射,照射在前方车辆或其他目标上,其反射光经扫描镜、接收物镜及回输光纤,被导入到信号处理装置内的光电二极管上,利用计数器计数激光二极管启动脉冲与光电二极管的接收脉冲间的时间差,即可求得目标距离。利用扫描镜系统中的位置探测器测定反射镜的角度还可以测得障碍物的横向位置。

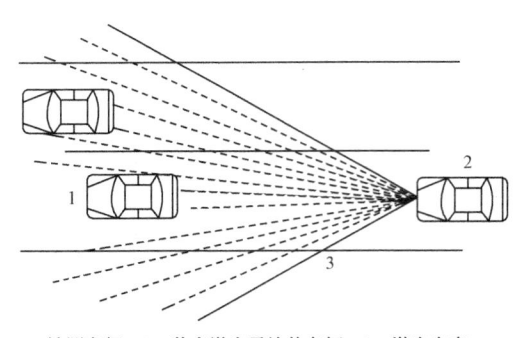

1—被测车辆;2—装有激光雷达的车辆;3—激光光束

图4-40 扫描式激光雷达的工作原理

随着科技的发展,现在又出现了成像式激光雷达。成像式激光雷达又可分为扫描成像激光雷达和非扫描成像激光雷达。扫描成像激光雷达把激光雷达与二维光学扫描镜结合起来,利用扫描器控制激光的射出方向,通过对整个视场进行逐点扫描测量,即可获得视场内目标的三维信息。非扫描成像式激光雷达将光源发出的经过强度调制的激光经分束器系统分为多束光后沿不同方向射出,照射待测区域。非扫描成像激光雷达测点数目大大减少,从而提高了系统的三维成像速度。

激光的反射光量随物体的反射特性有很大变化,可以检测出的距离是变化的。因为车辆后部的反射镜容易产生反射,所以可以稳定地测定长距离。但凹凸很少的铁板等收不到足够的反射光,往往测得的距离变短。而在检测侧向与后方障碍物的场合下,与车前的情况不同,有时障碍物上没有反射装置,障碍物的反射特性有很大变化,所以可以稳定检测出的距离就要缩短。

此外,激光雷达所用近红外线的波长为900nm,比雾等的粒子尺寸还小,所以很难测出因雾粒反射后的物体的距离。因此,要根据距离的长短改变测定的临界值。

(1) 激光雷达式车辆周围识别系统

采用激光雷达的车辆周围识别系统的方框图如图 4-41 所示。一个"前车距离雷达"设置在车内的仪表盘上方,在车辆后端左右各设置 1 个用来检测后、侧方接近车的激光雷达,数据的控制器设置在车厢内,将信息传至设置在仪表盘中间的显示装置。激光光束的发射概念如图 4-42 所示。

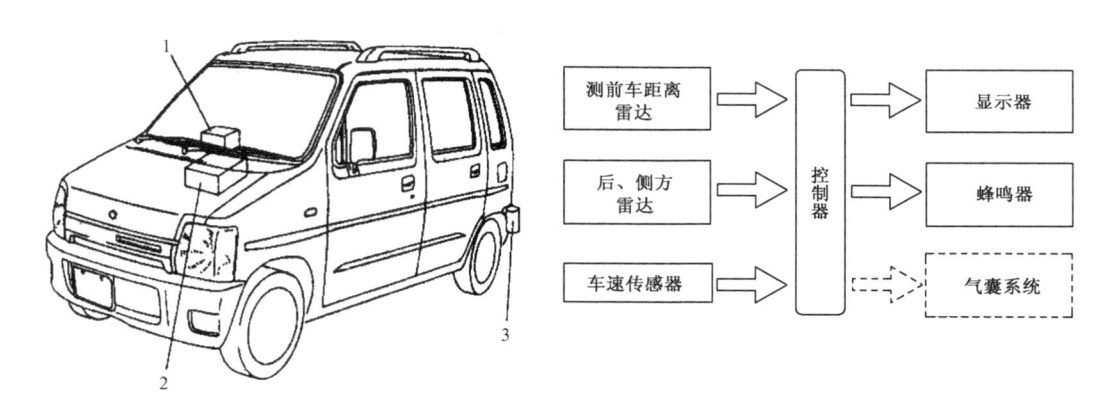

1—前车距离雷达;2—显示报警蜂鸣器;3—后、侧方雷达(共两个)

图 4-41 激光雷达式车辆周围识别系统

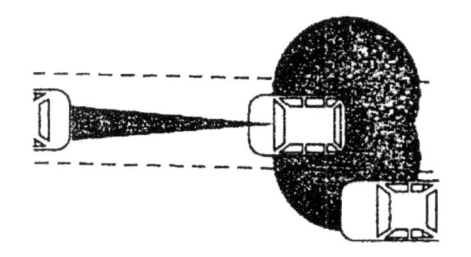

图 4-42 激光光束发射概念

(2) 与前车车间距离的检测

检测与前车之间距离时,向前面的车辆发射激光光束,并接收其反射光,根据其时间差计算距离。反射光束是由整个车身反射出来的,因车身形状及色彩等的不同,反射性能也不同，所以不能指望车体本身的反射会稳定在几十米之内，因而本装置利用的都是各个车辆后部设置的反射器，即接收到夜间光束时，反射出红光的部分。

本系统采用了光脉冲方式，与其他方式相比，这种方式的优点是输出功率大、耗电少、体积小，但当仅采用单脉冲情况下，对感光波形时间轴的可靠性很低，因此，利用复数脉冲进行取样，再扩大时间轴，减少感光波形失真的影响，以保证总是稳定地测量与前车的距离。

信号处理过程如下描述。如图 4-43 所示，发射出光脉冲之后，将利用延迟定时器顺次打开感光栅的时间，按各脉冲发光时间延迟下去（Δt 为取样时间）。通过将此时差 Δt 的感光电平顺次同步，就可以得到时间轴延长的感光波形。从脉冲发光到感光的时间 T，可以通过 $N \times \Delta t$ 求出，N 是到感光波形上升为止的取样数。利用时间 T，就可以计算出到被测物体之间的距离 R（$R = c \times T / 2$，其中 c 为光速；$T = N \times \Delta t$）。

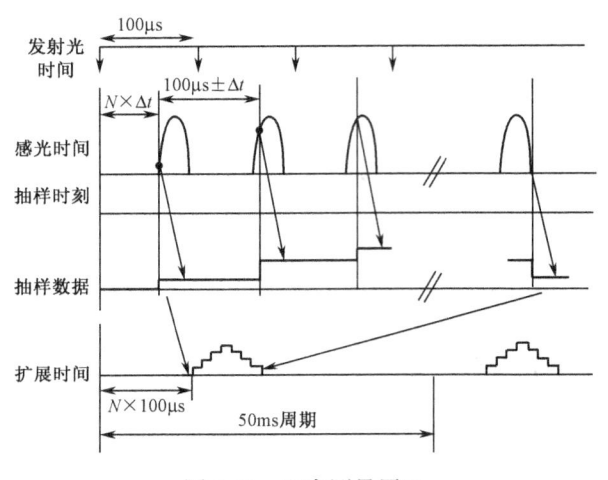

图 4-43 距离测量原理

车前雷达的激光头及其检测区域如图 4-44 所示，车前雷达的规格见表 4.4。小型、轻巧的激光头是由发光部分、感光部分及信号处理部分构成的，它向 3 个方向发出光束，对各自范围内的障碍物等的距离进行检测。

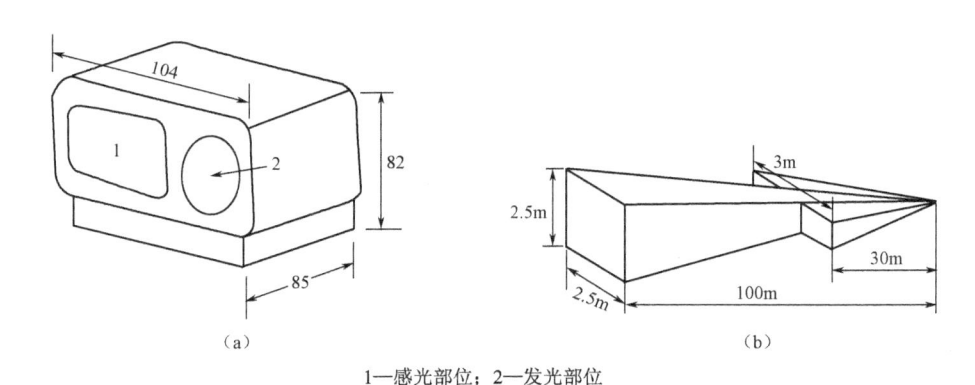

（a） （b）

1—感光部位；2—发光部位

图 4-44 激光头及检测区域

表 4.4 车前雷达的规格

激光波长/nm	850
激光输出（脉冲）/W	17×3 束
测定范围/m	1×100（反射器）
测定分辨能力/m	0.15
数据输出周期/s	0.05
质量/g	740

这样得到的车之间的距离信息再与自车车速进行比较评定，其结果在显示器上以报警方式显示出来，以通知司乘人员。

（3）后、侧方车辆的检测

为了检测后、侧方的车辆，在车后保险杠的左右两端设有激光雷达，此雷达的特点是可把图 4-45 所示的细窄光束在水平方向 270°的范围内进行扫描，并测量物体上反射光的返回时间，然后检测出至激光光束发出方向物体的距离。此外，如图 4-46 所示，因为光学系统自身是可以旋转的，检测角度范围可以任意设定，所以可以检测出横向角度数据及识别物体的形状，见表 4.5。通过装设两个这样的雷达，时刻都可以检测车辆后、侧方大致整个区域的车辆及障碍物。

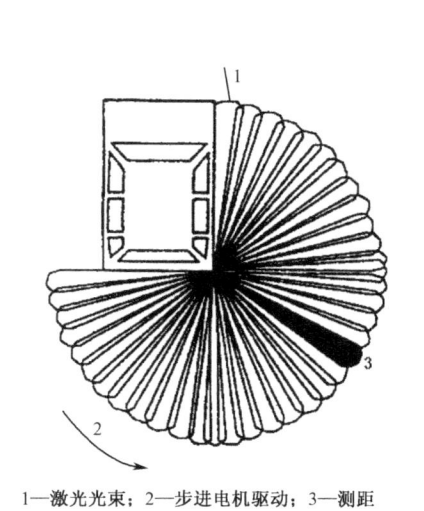

1—激光光束；2—步进电机驱动；3—测距

图 4-45 检测范围及动作

1—电动机；2—光敏二极管；3—感光反射镜；4—感光透镜；5—发光反射镜；6—发光透镜；7—激光二极管

图 4-46 后、侧方雷达的构成

表 4.5 后、侧方雷达的规格

激光波长/nm	850
水平扫描数/条	144/270°
测定范围/m	0.3~5（车身）
测定分辨能力/m	0.1
数据输出周期/s	0.14
质量/g	440

随着前进方向及车道的变更，这些信息与前车之间距离的信息都一起在显示器上显示出来，如果处于报警范围，则利用报警声通知司乘人员。

4.6 导航系统控制传感器

汽车导航系统利用车内 GPS 信号接收机接收至少四颗 GPS 卫星的信号，确定汽车在地球坐标系的位置，再与汽车导航仪中的电子地图进行匹配，从而将汽车所在的位置在导航仪的显示屏中显示出来。但是当汽车行驶在隧道、高层楼群、高架桥、高山群涧、密集森林等地段时，将与 GPS 卫星失去联系，这时导航系统自动转入自主导航，由车速传感器检测出汽车的行进速度，通过微处理器的数据处理，由速度和时间算出前进的距离，由地磁场传感器（陀螺仪）直接检测出汽车的前进方向和行驶路线状态。汽车导航系统传感器包括地磁传感器（陀螺仪）、车轮转差方向传感器、车速传感器等。图 4-47 所示为丰田皇冠轿车导航系统主要部件的安装位置。下面就汽车导航传感器进行介绍，车速传感器在前面的章节已经介绍过，这里就不再赘述了。

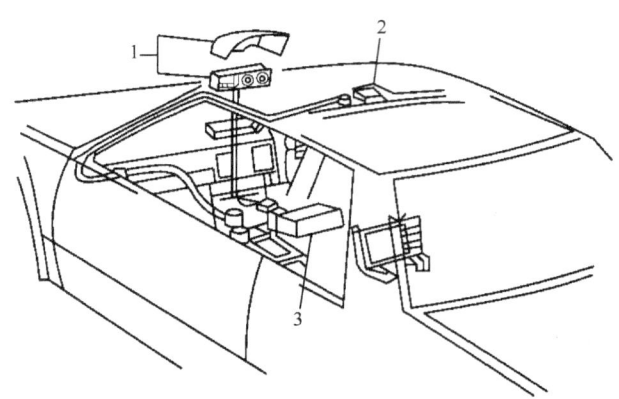

1—显示部分；2—地磁方位传感器；3—操纵部分

图 4-47 航系统主要部件的安装位置

1. 地磁场传感器

（1）地磁场传感器的结构、工作原理

地磁场传感器通过对地球磁场的感应来测定汽车的方向。该传感器的结构如图 4-48 所示。在环状铁芯上缠绕着励磁线圈，而两个互成直角的感应线圈绕在具有高导磁率的环状铁芯的磁场中心。

当对励磁线圈施加交流电时，磁场中心的磁通量发生变化，在感应线圈内由于电磁感应而产生感应电压。在无外部磁场干扰时，环形磁场的磁通量变化如图 4-49 所示，在磁场中心产生 S_1 和 S_2 的感应电压，其极性相反，互相抵消。

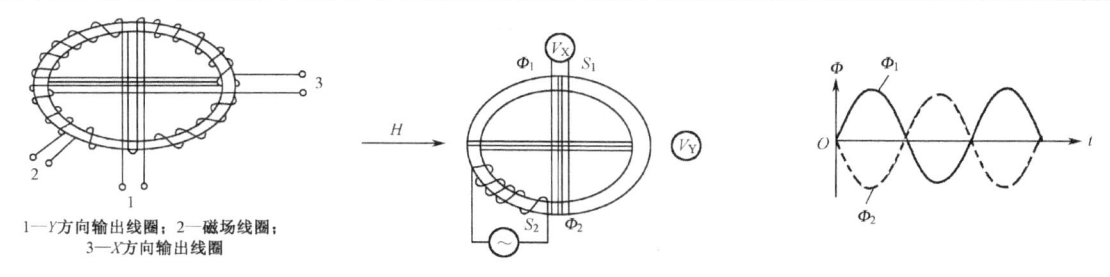

图 4-48　地磁场传感器的结构

1—Y方向输出线圈；2—磁场线圈；
3—X方向输出线圈

图 4-49　地磁场传感器的原理

当外部磁场 H 与某一感应线圈成直角时，输出的感应电压为 V_X，被附加在由励磁电流所产生的磁场上，使磁通量变得不对称（如图 4-50 所示），输出的电压与磁通量的差值成比例，当外部磁场以 θ 角作用时，在感应线圈中所产生的输出电压 V_X 和 V_Y 可用下式计算：

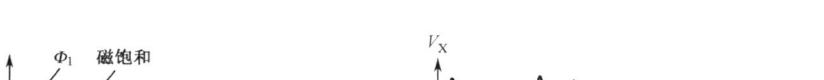

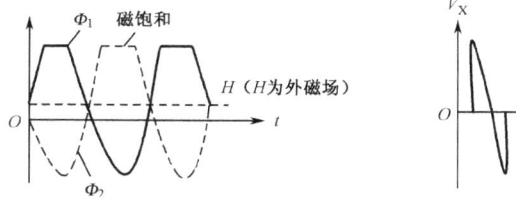

$$V_X = KH\cos\theta \quad (4.6\text{-}1)$$
$$V_Y = KH\sin\theta \quad (4.6\text{-}2)$$
$$\theta = \arctan(V_Y / V_X) \quad (4.6\text{-}3)$$

图 4-50　地磁场传感器输出电压波形

这样汽车行驶的方向就可通过两个感应线圈输出的电压来测定。

另外，还有利用地磁制作的发电式方位传感器。它是由两个相位相反、串联的线圈和特殊形状的铁芯等组成的。其输出电压与传感器和地磁的夹角相关，由此可测出地磁的方向。

（2）地磁场传感器的检测

利用地磁制成的地磁场传感器因地磁的强度很小，故很容易受到外界的磁场干扰。因为这种传感器信噪比比较小，当外界的干扰信号和有用信号在同一数量级时，就会使之无法正常工作，所以当汽车经过一条隧道、驶过一座铁桥、与一辆大型卡车并排行驶或把扬声器等强磁场物体靠近传感器时，地磁会暂时被扰乱，致使传感器无法正常工作。这种类型的传感器出现故障时，首先看有无上述干扰地磁的现象发生，然后用数字式万用表逐级测量传感器的信号输出是否随汽车方向改变而相应地变化，如发现传感器本身有问题时，可以把传感器有关连接线拆开，对两个线圈进行电阻测量；如发现电阻为零或无穷大，则说明传感器本身有短路或断路发生。

2．车轮转差方向传感器（方向盘传感器）

用于防抱死制动系统（ABS）中的前轮转速传感器也可以被用于汽车导航系统中作为方向传感器。通过对左、右前轮传感器输出的脉冲差（左、右前轮的行驶距离差）的测定，可计算出汽车是否已转向及方向的变化量。当汽车在以 R 为半径的圆弧上转动 θ 角度时，汽车的两个前转向轮均以相同的转动中心旋转。对于每个前轮所走过的路径（如图 4-51 所示）可以通过公式计算出来。两个前轮所走过的距离 L_i 和 L_o 因转弯半径的不同而不同，分别可用每个前轮的转弯半径 R_i 和 R_o 来计算。

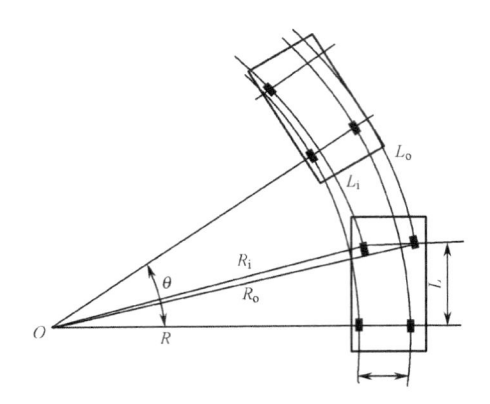

图 4-51 汽车转向时每个车轮的行驶轨迹

$$L_i = R_i \theta \tag{4.6-4}$$

$$L_o = R_o \theta \tag{4.6-5}$$

而每个前轮的转弯半径可由下式表示，其中 R 是汽车后轮的转弯半径，L 是前后两排车轮的轮距，K 是同排车轮的间距。

$$R_i = \sqrt{R^2 + L^2} \tag{4.6-6}$$

$$R_o = \sqrt{(R+K)^2 + L^2} \tag{4.6-7}$$

取内外侧车轮所走过的距离比为 p，则有

$$p = \frac{L_o}{L_i} = \frac{\sqrt{(R+K)^2 + L^2}}{\sqrt{R^2 + L^2}} \tag{4.6-8}$$

变换可得

$$R = \frac{K + \sqrt{K^2 - (p^2+1)[(p^2-1)L^2 - K^2]}}{p^2 - 1} \tag{4.6-9}$$

对汽车而言，前后车轮轮距 L 和车轮间距 K 值是一定值，这样只需通过计算前车轮内侧和外侧轮所行驶过的距离之比值 p，即可得到后车轮的转弯半径 R。相应地可采用下式计算出汽车转向角 θ：

$$\theta = \frac{180°}{\pi} \frac{L_i}{R_i} = \frac{180°}{\pi} \frac{L_i}{\sqrt{R^2 + L^2}} \tag{4.6-10}$$

同样，对汽车每行驶一设定的距离计算出汽车转向角，从汽车第一次转向点开始，通过对全部转向角求算术和，则可计算出汽车到目前为止的方向改变量。

3. 陀螺仪

由于地磁场传感器的信号比较容易受到干扰，所以采用陀螺仪是检测汽车行驶方向的另一种方法。它是通过测定汽车转向角速度，并对该角速度进行积分来检测方向的变化的。目前车用的陀螺仪种类较多，但在汽车导航系统中采用的不是气体流率差陀螺仪，就是光纤维陀螺仪。下面就这两种陀螺仪的工作原理进行介绍。

(1) 气体流率差陀螺仪的结构、工作原理

图 4-52 显示了气体流率差陀螺仪工作原理框图。在气体流率差陀螺仪中，用一台气泵以设定的流率泵送氦气。通过设有两条热线的探测器，测量流过这两条热线的气体流率的变化而得到汽车转弯的角速度。

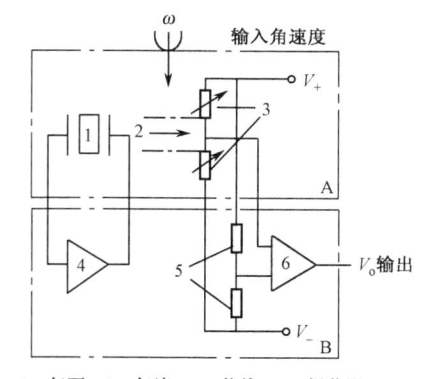

1—气泵；2—气流；3—热线；4—振荡器；
5—电阻；6—放大器；A—传感部分；B—电路部分

图 4-52 气体流率差陀螺仪工作原理框图

当氦气从气泵喷嘴喷出后逐渐膨胀，气体通过热线时，气流率的分布情况如图 4-53 所示。如果汽车以直线行驶，氦气均匀地流过两条热线，并均匀地冷却热线，使两条热线的温度平衡，则由桥式电路组成的方向检测电路的输出电压为零。当汽车行驶方向变化时，产生复合向心力，气流方向改变，气流冲刷每一条热线的方式发生差异，两条热线的热力平衡被破坏，产生输出电压（如图 4-54 所示）。通过对输出电压的检测可计算出汽车转向时的角速度。

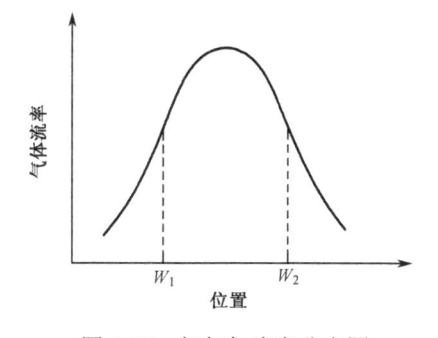

图 4-53 氦气气流率分布图

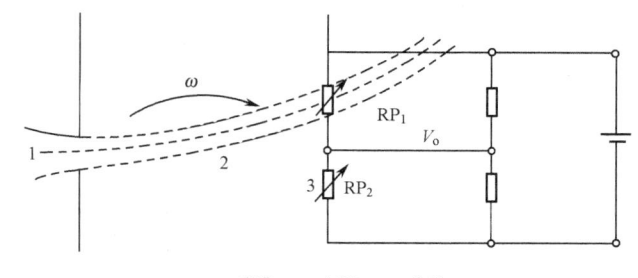

1—喷嘴；2—气流；3—热线

图 4-54 气体流率陀螺仪流率检测原理图

(2) 光纤维陀螺仪的结构、工作原理

图 4-55 所示为光纤维陀螺的检测原理图。光从光纤线圈 A 点入射，经向左、向右两方向回转传播，光程相同时两方向同时经过一个周期到达输出点 B。当光纤维线圈以角速度 ω 向右旋转时，从 A 点入射的同一周期内左右方向传播的光程不同，右回转传播光程与左回转传播光程两者相差一定角度，在原输出点 B 测量两方向传到的光相位不同。测定两光干涉的强度，可以确定两方向光的传播时间差（相位差），从而计算出光纤维线圈（汽车）的转向角速度 ω。

（a）原理

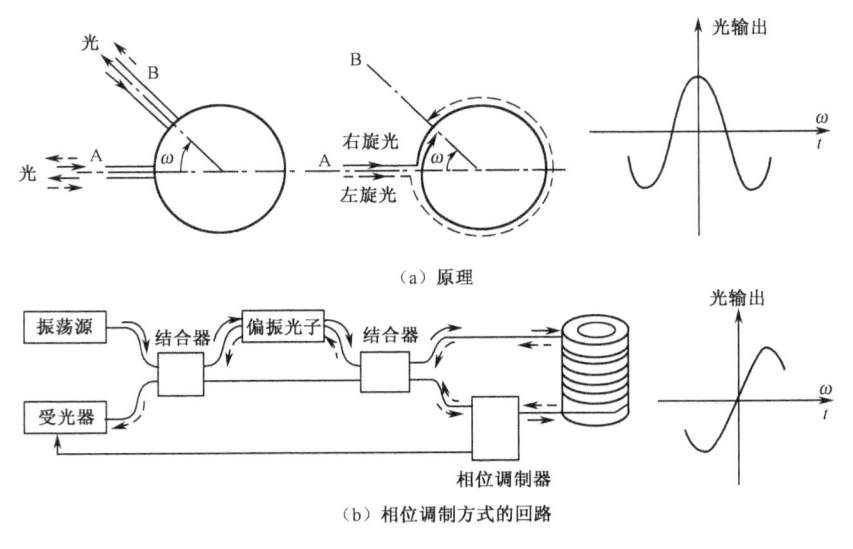

（b）相位调制方式的回路

图 4-55　光纤陀螺仪检测原理

4.7　其他车身控制传感器

4.7.1　烟尘浓度传感器

　　汽车乘员室是一个相对封闭的环境，乘员吸烟的烟雾以及车外侵入的灰尘不能及时散去，就会导致车厢内空气污浊，对车厢内乘员的健康造成很大的威胁。为此在汽车内安装有空气净化器来净化车内空气。烟尘浓度传感器是和空气净化器一起配套使用的。当烟尘浓度传感器检测到车厢内有烟雾时就会自动打开空气净化器，没有烟雾的时候空气净化器自动停止运转，从而使车厢内空气始终保持清新。

　　烟尘浓度传感器是由发光元件、光敏元件及信号处理电路部分组成的，其结构如图 4-56 所示。烟尘浓度传感器安装在车室顶棚上室顶灯的旁边，由本体和盖板组成，其外观如图 4-57 所示。传感器本体上设置有许多可以使烟雾自由进入的细缝，当检测出有烟雾时，烟尘浓度传感器使空气净化器的鼓风机自动运转。一般情况下，当烟雾浓度达到 0.3%/m^3，即抽 1~2 根香烟时，就可使烟尘浓度传感器动作。在烟尘浓度传感器的本体上还设有灵敏度调节旋钮，转动旋钮即可调整传感器的灵敏度。

　　烟尘浓度传感器的工作原理如图 4-58 所示。当空气进入烟尘浓度传感器壳体的窄缝后可以自由地流动，发光元件（LED）间歇地发出肉眼看不见的红外线。当空气中没有烟雾的时候，红外线射不到光敏元件上，电路不工作；但当烟雾等进入到烟尘浓度传感器的壳体内时，烟雾粒子对间歇的红外线进行漫反射，使得部分红外线照射到光敏元件上，这时传感器判断出车内有烟雾的存在，就会使空气净化器鼓风机电动机旋转。

图 4-56 烟尘浓度传感器的结构

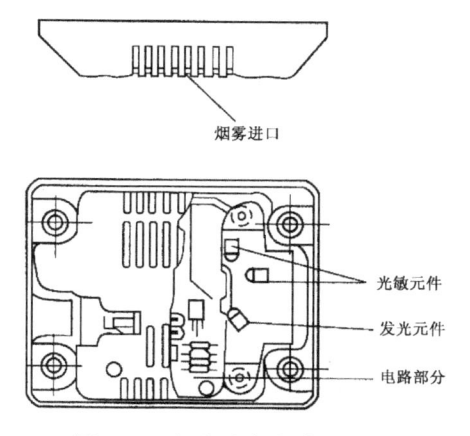

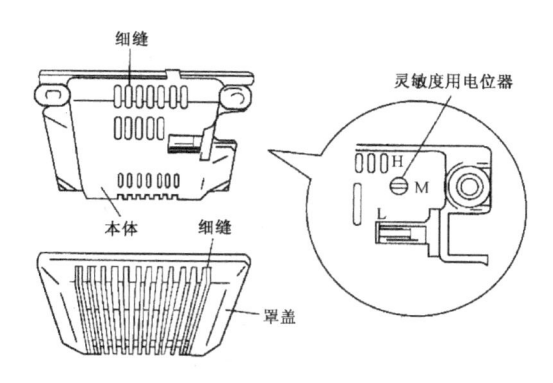

图 4-57 烟尘传感器的外观

为防止外部干扰导致传感器的误动作，传感器控制电路采用了脉冲振荡式工作方式，这样即使有相同波长的红外线射入到传感器内，因其脉冲周期不同，传感器也不能做出有烟雾的判断。另外在烟尘浓度传感器控制电路中还包含有定时、延时电路，若没有或只有少量的烟雾，鼓风机一旦动作起来也只能连续旋转 2min 而停止工作。

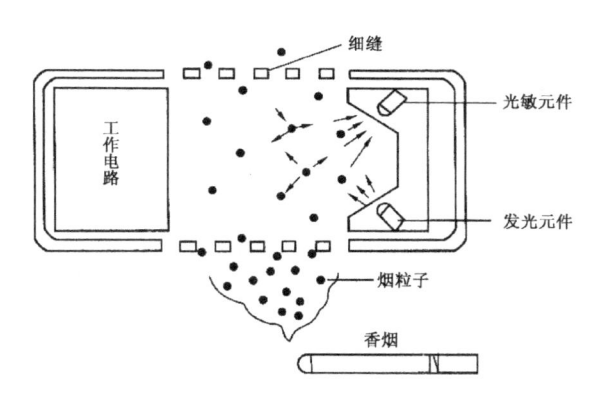

图 4-58 烟尘浓度传感器的工作原理图

应用烟尘浓度传感器的车内空气净化系统的构成如图 4-59 所示，该系统主要由空气清净器本体、控制开关及烟尘浓度传感器构成。

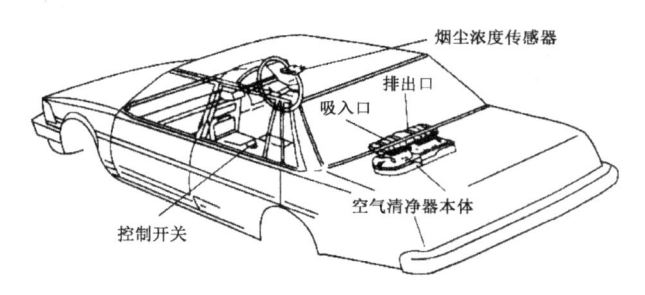

图 4-59 车内空气净化系统的构成

空气净化器本体的结构如图 4-60 所示。空气净化器本体是由鼓风机电动机、风扇、滤清器、调速电阻以及壳体等组成的。滤清器采用加活性炭的滤纸式结构，在滤清器侧面塑料盒内放有中和除臭剂，目的是增大除臭作用。鼓风机电动机旋转时带动风扇旋转，在吸风口处把灰尘、烟雾等吸入，把经滤清器过滤、除臭后的空气在出风口处吹向乘员室内。

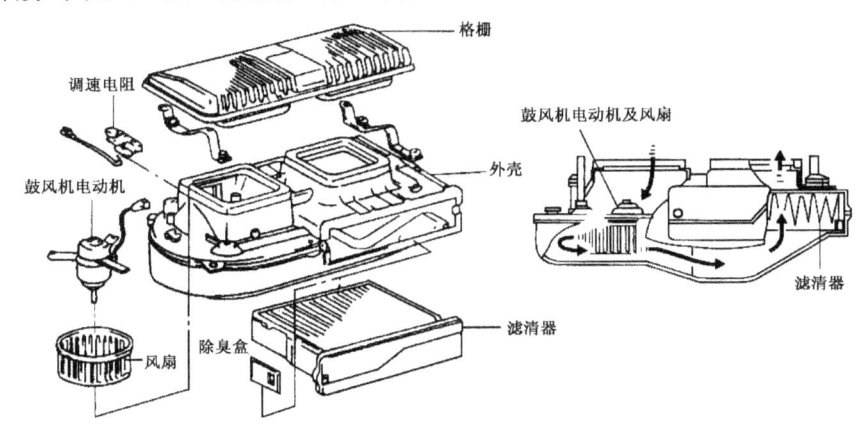

图 4-60 空气净化器本体的结构

自动空气净化系统的电路如图 4-61 所示。

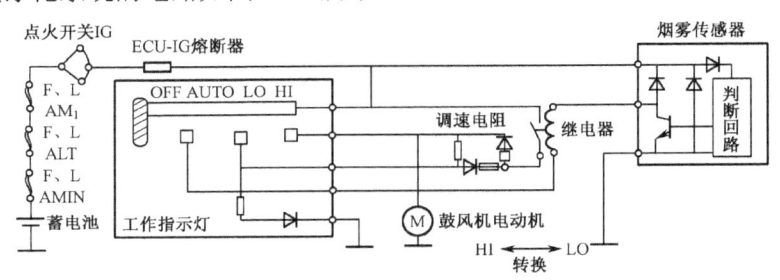

图 4-61 自动空气净化系统的电路图

4.7.2 湿度传感器

在雨雪天里或者车内外温差较大的时候，车内玻璃，尤其是前挡风玻璃上会凝结出一层雾，严重影响驾驶安全。很多驾驶者没有打开车内空调、调节车内湿度来消除玻璃上的雾气这种意识，这时车内湿度传感器便会自动解决这一问题。湿度传感器可以实时监测车内的空气湿度状况。当车内空气湿度高于 75% 时，车内空气中的水分将逐渐凝结成细小水珠，并凝在温差较大的车内壁上，严重影响驾驶者的前方视线。此时，车内安装的湿度传感器便会检测到空气湿度超标，从而系统会自动打开车载空调系统，并根据车内外的温度合理地自动调节空调温度和排风量，消除车窗内壁的水珠。

湿度传感器主要有热敏电阻式和结露式两种形式。

1. 热敏电阻式湿度传感器的结构和原理

热敏电阻式湿度传感器装有金属氧化物系列陶瓷材料制成的多孔烧结体，传感器就是利用烧结体表面对水分的吸附作用来工作的。当烧结体吸附了水分子时，其电阻值就会发生变化，根据这一变化就可以检测出车内湿度的变化，其结构与工作特性如图4-62所示。从曲线图中可以看出，当湿度增加时，传感器的电阻值减少，当相对湿度从0%变化到100%时，传感器的电阻值有数千倍的变化。因为传感器的电阻值随温度变化而变化，所以给湿度传感器再配以温度补偿热敏电阻后，才能提高其测试精度。

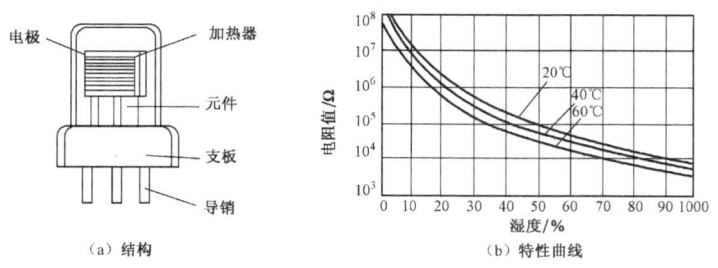

图4-62 热敏电阻式湿度传感器的结构与特性曲线

可用欧姆表来测量湿度传感器的电阻值大小。当湿度变化时，电阻值应当改变，相对湿度越大，电阻值越小；相反，其电阻值越大。否则应更换湿度传感器。

2．结露式湿度传感器的结构和原理

在接近结露状态的湿度区域，厚膜状陶瓷半导体的电阻值将急剧变化，结露式湿度传感器就是利用这一原理制成的。

结露式湿度传感器的结构及特性如图4-63所示，其内部由电极、感湿膜、热敏电阻及铝基板组成。在高湿度情况下，传感器把湿度转换成电阻值的变化并对湿度进行测定，测试精度高，响应特性好。

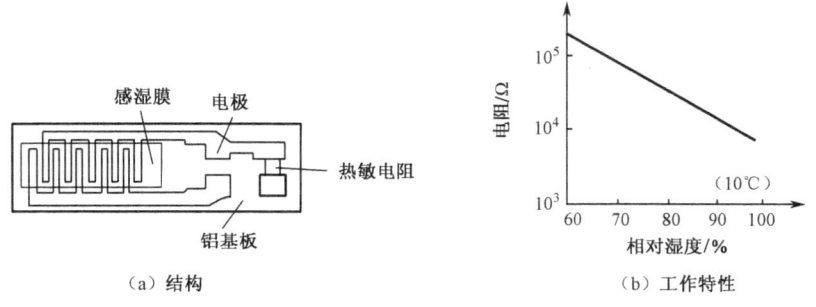

图4-63 结露式湿度传感器的结构及特性

4.7.3 电流检测用传感器

电流检测用传感器有晶体管式、舌簧开关式、正温度系数热敏电阻式、电阻—集成电路式及霍尔式等种类。

1．晶体管式电流传感器

晶体管式电流传感器内部设有检测电流用电阻。负荷电流通过该电阻会有电压降，利用运算放大器（比较电路）将其电压降值与基准电压进行比较，当电流检测电阻上的电压降低于基准电压时，比较器的输出电流点亮报警灯。

晶体管式电流传感器电路图如图 4-64 所示。该传感器用于检测制动灯灯丝断开的实例如图 4-65 所示。这种传感器也可用在尾灯电路中。在车上使用 2~4 个灯的电路中，当有一个以上灯丝断线或总功率不足时，即可以使报警灯点亮。

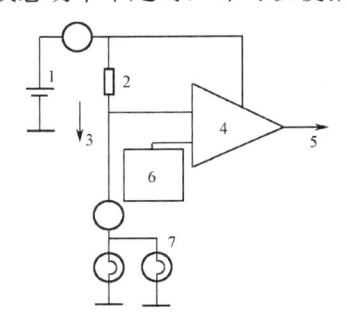

1—蓄电池；2—检测电阻；3—电流；4—比较器；
5—输出；6—基准电压；7—负荷灯泡

图 4-64　晶体管式电流传感器电路

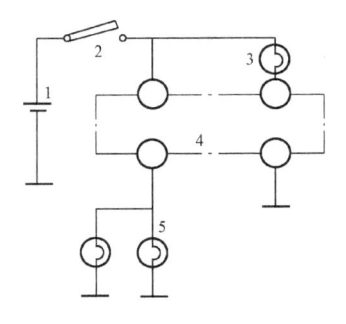

1—蓄电池；2—制动开关；3—报警灯；
4—传感器；5—制动灯（尾灯）

图 4-65　制动灯灯丝断开检测系统电路

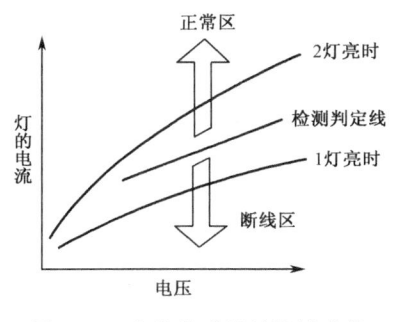

图 4-66　电流传感器的特性曲线

电流传感器的特性曲线如图 4-66 所示，它具有适应灯泡电流的电压补偿特性。

运算放大器也叫差动增幅器，当它得到两个输入电压信号后，在反侧输出相反的电压，在非反侧得出输入和输出相同极性的电压，利用这一特性可将其作为比较器使用。

2. 舌簧开关式电流传感器

舌簧开关式电流传感器广泛用在汽车灯具系统中，检测制动灯、尾灯、牌照灯及制动灯的灯丝是否有断开的，当有一个灯泡灯丝断丝时，报警灯点亮。该传感器的外形及结构如图 4-67 所示，舌簧开关式电流传感器在其电流线圈的外面绕有电压补偿线圈，其作用是防止电压的变化引起传感器的误动作。在骨架的中间设置有舌簧开关。

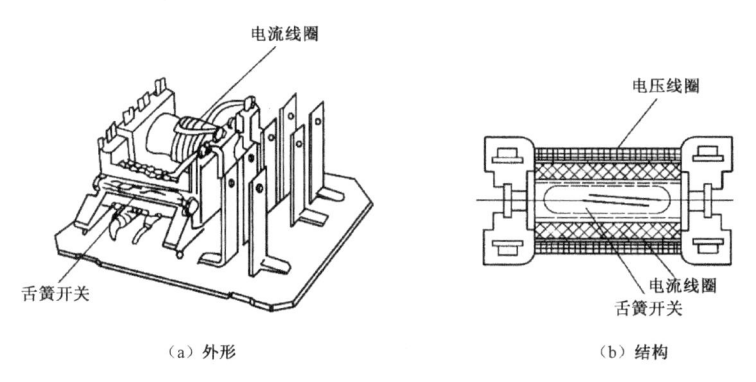

（a）外形　　　　　　　　　　　（b）结构

图 4-67　舌簧开关式电流传感器的外形

舌簧开关式电流传感器的电路如图 4-68 所示，当开关闭合时，若灯泡全部正常工作，电流线圈中有额定电流流过，则在线圈产生的磁力的作用下，舌簧开关闭合；如果有灯泡断丝，相应的电流线圈中的电流减少，则磁力减弱，舌簧开关断开，报警灯点亮进行报警。该传感器的应用实例如图 4-69 所示。从图中可以看出，此继电器就是检测制动灯、尾灯灯丝是否断开的传感器。

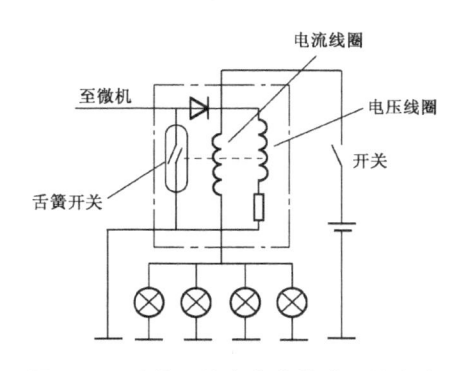

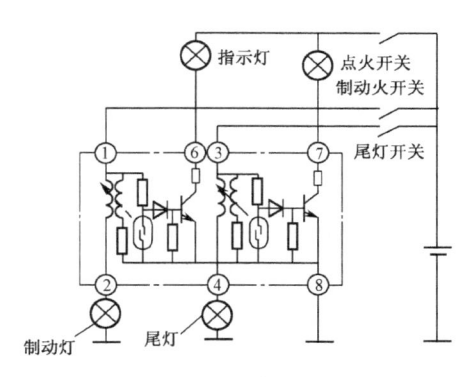

图 4-68　舌簧开关式电流传感器的电路　　　　图 4-69　灯泡线路故障显示继电器电路

3. 正温度系数热敏电阻（PTC）式电流传感器

PTC 式电流传感器是由陶瓷半导体构成的，用钛酸钡再加上各种添加物烧结而成。在化油器式发动机上，电加热式自动阻风门上所用的 PTC 式电流传感器的安装位置及自动阻风门的结构如图 4-70 所示。

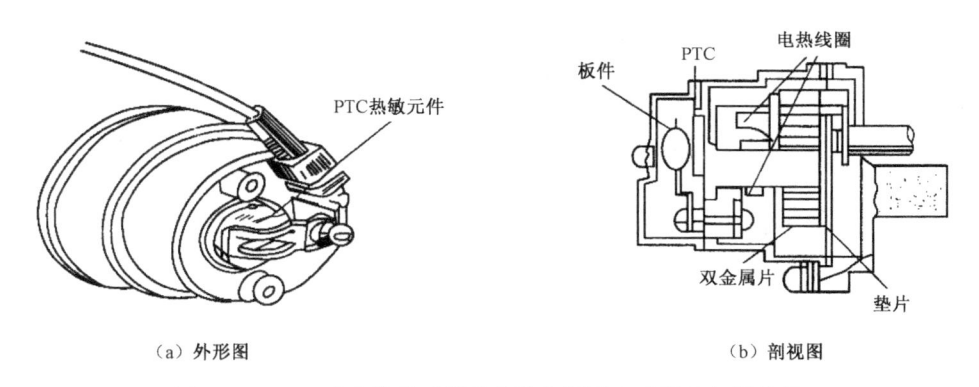

（a）外形图　　　　（b）剖视图

图 4-70　PTC 式电流传感器的安装位置及自动阻风门的结构

PTC 式电流传感器的特性曲线如图 4-71 所示。图中标示的"居里点"的含义是电阻值为常温两倍的点，此时的温度称为居里温度。按用途可制作出不同特性的 PTC 式电流传感器，这时需要改变填充物的数量。根据特性曲线可知，温度低时，电阻值也较低，这时消耗的电流较大，传感器要发热；当温度上升到居里点以上时，电阻值增大，抑制了电流的增长。即使没有温度传感器及电流控制回路，PTC 元件本身也能一直控制电流并维持在一定温度，而且还具有仅取决于散热量的发热特性。

电热式阻风门电路如图 4-72 所示,在该电热式阻风门上装有 PTC 热敏电阻元件。这种控制系统由双金属片、电热线圈、阻风门继电器组成。在低于规定温度时,双金属片将阻风门关闭,这时启动发动机,电压调节器上 L 端子的电压使阻风门继电器触点闭合,电路接通,有电流流经电热线圈,双金属片被升温,温度升高后,阻风门逐渐打开。当双金属片被充分加热后,阻风门全部被打开。该电路利用热敏电阻控制电热线圈中的电流。

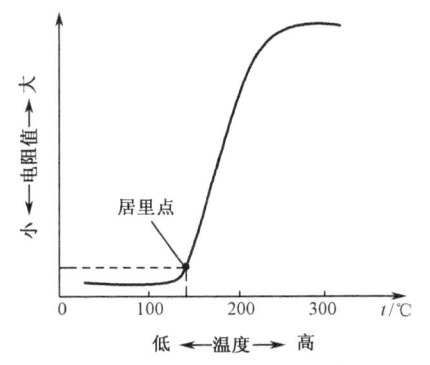

图 4-71 PTC 式电流传感器的特性曲线

自动阻风门的工作状态可以用两种方法检查,一是当环境温度低于 25℃,阻风门处在全关闭温度,踩下加速踏板后又抬起时,阻风门应全关闭;二是用万用表测量电热线圈的电阻值,其值应在 0.9~7.5Ω 范围内,如图 4-73 所示。

PTC 式电流传感器还可以用在汽车门控电动机上,如图 4-74 所示。PTC 在门控电动机上作为断路器来使用,用来控制电动机的制动电流。PTC 断路继电器的工作特性如图 4-75 所示,在电动机制动过程中,制动电流流过 PTC 元件,使 PTC 元件的温度上升,其电阻值也会增加,经过一定时间后,制动电流减小,从而可以有效地防止电动机过热。

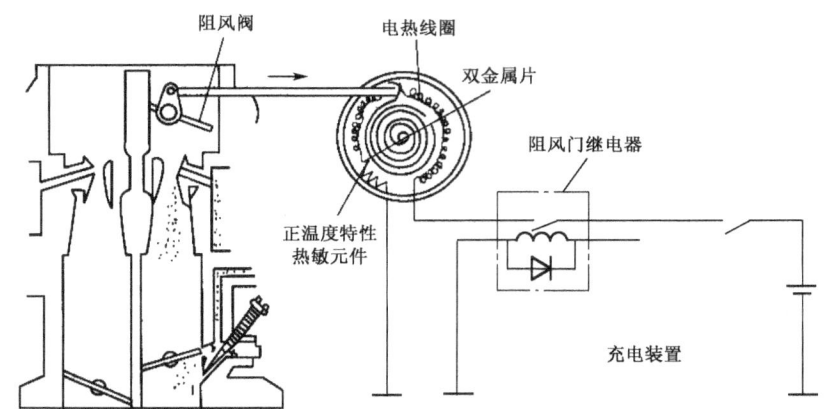

图 4-72 电热式阻风门电路

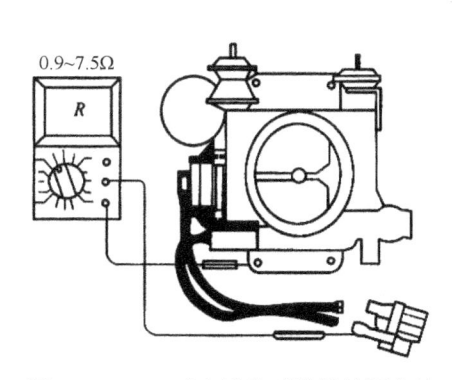

图 4-73 PTC 式电流传感器的检测方法

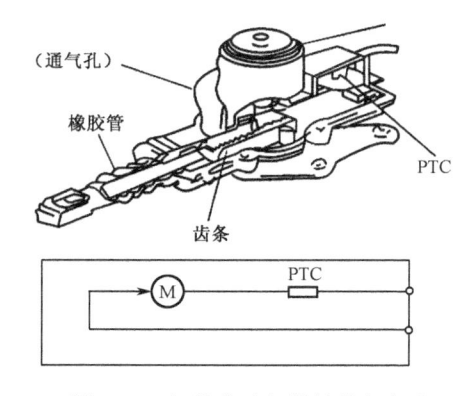

图 4-74 门控电动机的结构与电路

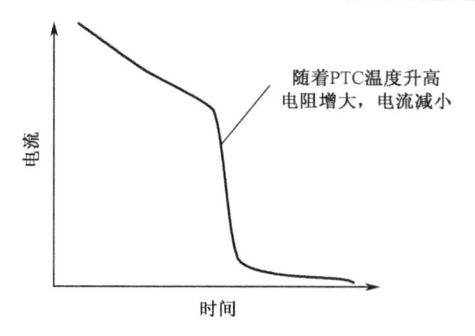

图 4-75 PTC 断路继电器的工作特性

PTC 还可以作为空调鼓风电动机的保护器来使用，其结构如图 4-76 所示。防止鼓风机电动机烧损的电路原理如图 4-77 所示。PTC 热敏电阻的电阻值与电流的关系如图 4-78 所示，电动机卡死又修复后可以继续使用。

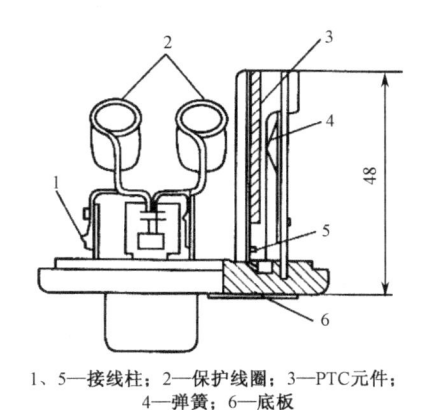

1、5—接线柱；2—保护线圈；3—PTC 元件；
4—弹簧；6—底板

图 4-76 PTC 保护器的结构

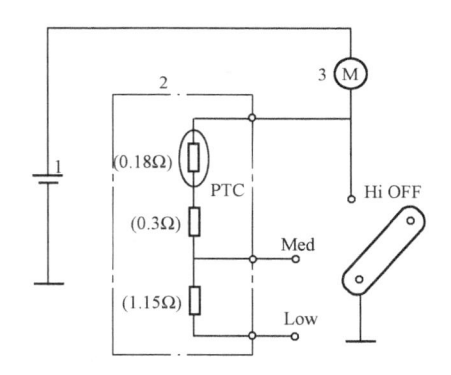

图 4-77 空调鼓风电动机的保护系统

4. 电阻—集成电路式电流传感器

电阻—集成电路式电流传感器用来检测尾灯、牌照灯、制动灯及前照灯是否断丝。当出现故障时传感器点亮报警灯通知驾驶人员。

灯泡断丝检测电路如图 4-79 所示。电路内部有比较放大器 IC_1，这是专门用于检测断丝的集成电路，B 点处有基准电压形成。在正常情况下，电流检测电阻 R_1 上的电流要大于基准电流，A 点电压低于基准电压，比较放大器 IC_1 的输出为 0，晶体管 T 截止，报警灯不亮。

当有故障时，电阻 R_1 上的电流减少，A 点电位升高并高于基准电压，这时比较放大器 IC_1 的输出为 1，晶体管 T 的基极中有电流通过，T 导通，报警灯点亮，表示已经出现故障。

5. 霍尔式电流传感器

随着汽车技术的发展，汽车电气设备不断增多而造成耗电的增加。因此如何对各系统电流进行监控来达到降低蓄电池负荷的目的是汽车电源管理的一个很重要的方面。前面所讲的电流传感器主要用于汽车灯具断线的监测，这里介绍的霍尔式电流传感器主要通过检测各电动机的驱动电流，以及检测蓄电池充放电来防止浪费用电。

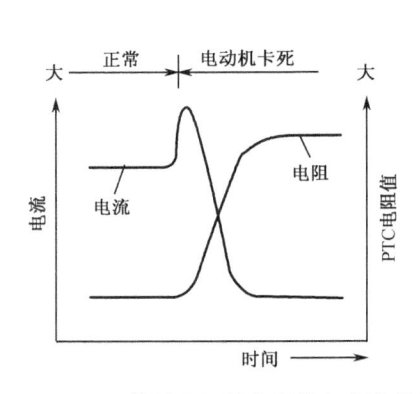

图 4-78　PTC 热敏电阻的电阻值与电流的关系

图 4-79　灯泡断丝检测电路

1—停车灯；2—蓄电池；3—检测电阻；
4—停车灯开关；5—报警灯；6—至电压调节器

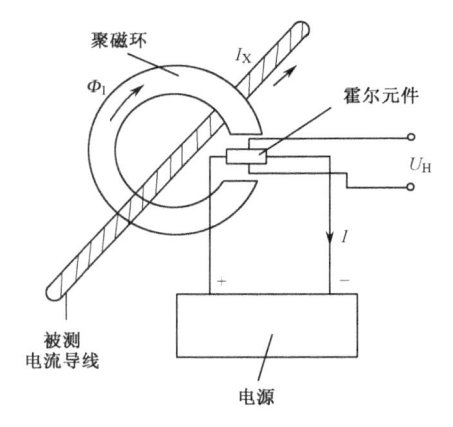

图 4-80　霍尔直测式电流传感器工作原理图

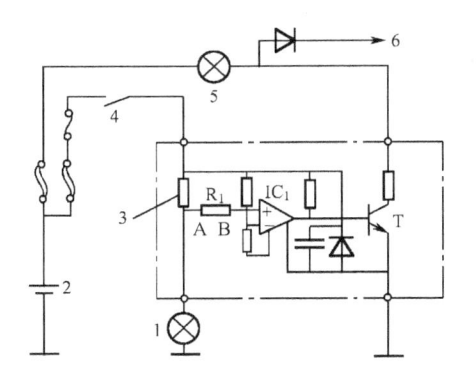

霍尔式电流传感器是利用霍尔效应原理工作的。根据是否有反馈回路分为直测式电流传感器和磁平衡式电流传感器。

（1）直测式电流传感器（开环）

霍尔直测式电流传感器工作原理如图 4-80 所示，当电流 I_X 通过一根长直导线时，在导线周围产生磁场，磁场的强弱与流过导线的电流成正比。由软磁材料制作的聚磁环将被测电流产生的磁场集中到霍尔元件上，以提高测量灵敏度。作用于霍尔元件的磁感应强度为

$$B = K_B I_X \quad (4.7\text{-}1)$$

式中，K_B 是电磁转换灵敏度。线性霍尔元件的输出电压为

$$U_H = \frac{R_H I B}{d} = \frac{R_H K_B I I_X}{d} = K I_X \quad (4.7\text{-}2)$$

式中，R_H 是霍尔常数；d 是霍尔元件厚度；I 是霍尔元件控制电流；K 是传感器灵敏度，$K = \dfrac{R_H K_B I}{d}$。若 I_X 为直流，则 U_H 为直流；若 I_X 为交流，则 U_H 也为交流。通过测量 U_H 就可以获得被测电流，这就构成了霍尔直测式电流传感器。

霍尔直测式电流传感器可用于任意波形的直流电流、交流电流及脉冲电流的测量控制。它具有结构简单、性价高的优点，但测量精度不如磁平衡式。

（2）磁平衡式电流传感器（闭环）

磁平衡式也称为磁补偿式。与上述直测式电流传感器相比，磁平衡式电流传感器中的霍尔

元件不仅感受被测电流产生的磁场，而且还要感受传感器本身反馈电流产生的磁场。达到动态平衡时，两个磁场的作用相互抵消，霍尔元件处于检测零磁通的状态。这种传感器的工作原理类似于按偏差调节的负反馈控制系统原理。其具体工作过程如图 4-81 所示，当被测回路有一个电流 I_x 通过时，在导线周围产生的磁场被聚磁环集中为 H_x，该磁场被霍尔元件所感受并输出信号 U_H。U_H 送给后面的放大及控制环节后，输出一个补偿电流 I_s，这一电流再通过一个多匝绕组产生磁场 H_s，线圈的绕向保证该磁场与被测电流产生的磁场正好相反，因而抵消了原来的磁场，使霍尔元件的输出逐渐减小。当 I_x 与匝数 N_x 相乘所产生的磁场与 I_s 和匝数 N_s 相乘所产生的磁场相等时，霍尔元件起指示零磁通的作用，这时 I_s 不再变化，下式成立：

$$I_\text{x} N_\text{x} = I_\text{s} N_\text{s} \tag{4.7-3}$$

所以有
$$I_\text{x} = \frac{N_\text{s}}{N_\text{x}} I_\text{s} \tag{4.7-4}$$

这里，N_s/N_x 为结构常数，只要测得 I_s 即可获得被测电流 I_x。传感器输出电流经测量电阻 R_s 转换成电压信号输出。

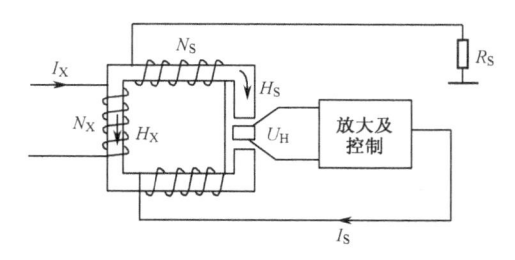

图 4-81 霍尔磁平衡式电流传感器原理图

上述过程是一个动态平衡的过程。当被测电流 I_x 发生变化时，平衡被打破，霍尔元件有信号输出，即重复上述过程，最后重新达到平衡。

霍尔式电流传感器虽然受温度影响大，要求转换精度较高时需要进行温度补偿，但是霍尔式电流传感器具有精度高、线性好、频带宽、响应快、过载能力强和不损失被测电流能量等诸多优点，因而广泛用于对大电流进行精确检测和控制的电气设备中。

4.7.4 光电式光亮传感器

上文空调系统传感器中介绍的日照传感器和本节所介绍的光电式光亮传感器同属于光亮传感器，它们都是利用光照强度的不同导致电阻值不同的原理工作的。这里所介绍的光电式光亮传感器主要用于汽车的灯具的自动控制方面。

光电式光亮传感器主要元件为半导体元件硫化镉。当有光照到传感器上时，传感器可以将周围亮度的变化转化为电阻的变化。

图 4-82（a）所示为光电式光亮传感器的结构。在该传感器中，光电元件硫化镉为多晶硅结构，为了提高传感器的灵敏度，传感器内的硫化镉呈曲线形状，增大了与电极的接触面积。光电元件硫化镉的特性如图 4-82（b）所示，当周围较暗时，传感器的电阻较大；当周

围较亮时,电阻值较小。

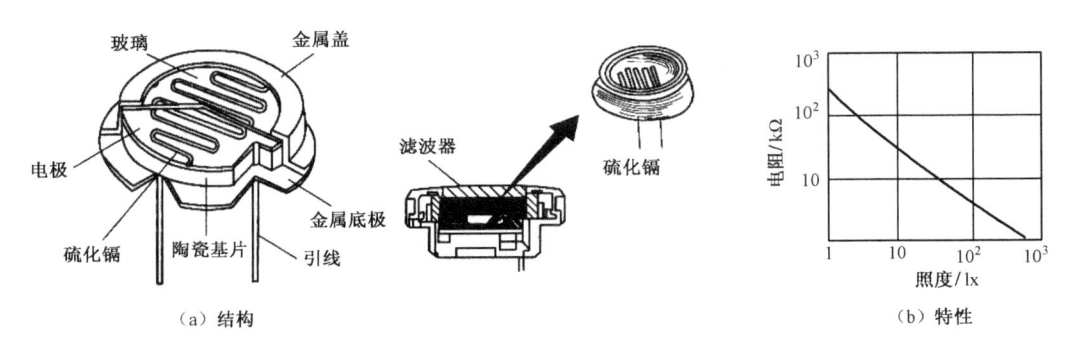

图 4-82 光电式光亮传感器的结构及特性

光电式光亮传感器在汽车灯光控制器上的应用如图 4-83 所示。灯光控制器安装在仪表盘的上方,傍晚光线较暗时,它使尾灯自动点亮,当天色更暗时,汽车前照灯会被点亮。当对面有车接近时,灯光控制器会自动将前照灯变为近光模式。

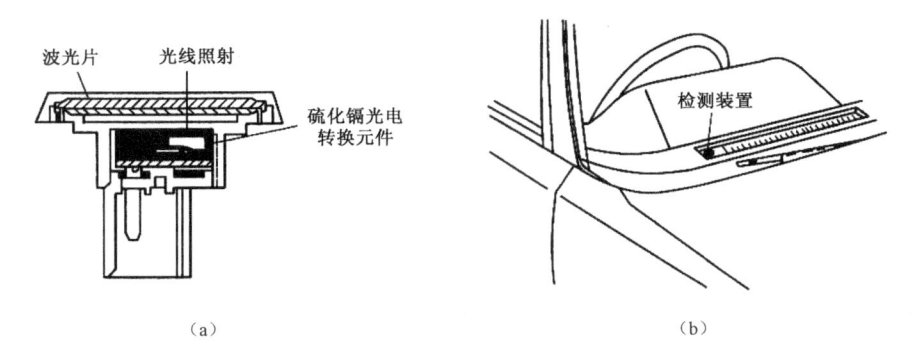

图 4-83 灯光控制器的应用情况

灯光控制器系统电路如图 4-84 所示,当点火开关接通后,灯光控制器的转换开关会置于

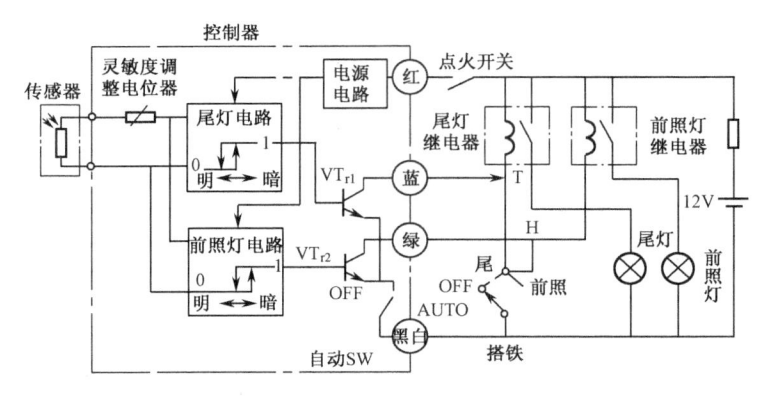

图 4-84 灯光控制器系统电路

"AUTO"（自动）挡，控制器获得传感器输入的信号自动控制尾灯及前照灯的亮灭。当关闭点火开关后，控制器的电路被切断，不感应周围环境的光照强度，车灯熄灭。此外，利用灵敏度调整电位器可以调整自动亮灯及熄灯的敏感程度。灯光控制器的工作情况如表 4.6 所示。

表 4.6 灯光控制器的工作情况

周围条件	尾灯电路 输出	VTr1	前照灯电路 输出	VTr2	尾灯小灯	前照灯
明亮（传感器电阻小）	0	OFF	0	OFF	灯灭	灯灭
稍暗（传感器电阻稍大）	1	ON	0	OFF	灯亮	灯灭
很暗（传感器电阻很大）	1	ON	1	ON	灯亮	灯亮

第5章 利用示波器测试传感器波形

汽车专用示波器是用于快速判断电子控制系统故障的有效工具，它的使用操作简单、波形显示准确。在实际操作时，像点菜单一样，只要选择好需要测试的内容，不再需要任何设定和调整就可以直接观察电子部件的波形。示波器波形显示是用电压随时间变化的图形来反映一个电信号，可以非常直观、准确地判断部件的工作状况，为查找故障提供方便。

在电控系统中，某些电子部件的信号变化速率快，变化周期达千分之一秒，还有许多故障信号间歇发生，时有时无，这需要测试设备的扫描速度大大高于故障信号速度。而汽车示波器就可以快速捕捉电信号，并且还可用较慢的速度来显示这些波形，以便让维修人员一面观察、一面分析。它还可以以储存的方式记录信号波形，以便反复观察已经发生过的快速信号，为分析故障提供了快速途径。在电控系统中，无论高速信号，还是慢速信号都可用示波器来观察被测部件的工作状况，并且可以通过观察波形知道故障是否已经排除。

用汽车示波器测试传感器输出的信号波形及信号电压的变化情况，可以确定传感器本身性能的好坏，由此可以确定某个系统的运行情况。例如，在装有氧传感器的反馈系统的汽车上，使用示波器测试氧传感器的信号，可以很好地了解整个反馈系统的运行情况，为捕捉故障信息提供方便条件。

5.1 汽车专用示波器概述

1. 示波器的结构简介

汽车专用示波器种类较多，下面主要以 OTC VISION2 汽车专用示波器为例，介绍它的组成情况，如图 5-1 所示。示波器主要由诊断模块、测试主机、存储卡、外接电源线、热启动开关、主电源开关、串行接口、外部电源接口、测试线缆等组成。

① 诊断模块：电控系统传感器输出的电压、电阻和频率信号，需经诊断模块进行处理，使之成为测试主机能够识读的数字信号。该示波器配备了两种诊断模块，一种是示波器诊断模块，另一种为发动机测试模块。它安装在测试主机顶部，对采集的信号进行预处理，测试线缆与其相连。

② 测试主机：包括显示器、键盘和电路板，显示器为人机对话的界面，操作菜单、测试结果、所测波形通过显示器显示。键盘为仪器的输入元件，测试元件的选择、波形的分析等功能均通过键盘来完成。

③ 存储卡：为主机提供内存、最新的软件程序。存储卡可以升级，以改进示波器的功能。存储卡安装在主机底部卡槽内，一般升级时才需要拔出。

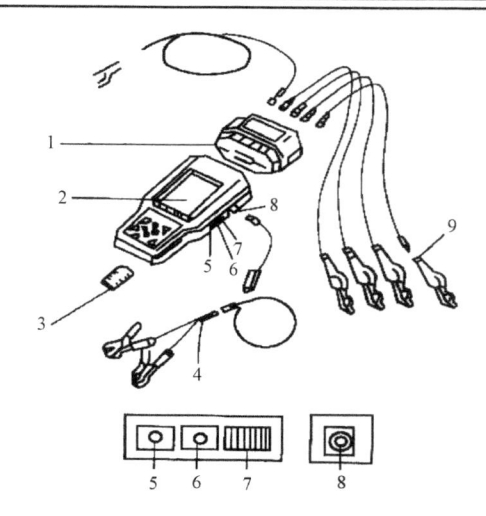

1—诊断模块；2—测试主机；3—存储卡；4—外接电源线；
5—热启动开关；6—主电源开关；7—串行接口；
8—外部电源接口；9—测试线缆

图 5-1　OTC 示波器的组成

④ 外接电源线：示波器使用直流 12V 电源，可接在车辆的 12V 电瓶上或用 A/C 充电器为仪器充电。

⑤ 热启动开关：仪器工作时，若出现死机，可以通过热启动开关重新启动仪器。

⑥ 主电源开关：示波器配有主电源开关。

⑦ 串行接口：该接口用于连接打印机、PC 或废气分析仪等。

⑧ 外部电源接口：示波器内装有可充电电池，当电池电力不足时，可使用外部电源充电。

⑨ 测试线缆：该线缆一端接到诊断模块接口，另一端为测试探头。仪器备有 4 根测试线缆，分别为黄、蓝、红和绿 4 种颜色，另有一根黑色接地线缆，如图 5-2 所示。线缆为通用型和专用型。在进行不同项目测试时，可选用专用适配器。

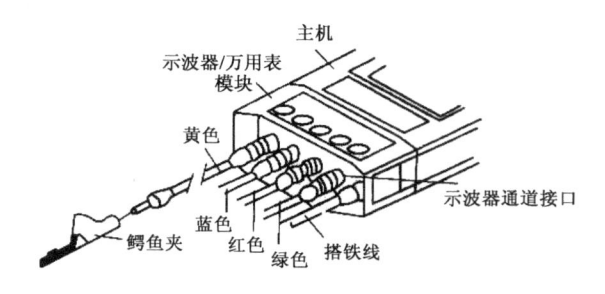

图 5-2　测试线缆的连接

2．示波器的功能

汽车专用示波器的功能分基本功能和附加功能。基本功能就是对汽车电控系统中的模拟信号和数字信号进行波形显示,附加功能包括万用表功能和发动机性能测试功能。

(1) 基本功能

汽车专用示波器的基本功能是测试电控系统中主要传感器与执行器的信号波形,如进气压力传感器(MAP)、空气流量传感器(MAF)、节气门位置传感器(TPS)、氧传感器、曲轴位置传感器与凸轮轴位置传感器、怠速控制阀、EGR 阀、混合气控制阀等的波形,如图 5-3、图 5-4 所示。

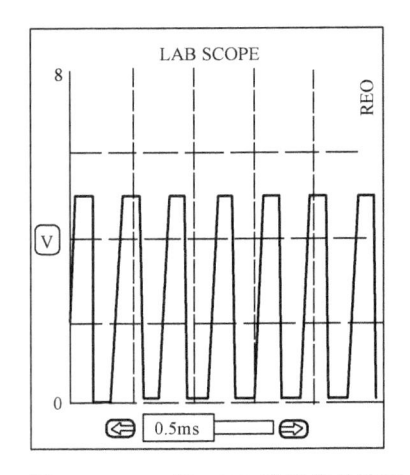

图 5-3 MAF 和 MAP 数字信号波形

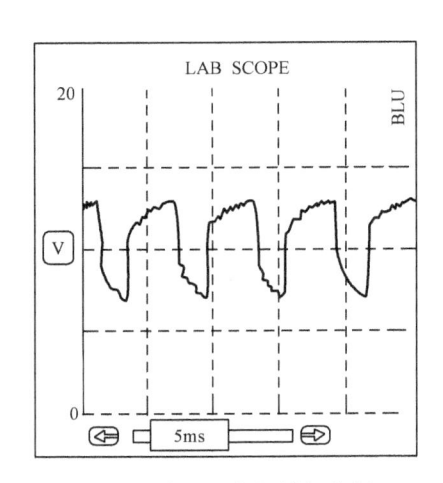

图 5-4 怠速控制阀模拟信号

现代测试用汽车示波器多为双通道显示,甚至为四通道显示。示波器有多个通道接口,能够同时显示多个波形,便于分析判断。图 5-5 所示为四通道显示屏幕,它同时测试了两个喷油器、点火正时与参考信号等四个信号波形。

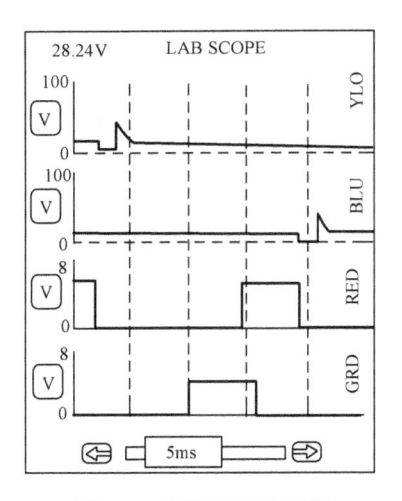

图 5-5 四通道显示屏幕

当测试波形信号需要进行分析时,通过功能键操作可对波形进行锁定和存储,以便仔细分析波形，进行判断，也可以通过功能键的操作重新查看和删除。

通过设定信号电压的大小和改变扫描时间的长短，可以设定所测波形的大小与屏幕坐标相配，使观察方便。

示波器设有波形资料库，它收集有各系统电子元件的标准波形，如传感器和执行器、点火波形等。可以通过测试波形与标准波形的对比进行分析，通过功能键可以调出所需要的标准波形。

（2）附加功能

示波器的附加功能是万用表功能和发动机性能测试功能。万用表功能可以很直接地显示出一些简单特定的信号，为使用者提供方便。示波器备有一些附加测试探头与车辆连接，可以测试发动机的启动电流、交流发电机二极管参数等。

5.2 汽车专用示波器的使用方法

1. 安全操作注意事项

① 确定被测试车辆在 P 挡并且已拉上了手刹。
② 确定车轮在地面上被锁止。
③ 确定车辆在通风顺畅的地方。
④ 在切断测试接头之前，应先切断搭铁线接头。
⑤ 注意保护仪器免受液体侵入。

2. 键盘的使用

OTC VISION2 示波器键盘使用说明如表 5.1 所示。图 5-6 所示为 OTC VISION2 示波器键盘。

表 5.1　OTC VISION2 示波器键盘使用说明

作　用	按　键	举　例
增强屏幕显示的对比度	▶●	按住并保持则可以看到屏幕会逐渐变黑
减弱屏幕显示的对比度	△○	按住并保持则可以看到屏幕会逐渐变清与淡
打开屏幕背光	▽●○	同时按下这两个按键，则可以看到背光显示出来，以利于在光线较弱的情况下进行测试 同时用户可以在"Managingpower"里设定背光显示的时间，然后熄灭
选择	ENTER	按"ENTER"键可使用户进入选择的屏幕

续表

作　　用	按　　键	举　　例
显示在屏幕上的功能键	F1 F2 F3 F4	这四个功能键主要是根据屏幕上的说明来改变其属性，一般来讲 F1 代表帮助信息——HELP
向下移动屏幕改变纵坐标的数值（向下变化）	⬇	当屏幕上出现该箭头时，移动光标到此处，再按"ENTER"键，则坐标或屏幕向下变化
向上移动屏幕改变纵坐标的数值（向上变化）	⬆	功能与向下的箭头基本相同，方向相反
向左移动屏幕改变横坐标的数值（向左变化）	⬅	如改变数值，向左为减少移动图像、光标到左边
向右移动屏幕改变横坐标的数值（向右变化）	➡	如改变数值，向右为增大移动图像、光标到右边
退出屏幕或菜单	EXIT	从主菜单到帮助信息最后到 LNTERRO 注册商标
打开或关闭 OTC VISION2 示波器	PWR	按"PWR"键使 OTC VISION2 示波器在"ON"、"OFF"间切换，尽管电源关闭，但存储的信息并没有消除

3. 具体传感器测试范例

（1）喷油器测试范例

① 按图 5-7 所示进行连线。

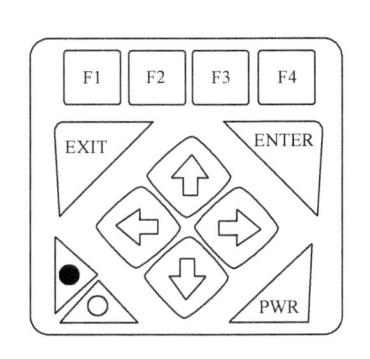

图 5-6　OTC VISION2 示波器键盘

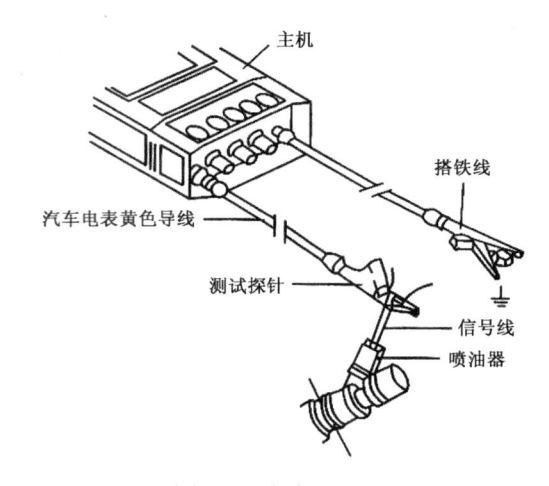

图 5-7　喷油器测试

② 启动发动机，并进行预热。
③ 按下 PWR 键使示波器开机。

④ 在主菜单中选择 AUTO METERS（汽车电表）项。

在主菜单中 LAP SCOPE（示波器）项也可对喷油器进行测试，但只能显示示波器信号波形，而得不到喷油脉宽和占空比数值。

⑤ 选择 INJECTOR 即可对喷油器进行测试。

对喷油器进行测试时，屏幕显示内容如图 5-8 所示，其中上方显示为喷油脉冲宽最大值、最小值和现在值，中间值为占空比，同时显示出占空比的最大值与最小值，下方的波形为喷油器工作时的触发波形。横坐标为时间，纵坐标为电压。可以设定不同的转速与工况下观察测试数值。图 5-9 所示为喷油器故障波形。

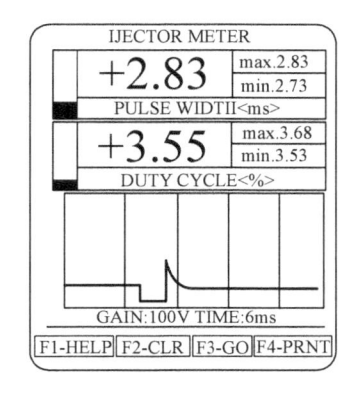

图 5-8 喷油器波形测试屏幕

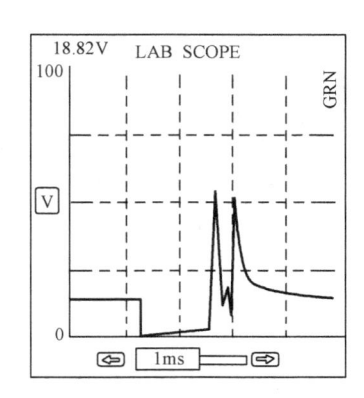

图 5-9 喷油器故障波形

（2）氧传感器测试范例

① 按图 5-10 所示连接电路。对氧传感器进行测试时，需用高阻抗专用线缆，以避免影响测试精度。

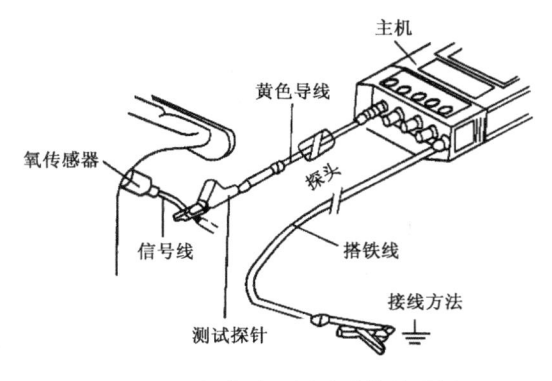

图 5-10 氧传感器测试连接线路图

② 启动发动机并暖机运行，使发动机暖机到正常工作温度并进入闭环工作状态，测试结果才正确。

③ 按下 PWR 键使示波器开机。

④ 从主菜单中选择 AUTO METERS 项。

在 AUTO METERS 项中，可以观测到氧传感器的信号波形、氧传感器的变动率及混合气的浓/稀状态。

⑤ 选择 O_2 SENSOR 项即可对氧传感器进行测试。

⑥ 提高发动机转速，使其转速高于怠速工况。因为发动机在怠速时不能进入闭环状态。

氧传感器的测试屏幕如图 5-11 所示，其上方为氧传感器变动率的统计数值，屏幕上为每 5s 的变动率，同时显示最大值与最小值，中间显示混合气的浓/稀状态，下方为氧传感器的信号波形。图 5-12 所示为氧传感器故障波形。

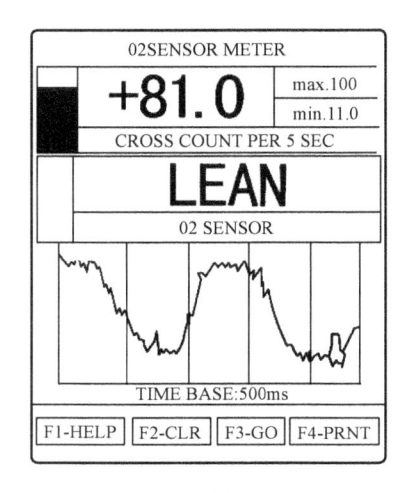

图 5-11　氧传感器测试屏幕

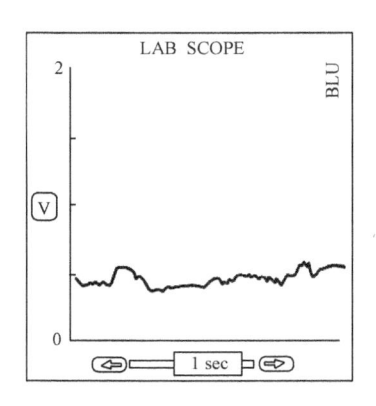

图 5-12　氧传感器故障波形

（3）节气门位置传感器测试范例

① 按图 5-13 所示进行线路连接。

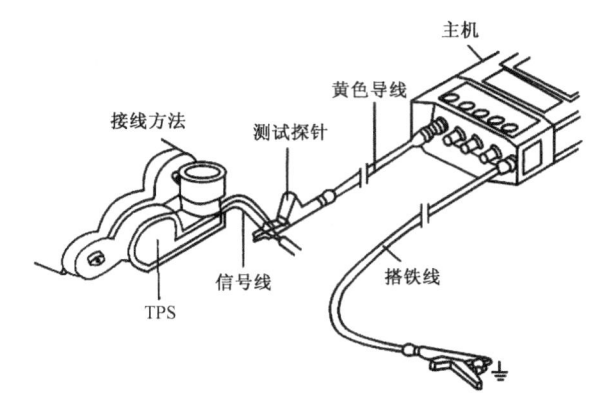

图 5-13　节气门位置传感器的测试线路

② 打开点火开关，发动机不运转，测试 TPS。

③ 从主菜单中选择 AUTO METERS 项。

从主菜单中选择 LAB SCOPE 项同时能测试出 TPS 信号波形，但不能显示出 TPS 的信号电压数值。

④ 选择 TPS 开始测试，TPS 测试屏幕如图 5-14 所示。

⑤ 打开节气门，读取 TPS 信号波形，如图 5-15 所示。

⑥ 慢慢全开和全关节气门，观察 TPS 信号波形是否中断，是否有尖锐的突变等不正常的现象。

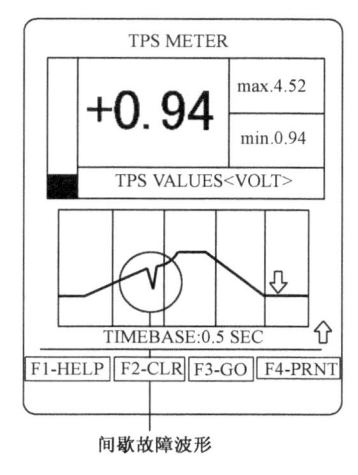

图 5-14　TPS 测试屏幕

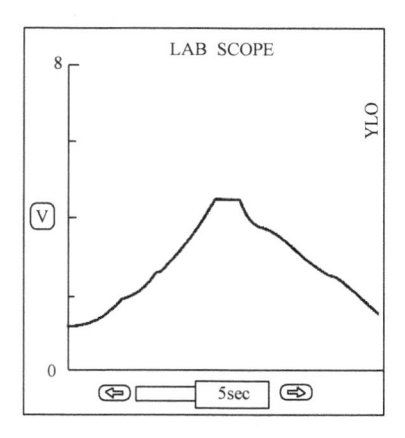

图 5-15　正常的 TPS 信号波形

5.3　传感器波形测试

1. 冷却液与进气温度传感器波形测试

（1）标准波形的特点

负温度系数（NTC）热敏电阻，当温度上升时电阻和电压值均下降，温度下降时电阻和电压值均增加。温度传感器标准波形如图 5-16 所示。

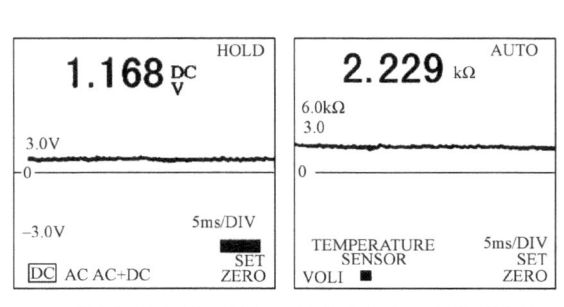

（a）冷却液温度传感器波形　　（b）用电阻表示的温度传感器波形　　（c）进气温度传感器波形

图 5-16　温度传感器波形测试

（2）波形测试方法

用跨接线或探针连接到传感器信号端子上，另一测量线搭铁。接通点火开关，发动机不运转，测量传感器输出的信号电压。启动发动机，然后在暖机过程中观察电压下降情况，也可观察其电阻值的变化情况，但传感器接线必须断开。

（3）故障分析

冷却液温度传感器波形不正常的原因有：散热器过热，冷却液位过低，散热器或水管漏液，传感器电源电压不是5V，计算机输出电压不正常，接地不良。

进气温度传感器波形不正常的原因可能有：空气滤清器堵塞，参考电压或电阻与温度不符，连接线路松动，传感器电源电压不是5V，计算机输出电压不正常，搭铁不良。

2．模拟式进气压力传感器波形测试

（1）标准波形的特点

模拟式进气压力传感器的接线为三线端子，它们是5V参考电压的正负极线和信号输出线。其波形特点是：发动机加速或回到怠速时，其信号电压将增大或减小。高电位表示高的进气歧管压力（低真空），这时发动机负荷大；低电位表示低的进气歧管压力（高真空），这时发动机负荷小；当节气门打开时，进气歧管压力升高；信号电压从怠速时1~1.5V变化到节气门全开时的4.5V，全减速时近似为0V，其标准波形如图5-17所示。

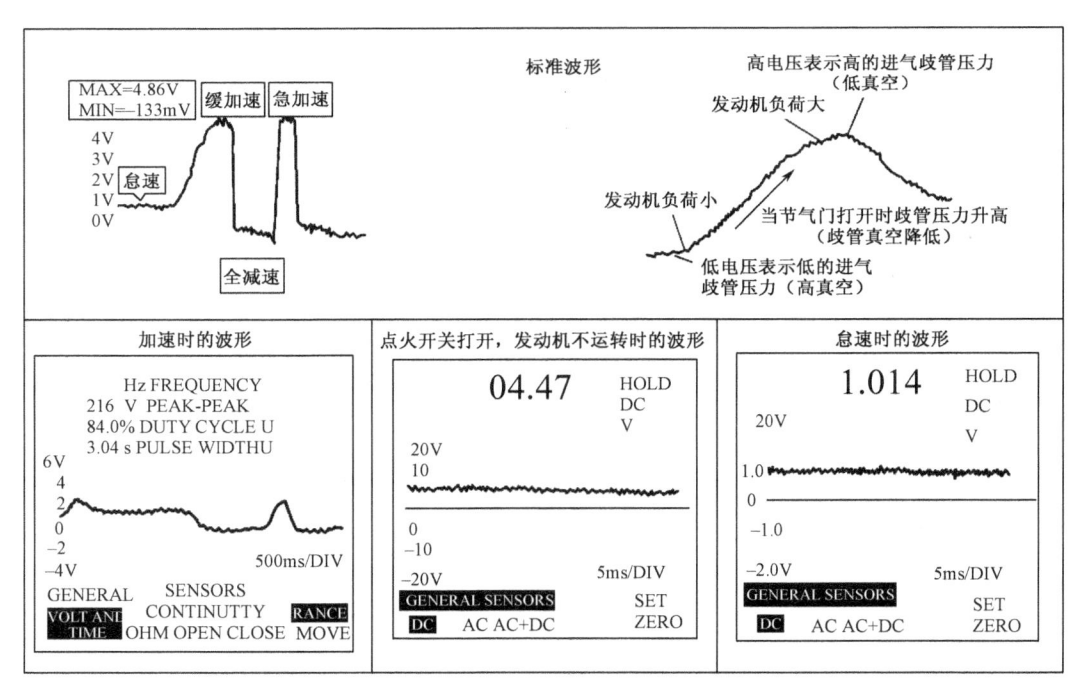

图5-17 进气歧管压力传感器的标准波形及实测波形

（2）波形测试方法

关闭所有用电设备，启动发动机并怠速运转，检查怠速信号电压。做加速、减速实验，

观察波形，锁止波形，并与标准波形图进行比较。

3．数字式进气压力传感器波形测试

(1) 标准波形的特点

部分轿车上装有数字式进气压力传感器（如福特林肯轿车）。该传感器根据进气歧管压力的变化，产生一个频率信号。当节气门开度增大，即发动机负荷增大时，频率增高，反之频率降低。不管发动机的真空度如何变化，其电压值保持不变，其标准波形及实测波形如图 5-18 所示。

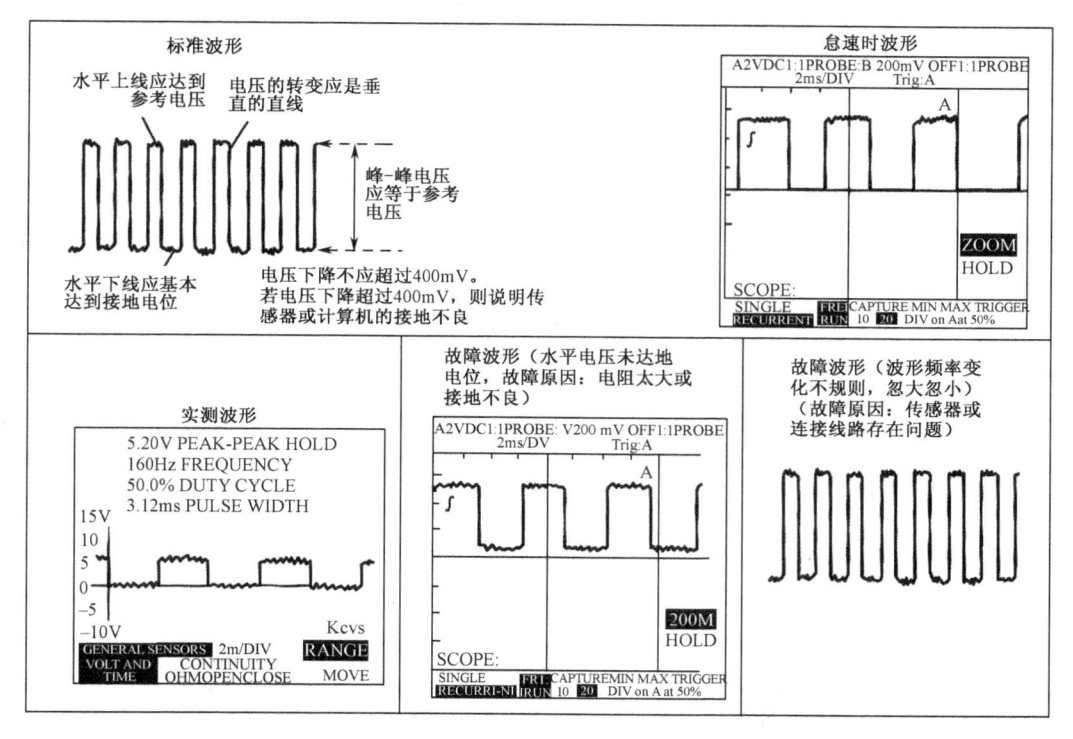

图 5-18 数字式进气歧管压力传感器的标准波形及实测波形

(2) 波形测试方法

启动发动机并使之怠速运转，检查怠速时输出的信号波形，然后再加速和减速，使发动机从怠速缓慢加速到节气门全开，保持 2s；再减速到怠速，保持 2s；然后再急加速到节气门全开，然后再回到怠速。

4．氧传感器波形测试

(1) 标准波形的特点

氧传感器输出的信号电压直接进入计算机，计算机根据氧传感器输入的信号调整供油量，保持空燃比接近 14.7:1。对于氧化锆型氧传感器而言，输出高电位，表明混合气过浓；输出低电位，则表明混合气过稀。氧化钛型氧传感器则根据排气中的含氧量改变可变电阻值，当它输出低电位时，表明混合气过浓；输出高电位，则表明混合气过稀。计算机根据氧传感器输入的信号，即根据混合气的浓稀情况调整喷油量，以保证空燃比最佳值。氧传感器的标准波形如图 5-19 所示。这些图例为发动机在不同转速、不同工况下的实测波形，便于分析比较。

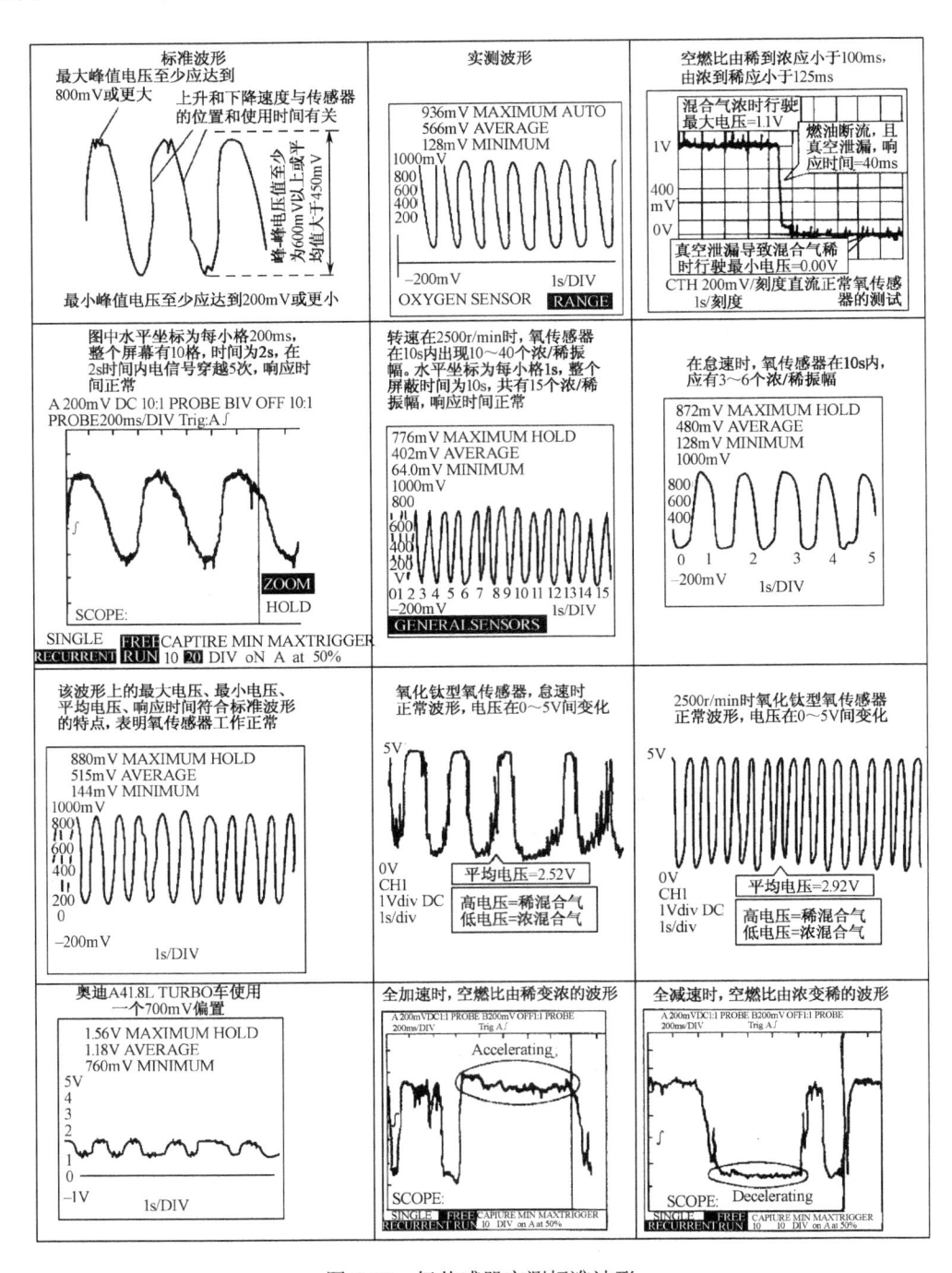

图 5-19　氧传感器实测标准波形

（2）波形测试方法

启动发动机使氧传感器加热至 315℃ 以上，发动机处于闭环工作状态，利用跨接线或探头与传感器连接器信号端子相连，观察氧传感器的信号波形。

（3）故障分析

氧传感器增幅杂波如图 5-20（a）所示。增幅杂波是指氧传感器的信号电压波形中经常出现的 300~600mV 的一些不重要的杂波。这种杂波是由氧传感器本身的化学特性引起的，而不是由发动机故障引起的，所以它又称为无关型杂波。所谓明显的杂波是指高于 600mV 和低于 300mV 的杂波。

氧传感器中等杂波如图 5-20（b）所示。这种杂波指高压段部分向下的尖峰。中等杂波幅度不大于 150mV。氧传感器的波形通过 450mV 时，中等杂波会到 200mV。这种杂波与反馈系统的类型、发动机的运转方式、发动机系列或氧传感器类型有很大关系。

氧传感器严重杂波如图 5-20（c）所示。严重杂波指振幅大于 200mV 的杂波，在信号波形顶部向下冲，冲过 200mV 或达到信号电压底部的尖峰。在发动机运转期间它会覆盖氧传感器的整个信号电压范围。发动机稳定运转时出现杂波，说明发动机有故障，一般是点火不良或各缸喷油量反应不一致造成的，这种杂波的出现必须排除。

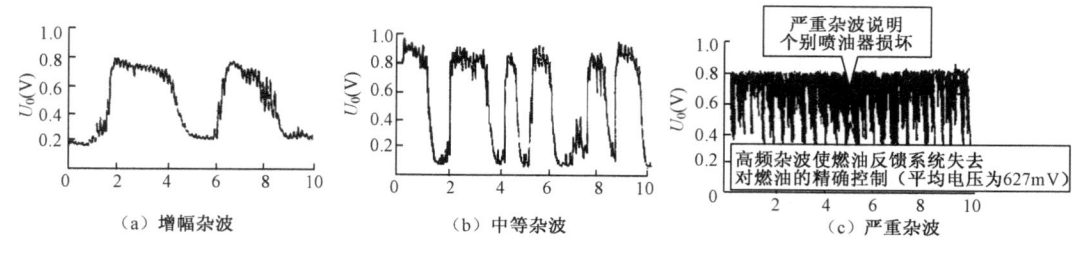

图 5-20　氧传感器杂波

氧传感器最大电压过小，如图 5-21（a）所示。从波形上分析，最大电压为 427mV，最小电压为 130mV，响应时间为 237ms。这种波形不符合标准，故障原因为真空泄漏。

混合气由浓变稀的响应时间过长，如图 5-21（b）所示。空燃比由浓变稀的响应时间大于 100ms，说明氧传感器失效或污染。用光标测得的响应时间是 360ms，这个氧传感器不合格。故障原因为使用年限长，氧传感器失效。

混合气过稀，如图 5-21（c）所示。氧传感器信号持续低压，说明空燃比过大，混合气过稀。若喷油脉冲高于规定值，则说明存在真空泄漏。

混合气过浓，如图 5-21（d）所示。氧传感器信号持续高压，表明空燃比过小，混合气过浓。检查喷油脉冲，若喷油脉宽正常或小于标准，则应检查发动机是否存在机械故障或油压过高；若喷油脉宽高于指定值，则偏浓的故障是由氧传感器输入信号线或计算机故障引起的。

火花塞短路故障，如图 5-21（e）所示。此种故障在波形上出现大量的稀/浓过渡段。

高压线断路故障，如图 5-21（f）所示。在波形上出现大量的浓/稀过渡段，故障原因是火花塞高压线开路。

喷油器泄漏故障，如图 5-21（g）所示。波形上出现明显的浓/稀过渡段。

某缸喷油器不喷油故障，如图 5-21（h）所示。波形上出现大量的浓/稀过渡段。

氧传感器标准信号波形衡量标准		
要素	测量参数	允许范围
1	最高电压	大于850mV
2	最低电压	75～175mV
3	从浓到稀的允许响应时间（允许时间的下降沿）	少于100ms（波形在300～600ms应该垂直下降）

（a）最大电压过小

（b）浓变稀的响应时间过长

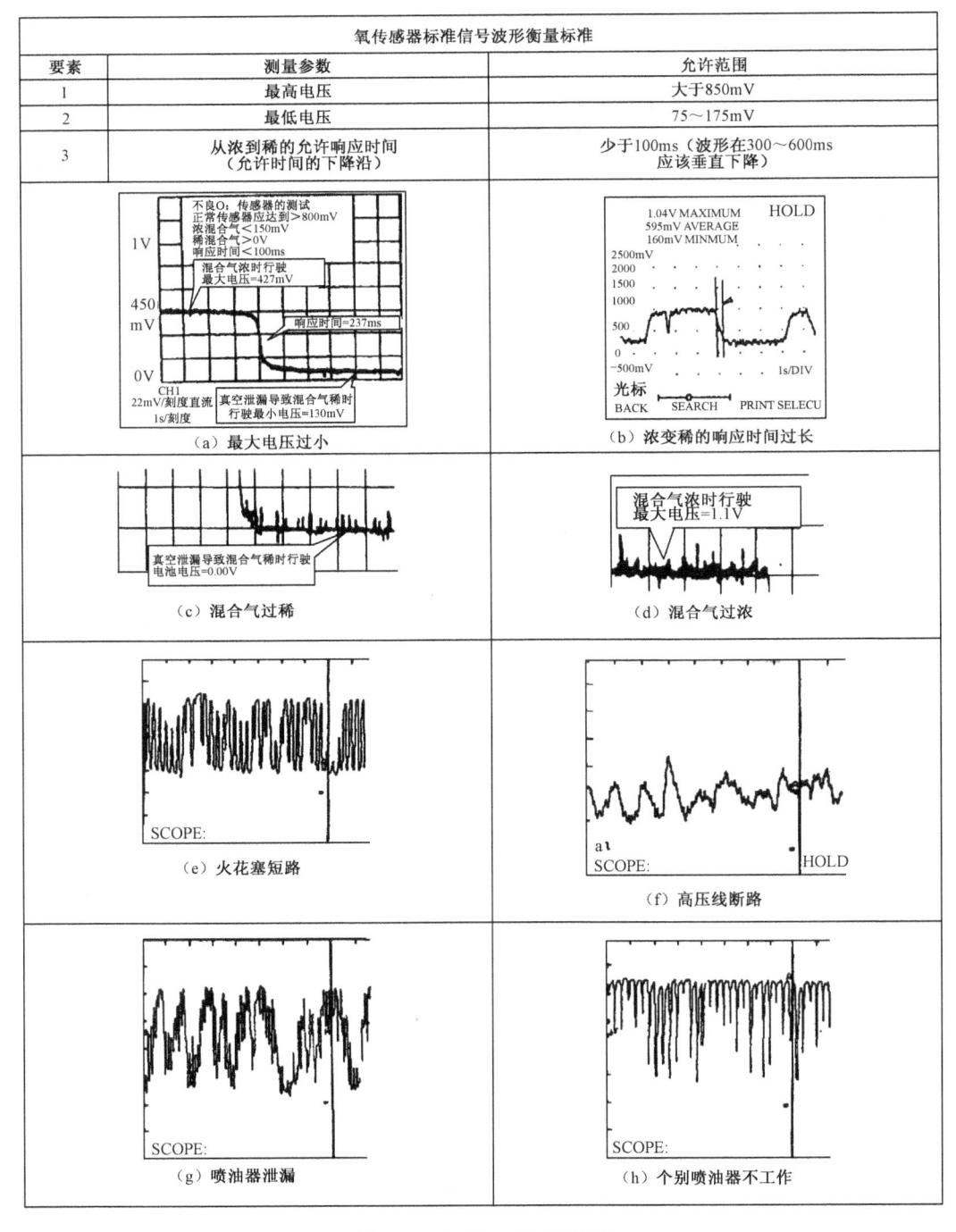

（c）混合气过稀

（d）混合气过浓

（e）火花塞短路

（f）高压线断路

（g）喷油器泄漏

（h）个别喷油器不工作

图 5-21　氧传感器故障波形

5. EGR 位置传感器波形测试

（1）标准波形特点

EGR 位置传感器标准波形如图 5-22 所示。

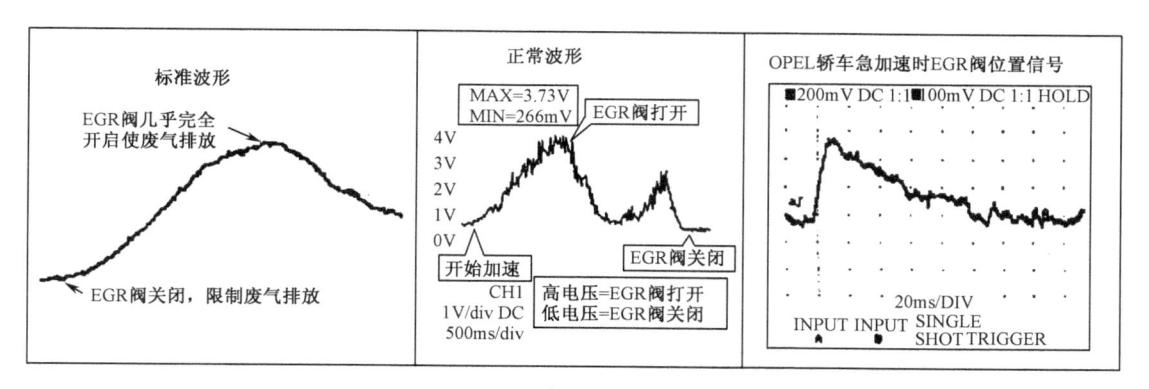

图 5-22　EGR 位置传感器标准波形

当 EGR 阀打开时波形上升，这时废气排放；当 EGR 阀关闭时，波形下降，限制废气排出。汽车怠速时，EGR 阀是关闭的，不需要废气再循环；汽车正常加速时，EGR 阀开大；汽车减速时，EGR 阀也是关闭的。

（2）波形测试方法

将示波器信号测试线探针插入传感器信号线中，启动发动机并加速，观察波形变化情况。

6. ABS 轮速传感器波形测试

（1）标准波形特点

轮速传感器标准波形如图 5-23 所示。

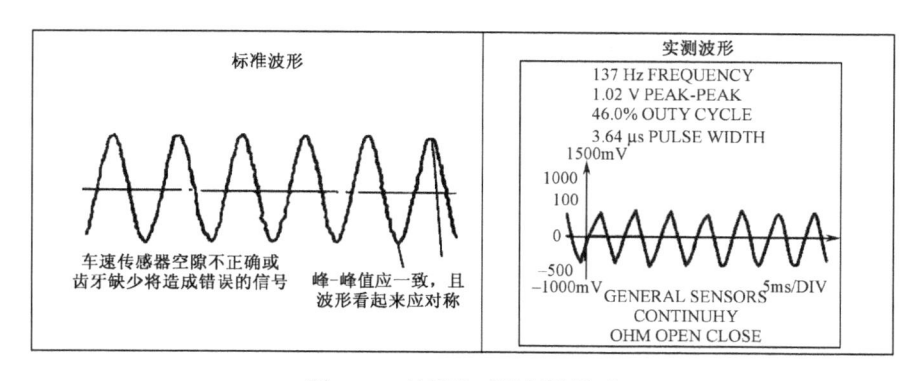

图 5-23　轮速传感器标准波形

传感器的波形频率与速度成正比，随着车速的加快而增加。

（2）波形测试方法

将车支起，断开轮速传感器连线，将示波器信号测试线探针插入传感器信号线芯中，然后转动车轮,观察传感器波形。或者使发动机运转,将探针插入传感器信号线芯中,变速器置入驱动挡,慢慢加速,观察传感器信号波形。

(3) 故障分析

轮速传感器故障波形如图5-24所示。

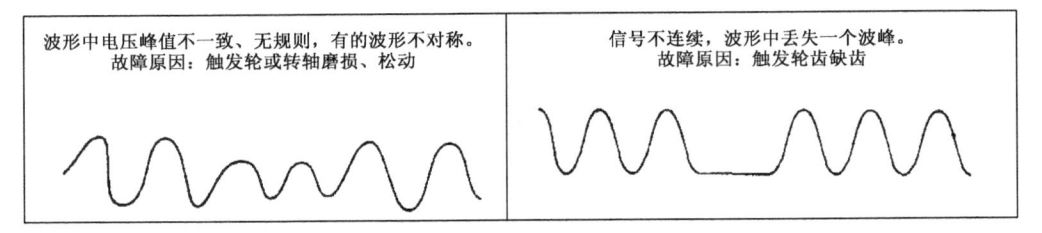

| 波形中电压峰值不一致、无规则,有的波形不对称。故障原因:触发轮或转轴磨损、松动 | 信号不连续,波形中丢失一个波峰。故障原因:触发轮齿缺齿 |

图5-24 轮速传感器故障波形

7. 叶片式空气流量传感器波形测试

(1) 标准波形的特点

叶片式空气流量传感器标准波形如图5-25所示。

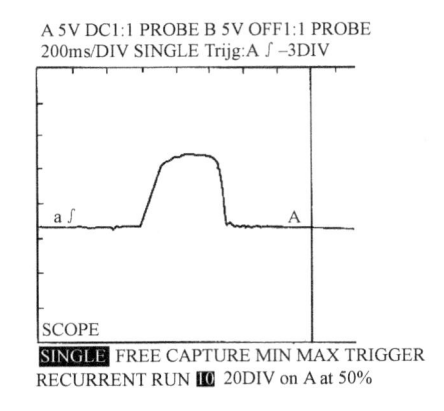

图5-25 叶片式空气流量传感器标准波形图

空气流量的大小与叶片的开度成正比;电压增加表示进入进气歧管的空气流量增加;峰值电压表示进入歧管的最大空气流量;电压减小表示进入进气歧管的空气流量减少;最小电压表示节气门关闭。

(2) 波形测试方法

叶片式空气流量传感器波形测试如图5-26所示。

测试时应关闭所有用电设备,启动发动机,并使其怠速运转。当怠速稳定运转后,检查怠速时输出信号电压。做加速和减速试验时,应有类似图中的波形出现。将发动机转速从怠速至油门全开,持续2s,再将发动机降至怠速并保持2s,再从怠速急加速发动机至油门全开,然后收油门使发动机怠速,锁止波形。

(a) 实测波形 　　　　　　　　(b) 故障波形

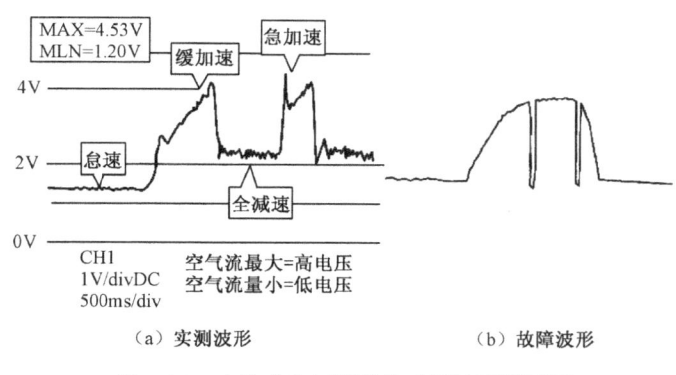

图 5-26　叶片式空气流量传感器波形测试图

(3) 故障分析

空气流量传感器波形有问题时，应进一步检查蓄电池电压是否在 12V 以上；空气滤清器是否脏污而阻塞；进气管是否存在漏气；风扇运转是否正常；传感器电源是否连接正确；主继电器工作是否正常；传感器接地电压是否小于 0.1V；连接线路接头是否松动；传感器本身是否有损伤。

8. 热线式和热膜式空气流量传感器波形测试

(1) 标准波形特点

热线式空气流量传感器输出电压在怠速时为 0.2V，油门全开时电压升至 4V，全减速时输出电压比怠速时的电压稍低。热线式空气流量传感器标准波形如图 5-27 所示。

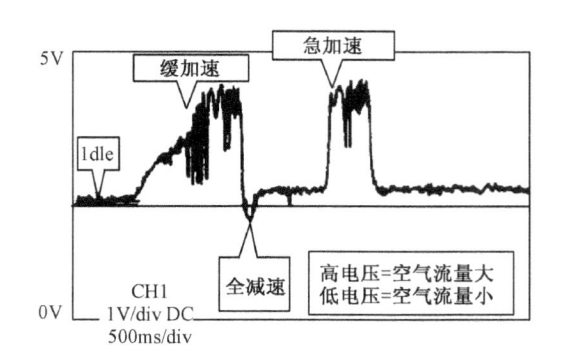

图 5-27　热线式空气流量传感器标准波形

(2) 波形测试方法

关闭所有用电设备，启动发动机，使之怠速运转，检查怠速时输出的信号电压。做加速和减速试验，将发动机转速从怠速到油门全开，持续 2s，不要超速，再减速回到怠速工况，持续 2s，再加速到油门全开，然后回到怠速，锁止波形，仔细观察、分析生成的流量传感器波形，如图 5-28 所示。

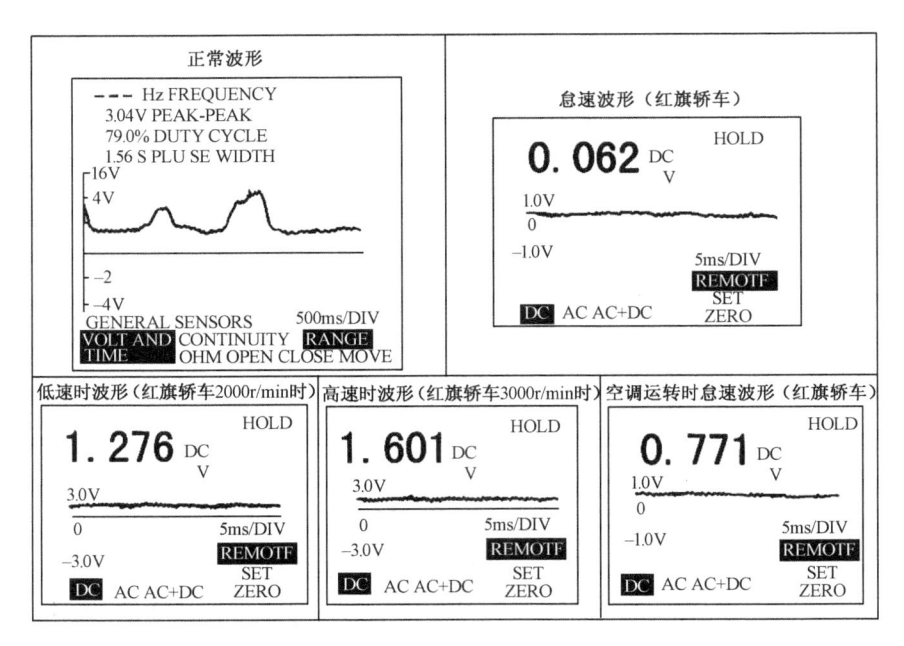

图 5-28 热线式空气流量传感器实测波形

9. 卡曼涡旋式空气流量传感器波形测试

（1）标准波形特点

卡曼涡旋式空气流量传感器标准波形如图 5-29 所示。波形的振幅应达到 5V，即峰值电压应等于参考电压，振幅的水平上限应达到参考电压，下限应接近 0V，脉冲宽度应一致，波形应无峰尖或圆角。

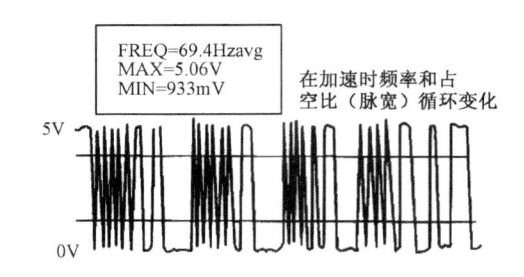

图 5-29 卡曼涡旋式空气流量传感器标准波形

（2）波形测试方法

启动发动机，在不同转速下观察示波器，确定在任何给定运行情况下，波形的重复性和精确性，即在幅值、频率、形状、脉冲宽度等几方面参数是否都相同，在转速稳定时，传感器是否产生稳定频率。

图 5-30 所示为卡曼涡旋式空气流量传感器实测波形。

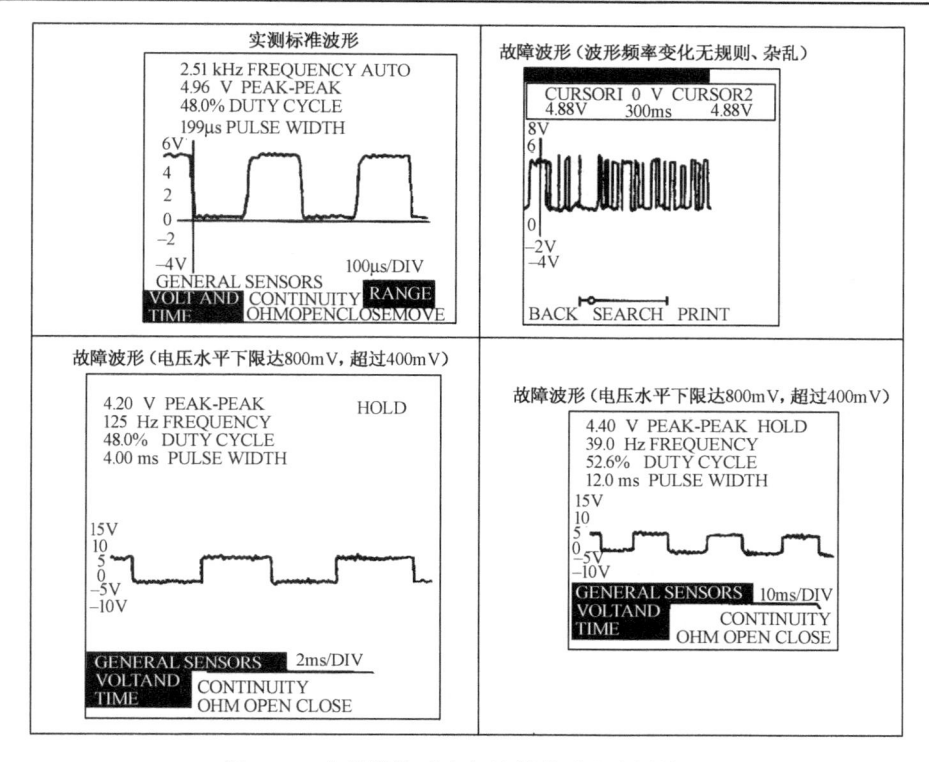

图 5-30 卡曼涡旋式空气流量传感器实测波形

10. 主副氧传感器波形测试

（1）标准波形

主氧传感器安装在三元催化转化器之前，用于混合气反馈控制；副氧传感器安装在三元催化转化器之后，用于测试催化净化效率。利用两个氧传感器电压幅度差值可测量出催化净化转化器存储氧以转换有害气体的能力。图 5-31 所示为主副氧传感器标准波形，图中 A 为主氧传感器波形，图 B 为副氧传感器波形。

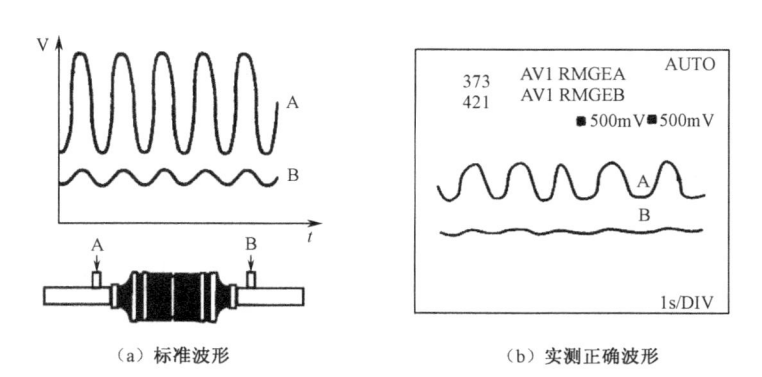

（a）标准波形　　　　　　　　（b）实测正确波形

图 5-31　主副氧传感器标准波形

（2）波形测试方法

启动发动机使传感器预热到 315℃，使发动机处于闭环工作状态。用跨接线或探针连接到传感器连接器信号端子上，从怠速开始增大转速，观察氧传感器输出信号波形，并与标准波形比较。

氧传感器输出错误波形，如图 5-32 所示。该波形的特点是副氧传感器信号幅值过大，表明三元催化转化能力下降。

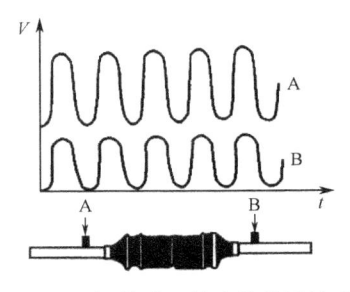

图 5-32 氧传感器输出的错误波形

11. 线性输出型节气门位置传感器波形测试

（1）标准波形特点

线性输出型节气门位置传感器标准波形如图 5-33 所示。

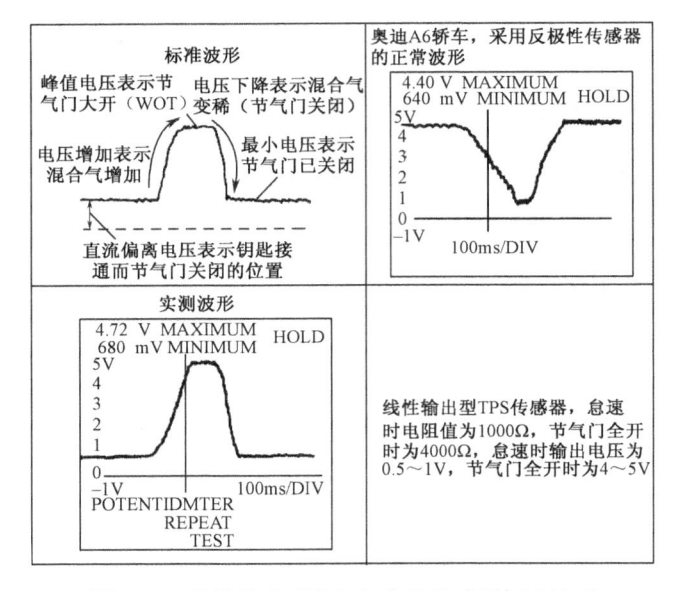

图 5-33 线性输出型节气门位置传感器标准波形

（2）波形测试方法

线性输出型节气门位置传感器是一个三线传感器，其中一根电源线、一根信号线、一根地线。电源线与计算机连接，由计算机提供 5V 电压。测量时，示波器信号测量头探针应与信号线端子相连，另一测量线搭铁。打开点火开关，发动机不运转，把节气门转到全开位置，然后再转到全关闭位置，观察波形变化情况。

12. 开关型节气门位置传感器波形测试

（1）标准波形特点

开关型节气门位置传感器有两个动触点，一个用于测量节气门开启角度，另一个用于测量节气门关闭角度。它也是一个三线传感器。其标准波形如图 5-34 所示。波形中，下水平电压表示节气门关闭，并在 0V 位置上，上水平电压表示节气门位于非完全闭合位置，节气门不一定全开，上水平电压为参考电压。正常波形应光滑、无毛刺、无波动。

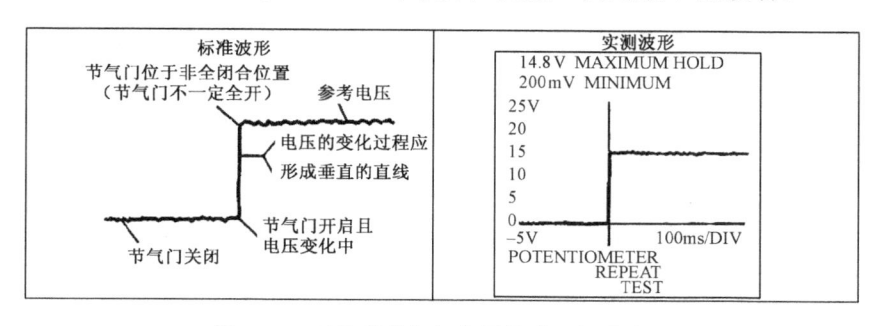

图 5-34　开关型节气门位置传感器标准波形

（2）波形测试方法

波形测试方法与线性输出型节气门位置传感器测试方法相同。

（3）故障分析

开关型节气门位置传感器的故障波形如图 5-35 所示。波形不平滑，有微小波动。故障产生的原因是接触不良或节气门回位弹簧松弛。

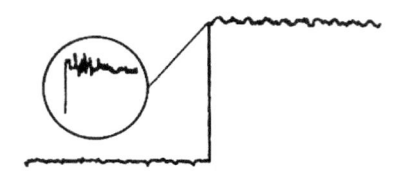

图 5-35　开关型节气门位置传感器故障波形

13. 霍尔效应式曲轴位置传感器波形测试

（1）标准波形特点

霍尔效应式曲轴位置传感器标准波形为方波，如图 5-36 所示。其输出电压幅值不变，频率随发动机转速的变化而改变；水平上线应达到参考电压；水平下线应到 0V 电位，若离地电位太高则说明电阻太大或接地不良；电压的峰值应等于参考电压；电压的转变应是垂直直线。

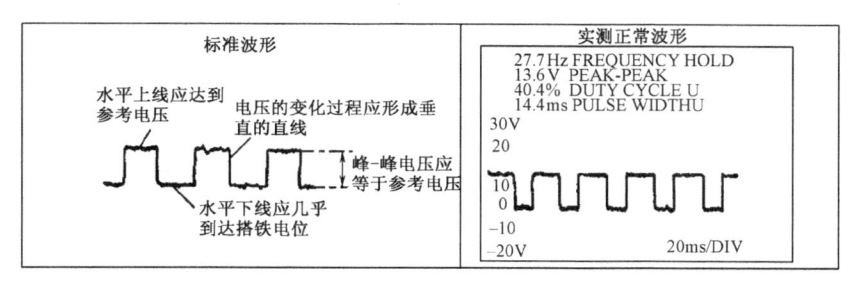

图 5-36　霍尔效应式曲轴位置传感器标准波形

图 5-37 所示为红旗轿车霍尔式曲轴位置传感器在发动机处于不同转速和负荷下的波形图。

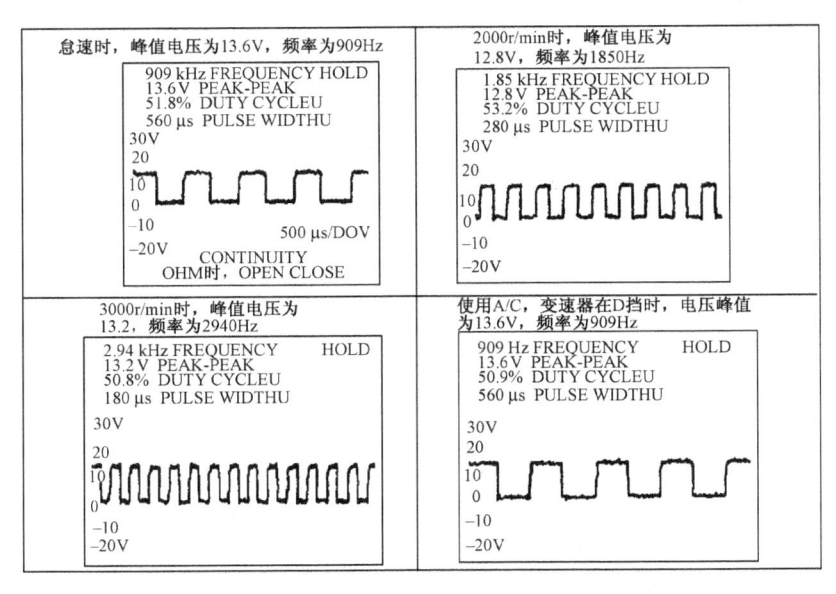

图 5-37 红旗轿车霍尔式曲轴位置传感器波形

（2）波形测试方法

将示波器信号探头插入传感器的信号芯里，启动发动机，观察霍尔式传感器的输出信号波形。

（3）故障分析

霍尔效应式曲轴位置传感器故障波形如图 5-38 所示。

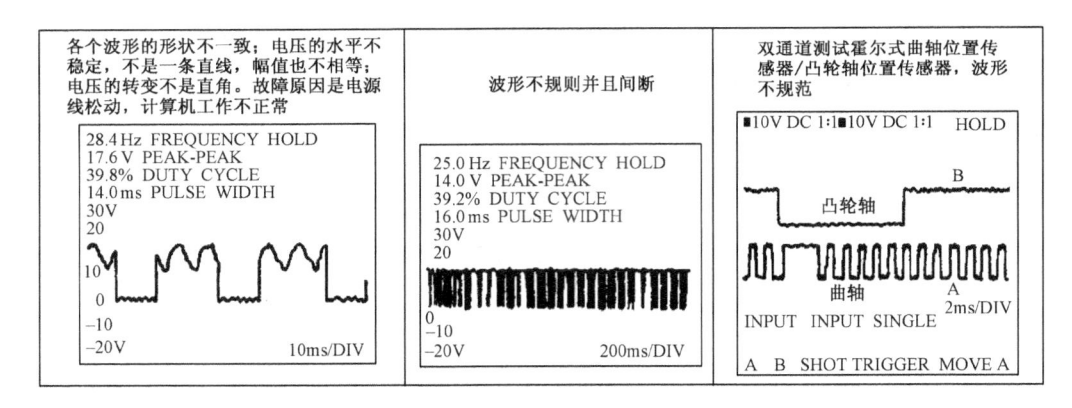

图 5-38 霍尔效应式曲轴位置传感器故障波形

14．电磁感应式曲轴位置传感器波形测试

（1）标准波形特点

电磁感应式曲轴位置传感器标准波形如图 5-39 所示。

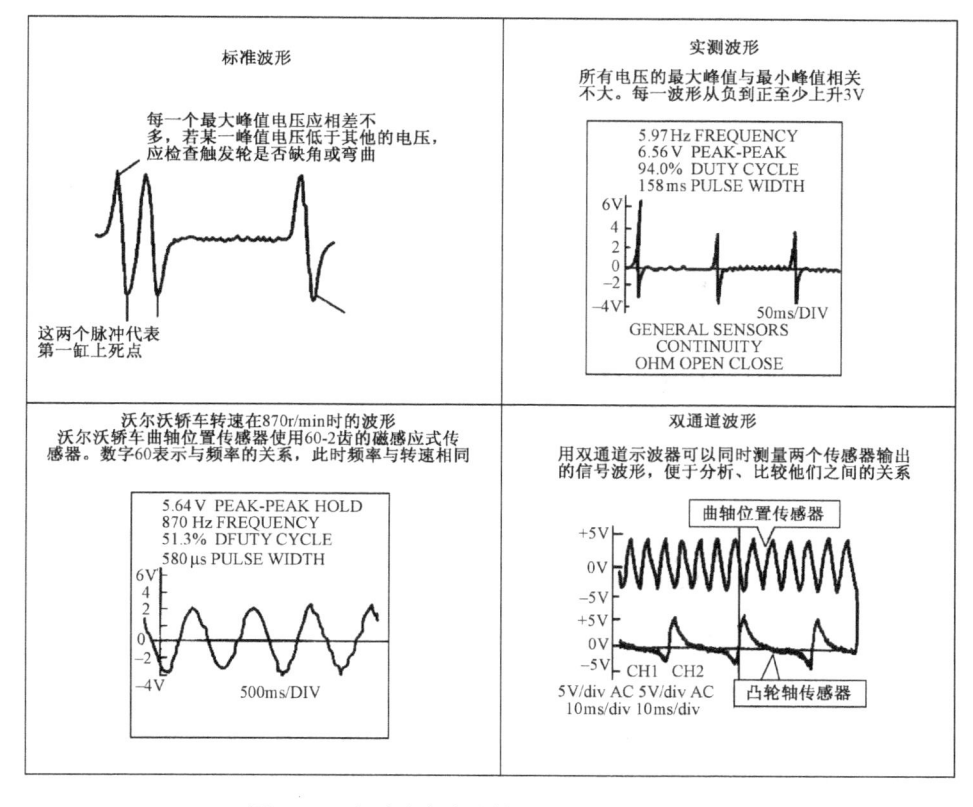

图 5-39　电磁感应式曲轴位置传感器标准波形

（2）波形测量方法

电磁感应式曲轴位置传感器不需要任何电源。测量时，应把示波器信号测量线探针与传感器信号端子相连，另一测量线搭铁。测量发动机在不同转速下的波形，并锁止波形，与标准波形比较。

（3）故障分析

电磁感应式曲轴位置传感器故障波形如图 5-40 所示。

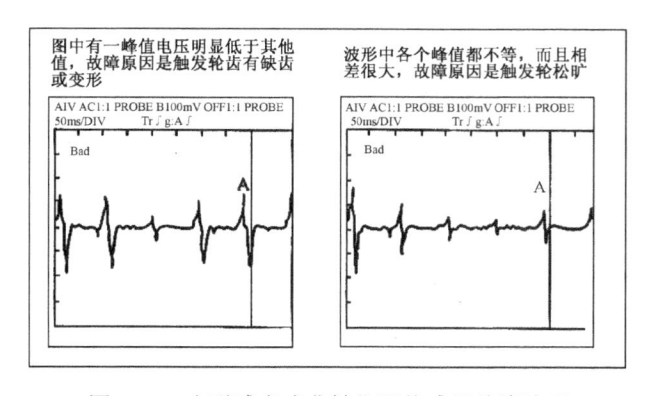

图 5-40　电磁感应式曲轴位置传感器故障波形

15. 光电式曲轴位置传感器波形测试

（1）标准波形

光电式曲轴位置传感器的波形为方波，其电压幅值是不变的，频率随发动机转速而变化。波形的水平上线应达到参考电压，水平下线应达到 0V 电位，电压峰值应为参考电压，电压的下降应为垂直的直线。

（2）波形测试方法

将示波器的信号测量线探针插入传感器信号线芯里，另一条测量线搭铁。启动发动机，观察传感器信号波形。

16. 电磁感应式凸轮轴位置传感器波形测试

（1）标准波形特点

电磁感应式凸轮轴位置传感器标准波形如图 5-41 所示。

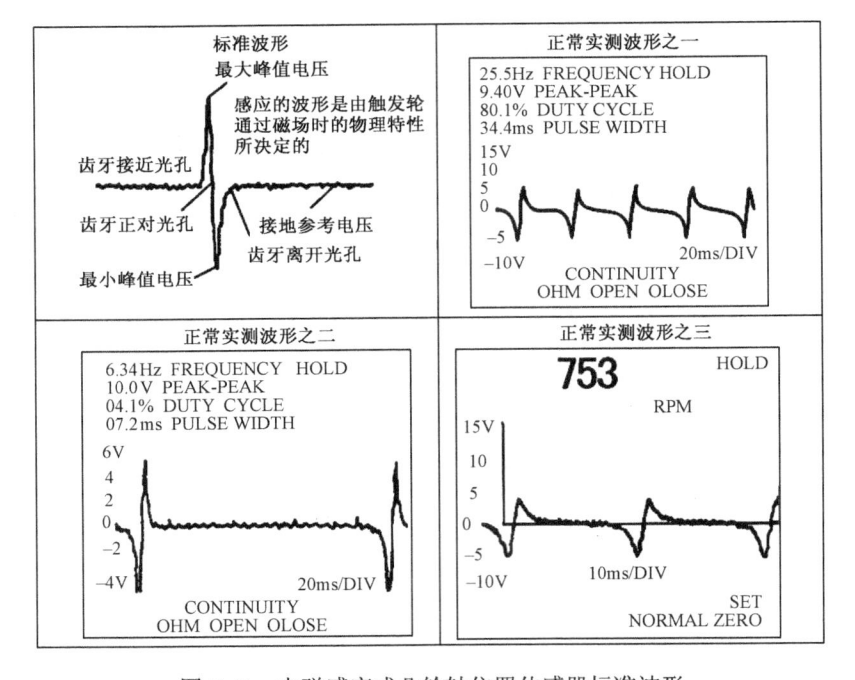

图 5-41　电磁感应式凸轮轴位置传感器标准波形

传感器输出的信号电压和频率随车速的变化而改变，波形的上下波动应在 0V 电位的上下对称，峰值电压应相差不大。若某一个峰值电压低于其他峰值电压，则应检查触发轮是否有缺角或偏心。最小峰值电压也应相差不大，若某一峰值电压高于其他峰值电压，则应检查触发轮是否有缺角或偏心。

（2）波形测试方法

将示波器的信号测量线探针插入传感器信号线芯里，另一条测量线搭铁，观察传感器的信号波形。

17. 光电式凸轮轴位置传感器波形测试

光电式凸轮轴位置传感器标准波形如图 5-42 所示。

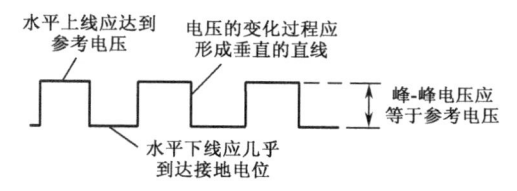

图 5-42　光电式凸轮轴位置传感器标准波形

NISSAN 轿车光电式凸轮轴位置传感器正常波形如图 5-43 所示。

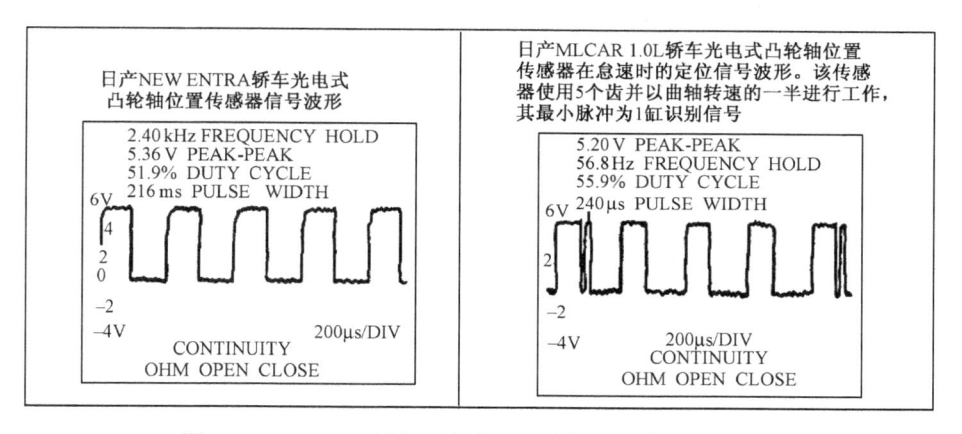

图 5-43　NISSAN 轿车光电式凸轮轴位置传感器信号波形

18. 霍尔效应式凸轮轴位置传感器波形测试

霍尔效应式凸轮轴位置传感器标准波形如图 5-44 所示。

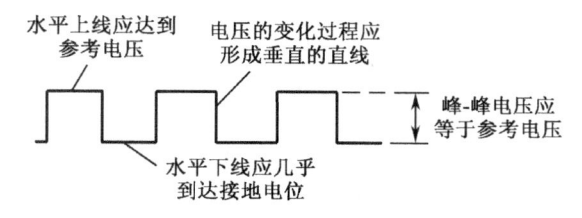

图 5-44　霍尔效应式凸轮轴位置传感器标准波形

波形的下线几乎到 0V 电位，若离 0V 电压太高，说明电阻太大或接触不良。水平上线和峰值电压应为参考电压，电压转变应垂直下降，输出的电压幅值不变，频率随车速的变化而变化。

福特车正常信号波形如图 5-45 所示。红旗轿车正常信号波形如图 5-46 所示。

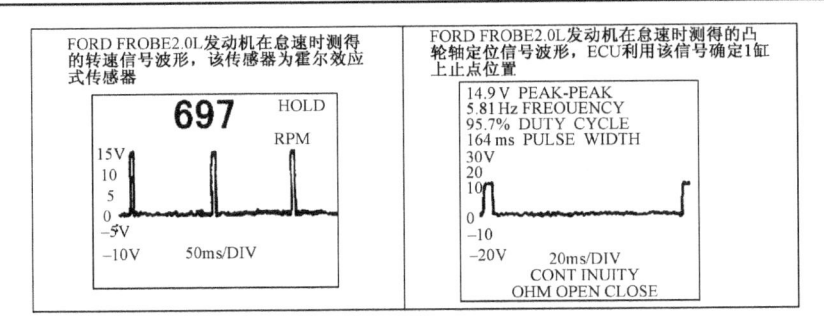

图 5-45　福特车凸轮轴位置传感器信号波形

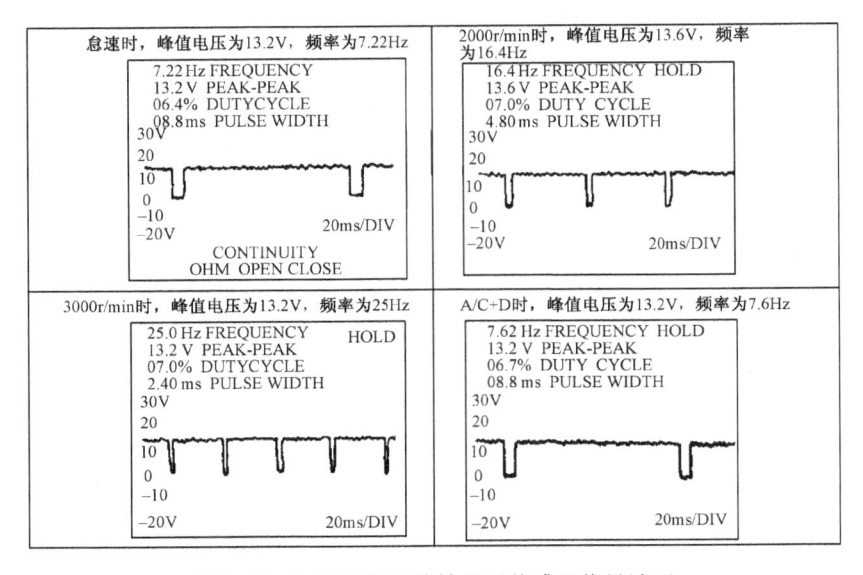

图 5-46　红旗轿车凸轮轴位置传感器信号波形

19. 爆燃传感器波形测试

（1）标准波形特点

图 5-47 所示为爆燃传感器标准波形。

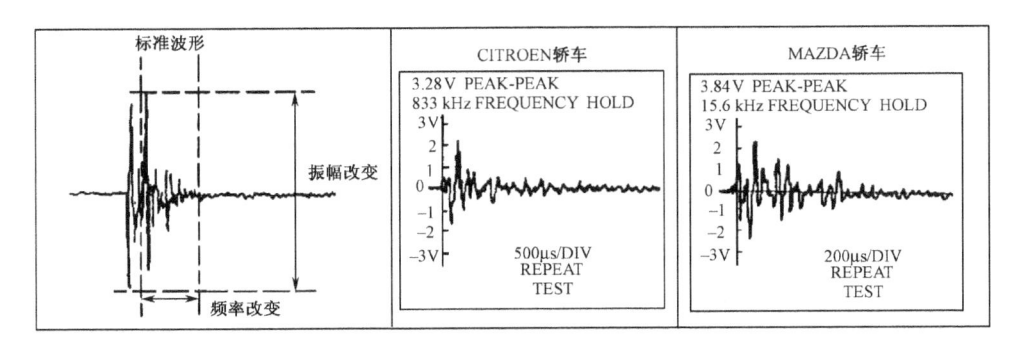

图 5-47　爆燃传感器标准波形

爆燃传感器的波形与振动程度有关，振动越大，电压峰值越大。当波形达到一定高的频率时，会发生爆燃并产生敲缸。爆燃传感器的量程为 5~15kHz。

（2）波形测试方法

将爆燃传感器的连线断开，将示波器的信号测量线与传感器信号线相连，用木槌敲击缸体使传感器产生信号，观察示波器的波形变化情况。

20．车高位置传感器波形测试

（1）标准波形特征

图 5-48 所示为车高位置传感器标准波形。

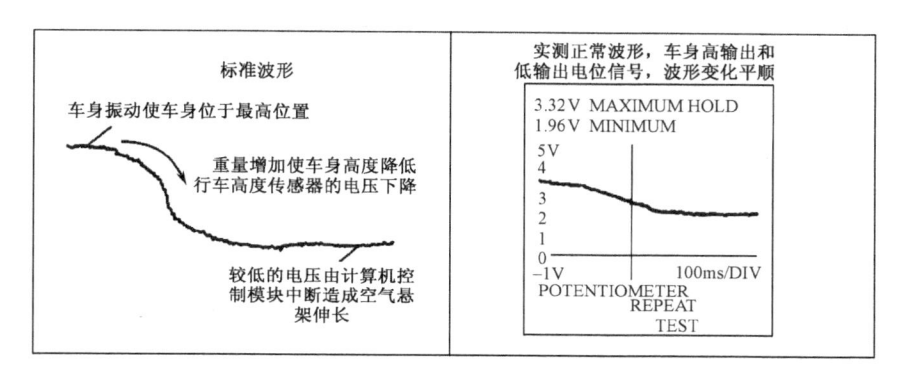

图 5-48　车高位置传感器标准波形

（2）波形测试方法

打开点火开关，发动机不运转，将探针插到传感器信号线芯中，分离传感器的可转动轴，旋转轴从停机一端到另一端，以测试全部行程。

21．车速传感器波形测试

（1）标准波形特征

车速传感器标准波形如图 5-49 所示。

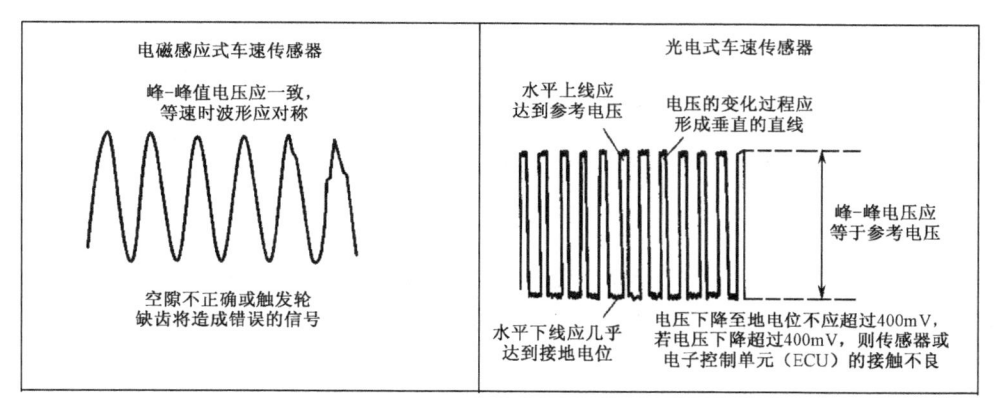

图 5-49　车速传感器标准波形

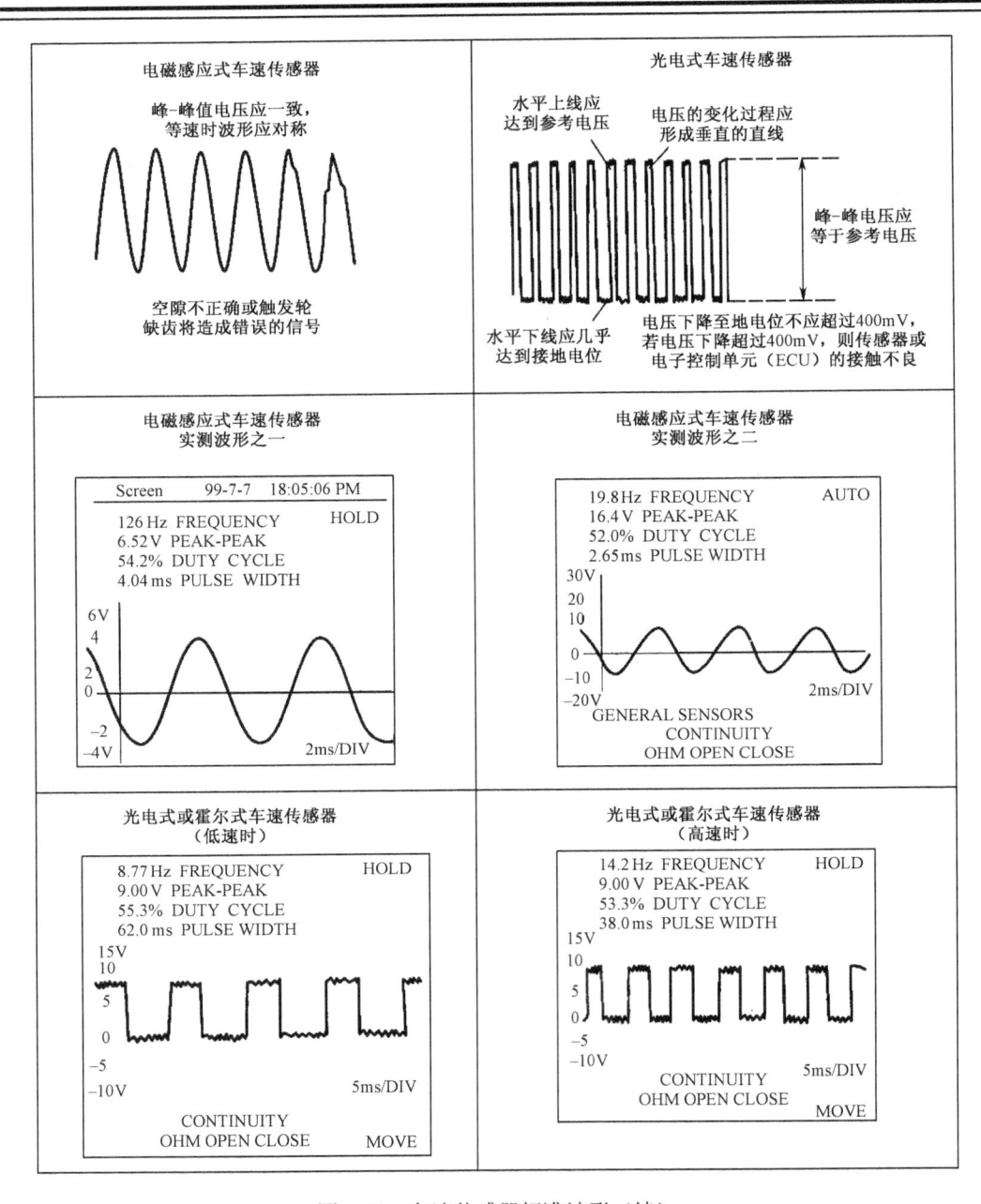

图 5-49　车速传感器标准波形（续）

（2）波形测试方法

将车驱动轮支起，挂挡，模拟行驶条件，将示波器与传感器相连接，观察低速时传感器输出信号波形在 0V 水平线上跳动幅度是否对称，并逐渐增加驱动轮转速。观察波形的幅值和频率是否随车速的提高而增大。

5.4 汽车示波器检测传感器故障实例

随着汽车电子控制设备的不断增加，汽车机电一体化已成为不争的事实。专用的汽车示波器已成为修理工作中不可或缺的设备。汽车专用示波器可以快速判断汽车电子设备故障，其测试设定比较容易掌握，选定测试项目后就可以直接观察波形，操作非常方便。下面以几个具体的检测实例说明汽车示波器在汽车维修中的应用。

【实例1】 个别缸喷油器堵塞造成各缸喷油不均衡，如图5-50所示。

故障现象 怠速非常不稳、加速迟缓、动力下降。在冷启动后或重新热启动后的开环控制期间情况稍好，一旦反馈燃油控制系统进入闭环控制，症状就变得显著。

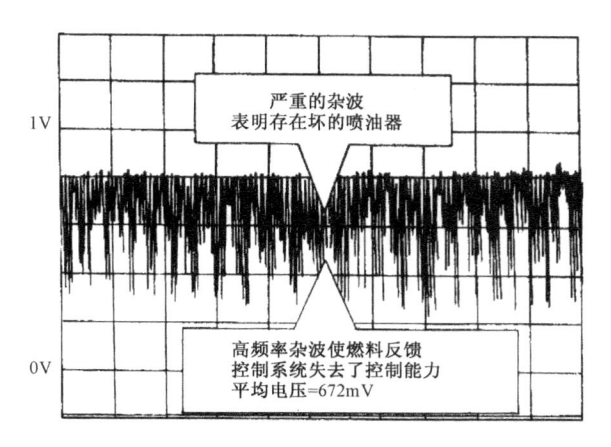

图5-50 个别缸喷油器堵塞造成各缸喷油不均衡时的氧传感器信号波形

用示波器检测氧传感器，检测发动机在2500r/min和其他稳定转速下的氧传感器波形，以检查燃料反馈控制系统。氧传感器在所有的转速、负荷下都显示了严重的杂波。

故障分析 严重的杂波表明排气氧不均衡或存在缺火，这些杂波彻底毁坏了燃油反馈控制系统对混合气的控制能力。

通常可以采用排除其他故障可能性的方法（即排除法）来判定喷油不均衡，包括用示波器检查、判断点火系统和汽缸压缩压力以排除其可能性，用人为加浓或配合其他仪器等方法排除真空泄漏的可能性。总之，对于多点喷射式发动机，如果没有点火不良、压缩泄漏、真空泄漏等问题引起的缺火，则可假定是喷射不均衡引起的缺火。

此例中，进一步检查了上述点火、压缩、真空的各方面情况，结果表明可以排除这些方面问题的可能性。因此，判断为喷油器损坏。

应注意到，上述"在冷启动后或重新热启动后的开环控制期间情况稍好"，进一步说明了有个别缸喷油器存在堵塞问题。这是因为在当时情况下，喷油脉冲稍长，加浓了混合气，多少起到了一些补偿作用。

当更换了好的喷油器后，故障现象消失，波形恢复正常。

【实例2】 间歇性点火系缺火故障。

图 5-51 所示为发动机在 2500r/min 时的氧传感器波形，波形反映出点火系统存在间歇缺火故障。波形两边部分显示正常，但波形中段严重的杂波显示燃烧极不正常甚至缺火。如前所述，虽然进入汽缸的混合气空燃比没有问题，但由于缺火时汽缸内的氧"未经消化"即排出缸外，致使氧传感器波形出现一系列的低压尖峰，形成严重的杂波。同时整个波形显示燃料反馈控制系统的反应是正常的，其数秒的间歇表明压缩泄漏或真空泄漏的可能性较小，可对点火系统进一步检查以确定具体故障原因。

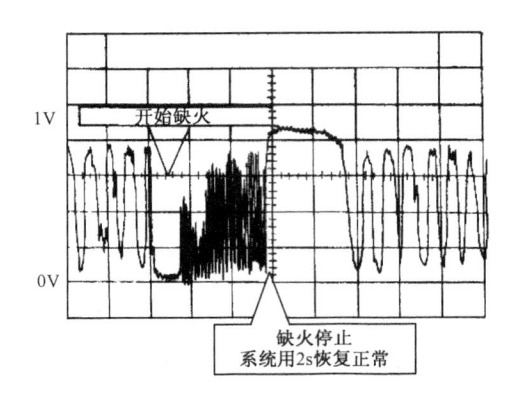

图 5-51 间歇性点火系统缺火故障时的氧传感器信号电压波形

【实例3】 氧传感器配合喷油脉冲检查分析。

图 5-52 所示为发动机转速为 2500r/min 时的氧传感器波形和喷油脉宽波形。氧传感器波形显示为不正常的持续浓混合气信号（上边波形），而微机控制系统能正确地发出较短的喷油脉宽指令（下边波形，正常应为 5ms）试图使混合气变稀。两个波形的关系是正确的负反馈关系。这说明故障不在燃料反馈控制系统，可能是燃油压力过高或喷油器存在漏油等。

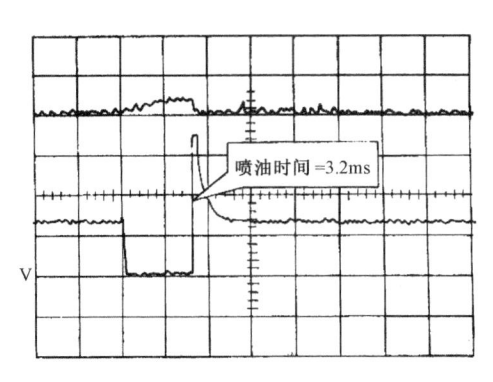

图 5-52 发动机为 2500r/min 时的氧传感器波形和喷油脉宽波形

若氧传感器波形显示为不正常的持续稀混合气信号（低电压），而微机控制系统能发出较长的喷油脉宽指令（6ms），则这两个波形的关系也是正确的负反馈关系。同样说明故障不在燃油反馈控制系统，可能是燃油压力过低或喷油器存在堵塞等。

图 5-53 所示为发动机转速为 2500r/min 时的氧传感器波形和喷油脉宽波形。氧传感器波形显示为不正常的持续浓混合气信号（上边波形），而微机控制系统正在发出的却仍然是要加浓混合气的较长喷油脉宽指令（下边波形，正常应为 5ms），即两个波形的关系出现方向性错误。这说明故障存在于燃料反馈控制系统内部，例如，可能是微机控制系统接收了错误的进气流量信号或错误的发动机冷却液温度信号等原因。

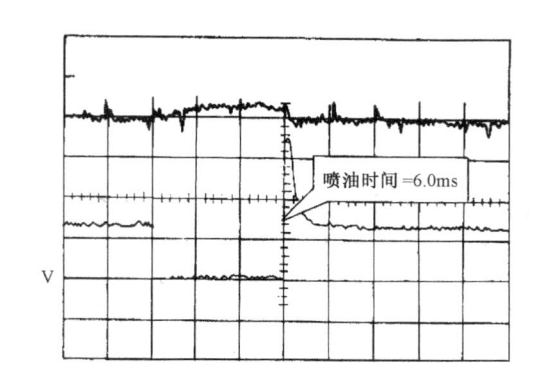

图 5-53　发动机为 2500r/min 时的氧传感器波形和
喷油脉宽波形（浓氧传感器信号，长喷油脉宽信号）

若氧传感器波形显示为不正常的持续稀混合气信号（低电压），而微机控制系统正在发出的却仍然是要减小混合气浓度的较短的喷油脉冲指令（如 3.2ms），则两个波形的关系也出现了方向性错误。这也说明故障存在于燃料反馈控制系统内部，同样可能是微机控制系统接收了错误的进气流量信号或错误的发动机冷却液温度信号等。

【实例 4】　进气真空泄漏。

图 5-54 所示为发动机转速为 2500r/min 时的氧传感器波形，故障为个别汽缸的进气歧管真空泄漏。真空泄漏使混合气过稀，每当真空泄漏的汽缸排气时，氧传感器就产生一个低电压尖峰。一系列的低电压尖峰在波形中形成了严重的杂波，而平均电压高达 536mV 则可解释为，当氧传感器向微机控制系统反馈低电压信号时，燃料反馈控制系统使汽缸内的混合气立即加浓，排气时氧传感器对此反映为高电压信号，这说明燃料反馈控制系统的反应是正确的。

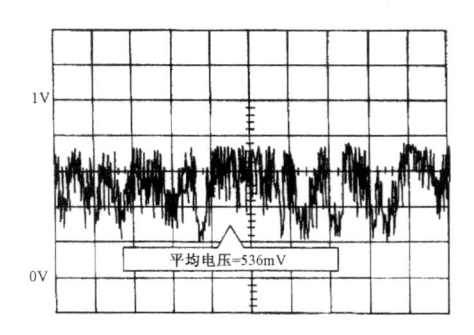

图 5-54　发动机为 2500r/min 时的氧传感器波形（进气真空漏气）

【实例5】 氧传感器良好与损坏的波形比较。

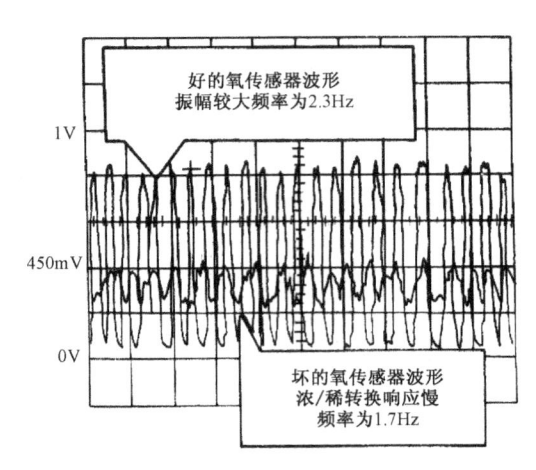

图 5-55 所示为良好的氧传感器波形与损坏的氧传感器波形叠加比较。振幅大的波形表示良好者，振幅小的表示损坏者。损坏的氧传感器波形表明，燃料反馈控制系统的正常运行受到了严重的抑制。但从其波形中的"稍浓、稍稀"振动来分析。燃料反馈控制系统一旦接收到正确的氧传感器反馈控制信号，表明是有控制空燃比能力的。由于损坏的氧传感器的反应速率迟缓，限制了浓稀转换次数，使混合气空燃比超出了三元催化器要求的范围，故此时排放指标恶化。图中良好的氧传感器波形反映的是更换了氧传感器之后的情况。

图 5-55 良好的氧传感器波形与损坏的氧传感器波形叠加比较

【实例6】 马自达电控发动机不能启动的故障。

故障现象 该车在行驶途中发动机抖动几下就熄火了，紧接着启动发动机行驶不到 1min 又熄火了，以后一直不能启动。

故障分析 首先检查汽车燃料供给、点火系统都正常。使用示波器检测 ECU 的 IG 端子，IG 端子无信号输出。用示波器检测 ECU 的 3E、3G、3H、3F 端子，NE 端子正常，SGC、SGT 无信号。由此可判断，ECU 有故障或分电器内的曲轴位置传感器有故障。

该车分电器内的曲轴位置传感器为一霍尔式传感器。当磁场传感器为霍尔元件时，传感器输出霍尔电压，ECU 在 3E（SGC）和 3G（SGT）端子均输出 5V 信号电压，霍尔脉冲电压通过反相器分别加在晶体管基板上，高电位时接通晶体管，使 SGT 或 SGC 端子接地，电压为 0，反之为 5V，从而产生 0~5V 的脉冲信号，并被 ECU 作为曲轴运转的位置信号所接收。根据实际测量，SGT 信号为 0V，且无变化，SGC 信号为 5V，偶尔出现 0V。

根据以上检测，认为 SGT 端子被接地短路，SGC 端子内晶体管或霍尔元件工作，使曲轴位置传感器发生故障，换用一新的曲轴位置传感器后，SGT、SGC 信号均可测出。但 ECU 仍无 IG 信号输出，根据上述原理可判断为 ECU 有故障，无法正常输出 IG 信号，换用一正常工作的 ECU 后，发动机即可正常启动，且工作平稳。

【实例7】 检修丰田公司皇冠发动机加速不良和无高速的故障。

故障现象 发动机高速回火，混合气过稀，发动机转速不超过 3000r/min，加速踏板踩到底发动机回火放炮,有时慢加速时发动机工作正常。

故障分析 首先检测油泵、节气门、燃油压力及点火提前装置均正常,在检查叶片式空气流量传感器时,发现传感器高速段时阻值不正常,与空气流量的增加不成正比,高速段混合气配比不正确。更换空气流量传感器后故障现象减弱,但未消失。

使用示波器测量各喷油嘴接收的 ECU 喷射脉冲信号,发现加速时脉冲宽度最大为 5ms,并有杂波,ECU 喷射脉冲有故障。更换新的 ECU,加速时脉冲宽度加长到 12ms,故障消失。

使用汽车专用示波器检测高级轿车电子控制燃油喷射式发动机电控系统工作状况,在目前汽车维修业中是一种高科技手段,也是电控系统疑难故障诊断最可靠的方法。对于曲轴位置传感器故障引起的发动机机动性差、加速不良、发动机不能启动等故障,均可使用示波器检测输入输出信号,并在屏幕上显示出来,可迅速准确地判断故障所在。

第6章 汽车未来传感器

6.1 概 述

近年来，能源危机日益严重，各国相继提出了更加严格的汽车排放法规，用户对汽车的安全性和舒适性的要求越来越高，已经无法单靠传统方法解决汽车工业所面临的问题，这使得人们越来越认识到，汽车电子化是摆脱困境、解决问题的有效途径。传感器作为汽车电子化的主要技术之一，被认为是汽车中最主要的电子器件。但至今汽车电子化的主要问题就是传感器，因为其实质在于不同物理属性的信息采集通道接在一起有着根本性的困难。由于传感器技术落后于信息处理技术，使得传感器成本相对高而可靠性相对低，从而阻碍了汽车电子化的发展。为此，需要研制出高性能低成本的新型传感器。汽车未来传感器总的趋势是微型化、多功能化、集成化和智能化。

微型传感器基于从半导体集成电路技术发展而来的 MEMS。微型传感器利用微机械加工技术将微米级的敏感元件、信号处理器、数据处理装置封装在一块芯片上，由于具有体积小、价格便宜、便于集成等特点，所以可以明显提高系统测量精度。目前该技术日渐成熟，可以制作各种能敏感检测力学量、磁学量、热学量、化学量和生物量的微型传感器。基于 MEMS 技术的微型传感器在降低汽车电子系统成本及提高其性能方面的优势，使之开始逐步取代基于传统机电技术的传感器。

多功能化是指一个传感器能检测两个或者两个以上的特性参数或者化学参数，从而减少汽车传感器数量，提高系统可靠性。

集成化是指利用 IC 制造技术和精细加工技术制作 IC 式传感器。

智能化是指传感器与大规模集成电路相结合，带有 CPU，具有智能作用，以减少 ECU 的复杂程度，减少其体积，并降低成本。

6.2 汽车传感器的发展方向

经过针对我国国情及国外技术发展趋势的分析，一些业内专家认为，智能化、微型化、低功耗、无线传输、便携式将成为新型传感器的未来发展方向，具体表现为以下五个方面。

（1）向高精度发展

随着自动化生产程度的不断提高，对传感器的要求也在不断提高，必须研制出具有灵敏度高、精确度高、响应速度快、互换性好的新型传感器以确保生产自动化的可靠性。目前能生产精度在万分之一以上的传感器的厂家为数很少，其产量也远远不能满足要求。

(2) 向高可靠性、宽温度范围发展

传感器的可靠性直接影响到电子设备的抗干扰等性能，研制高可靠性、宽温度范围的传感器将是永久性的方向。提高温度范围历来是大课题，大部分传感器其工作范围都在-20~70℃，在军用系统中要求工作温度在-40~85℃范围，而汽车、锅炉等场合传感器的温度要求更高，因此发展新兴材料（如陶瓷）的传感器将很有前途。

(3) 向微型化发展

各种控制仪器设备的功能越来越大，要求各个部件所占位置越小越好，因而传感器本身体积也是越小越好，这就要求发展新的材料及加工技术，目前利用硅材料制作的传感器体积已经很小。如传统的加速传感器是由重力块和弹簧等制成的，体积较大、稳定性差、寿命也短，而利用激光等各种微细加工技术制成的硅加速度传感器体积非常小，互换性、可靠性都较好。

(4) 向微功耗及无源化发展

传感器一般都是非电量向电量的转化，工作时离不开电源，在野外或远离电网的地方，往往是用电池供电或用太阳能等供电，开发微功耗的传感器及无源传感器是必然的发展方向，这样既可以节省能源又可以提高系统寿命。目前，低功耗的芯片发展很快，如T12702运算放大器，静态功耗只有1.5μA，而工作电压只需2~5V。

(5) 向智能化数字化发展

随着现代化的发展，传感器的功能已突破传统的功能，其输出不再是一个单一的模拟信号（如0~10mV），而是经过微电脑处理好后的数字信号，有的甚至带有控制功能，这就是所说的数字传感器。

1. 智能传感器

在太空中飞行的宇宙飞船，需要测量并控制其飞行速度、飞行姿态、所处的位置、控制舱内的温度、湿度、气压、空气成分、加速度等参数。传统的传感器只能获取信息，且结构尺寸较大，性能不够稳定，可靠性及精度等都不够理想，因此需要大量的传感器和一台大型的计算机来完成上述任务，但这在飞船上是难以实现的。一种解决的方案是采用分散处理数据的方法，这就对传感器提出了数字化、智能化的要求。智能传感器这一概念正是美国宇航局在开发宇宙飞船过程中根据需要最先提出来的。

所谓智能传感器，就是一种以微处理器为核心单元，兼有检测、判断和信息处理等功能的传感器。智能传感器的最大特点就是将传感器检测信息的功能与微处理器的信息处理功能有机地融合在一起。需要指出的是，这里讲的"微处理器"包含两种情况：一种是将传感器与微处理器集成在一个芯片上构成所谓的"单片智能传感器"；另一种是指传感器能够匹配微处理器。显然，后者的定义范围更宽，但二者均属于智能传感器的范畴。

(1) 智能传感器的构成

智能传感器的一般组成如图6-1所示，其中作为系统"大脑"的计算机可以是单片机、单板机，也可以是微型计算机系统。

(2) 智能传感器的功能

智能传感器的功能是通过比较人的感官和大脑的协调动作，即总结长期以来传感器测量的实际经验而提出的。概括而言，其主要功能如下。

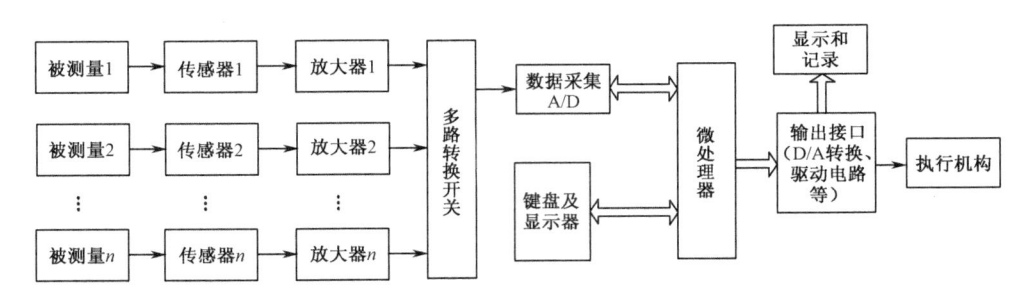

图 6-1 智能传感器组成框图

① 自补偿和计算

智能传感器的自动补偿和计算功能为传感器的温度漂移和非线性补偿开辟了新道路。即使传感器的加工不太精密，只要保证其重复性好，通过传感器的计算功能也能获得较准确的测量结果。另外还可进行统计处理，如美国 Case Westen Reserre 大学的科研人员已制造出一个芯片，含有 10 个敏感元件及带有信号处理电路的 pH 传感器，可测量其平均值、方差和系统的标准差；如果某一敏感元件输出的误差大于±3 倍标准差，输出数据就可以将它舍弃，但输出这些数据的敏感元器件仍然是有效的，只是因为某些原因使所标定的值发生了漂移；智能传感器的计算能够重新标定单个敏感元件，使它重新有效，也用于制造对测量对象有不同灵敏度的各种敏感元件组成的装置。如日立公司研究的各种敏感元件，每个元件有相应的电路和微处理器，6 个不同的半导体氧化物敏感元件是在铝基片上用厚膜印刷技术制造出的，其背面有铂加热器使敏感元器件保持在 400℃；每个敏感元件都由不同的半导体组成，对各种气体有不同的灵敏度，对每一种气体或气味组合此装置能够形成特殊的"图样"，通过比较计算机存储器中各种气体的标准"图样"，就不难识别各种气体。对于所识别的气体有最高的相关灵敏度的元件，并能定量地测量气体。用"图样"识别法克服了单个敏感元件选择性的缺点。

② 自检、自诊断、自校正

普通传感器需要检验和标定，以保证它正常使用时有足够的准确度。检验和标定时一般要求将传感器从使用现场拆卸下来拿到实验室进行，很不方便。利用智能传感器，检验校正可以在线进行。一般所要调整的参数主要是零位和增益，智能传感器中有微处理器，内存中有校正功能的软件，操作者只要输入零位和某已知参数，其自校软件就能将时间变化了的零位和增益校正过来。

③ 复合敏感功能

智能传感器能够同时测量多种物理量和化学量，具有复合敏感功能，能够给出全面反映物质和变化规律的信息，如光强、波长、相位和偏振度等参数可反映光的运动特性，压力、真空度、温度梯度、热量和熵、浓度、pH 值等分别反映物质的力、热、化学特性。

④ 接口功能

由于用了微型机使其接口标准化，所以能够与上一级微型机进行接口标准化，这样就可以由远距离中心控制计算机来控制整个系统工作。

⑤ 显示报警功能

微机通过接口数码管或其他显示器结合起来,可选点显示或定时循环显示各种测量值及相关参数,也可以由打印机输出,并通过与给定值比较实现上下值的报警。

⑥ 具有双向通信、标准化数字输出或者符号输出功能

可以通过装载在传感器内部的电子模块或智能现场通信器(S.F.C.)来交换信息。SFC的外观像一个袖珍计算机,将它挂在传感器两信号输出线的任何位置,可通过键盘的简单操作进行远程设定或变更传感器的参数,如测量范围、线性输出或平方根输出等。这样,无须把传感器从危险区取下来,极大地节省了维护时间和费用。

⑦ 掉电保护功能

微型机 RAM 的内部数据在掉电时会自动消失,这将给仪器的使用带来很大的不便。为此在智能仪表内装有备用电源,当系统掉电时,能自动把后备电源接入 RAM,以保证数据不丢失。

(3) 智能传感器的特点

与传统传感器相比,智能传感器的特点如下。

① 精度高

智能传感器的高精度主要得益于它在功能方面的多种改善,如通过自动校正功能来实现自动调零;自动进行系统的非线性系统误差的校正;通过对采集的大量数据进行统计处理以消除偶然误差的影响等。

② 量程宽

智能传感器的测量范围很宽,并具有很强的过载能力。例如,美国 ADI 公司推出的 ADXRS300 型单片偏航角速度陀螺仪集成电路,能精确测量转动物体的偏航角速度,测量范围是±300(°)/s,用户只需并联一只合适的设定电阻,即可将测量范围扩展到 1200(°)/s。该传感器还能承受 1000g 的运动加速度或 2000g 的静电加速度。

Honeywell 公司的智能精密压力传感器,量程范围为 1~500psi(psi 是压力的基本单位,即磅/英寸^2,1psi=6.8946kPa),共有 10 种规格。

③ 多功能

智能传感器能进行多参数、多功能综合测量,扩大测量与使用范围,而且其输出可以有多种形式,如 RS232 串口输出、PIO 并口输出、IEEE-488 总线输出以及经 D/A 转换后的模拟量输出等,这些都是智能式传感器的特色。

瑞士 Sensirion 公司最新研制的 SHTⅡ/15 型高精度、自校准、多功能式智能传感器,能同时测量相对湿度、温度和露点等参数,兼有数字温度计、湿度计和露点计 3 种仪表的功能,可广泛用于工农业生产、环境监测、医疗仪器、通风及空调设备等领域。

④ 高可靠性和高稳定性

智能传感器能够自动补偿因工作条件或环境参数的变化而引起的系统特性的漂移,如温度变化引起的零点漂移和灵敏度漂移;能够根据被测参数的变化自动选择和更换量程;能实时自动进行系统的自我检验,分析、判断所采集到的数据的合理性,并在异常情况下进行适当的应急处理(如报警或故障显示)。所有这些都提高了传感器的可靠性和稳定性。

⑤ 高信噪比

智能传感器具有信号放大与信号调理功能，通过软件进行数字滤波和相关分析处理，可以去除输入数据中的噪声，将有用数据提取出来，从而大大提高传感器的信噪比。

⑥ 高分辨率

智能传感器具有数据存储、记忆和处理功能，通过软件进行数字滤波和数据融合、神经网络技术等相关分析可以消除多参数状态下交叉灵敏度的影响，保证对特定参数测量的分辨能力。

⑦ 高性价比

智能传感器的高性能来源于传感器技术与计算机技术的有机结合，采用廉价的集成电路工艺、芯片以及软件来实现其高性能。因此，与传统的传感器相比，在相同精度条件下，可以取得较高的性价比。

⑧ 自适应性

智能传感器的判断、分析与处理功能使其可根据系统工作环境和内容决定各部分的最佳工作状态，如确定与上位计算机的数据传送速率、最低功耗状态、测量量程选择等。

⑨ 超小型化、微型化

随着微电子技术的迅速推广，智能传感器正朝着短、小、轻、薄的方向发展，以满足航空、航天及国防尖端技术领域的急需，并且为开发便携式、袖珍式检测系统创造了有力条件。

例如，前面提到的 SHT II/15 智能传感器，外形尺寸仅为 7.62mm（长）×5.08mm（宽）×2.5mm（高），质量仅为 0.1g，其体积与一个大火柴头相近。

⑩ 微功率

降低功耗对智能传感器具有重要意义，这不仅可简化系统电源和散热电路的设计，延长传感器的使用寿命，还为进一步提高智能传感器的集成度创造了有利条件。

智能传感器普遍采用大规模或超大规模 CMOS 电路，使传感器的耗电量大为降低，有的可用叠层电池甚至纽扣电池供电。暂时不进行测量时还可采用待机模式将智能传感器的功耗降至更低。例如，FPS200 型指纹传感器在待机模式下的功耗仅为 $100\mu W$。

2. 采用新材料的多功能集成传感器

（1）实现方式

集成智能式传感器的实现，依赖于大规模集成电路和微机械加工工艺。利用硅作为基本材料来制作敏感元件、信号调理电路、微处理器单元，并将它们集成在一块芯片上，实际上，这是将多个功能相同或不同的敏感器件制作在同一个芯片上构成传感器阵列。

（2）传感器的集成化

传感器集成化主要有三种情况。

① 将多个功能完全相同的敏感单元集成在同一个芯片上，用来测量被测量的空间分布信息。

② 对多个结构相同、功能相近的敏感单元进行集成。

③ 对不同类型的传感器进行集成。例如，集成有压力、温度、湿度、流量、加速度、化学等敏感单元的传感器，能同时测到环境中的物理特性或化学参量，用来对环境进行监测。

3. 集成传感器的典型应用

图 6-2 所示是一种智能硅压力传感器的布局示意图。在一个封装中，把一只微机械压力传感器与模拟用户接口、8 位模/数转换器（SAR）、微处理器（摩托罗拉 69HC08）、存储器和串行接口（SPI）等集成在一个芯片上。其前端的硅压力传感器是采用体硅微细加工技术制作的。制备硅压力传感器的工序既可安排在集成 CMOS 电路工艺流程之前，也可在其后。这种智能压力传感器的技术和市场都已成熟，已广泛用于汽车（机动车）所需的各式各样的压力测量和控制单元中，诸如各种气压计、喷油前集流腔压力、废气排气管、燃油、轮胎、液压传动装置等。智能压力传感器的应用很广，不局限于汽车工业。

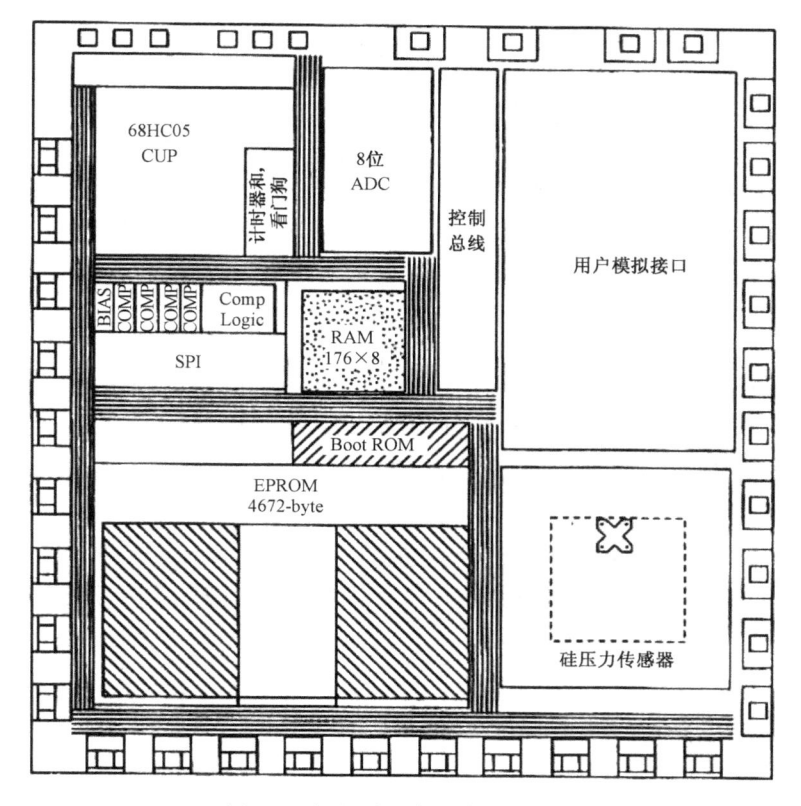

图 6-2 智能硅压力传感器示意图

GPS 老牌传感器供应商 Honeywell 公司推出了一款多功能传感器模块 HCS01，该传感器可以实现几个普通传感器的功能，主要面向汽车导航、GPS 盲区推估、手机个人导航应用等多种应用场合。

HCS01 模块具有三大基础功能：确定方向、姿态控制和高度计。它包括一个三轴加速度传感器、一个气压传感器、两个磁阻传感器（分别为 Z 轴和 XY 轴）以及内置 ASIC 数字补偿芯片和 EEPROM 存储器。磁阻传感器用于确定三轴方向，加速度传感器用于检测重力加速度，并求出传感器模块的倾斜角，在此基础上校正磁传感器的输出，由此保证在所有姿态下均可算出正确的方位。气压传感器可检测该传感器所放置的环境大气压,通过与预先设定的基准值对比,求出高度,如果外挂湿敏电阻,甚至能用于根据气压数据随时间产生的变化来预测天气。

HCS01 集成传感器模块高度集成,体积小,功能强大,其封装尺寸小至 6.5mm×6.5mm×1.2mm,图 6-3 所示为 HSC01 集成传感器模块外形图。

ST-3000 系列智能变送器是美国 Honeywell 公司于 1983 年率先推出的智能化的压力变送器。其敏感元件是在同一块硅片上,用离子注入等 IC 技术配置差压、静压和温度三种传感元件,有效地解决了静压、差压及温度之间交叉灵敏度对测量的影响,使之具有高精度、高稳定性等特点。ST-3000 变送器的内部除传感器调理电路外,还带有微处理器、存储器及 I/O 接口等,具有双向通信能力和完善的自诊断功能。变送器的输出形式有标准的 4~20mA 的模拟信号输出和数字信号输出。

图 6-3 HSC01 外形

ST-3000 的操作工具是智能现场通信器(SFC),通过将手持 SFC 与变送器连接进行通信,用户可以方便地调节变送器的有关参数,诊断变送器潜在的问题。由于这种变送器方式可以远距离进行,故大大缩短了变送器的维护时间,降低了维修成本,并且可使操作人员不必进入危险场合就可以完成对变送器的有关操作。

(1)ST-3000 智能变送器的结构及工作原理

图 6-4 为 ST-3000 智能变送器的结构框图。它由传感芯片及处理电路和微处理器及存储器两部分组成。其测压原理为:待测压力作用在传感芯片的硅膜片上,引起传感器的电阻值发生变化,此阻值的变化由传感器芯片上的惠斯通电桥检出,桥路输出信号经处理电路输入到 A/D 转换器转换成数字信号,然后输入到微处理器。同时,在传感芯片上的两个辅助传感器(温度传感器和静压传感器)检测出表体温度和过程静压。辅助传感器的输出也被转换成数字信号并送至微处理器。在微处理器内,来自 3 个传感器的数字信号进行运算处理,转换成 4~20mA 的模拟输出信号或数字输出信号。

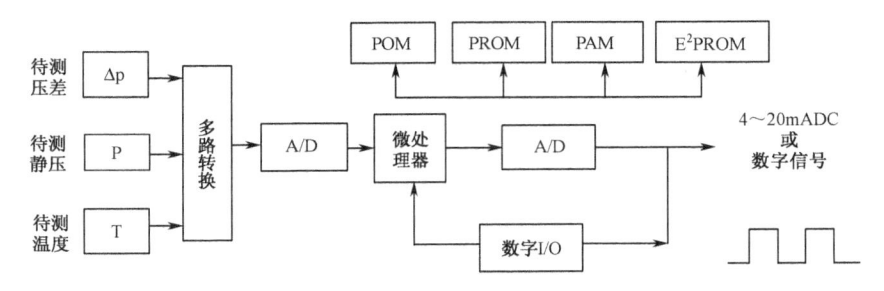

图 6-4 ST-3000 智能变送器的结构框图

变送器的传感芯片由差压、静压和温度三个传感器组成。其中,差压传感器和静压传感器均接成惠斯通电桥的形式。传感芯片的电路如图 6-5 所示。在差压、静压和温度这 3 个参数的共同作用下,每个传感器的输出都是 3 个参数的函数,由 3 个传感器信号计算待测压力的过程是在微处理器中通过软件程序进行的。

(2) ST-3000 智能变送器的性能特点

① 宽量程比

其量程比可达 100:1，最大可达 400:1，而一般传感器仅达 10:1。所以，当被测压力发生显著变化时，只需调整量程，而不必更换或增加变送器，即一台变送器可覆盖多台变送器的量程。

② 高精度和稳定性

每台 ST-3000 出厂前都是被与工作现场相似的环境所特征化的，其内存储器 PROM 中有一完整的温度、压力补偿曲线，从而可保证在使用时不受环境因素的影响，保持其高精度和高稳定性的特点。其模拟输出时的精度达量程的±0.075%，其数字输出（DE）时的精度可达量程的±0.0625%。

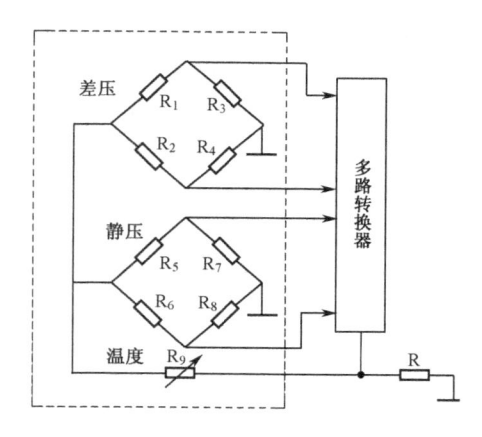

图 6-5 传感芯片的电路

③ 便于现场总线测控力

因为 ST-3000 具有双向数字通信能力，故能方便地用于现场总线测控系统中，符合现代自动化测控系统的要求，且通过与现场通信器的远距离通信，可以很容易地实现工作现场与中央控制室之间所进行的参数设定、调整和作业。

④ 完善的自诊断功能

自诊断通过现场通信器 SFC 实现，将 SFC 与 ST-3000 连接通信，由 SFC 发出自诊断命令，对 ST-3000 的通信线路、过程回路和变送器不断进行检测，将检测的结果以简明的语言在 SFC 上显示出来，使用户知道问题所在、如何去修正。这种诊断可远程进行，这样一方面可使操作员不必处于恶劣的工作环境现场，又可大大减少维护时间。

⑤ 宽域温度及静压补偿

ST-3000 的温度使用范围可达-40~110℃，静压可达 0~20MPa，在这么宽的使用范围内可使温度和静压得到补偿。

操作人员使用智能现场通信器（SFC 手操器）与 ST-3000 变送器通信。SFC 具有组态、诊断、校验、显示、远距离调节等功能。把 SFC 接到变送器信号上，操作人员就可以对变送器的存储器发送与接收信息。操作人员在控制室或现场均可调节变送器的参数，诊断潜在的问题。这种可以远距离通信的方式降低了维修成本，并且可使操作人员不用进入危险场所就能对变送器进行组态。

4．智能传感器在汽车安全系统中的应用

(1) 电子式自动照明系统

电子式感应头灯可通过车外的光线明暗感应器监测到外界光线，在天色变暗或进入山洞时，电子式感应器自动地将头灯打开，从而减少驾驶人操作的时间，增加行车安全性。在白天光照强烈时，感应器会在确保足够明亮度的情况下自动关闭头灯，从而节省能耗。

(2) 胎压监测系统

汽车高速行驶时，轮胎故障是所有驾驶者最为担心和最难预防的，也是突发性事故的重要原因。保持标准的车胎气压行驶和及时发现车胎漏气是防止爆胎的关键，而大多数驾车者不经常进行轮胎气压检测，只是用肉眼观察或用脚踢轮胎来判断轮胎的压力，所以不能提前发现轮胎隐患。一种能实时检测监控轮胎气压、气温的安全预警系统——汽车轮胎胎压监测系统（TPMS）能实时监测胎压变化，有效防止爆胎，把爆胎事故扼杀在摇篮里。

TPMS 的工作原理是：在汽车四个轮胎上安装高灵敏的传感器，在汽车行驶状态下实时、动态地检测轮胎压力和温度，并将数据通过无线电信号发射到接收器，接收器以数字形式反映气压值，驾驶员能随时掌握漏气与温度升高时的轮胎状况。系统对任何原因（如铁钉扎入轮胎等）导致的轮胎漏气都能自动报警，从而使驾驶员及时发现问题，有效预防事故的发生。图 6-6 所示为 TPMS 传感器在轮胎上的安装位置。

图 6-6　TPMS 传感器安装位置

目前应用于 TPMS 系统的胎压监测传感器比较有代表性的是德国英飞凌科技公司开发的 SP12 系列传感器，主要包括 SP12、SP12T、SP30。SP12 和 SP12T 的结构和功能类似，只有压力测量范围不同，SP12 的测量范围为 100~450kPa，适于轿车使用；SP12T 的测量范围为 500~1400kPa，适于大型车辆。SP30 是 SP12 和微处理器的集成，属于智能传感器，这样可以减少系统组件，提高稳定性，降低功耗。

图 6-7 所示为 SP12 的外形图，它由压力传感器、温度传感器、加速度传感器、电池电压传感器和一个能完成测量、信号补偿与调整及 SPI 串行通行接口的 CMOS 大规模集成电路构成。

图 6-7　SP12 外形图

SP12 传感器具有耐高温高压、低功耗、高灵敏度、高可靠性等特点。SP12 中的压力传感器是利用高精密半导体电阻应变片组成惠斯通电桥实现的。

(3) 安全气囊触发系统

一个集成式安全气囊触发系统包括加速度探测部分、电压调节部分、单片机和有线通信协议。加速度传感器类型众多，可覆盖 X、XY、XYZ 和 Z 轴方向。这些卫星式加速度传感器可扩展到整个汽车周围以探测碰撞。电子控制单元用于探测碰撞和触发汽车正面、侧面的安全气囊，它必须具有足够的智能化程度，在关键时刻必须能及时、正确地瞬时打开。在极大多数时间内气囊处在待命状态，因此安全气囊的电子控制单元必须具有自检、自维护能力，不断确认气囊系统的可靠性，确保动作的"万无一失"。

为提高下一代汽车安全气囊系统的性能、灵敏度和可靠性，飞思卡尔半导体公司推出了新的惯性传感器，如图 6-8 所示。飞思卡尔的 MMA6222EG、MMA6255EG 和 MMA621010EG 惯性传感器基于下一代高深宽比微机电系统（HARMEMS）技术，是一种经过验证的安全气囊传感应用技术。该惯性传感器的先进转换器设计改善了传感器的偏移和过阻尼响应，从而有助于提高系统的可靠性以及对高频率、高振幅寄生共振的衰减，能够帮助识别可能引发安全气囊系统误报的状况，诸如"砰"地一声关上车门，或者在汽车组装时的大幅振动。

图 6-8　飞思卡尔新一代惯性传感器外形图

(4) 酒精检测系统（MEMS）

MEMS 酒精检测系统由酒精传感器与相应的信号调理电路集成。酒精传感器可吸附氧气，当环境中的氧气浓度改变时，其电阻值相应改变。正常状况下，元件在吸附空气中的氧气后会保持某个电阻值不变，一旦空气中含有酒精，元件表面的氧元素便会与酒精发生反应，使电阻值下降。因此，通过测定电阻值可检测出呼气中含有的酒精浓度。酒精检测传感器可以植入在密封外壳内、连同信号调理电路等一起嵌入方向盘内，一旦检测出驾驶员呼出的气体含有酒精，便发出安全警报，切断发动机点火系统，防止驾驶员酒后驾驶。

制作酒精检测的 MEMS 传感器不仅需要考虑 MEMS 工艺，还需要考虑敏感物质在元件表面的制作问题，因为这种传感器的敏感元件上需要有可以与被检测分子（酒精分子）产生相互作用的物质。图 6-9 所示为 MEMS 酒精检测传感器的俯视图和结构图，该传感器以纳米材料制作的气体敏感薄膜（如 SnO_2）为敏感元件。由于气体敏感薄膜必须在特定的温度（320℃）下才能对酒精分子敏感，所以传感器必须带有加热元件。

车载酒精检测系统是为预防交通事故发生而设计的，该系统能够实现自动测量，智能化程度高，功耗低，对预防酒后驾驶有很好的效果。

(a) 俯视图　　　　　　　　　　　　(b) 结构图

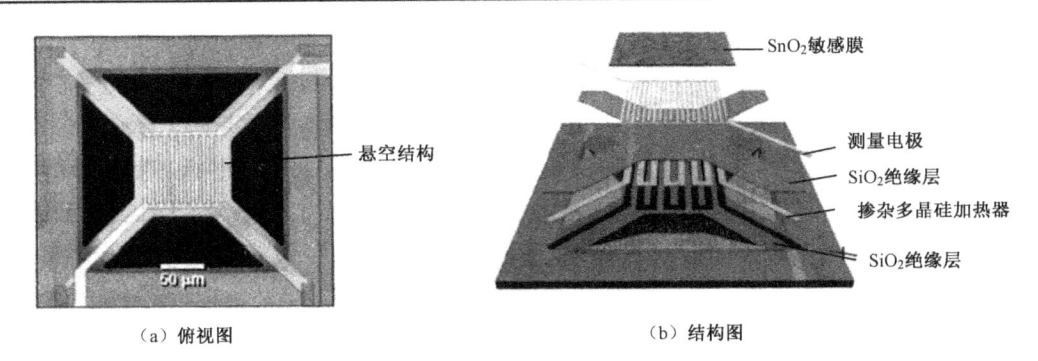

图 6-9　MEMS 酒精检测传感器的俯视图及结构图

（5）自动雨刷系统

据调查，世界上 7% 的交通事故是由于驾驶员操作汽车雨刷导致注意力分散引起的，所以研制自动雨刷系统可以在很大程度上提高行车的安全性。自动雨刷系统的研发并不是我们想象当中那样简单，其最主要的阻碍就是雨水，因为雨水有各种形态，小到非常薄的雾气，大到倾盆大雨；雨水的状态也有很多种，可能是完全液态的，也可能是冻结的或者半冻结的冰（仅这些冰的形态就多达 212 种），还可能是半融雪或者漫天大雪等。不仅如此，雨水中包含的水也是多样的，可能是几乎纯净的蒸馏水，也可能是被工业或者污泥污染过的水。如何准确判断雨水的状态是自动雨刷系统研发的关键。

光电式自动雨刷系统目前在汽车上的应用比较广泛。发光二极管对前挡风玻璃发出光束，当雨滴打在感应区的玻璃上时，光束所反射的光线强度会因玻璃上的雨量或湿气含量而有所变化，因此可根据光束所反射的光线强度改变雨刷的刷动频率，如图 6-10 所示。

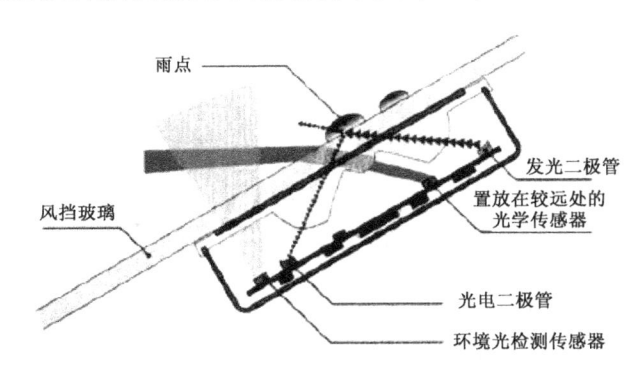

图 6-10　自动雨刷系统雨量检测原理

（6）汽车防抱死制动系统

汽车防抱死制动系统（ABS）能实时判定汽车在制动过程中车轮的滑动率并自动调节作用在车轮上的制动力矩，防止车轮抱死。它能把车轮的滑动率控制在一定的范围之内，充分地利用轮胎与路面之间的附着力，有效地缩短制动距离，显著地提高车辆制动时的可操纵性和稳定性，从而避免了车轮抱死。

5. 智能传感器在辅助系统及节省能耗方面的应用

辅助系统可轻易整合汽车电子系统中以降低交通事故的损害，或者完全避免事故的发生，发展前景十分广阔。

（1）主动避撞系统

主动避撞系统用于辅助驾驶员在可能发生追尾事故的情况下进行车辆制动，主要由接近速度传感器（CV）和制动辅助系统组成。接近速度传感器系统可以在一定范围内对车辆前方进行扫描。如果探测到有物体存在，其"发送—接收"单元会根据传感器信号计算物体距车体的距离和与车体的相对速度。如果车体间距离减小得过快以至于会发生追尾事故，则制动系统会被置于紧急模式，制动油压会被提高。驾驶员一踩下制动踏板，制动系统就会迅速予以反应，如果驾驶员松开油门踏板，则主动避撞系统会自动施加一个制动力。因此，即便仅是轻微的连续踩踏，由于制动辅助系统将介入，也能保证提供给车辆最大的制动力。接近速度传感器提供的数据可以让安全气囊控制单元更好地评估碰撞发生的可能性。这样，安全气囊只有在真正需要的情况下才会开启，从而显著降低了由轻微事故带来的维修费用。

（2）其他辅助系统

在高端汽车中，常常会使用智能图像传感器来辅助驾驶。而且随着技术的进步，辅助驾驶系统的成本进一步降低，因此其应用前景十分广阔，例如，电子稳定控制系统（也称为汽车动态控制系统）以及可用于道路分离报警和引导、司机睡意探测、道路障碍传感、智能气囊部署、盲点探测等传感器的智能系统。

（3）电池 IVT 传感器

由于车载电子设备越来越多，使为其提供电力的电池和交流电动机工作负荷不断增大，因此对电池充电状态（SOC）进行准确计算以确保电池发挥最佳性能的重要性也日益突出。而德尔福的电池 IVT 传感器可以提升电池的使用效率，帮助电池达到最佳性能。

德尔福的电池 IVT 传感器可精确测量作为确定电池工作状态三大关键参数的电流（I）、电压（V）和温度（T）。在电池处于满充状态时，电池 IVT 传感器可减少交流发电机所需输出的电力，从而降低发动机的机械载荷并达到提高燃料效率的目的。在一定条件下，IVT 传感器能改善燃油经济性，采用 IVT 传感器后，每加仑燃油能支持汽车多跑 0.5 英里。

当用电量超过车载发电机发电能力时，电池会提供电力以满足用电需求。如果在这些时间里，电池充电和放电未得到有效监控和管理，电池蓄电量将被耗尽，一旦发动机关闭后，蓄电池内电力不足，则无法重新起动发动机。IVT 传感器减少了存储过多能源的需要，使车辆可使用更小型的电池和交流发电机。传感器还会使与安全相关的重要功能获得不间断的电力供应，为发动机起动保留可接受的最低电量，并允许白炽灯在车辆使用寿命内以最低平均电压工作。

（4）高温微电子在汽车中的应用

高温微电子在汽车发动机控制、气缸和排气管、电子悬架和刹车、动力管理及分配等方面的监控中都起着非常重要的作用。例如，用于发动机控制的高温微电子传感器和控制器将有助于对燃烧进行更好的监测和控制，它将使燃烧更加彻底，提高燃烧效率。但是，用传统的硅半导体技术制作的微电子器件由于不能在很高的温度下工作，已不能胜任。为了解决在高温环境下的温度测量问题，必须研制一种新的材料来取代传统的半导体材料。第三代宽能带半导体材料 SiC 具有高击穿电场、高饱和电子漂移速率、高热导率及抗辐照能力强等一系列优点，特别适合制作高温、高压、高功率、耐辐照等半导体器件。集成的 SiC 传感器可以直接与高温油箱和排气管接触，这样能进一步获得有关燃料燃烧效率和减少废气排放的更多信息。研究表明，一旦 SiC 半导体技术能解决好材料、封装等技术而得到进一步的发展，SiC 功率器件的工作范围将超过传统的硅功率器件，而且其体积比 Si 功率器件还要小。

6．纳米技术传感器及其在汽车上的应用

随着纳米电子技术的发展，传感器技术也得到了促进和发展。传感器已经利用到纳米电极技术，该技术利用纳米电极对，将极小（纳米级）的敏感元件封闭在一对纳米电极上，实现单电子检测，可显著提高测试精确度，同时又具有体积小、重量轻、可靠性和耐用性高、价格便宜的优点。

（1）温度传感器

车用纳米温度传感器主要用于检测发动机温度、吸入气体温度、冷却水温度、燃油温度以及催化温度等。随着微电子加工技术，特别是纳米加工技术的进一步发展，传感器技术还将从微型传感器进化到纳米传感器。这些微型传感器体积小，可实现许多全新的功能，便于大批量和高精度生产，单件成本低，易构成大规模和多功能阵列，这些特点使得它们非常适合于汽车方面的应用。

（2）压力传感器

微机械加工技术（MEMT）和纳米技术将得到高速发展，将成为 21 世纪传感器领域中带有革命变化的高新技术。采用微机械加工制作的纳米产品，具有划时代的微小体积、低成本、高可靠等独特的优点，预计由微传感器、微执行器以及信号和数据处理装置总装集成的微系统将进入商业市场。压力纳米传感器是汽车中用得最多的传感器，主要用于检测气囊贮气压力、传动系统流体压力、注入燃料压力、发动机机油压力、进气管道压力、空气过滤系统的流体压力等。

（3）加速度传感器

目前，安全气囊是而且将来也是纳米技术的一个主要应用。瑞典 Henrik 等人报道了一种新型的硅微三轴加速度计，其外形结构参数为 6mm×4mm×1.4mm，它有四个敏感质量块，四个独立的信号读出电极和四个参考电极。它巧妙地利用了敏感梁在其厚度方向具有非常小的刚度而能够敏感加速度，在其他方向刚度相对很大而不能敏感加速度的结构特征。在加速度计的横截面上，由于各向异性腐蚀的结果，敏感梁的厚度方向与加速度计的法线方向（z 轴）成 35.26°（tan35.26°=0.707）。

（4）陀螺仪

传统的陀螺仪是由高速旋转的转子、内环、外环和基座组成，这种陀螺仪的内外环通常是用滚珠轴承支撑，这些通常是用机械加工方法制成，需要加工精度高、难度大、而且，做成的陀螺仪体积大、质量重。微机械陀螺是具有复杂的检测与控制电路的纳米装置。SaidEmreAlper 等人报道了一种结构对称，并具有解耦特性的表面微机械陀螺。该敏感结构在其最外边的四个角都设置了支承"锚"，与传统的直接支承在"锚"上的实现方式不同，

它利用一种对称结构敏感质量块支承在连接梁上，并通过梁将驱动电极和敏感电极有机地连接在一起。

在车辆监控和自诊断方面，纳米技术的一个主要应用将是轮胎压力监测；其次是应用于冷却、刹车等系统的传感器。此外，还有如像在亮度控制系统中使用光传感器；在电子驾驶系统中使用磁传感器、气流速度传感器；在自动空调系统中使用室内温度传感器、吸气温度传感器、风量传感器、日照传感器、湿度传感器；在导向行驶系统中使用方位传感器、车速传感器等等。

参考文献

一、参考资料

[1] 宋年秀，刘超，杜彦蕊. 怎样检测汽车传感器[M]. 北京：中国电力出版社，2007.
[2] 董辉. 汽车用传感器[M]. 北京：北京理工大学出版社，2009.
[3] 宋福昌. 汽车传感器识别与检测图解[M]. 北京：电子工业出版社，2006.
[4] 董永贵. 微型传感器[M]. 北京：清华大学出版社，2007.
[5] 胡向东. 传感器技术[M]. 重庆：重庆大学出版社，2006.
[6] 贺建波，贺展开. 汽车传感器的检测[M]. 北京：机械工业出版社，2005.
[7] 谭本忠. 汽车传感器维修图集[M]. 北京：机械工业出版社，2009.
[8] 李东江. 汽车电控系统故障检修[M]. 北京：机械工业出版社，2001.
[9] 李德胜. MEMS 技术及其应用[M]. 哈尔滨：哈尔滨工业大学出版社，2002.
[10] 吴文琳，李美生. 汽车传感器识别与检修精华[M]. 北京：机械工业出版社，2006.
[11] 郁有文. 传感器原理及工程应用（第三版）[M]. 西安：西安电子科技大学出版社，2008.
[12] 邵毅明，张帆. 车用 MEMS 传感器原理与发展[J]. 科技资讯，2008，3:5~6.
[13] 杨燕，何小敏，林励平. 汽车胎压及温度检测系统 TPMS 设计[J]. 科技资讯，2008，32:84~85.
[14] 张颖. 汽车安全气囊技术及其发展趋势[J]. 电子产品世界，2006，17:131~133.
[15] 胡润峰. NTC 热敏电阻温度传感器[J]. 传感器世界，2001，7:26~29.
[16] 何茂先，殷晨波，涂善东. 微型传感器在汽车工程中的应用[J]. 传感器与微系统，2006，25（2）:7~10.
[17] 王银，刘文鸿，杨芳华. 汽车用传感器的应用现状及发展[J]. 汽车电器，2002，2:6-7.
[18] 宋晓琳，冯广刚，杨济匡. 汽车主动避撞系统的发展现状及趋势[J]. 汽车工程，2008，30（4）:285~289.
[19] 代康伟，张炳力. 车用传感器技术现状及展望[J]. 科技创新导报，2007，36:6~7.
[20] 高强业. 硅微加速度计的特性及应用研究[D]. 长沙：国防科学技术大学机械电子工程系，2005.
[21] 庞丽. 直接式汽车轮胎压力监测系统的研究[D]. 重庆：重庆大学机械电子工程系，2007.

二、推荐网站

博世中国汽车技术

http://www.bosch-automotivetechnology.cn/zh_cn/zh_cn/homepage_1/homepage_1.html

大陆汽车

http://www.continental-automotive.cn/www/automotive_cn_cn/

电装全球产品

http://globaldensoproducts.com/

传感器知识门户

http://sensor.b2b6.com/

参考文献

电子产品世界

http://www.eepw.com.cn/

中国传感器科技网

http://web.sensor-ic.com:8000/index.htm

中华传感器

http://www.sensor.com.cn/

国外传感器网

http://www.intl-sensor.com/default.aspx

电子发烧友

http://www.elecfans.com/

工控网

http://gongkong.ofweek.com/

电子工程世界

http://www.eeworld.com.cn/

我爱汽车

http://www.woiauto.com/

汽车维修技术网

http://www.qcwxjs.com/

汽车电子网

http://www.qcdz.cn/

慧聪汽车电子网

http://www.carec.hc360.com/

中国传感器网

http://www.sensor86.com/

传感器网

http://www.sensorbbs.com/portal.php

慧聪汽车维修保养网

http://www.auto-m.hc360.com/

反侵权盗版声明

电子工业出版社依法对本作品享有专有出版权。任何未经权利人书面许可，复制、销售或通过信息网络传播本作品的行为，歪曲、篡改、剽窃本作品的行为，均违反《中华人民共和国著作权法》，其行为人应承担相应的民事责任和行政责任，构成犯罪的，将被依法追究刑事责任。

为了维护市场秩序，保护权利人的合法权益，我社将依法查处和打击侵权盗版的单位和个人。欢迎社会各界人士积极举报侵权盗版行为，本社将奖励举报有功人员，并保证举报人的信息不被泄露。

举报电话：（010）88254396；（010）88258888
传　　真：（010）88254397
E-mail：　dbqq@phei.com.cn
通信地址：北京市海淀区万寿路173信箱
　　　　　电子工业出版社总编办公室
邮　　编：100036